공인중개사법및중개실무

홍길성 교수 경영학박사(감정평가사) / 성대경영행정대학원 교수 / 감정평가학회장 역임
정신교 교수 법학박사 / 목포해양대 교수 / 한국부동산학회 분과위원장
김상현 교수 법학박사 / 건대 / 한북대 교수 / 한국부동산학회 학술위원 / 한국지식재단 연구위원
유원상 교수 부동산학박사 / 한양대학교 교수 / 한국부동산학회 분과위원장
양영준 교수 부동산학박사 / 제주대부동산학 교수 / 한국부동산학회 지역학회장
김동현 교수 부동산학박사 / 이학박사 / 청압대 교수 / 자산정보연구소장 / 한국부동산학회 학술위원
조광행 교수 경제학박사 / 열린사이버대 교수 / 한국부동산학회 부학회장
김성은 교수 법학박사 / 고려대 / 창신대부동산학과 교수 / 고려대법학연구원 연구위원
방경식 교수 행정학박사(부동산) / 주택산업연구원연구실장 · 한국부동산학회 수석부학회장 역임
윤황지 교수 법학박사 / 건국대 / 강남대부동산학과 전교수 / 한국부동산학회 자문위원
박기원 연구위원 부동산학전공 / 건대행정대학원 / 한국부동산학회이사 역임, 연구위원
장재원 교수 국민대법무대학원 중개실무연구 / 단국대 강사 / 한국지식재단 연구교수

부동산공법

송명규 교수 환경토지정책박사 / 단국대부동산학과 교수 / 한국부동산학회 부학회장
윤준선 교수 공학박사 / 강남대부동산건축공학부 교수 / 한국부동산학회 부학회장
정태용 교수 서울대법학전공, 아주대 로스쿨 교수 / 법제처 행정심판관리국장 역임
김행종 교수 행정학박사 / 세명대 교수 / LH토지연수석연구원 역임 / 한국부동산학회 지역학회장
김진수 교수 행정학박사 / 건국대행정대학원 교수 / 한국부동산학회 부학정대학 / 한국지식재단 자문위원
이옥동 교수 경영학박사(부동산) / 성결대도시계획부동산학부 교수 / 한국부동산학회 부학회장
홍성지 교수 행정학박사 / 백석대부동산학 교수 / 한국지식재단 연구위원
김동환 교수 부동산학박사 / 서울사이버대부동산학과 교수 / 한국부동산학회 학술위원
백연기 교수 한국부동산학회 공법연구위원 겸 연구교수 / 인하대강사
이윤상 연구위원 도시계획학박사 / LH연구원 연구위원 / 한국부동산학회 학술위원
이춘호 교수 공학박사 / 강남대부동산건축공학부 교수 / 한국부동산학회 학술위원
이기우 교수 법학박사 / 호남대학교대학원장 역임 / 한국부동산법학회장 역임
김용민 교수 법학박사 / 강남대부동산학과 전교수 / 한국부동산학회 지역학회장 역임
진정수 연구위원 행정학박사(부동산학) / 국토연구원 전연구위원
조정환 교수 법학박사 / 건국대 / 대진대법무대학원장 · 한국부동산학회 부학회장 역임
김재덕 교수 법학박사 / 건국대부동산학과 교수 · LA캠퍼스총장 역임 / 한국지식재단 자문위원

부동산공시법

조재영 교수 법학박사 / 한양대학교 교수 / 한국부동산학회 부학회장
최승영 교수 법학박사 / 목포대지적부동산학과 교수 / 한국부동산학회 학술위원
천 영 교수 법학박사 / 감정평가사 / 건국대부동산대학원 교수 / 한국부동산학회 부학회장
이승섭 교수 서울대법학전공, 충남대로스쿨 교수 / 대전 · 인천지방법원판사역임 / 한국지식재단 전문위원
주명식 교수 민사집행실무연구회장 / 사법연수원 교수 / 대법원법정국장 역임
정삼석 교수 도시계획학박사 / 창신대부동산학과 교수 / 한국지식재단 연구위원
이진경 교수 공학박사 / 감사원평가연구원 · SH연구원팀장 / 상지대교수 / 한국부동산학회 학술위원
이기우 교수 법학박사 / 호남대 교수 · 대학원장 · 한국부동산법학회장 · 한국부동산학회 자문위원 역임
송현승 교수 부동산학박사 / 평택대학교 교수 / 한국부동산학회 학술이사
윤창구 교수 경영학박사 / 인천대경영대학원부동산학과 교수 / 한국감정원연수원장 역임
임이택 교수 경영학박사 / 목포대지적부동산학과 교수 · 대학원장 · 교수협회장 · 한국부동산회장 역임
오현진 교수 법학박사(부동산학) / 청주대지적학과 교수 · 사회과학대학장 · 한국부동산학회 부학회장 역임
박준석 변호사 건국대 / 수원지방법원 / 군판사역임
조형래 변호사 한국부동산학회 학술위원
손기선 연구원 부동산공시전문 / 한국지식재단 연구원 / 한국부동산학회 연구원
임석회 연구위원 지리학박사 / 대한감정평가협회 연구위원

부동산세법

이찬호 교수 경영학박사(회계학) / 부동산학박사 / 부산대학교 교수 / 한국부동산학회 지역학회장
김용구 교수 부동산학박사 / 건국대학교 부동산대학원강사 / 단국대학교 겸임교수
장 건 교수 법학박사 / 김포대부동산경영학과 교수 / 한국부동산학회 학술위원 / 한국지식재단 연구위원
황재성 교수 기획재정부 재산세과장 역임 / 세무대학교 교수
안상인 교수 경영학박사(회계학) / 창신대부동산학과 전교수 / 한국지식재단 연구위원
이옥동 교수 경영학박사(부동산) / 성결대도시계획부동산학 교수 / 한국부동산학회 부학회장
최정일 교수 경영학박사(재무, 금융) / 성결대학교 교수 / 한국부동산학회 분과위원장
양해식 교수 세무대학세법전공 / 국세청 전재직 / 중부대학겸임교수
송진영 교수 세무사시험출제위원 / 한국지식재단 연구교수
김재운 교수 부동산전공 / 남서울대부동산학과 전교수 / 한국부동산학회 윤리위원
김정완 연구원 법학박사(수) / 한국부동산학회 연구원 / 한국지식재단 연구원
오맹렬 연구원 법무전문 / 한국지식재단 연구원 / 한국부동산학회 연구원
김병준 교수 경영학박사(금융) / 강남대실버산업학과 교수 / 한국부동산학회 학술위원
나병삼 교수 행정학박사(부동산학) / 명지전대부동산경영과 전교수
박상학 연구위원 경제박사(금융/부동산) / LH토지주택연구원 연구위원 / 한국부동산학회 분과위원장

그 밖에 시험출제위원 활동중인 교수그룹 등은 참여생략

알고 보니 경록이다

우리나라 부동산전문교육의 본산 경록 1957

한방에 합격은 경록이다

제1회 시험부터 수많은 합격자를 배출한 전문성 - 경록

별☆이☆일☆곱☆개

경록 부동산학·부동산교육 최초 독자개척 고객과 함께, 68주년 기념

1957

2025 100% PASS PROJECT

경록 공인중개사
핵심요약집
1 1차 부동산학개론

1회 시험부터 수많은 합격자를 배출한 독보적 정통교재

SINCE1957   K 경록

우리나라 최초 부동산학을 개척하고 교육한 정통 부동산전문교육본산

알고보니 경록이다

우리나라 부동산전문교육의 본산 경록 1957

머리말

매년 99% 문제가 경록 교재에서!!

경록 교재는 공인중개사사 시험 통계작성 이후 27년간 매년 99% 문제가 출제되는 독보적 정답률을 기록한 유일한 교재입니다. 경록은 우리나라 부동산 교육의 본산이며 경록교재는 우리나라 부동산교육의 정통한 역사를 이끌어가는 오리지널 교재입니다.

이 교재는 우리나라 부동산교육의 본산인 경록의 68년간 축적된 전문성을 기반으로 130여 명의 역대 최대 '시험출제위원 부동산학 대학교수그룹'이 제작, 해마다 완성도를 높여가며 시험을 리드하는 교재입니다.

특히 경록의 온라인과정 전문기획인강은 언택트시대를 리드하는 뉴 트렌드가 되었습니다. 업계 최초로 1998년부터 〈경록 + MBN TV 족집게강좌〉 8년, 현재까지 28년차 검증된 99%족집게강좌 입니다.
일반 학원의 6개월에 1회 수강과정을 경록에서는 1개월마다 2회 반복완성이 가능합니다.

경록의 전문성이 곧 합격의 지름길로 이끌어 드립니다. 성공은 경록과 함께 시작됩니다.

여러분의 건투를 빕니다.

지속가능한 직업
공인중개사

▎공인중개사란

🔍 공인중개사?
공인중개사법령에 의한 공인중개사자격을 취득한 자를 말한다(「공인중개사법」 제2조 제2항).

🔍 중개업?
중개업은 다른 사람의 의뢰에 의하여 일정한 보수를 받고 중개대상물에 대한 거래당사자 간의 매매, 교환, 임대차 그 밖의 권리의 득실변경에 관한 행위의 알선을 업으로 하는 것이다(「공인중개사법」 제2조 제1호, 제3호 참조).

🔍 중개대상물?

| 토지 | 건축물 그 밖의 토지의 정착물 | 입목 |
| 광업재단 | 공장재단 | 분양권 | 입주권 |

(대판 2000.6.19. 2000도837 등 참조)

▎개업 공인중개사 업역
(「공인중개사법」 제14조 참조)

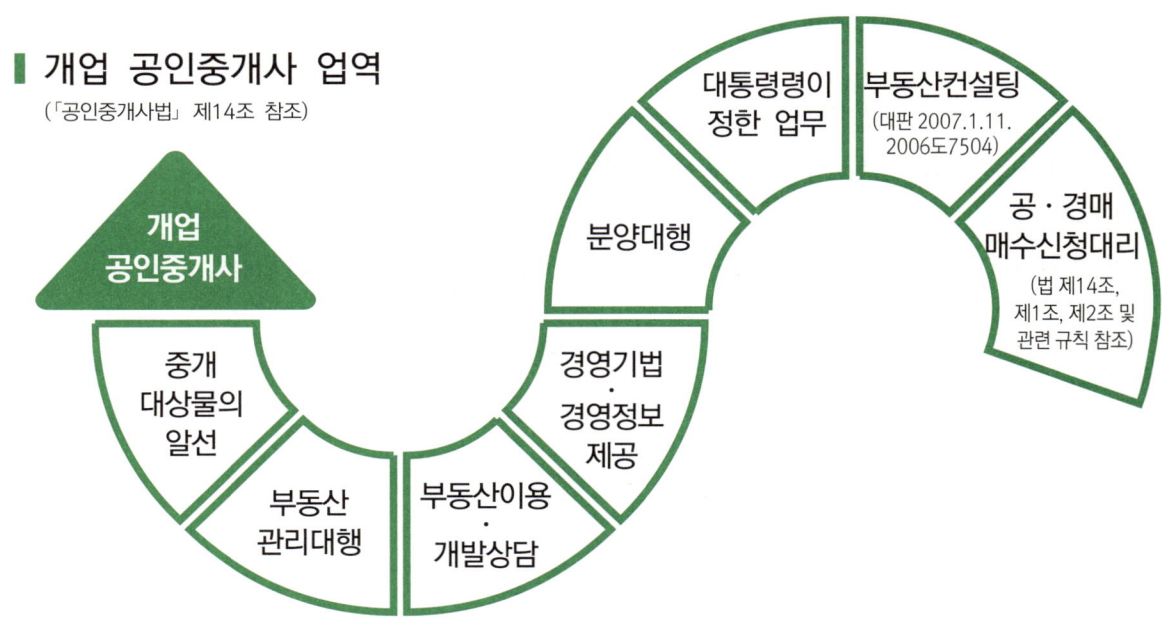

개업 (창업)

중개업의 개업은 공인중개사시험에 합격한 후 소정의 교육을 받고, 개설코자 하는 사무소 소재지 시·군·구청에 "사무소" 개설 등록을 하면 된다.

개인중개사무소, 합동중개사무소, 법인중개사무소를 개설하여 영위할 수 있다.

세상에는 수많은 직업이 있으나 돈이 되고, 시장규모가 크고, 경제성이 높고, 일반 진입이 용이한 직업은 거의 없다.

100세가 되어도 건강하면 경제활동이 가능하고, 시장규모가 크고, 높은 경제성이 있고, 일반 진입이 가능한 직업은 공인중개사뿐이다.

법정취업

- **개인중개사무소, 합동중개사무소, 법인공인중개사무소의 소속공인중개사로 취업**
  11만 4천여 개(법인 포함) 중개업체의 소속공인중개사, 법인의 사원 또는 임원으로 취업 (2021현재)

- **특수 중개법인 취업**(「공인중개사법」 제9조 참조)
  - **지역농업협동조합** : 농지의 매매·교환·임대차 업무
  - **산림조합** : 임야, 입목의 매매·교환 업무
  - **산업단지관리기관** : "산단" 내 공장용지·건축물의 매매·임대차 업무
  - **자산관리공사** : 금융회사 부실자산 등 비업무용 부동산의 매매 업무

일반취업 (가산점 등)

공인중개사 수요는 경제성장과 함께 폭발적으로 증가한다.

국내외 부동산투자회사, 부동산투자신탁회사, LH토지주택공사, SH공사 등 각 지자체공사, 금융기관, 보험기관 등에서 유자격자를 내부적으로 보직 고려나 승급 시 가산점을 부여한다.

일반기업, 공무원 등에서 보직 참고, 승급 등의 업무소양을 가늠하는 전문자격 및 직능향상 기능을 한다.

탁월한 선택

경록의 선택은 탁월한 선택입니다. 우리나라 부동산교육의 본산으로서 65년 전통과 축적된 전문성, 그리고 국내 최대 전문가 그룹이 서포트합니다.

부동산학을 독자연구 정립하고, 최초로 한국부동산학회를 설립하였으며 대학원에 최초로 독립학과를 설립 교육하고, 공인중개사 제도를 주창, 시험시행 전부터 교육해 시험을 리드한 역사적 전통과 축적을 이룬 기관은 경록뿐입니다(설립자 김영진 박사 1957~현재).

공인중개사 시험

■ 시험일정 : 매년 1회 1, 2차 동시 시행

시험 시행기관 등	인터넷 시험접수	시험일자	응시자격
• 법률근거 : 공인중개사법 • 주무부 : 국토교통부 • 시행기관 : 한국산업인력공단	• 매년 8월 둘째 주 5일간 • 특별추가 접수기간 : 별도 공지 일정은 변경될 수 있음	매년 10월 마지막 토요일	학력, 연령, 내·외국인 제한 없이 누구나 가능 (법에 의한 응시자격 결격사유에 해당하는 자는 제외)

※ 큐넷(http://www.q-net.or.kr) 참조, 이상의 일정 등은 변경될 수 있습니다.

■ 시험과목 및 시험방법

구 분	시험과목	시험방법	문항 수	시험시간	휴대
1차 시험 1교시 (2과목)	■ 부동산학개론 　(부동산감정평가론 포함) ■ 민법 및 민사특별법 중 　부동산중개에 관련되는 규정	객관식 5지선다형	과목당 40문항 (1번~80번)	100분 (9:30~11:10)	계산기
2차 시험 1교시 (2과목)	■ 공인중개사의 업무 및 부동산거래신고 등 　에 관한 법령·중개실무 ■ 부동산공법 중 부동산중개에 관련되는 규정		과목당 40문항 (1번~80번)	100분 (13:00~14:40)	
2차 시험 2교시 (1과목)	■ 부동산공시에 관한 법령(「부동산등기법」, 　「공간정보의 구축 및 관리등에 관한 법률」) 　및 부동산 관련 세법		40문항 (1번~40번)	50분 (15:30~16:20)	

※ 답안작성 시 법령이 필요한 경우는 시험시행일 현재 시행되고 있는 법령을 기준으로 작성

주의사항
1. 수험자는 반드시 입실시간까지 입실하여야 함(시험시작 이후 입실 불가)
2. 개인별 좌석배치도는 입실시간 20분 전에 해당 교실 칠판에 별도 부착함
3. 위 시험시간은 일반응시자 기준이며, 장애인 등 장애유형에 따라 편의제공 및 시험시간 연장가능
　(장애 유형별 편의제공 및 시험시간 연장 등 세부내용은 큐넷 공인중개사 홈페이지 공지사항 참조)

▌합격기준

구분	합격결정기준
1차 시험	매 과목 100점을 만점으로 하여 매 과목 40점 이상, 전 과목 평균 60점 이상 득점한 자
2차 시험	

▌시험과목 및 출제비율

구 분	시험과목	출제범위	출제비율
1차 시험 (2과목)	부동산학개론 (부동산감정평가론 포함)	부동산학개론	85% 내외
		부동산감정평가론	15% 내외
	민법 및 민사특별법 중 부동산중개에 관련되는 규정	민법(총칙 중 법률행위, 질권을 제외한 물권법, 계약법 중 총칙·매매·교환·임대차)	85% 내외
		민사특별법(주택임대차보호법, 집합건물의 소유 및 관리에 관한 법률, 가등기담보 등에 관한 법률, 부동산 실권리자명의 등기에 관한 법률, 상가건물 임대차보호법)	15% 내외
2차 시험 (3과목)	공인중개사의 업무 및 부동산거래신고 등에 관한 법령·중개실무	공인중개사법, 부동산거래신고 등에 관한 법률	70% 내외
		중개실무	30% 내외
	부동산공법 중 부동산중개에 관련되는 규정	국토의 계획 및 이용에 관한 법률	30% 내외
		도시개발법, 도시 및 주거환경정비법	30% 내외
		주택법, 건축법, 농지법	40% 내외
	부동산공시에 관한 법령(「부동산등기법」, 「공간정보의 구축 및 관리등에 관한 법률」) 및 부동산 관련 세법	부동산등기법	30% 내외
		공간정보의 구축 및 관리 등에 관한 법률 (제2장 제4절 및 제3장)	30% 내외
		부동산 관련 세법(상속세, 증여세, 법인세, 부가가치세 제외)	40% 내외

차 례

경록교재, 1회독이 합격을 좌우합니다.

Part 1 부동산학총론

Chapter 1 부동산의 개념과 분류 4
1. 부동산의 개념 5
2. 부동산의 분류 6

Chapter 2 부동산의 특성 11

Part 2 부동산학각론

Chapter 1 부동산경제론 20

제1절 부동산의 수요 21
1. 부동산에 대한 수요 21
2. 부동산에 대한 공급 25
3. 부동산수요와 공급의 탄력성 28
4. 균형가격의 결정(균형가격)과 변동 31
5. 거미집이론(cob-web theorem) 36

제2절 부동산의 경기변동 38
1. 일반경기 38
2. 부동산경기변동 39

Chapter 2 부동산시장론 45

제1절 부동산시장의 의의 46
1. 부동산시장의 개념과 유형 46
2. 부동산시장의 기능과 특성 46

제2절 효율적 시장 48
1. 효율적 시장의 의의 및 구분 48
2. 할당 효율적 시장 50

제3절 여과과정(濾過過程) 52
1. 여과과정의 의의 52
2. 하향여과와 상향여과 52
3. 여과작용과 주거분리 53
4. 침입(Invasion) 51
5. 계승(Succession) 54

Chapter 3 입지 및 공간구조론 55

제1절 입지 56
1. 부동산입지선정의 의의 56
2. 주요 입지론 57
3. 용도별 입지선정 61
4. 개발부지의 입지선정 67

제2절 도시공간구조론 70
1. 동심원이론:버제스 70
2. 선형이론:호이트 70
3. 다핵심이론:해리스와 울만 71

Chapter 4 부동산정책론 72

제1절 부동산문제 73
1. 부동산문제의 의의 73
2. 부동산문제의 내용 73
3. 부동산문제의 특징 75

제2절 부동산정책 76
1. 부동산정책의 의의 76
2. 정부의 시장개입 76

제3절 토지정책 81
1. 토지정책의 목표 81
2. 토지정책의 수단 81
3. 토지정책의 주요 내용 82
4. 지역지구제 83
5. 개발이익환수제도 86

제4절 주택정책 88
1. 주택정책의 의의 88
2. 주택정책의 원리 89
3. 주택정책의 내용 90
4. 임대료 규제정책 91
5. 임대료 보조정책 92
6. 공공임대주택 공급정책 93
7. 주택분양정책 96

제5절 부동산조세정책 99
1. 부동산조세의 의의 99
2. 부동산조세의 기능 99
3. 재산세 100
4. 양도소득세 102

Chapter 5 부동산투자론 104

제1절 부동산투자 기초이론 105
1. 부동산투자의 의의 105
2. 화폐의 시간가치 108

제2절 부동산투자분석 기법 116
1. 부동산투자결정의 과정 116
2. 현금흐름(cash flow)의 계산 117
3. 부동산투자분석의 기법 120
4. 레버리지효과 133

제3절 부동산투자의 위험과 수익 137
1. 부동산투자의 위험과 수익의 관계 137
2. 부동산투자 위험분석 142
3. 포트폴리오 이론 146

차 례

Chapter 6 부동산금융론 149

제1절 부동산금융 150

제1관 부동산금융의 개요 150
1. 부동산금융의 의의 150
2. 주택금융의 의의와 역할 152
3. 부동산시장과 주택금융 153

제2관 부동산의 저당대출제도 154
1. 저당(Mortgage;모기지) 154
2. 저당대출의 종류 155

제2절 부동산증권론 167

제1관 부동산유동화와 증권화 167
1. 자산유동화 167
2. ABS(자산담보부증권)의 유동화제도 168
3. 주택저당채권의 유동화 169
4. 저당유동화시장 170
5. 한국주택금융공사 171
6. 주택저당유동화 방법 173

제2관 부동산자금조달의 형태 175
1. 부동산신디케이트(Syndicate) 175
2. 프로젝트 파이낸싱(PF) 176
3. 부동산투자신탁(Reits) 179
4. 부동산펀드 185

제3관 우리나라의 주택금융제도 187
1. 제도권 금융 187
2. 비제도권 주택금융 189

Chapter 7 부동산개발 및 관리론 190

제1절 부동산이용 191

1. 토지이용활동의 의의 191
2. 최유효이용과 집약적 토지이용 191
3. 지대이론 194
4. 지가이론 197
5. 지가구배현상 199
6. 도시스프롤(Sprawl)현상 200
7. 직·주분리와 직·주근접 200
8. 한계지의 지가법칙 201
9. 인근지역의 생애주기 202

제2절 부동산개발 205

1. 부동산개발의 의의와 분류 205
2. 부동산개발의 과정 206
3. 부동산개발과정의 위험분석과 투자분석 208
4. 신개발사업 211
5. 부동산개발 방법 213

제3절 부동산관리 221

1. 부동산관리의 필요성 등 221
2. 부동산관리의 방식 225
3. 빌딩의 내용연수와 생애주기 226
4. 부동산의 관리 228

제4절 부동산마케팅 230

1. 부동산마케팅의 의의 230
2. 부동산마케팅 전략 231
3. 부동산광고 233

Part3 부동산감정평가론

Chapter 1 감정평가의 기초이론 238

1. 부동산감정평가의 의의 239
2. 감정평가의 분류 240
3. 부동산감정평가의 특별원칙 242
4. 감정평가 활동 절차 243

Chapter 2 부동산의 가치이론 244

제1절 부동산가치와 가격 245
1. 가치와 가격 245
2. 부동산가치의 형성요인 248

제2절 부동산가치의 제원칙 250

제3절 지역분석 255
1. 지역분석의 의의 255
2. 지역분석의 대상지역 257

제4절 개별분석 260
1. 개별분석의 의의 260
2. 지역분석과 개별분석의 관계 262

Chapter 3 감정평가방식 263

제1절 감정평가 3방식의 접근원리 264

제2절 3방식 265
1. 원가방식(비용접근법) 265
2. 비교방식—거래사례비교법 / 공시지가기준법 / 임대사례비교법 273
3. 수익방식(수익환원법/수익분석법) 280

제4절 물건별 감정평가방법 287

Chapter 4 부동산가격공시 290

1. 부동산 가격공시에 관한 법률 291
2. 공시지가제도 291
3. 주택가격공시제도 294

PART 01 부동산학총론

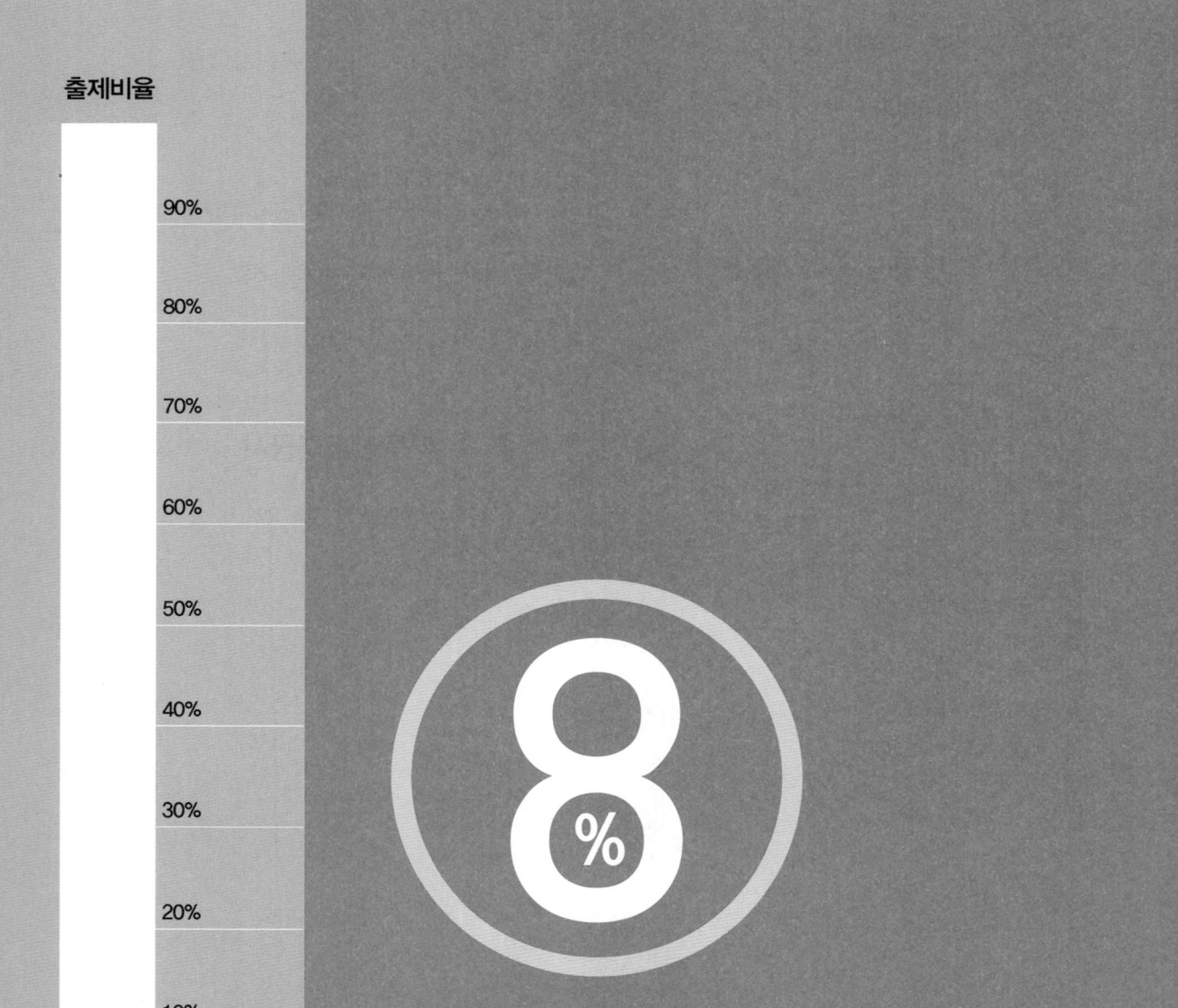

출제비율 8%

구분		25회	26회	27회	28회	29회	30회	31회	32회	33회	34회	계	비율(%)
부동산학 총론	제1장 부동산학의 이해	0	1	1	1	1	0	1	0	0	0	5	1.3
	제2장 부동산의 개념과 분류	3	2	3	1	2	2	1	2	3	2	21	5.3
	제3장 부동산의 특성	0	0	0	1	0	1	1	1	1	1	6	1.5
	소 계	3	3	4	3	3	3	3	3	4	3	32	8.0

CHAPTER 01 부동산의 개념과 분류

학습 포인트

- 부동산학 이론과 실무, 그리고 공인중개사 자격시험의 시작은 부동산개념과 분류에서 시작된다. 특히, 3대 측면(법률적·경제적·기술적 측면)의 부동산에 대한 복합개념과 토지이용활동 상의 분류는 매우 중요하다.

CHAPTER 학습 & 출제되는 키워드

- ☑ 부동산의 개념
- ☑ 법률적 개념(협의의 부동산과 광의의 부동산)
- ☑ 부동산의 복합개념
- ☑ 경제적 개념
- ☑ 기술적 개념(3차원 공간)
- ☑ 정착물의 구분
- ☑ 복합부동산
- ☑ 광의의 부동산
- ☑ 토지의 단위(획지·필지)
- ☑ 토지의 용도에 따른 분류 (후보지·이행지)
- ☑ 지목·용도지역·지구·구역
- ☑ 소지·부지·건부지·공지
- ☑ 나지·맹지·환지·체비지
- ☑ 포락지·법지·빈지·유휴지
- ☑ 단독주택과 공동주택
- ☑ 도시형 생활주택·준주택

CHAPTER 학습 & 출제되는 질문

- ☑ 토지의 정착물에 해당하지 않는 것은?
- ☑ 부동산의 개념에 관한 것으로 옳은 것으로만 짝지어진 것은?
- ☑ 토지는 사용하는 상황이나 관계에 따라 다양하게 불리는 바, 토지 관련 용어의 설명으로 틀린 것은?
- ☑ 우리나라에서 부동산과 소유권에 관한 설명으로 틀린 것은?
- ☑ 건부지와 나지의 특성에 관한 설명으로 틀린 것은?
- ☑ 다중주택의 요건이 아닌 것은?(단, 건축법령상 단서 조항은 고려하지 않음)

제1장 부동산의 개념과 분류

01 부동산의 개념 ★★★

Professor Comment
① 협의의 부동산과 광의의 부동산은 법률적 개념에 해당됨을 알고 있어야 한다.
② 부동산의 복합개념을 형성하는 각 개념에 대하여 구분하여 파악하고 있어야 한다.

1 부동산의 복합개념 ★★   〔17·22·23회·34회 출제〕

Professor Comment
3대 측면별로 접근하는 부동산의 개념을 명확히 구분해야 한다.

부동산(토지)은 법률적 개념, 경제적 개념, 기술(물리)적 개념 등으로 다양하게 인식될 수 있다.

(1) **법률적 개념**(法律的 槪念) – 무형적 측면
 부동산을 협의의 부동산(토지와 그 정착물)과 광의의 부동산(협의의 부동산에 준부동산을 포함한 것) 등으로 인식하는 것을 말한다.

(2) **경제적 개념**(經濟的 槪念) – 무형적 측면
 부동산을 자산, 자본, 생산요소, 소비재(상품) 등으로 인식하는 것을 말한다.
 → 유형적 측면의 부동산을 이해하는 데 도움

(3) **기술(물리)적 개념**(技術的 槪念)   〔27회 출제〕
 부동산을 자연이나 공간, 위치, 환경 등으로 인식하는 것을 말한다.

2 협의의 부동산 ★

(1) 「민법」상의 부동산   〔22·25·29·33회 출제〕

 1) 토지 및 그 정착물을 말한다.
  ① 정착물은 토지에 지속적으로 부착되어 이용되는 것으로 쉽게 분리할 수 없는 물건이다.
   ㉠ 정착물 중 토지와 독립된 것 : 건물, 명인방법이나 '입목에 관한 법률'에 의해 소유권보존등기를 받은 수목의 집단, 권원 유무에 관계없이 타인의 토지에서 경작·재배한 농작물 등
   ㉡ 정착물 중 토지와 독립되지 않은 것 : 수목, 담장, 교량, 송전탑 등
  ② 정착물이 아닌 것 : 가식(仮植) 중의 수목, 임차인이 설치한 물건, 판잣집, 신문가판대 등

 2) 토지의 소유권은 정당한 이익이 있는 범위 내에서 토지의 상하(空中, 地下)에 미친다.

 3) 미채굴의 광물에는 사적 소유권이 미치지 않는다.

(2) 복합부동산 ★
토지와 건물이 결합된 상태로 부동산활동의 대상이 되는 경우에 복합부동산이라 한다.

▶ 복합부동산·복합개념의 부동산·복합건물의 비교 ◀

복합부동산	토지와 그 토지 위의 정착물이 각각 독립된 거래의 객체이면서도 마치 하나의 결합된 상태로 다루어져 부동산활동의 대상으로 삼는 것
복합개념의 부동산	무형적 측면의 법률·경제적 개념과 유형적 측면의 기술적 개념의 부동산
복합건물	하나의 건물에 주거와 근린생활시설 등과 같이 둘 이상의 용도로 이용되고 있는 건물

3 광의의 부동산 ★   `22회 출제`

① 광의의 부동산이란 협의의 부동산에 <u>준부동산</u>을 포함한 것을 말한다. → 의제부동산 = 간주부동산
② 준부동산이란 의제부동산이라고도 하며, 부동산과 같이 등기 또는 등록이라는 공시수단을 지닌 것으로 공장재단, 광업재단, 선박, 입목, 항공기, 자동차, 건설기계(중기), 어업권, 광업권 등이 있다.

02 부동산의 분류 ★★

1 토지의 분류   `27·28회·34회 출제`

(1) 지목(地目) – 「공간정보의 구축 및 관리 등에 관한 법률」상 분류
① 지목(地目)이란 토지의 주된 용도에 따라 토지의 종류를 구분하여 지적공부(토지대장·임야대장 등)에 등록한 것으로 「공간정보의 구축 및 관리 등에 관한 법률」에 따라 28개로 분류된다.
② 특히, 도면(지적도·임야도)상에 지목을 나타낼 때의 부호는 과수원(과), 목장용지(목) 등과 같이 두(頭 ; 머리글자)문자로 나타내나, 하천(천), 유원지(원), 공장용지(장), 주차장(차) 4개의 지목만은 차(次)문자로 표기한다.

(2) 용도지역·지구·구역제 – 「국토의 계획 및 이용에 관한 법률」상의 용도적 분류   `26회 출제`
① 용도지역은 토지의 이용 및 건축물의 용도·건폐율·용적률·높이 등을 제한함으로써 토지를 경제적·효율적으로 이용하고 공공복리의 증진을 도모하기 위하여 서로 중복되지 아니하게 도시·군관리계획으로 결정하는 지역으로 국토교통부장관, 시·도지사 또는 대도시 시장이 지정한다.
② 용도지구는 토지의 이용 및 건축물의 용도·건폐율·용적률·높이 등에 대한 용도지역의 제한을 강화 또는 완화하여 적용함으로써 용도지역의 기능을 증진시키고 경관·안전 등을 도모하기 위하여 도시·군관리계획으로 결정하는 지역을 말한다.

③ 용도구역은 토지의 이용 및 건축물의 용도·건폐율·용적률·높이 등에 대한 용도지역 및 용도지구의 제한을 강화 또는 완화하여 따로 정함으로써 시가지의 무질서한 확산방지, 계획적이고 단계적인 토지이용의 도모, 토지이용의 종합적 조정·관리 등을 위하여 도시·군관리계획으로 결정하는 지역을 말한다.(이와 관련된 구체적인 내용은 제4장 부동산정책론, 2.정부의 시장개입 방법, (3) 토지이용규제: 용도지역·지구제 참조).

(3) 토지이용활동상의 분류 ★★

10·추가15·22·24·25회 출제

1) **나지** ★
토지에 건물이나 그 밖의 정착물이 없고 지상권 등 토지의 사용·수익을 제한하는 사법상의 권리가 설정되어 있지 아니한 토지를 말한다.

2) **획지와 필지** ★★

18·22·24회 출제

① 획지(劃地) : 인위적·자연적 조건에 따라 다른 토지와 구별되는 가격수준이 비슷한 일단(一團)의 토지를 말한다. 따라서 경제적 개념이다.
② 필지(筆地) : 하나의 지번이 붙는 토지의 등록단위이다. 따라서 법률적 개념이다.
③ 필지가 획지보다 큰 경우도 있고, 필지가 획지보다 작은 경우도 있다. 필지와 획지의 크기가 동일한 경우도 있다.

3) **소지**(素地, 原地) ★
택지 등으로 개발되기 이전의 자연적인 그대로의 토지이다.

4) **부지**(敷地) ★

22회 출제

택지 등 건축용지와 하천용지, 철도용 부지, 수도용 부지 등 건물을 세우거나 시설을 들여놓기 위한 용도로 제공되는 토지로 포괄적 개념이다.

5) **택지**(宅地)
주거·상업·공업용지 등의 용도로 이용되고 있거나 해당 용도로 이용할 목적으로 조성된 토지를 말한다.

6) **건부지**(建附地)

22·25회 출제

건물 등의 용도로 제공되고 있는 부지이다.

7) **공지**(空地)

22·24회 출제

건부지 중 건폐율과 용적률의 제한으로 건물을 제외한 남은 토지이다.

8) **후보지**(候補地) ★

24회 출제

① 임지지역, 농지지역, 택지지역 등 대분류 상호 간에 다른 종별지역으로 전환되고 있는 지역에 속한 토지이다.
② 후보지의 예 : 농지지역이 택지지역으로 전환과정에 있을 경우는 택지후보지라고 한다.

9) **이행지**(移行地) ★
① 임지지역(용재림지역[목재용 나무를 심는 지역]·신탄림지역[땔감용 나무를 심는 지역]), 농지지역(예 전·답·과수원지역), 택지지역(주택·상업·공업지역) 내 소분류 상호 간의 지역 간 용도변경이 진행되고 있는 토지이다.
② 이행지의 예 : 택지지역 내에서 주택지역이 상업지역으로 이행이 진행된다거나, 농지지역 중 과수원지역이 전지지역(田地地域)으로 이행되는 것

10) **맹지**(盲地) ★ →지역권과 관계있음

공도(公道)에 접한 부분이 없는 토지, 즉 타인의 토지에 둘러싸여 도로에 직접 접속되지 않은 한 획지의 토지를 말한다.

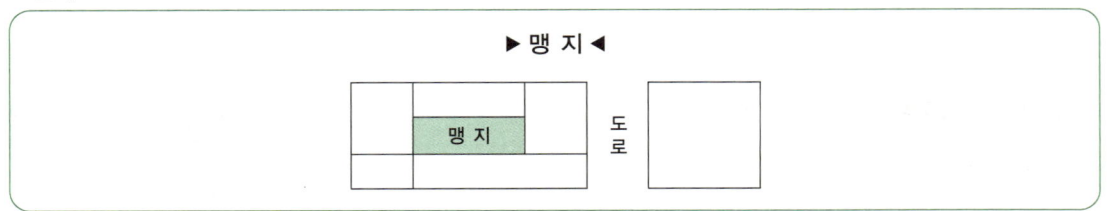

Professor Comment
도로에 접해 있지 않은 맹지는 감가요인이 된다.

11) **대지**(垈地)**와 대지**(袋地)
① **대지**(垈地) : 「공간정보의 구축 및 관리 등에 관한 법률」에 따라 각 필지(筆地)로 나눈 토지를 말한다.
② **대지**(袋地) : 어떤 토지가 다른 토지에 둘러싸여 공도에 연접된 부분이 협소한 자루 모양의 토지이다(자루형 획지).

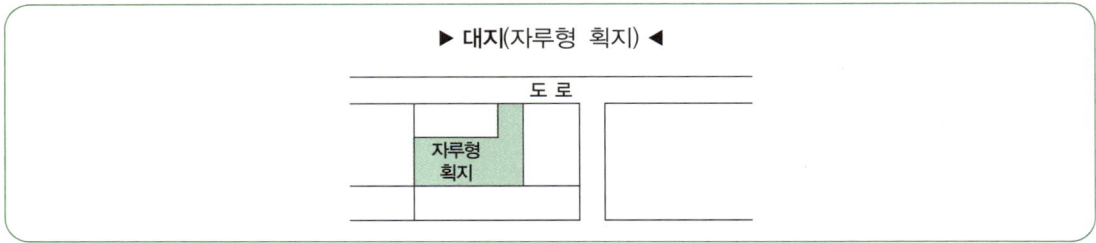

Professor Comment
자루형 획지는 다른 토지에 비해 통로가 좁은 토지이다.

12) **포락지**(浦落地) ★   `30회 출제`
① 개인의 사유지로서의 토지가 바닷물이나 적용하천의 물에 개먹어(침식되어) 무너져 바다나 하천 밑으로 잠긴 토지를 의미한다. 포락지는 등기부상의 소유자와 관계없이 국유이다.
② 「공유수면 관리 및 매립에 관한 법률」에서는 포락지란 '지적공부에 등록된 토지가 물에 침식되어 수면 밑으로 잠긴 토지로 소유권이 인정되지 않는 토지이다

13) **법지**(法地)   `24·34회 출제`
토지의 유효지표면 경계와 인접지 또는 도로면과의 사이에 경사진 토지를 말한다. 법률상 사적 소유의 대상은 되나 사용·수익이 사실상 불가능한 토지이다.

14) **빈지**(濱地, 바닷가)   `30·34회 출제`
해안선(약최고고조면 : 최고만조위선)으로부터 지적공부에 등록된 토지 사이의 해변 토지를 말한다. 법률상 소유권의 대상은 아니나 사용·수익의 대상이 되는 토지이다.

제1장 부동산의 개념과 분류

15) 성숙지와 미성숙지
① 성숙지는 시간의 낭비 없이, 즉시 건축 활동 등 소기의 이용을 할 수 있는 토지이다.
② 미성숙지는 건축활동을 위해서는 많은 기간과 노력 및 비용이 요구되는 토지이다.

16) 한계지(限界地) : 생산물의 전체 가치와 생산비가 일치하는 택지이용의 최원방권(最遠方圈)에 있는 토지이다.

17) 선하지(線下地) : 고압전선 아래의 토지를 말하며, 선하지 감가의 대상이 된다.

18) 공한지(空閑地) → 투기목적→공휴지라고도 함 `33회 출제`
도시토지로서 지가상승만을 기대하고 장기간 방치하는 토지이다.

19) 유휴지(遊休地) : 개발해야 할 토지를 개발하지 않고 투기목적으로 방치한 토지이다.

20) 휴한지(休閑地) : 지력(地力)회복을 위해 정상적으로 쉬고 있는 토지이다. `24회 출제`

21) 환지(換地) : 도시개발사업에 소요된 비용과 공공용지를 제외한 후 도시개발사업 전 토지의 위치·지목·면적 등을 고려하여 토지소유자에게 재분배하는 토지를 말한다. `33회 출제`

22) 체비지(替費地) : 도시개발사업에 필요한 경비에 충당하기 위하여 환지로 정하지 아니한 토지를 말한다. `33회 출제`

23) 표준지(標準地) : 지가의 공시를 위해 가치형성요인이 같거나 유사하다고 인정되는 일단의 토지 중에서 선정한 토지를 말한다.

24) 표본지(標本地) : 지가변동률 조사·산정대상 지역에서 행정구역별·용도지역별·이용상황별로 지가변동을 측정하기 위하여 선정한 대표적인 필지를 말한다.

25) 농지(農地) : 「공간정보의 구축 및 관리에 관한 법률」상의 지목 여하에도 불구하고 실제 토지의 현상이 농경지 또는 다년생식물의 재배지로 이용되는 토지와 그 개량시설의 부지이다.

26) 임지(林地) : 산림지와 초지를 모두 포함하는 포괄적인 용어이다.

→ 단독주택과 공동주택의 구분이 중요함

2 주택의 분류 ★

`12·21·25회 출제`

(1) 단독주택

1) **단독주택** : 1세대가 하나의 건축물 안에서 독립된 주거생활을 할 수 있는 구조로 된 주택을 말한다.

2) **다중주택** ★ `25·28회 출제`
다음의 요건을 모두 갖춘 주택을 말한다.
① 학생 또는 직장인 등 여러 사람이 장기간 거주할 수 있는 구조로 되어 있는 것
② 독립된 주거의 형태를 갖추지 아니한 것(각 실별로 욕실은 설치할 수 있으나, 취사시설은 설치하지 아니한 것)
③ 1개동의 주택으로 쓰이는 바닥면적의 합계(연면적)가 660㎡ 이하이고 주택으로 쓰이는 층수(지하층 제외)가 3개층 이하일 것. 다만, 1층의 전부 또는 일부를 필로티 구조로 하여 주차장으로 사용하고 나머지 부분을 주택 외의 용도로 쓰는 경우에는 해당 층을 주택의 층수에서 제외한다.
④ 적정한 주거환경을 조성하기 위하여 건축조례로 정하는 실별 최소면적, 창문의 설치 및 크기 등의 기준에 적합할 것

3) 다가구주택★
다음의 요건을 모두 갖춘 주택으로서 공동주택에 해당하지 아니하는 것을 말한다.
① 주택으로 쓰는 층수(지하층은 제외함)가 3개층 이하일 것. 다만, 1층의 전부 또는 일부를 필로티 구조로 하여 주차장으로 사용하고 나머지 부분을 주택 외의 용도로 쓰는 경우에는 해당 층을 주택의 층수에서 제외한다.
② 1개동의 주택으로 쓰이는 바닥면적(부설 주차장 면적은 제외함)의 합계가 660m² 이하일 것
③ 19세대(대지 내 동별 세대수를 합한 세대를 말함) 이하가 거주할 수 있을 것

4) 공관(公館)
직위가 높은 정부 관리들의 공적인 저택(국무총리 공관, 서울시장공관 등)

(2) 공동주택
25·31·33회 출제

① 건축물의 벽·복도·계단이나 그 밖의 설비 등의 전부 또는 일부를 공동으로 사용하는 각 세대가 하나의 건축물 안에서 각각 독립된 주거생활을 할 수 있는 구조로 된 주택으로 아파트, 연립주택, 다세대주택, 기숙사, 도시형 생활주택이 있다.

▶ 「건축법 시행령」상의 공동주택(건축법 시행령 제3조의5 [별표 1] 참조) ◀

아파트	주택으로 쓰는 층수가 5개층 이상인 주택	구분소유권 등기 가능
연립주택	주택으로 쓰는 1개동의 바닥면적(2개 이상의 동을 지하주차장으로 연결하는 경우에는 각각의 동으로 본다) 합계(건축연면적)가 660제곱미터를 초과하고, 층수가 4개층 이하인 주택	
다세대주택	주택으로 쓰는 1개동의 바닥면적 합계(건축연면적)가 660제곱미터 이하이고, 층수가 4개 층 이하인 주택(2개 이상의 동을 지하주차장으로 연결하는 경우에는 각각의 동으로 본다)	
기숙사	• 일반기숙사: 학교 또는 공장 등의 학생 또는 종업원 등을 위하여 사용하는 것으로서 해당 기숙사의 공동취사시설 이용 세대 수가 전체 세대 수(건축물의 일부를 기숙사로 사용하는 경우에는 기숙사로 사용하는 세대 수로 한다. 이하 같다)의 50% 이상인 것(「교육기본법」 제27조제2항에 따른 학생복지주택을 포함한다) • 임대형기숙사: 「공공주택 특별법」 제4조에 따른 공공주택사업자 또는 「민간임대주택에 관한 특별법」 제2조제7호에 따른 임대사업자가 임대사업에 사용하는 것으로서 임대 목적으로 제공하는 실이 20실 이상이고 해당 기숙사의 공동취사시설 이용 세대 수가 전체 세대 수의 50% 이상인 것	

주의) 「주택법」에서는 기숙사를 준주택으로 분류하고 있다.

② 층수를 산정할 때 1층 전부를 필로티 구조로 하여 주차장으로 사용하는 경우에는 필로티 부분을 층수에서 제외할 뿐만 아니라 지하층과 1층의 전부 또는 일부를 필로티 구조로 하여 주차장으로 사용하고 나머지 부분을 주택 외의 용도로 쓰는 경우에도 해당 층을 주택의 층수에서 제외한다.

(3) 도시형 생활주택과 준주택 (「주택법」 제2조 참조)

도시형 생활주택	"도시형 생활주택"이란 「국토의 계획 및 이용에 관한 법률」에 따른 도시지역에 건설하는 300세대 미만의 국민주택규모[1]에 해당하는 주택으로서 소형 주택·단지형 연립주택·단지형 다세대주택이 있다(주택법 제2조 제20호, 동법 시행령 제10조).
준주택	"준주택"이란 주택 외의 건축물과 그 부속토지로서 주거시설로 이용 가능한 시설 등을 말하며, 그 범위와 종류는 다음과 같다. ① 기숙사 ② 다중생활시설[2] ③ 노인복지주택 ④ 오피스텔

---
1) '국민주택규모'란 주거의 용도로만 쓰이는 면적(이하 "주거전용면적"이라 한다)이 1호(戶) 또는 1세대당 85제곱미터 이하인 주택(「수도권정비계획법」 제2조제1호에 따른 수도권을 제외한 도시지역이 아닌 읍 또는 면 지역은 1호 또는 1세대당 주거전용면적이 100제곱미터 이하인 주택을 말한다)을 말한다.
2) 「다중이용업소의 안전관리에 관한 특별법」에 따른 다중이용업 중 고시원업의 시설과 제2종 근린생활시설에 해당하지 아니하는 것을 말한다.

CHAPTER 02 부동산의 특성

학습 포인트

- 자연적 특성과 그 각각에 대한 파생특성의 파악이 중요하다.
- 부동산의 특성 중 토지의 자연적 특성을 중심으로 학습하는 것이 매우 중요하다.
- 부동산의 특성은 매년 시험에 출제되는 부분으로 특히, 부동산의 자연적 특성을 중심으로 한 파생특성을 구분 정리해 두어야 한다.

CHAPTER 학습 & 출제되는 키워드

- ☑ 부동산의 특성
- ☑ 자연적 특성
- ☑ 부동성
- ☑ 영속성
- ☑ 부증성
- ☑ 개별성
- ☑ 인접성
- ☑ 인문적 특성
- ☑ 용도의 다양성
- ☑ 병합·분할의 가능성
- ☑ 사회적·경제적·행정적 위치의 가변성과 사례

CHAPTER 학습 & 출제되는 질문

- ☑ 부동산의 특성으로 인해 파생되는 특징에 관한 설명 중 옳은 것은?
- ☑ 부동산의 특성에 관한 설명으로 옳은 것은?
- ☑ 토지의 자연적 특성 중 다음 설명과 모두 관련 있는 것은?
- ☑ 부동산의 자연적 특성인 부동성(지리적 위치의 고정성)의 파생적 특징과 가장 관련성이 적은 것은?
- ☑ 토지의 특성에 관한 설명으로 틀린 것은?

제1편 부동산학총론

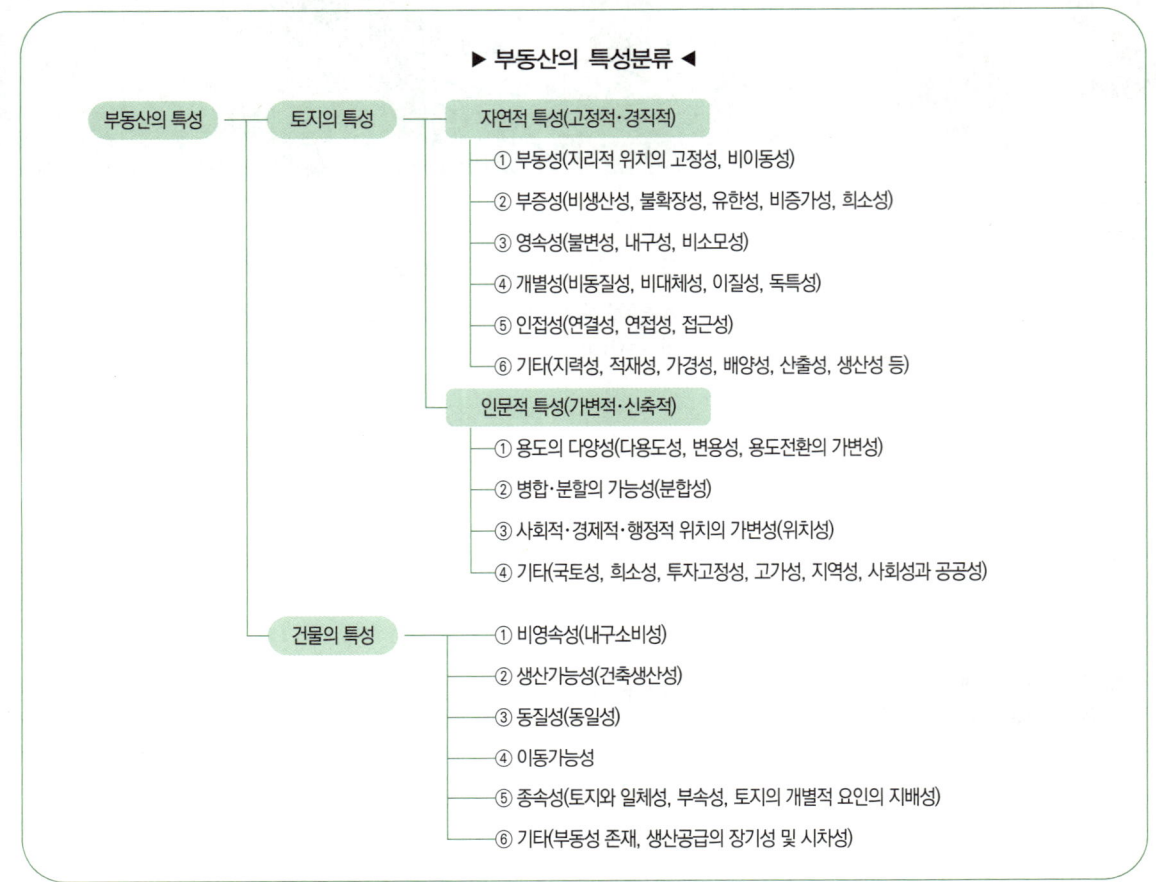

1 자연적(물리적) 특성 ★★★   → 선천적, 불변적 특성
10·11·12·13·14·추가15·28·29회·30회·31회·32회·33회·34회 출제

(1) **부동성**(不動性 ; 지리적 위치의 고정성, 비이동성)
  1) 의의
     부동산의 지리적 위치는 인간의 힘으로 이동시킬 수 없다는 특성이다
  2) 파생특성   11·22·24·33·34회 출제
     ① 부동산과 동산을 구별 짓는 근거가 된다.
     ② 부동산활동을 임장활동(臨場活動)으로 만든다.
     ③ 부동산활동 및 부동산현상을 국지화(局地化)시킨다.
     ④ 부동산시장을 추상적 시장으로 만든다.
     ⑤ 부동산활동을 정보활동으로 만든다.
     ⑥ 토지관계법의 복잡성이 생긴다.

제2장 부동산의 특성

 기타 파생특성

① 입지선정의 중요성을 부여한다.
② 위치에 의해 토지의 유용성이 좌우된다.
③ 외부효과의 근거(외부성 원리) 및 용도지역지구제 설정의 근거가 된다.
④ 부동산시장을 불완전경쟁시장으로 만든다.
⑤ 사회적 불안이 높은 경우에는 부동산의 소유본능이 위축된다.
⑥ 거래활동에서 견본제시가 불가능(하위시장, 즉 부분시장으로 존재)하다.
⑦ 토지시장에서 위치(경제)지대를 발생시킨다.
⑧ 부동산시장의 기능을 대행하는 개업공인중개사의 필요성이 요구된다.
⑨ 부동산가격은 소유권 및 기타 권리와 이익의 가격으로 담보가치의 안정성을 제공한다.

(2) **영속성**(永續性 ; 불변성, 비소모성)   26회 출제

　1) 의의
　　부동산은 사용이나 시간의 흐름에 의해서 소모나 마멸이 되지 않는다는 특성이다.

　2) 파생특성   15·22·24·27·30·33회 출제
　　① 토지에는 감가상각이 배제된다.
　　② 토지 수익의 유용성은 영속적이다.
　　③ 부동산활동은 장기적 배려를 필연적으로 요구하게 된다.
　　④ 토지의 소유이익(자본이득)과 이용이익(소득이득)을 분리하여 타인으로 하여금 이용 가능케 한다.
　　⑤ 부동산가치의 제원칙 중 예측의 원칙, 변동의 원칙의 근거가 된다.
　　⑥ 투자자의 보유기간이 장기여서 처분 시 자본이득이 발생한다.
　　⑦ 부동산관리의 의의를 제고시킨다.
　　⑧ 부동산가치는 장래 기대되는 편익을 현재가치로 환원하는 직접환원법의 근거가 된다.
　　⑨ 부동산 공급의 측면에서 기존의 건물이 시장에 다시 공급되므로 재고시장의 역할이 중요하다.

(3) **부증성**(不增性 ; 면적의 유한성, 비생산성)   13·17·21회 출제

　1) 의의   22회 출제
　　토지는 다른 생산물처럼 자본이나 노동을 투입하여도 물리적 절대량을 증가시킬 수 없다는 특성이다.

　2) 파생특성
　　① 토지에는 생산비의 법칙이 적용되지 않기 때문에 토지의 가액을 원가법(原價法)으로 구할 수 없다.   10·11·22·24·29·33회 출제
　　② 공급의 한계로 인하여 토지시장은 공급자의 경쟁보다 **수요자 경쟁의 원인**이 된다.   → 입지경쟁원인
　　③ 토지의 **물리적 공급곡선은 수직**이 되므로 공급의 가격탄력성을 완전비탄력적으로 만든다.   → 수요는 증가하는 데 반해 공급은 전혀 늘어나지 않는 경우이다.
　　④ 부동산문제(특히, 지가상승)의 가장 근본원인이다.
　　⑤ 생산에 의한 토지의 수급조절의 어려움으로 균형가격이 자연스럽게 형성되지 않는다. 이로 인하여 감정평가의 필요성과 부동산 감정평가사제도·공시지가제도 등이 필요하다.

⑥ 공간 수요의 입지경쟁을 유발시키고 토지이용을 집약화 시킨다.
⑦ 토지에 대한 소유경쟁(독점 등 소유 욕구를 증대시킴)을 발생시킨다.
⑧ 토지의 물리적 공급은 불가능하나 경제적 공급(용도전환)은 가능하다.
⑨ 토지의 공개념과 밀접한 관계가 있다.
⑩ 최유효이용의 근거가 된다.

(4) 개별성(個別性 ; 비동질성, 비대체성, 이질성, 독특성)

1) **의의**
   부동산의 위치나 접근성, 면적, 크기, 구조, 지질 등 개별적 특성을 종합해 봤을 때 동일한 것은 대상 부동산 하나 밖에 없다는 특성이다.

2) **파생특성**   `16·33회 출제`
   ① 대상부동산의 적정가격을 판정하기 위해서는 개별분석이 필요하다.
   ② 부동산의 가격 및 수익 등을 개별화·구체화시킨다.
   ③ 부동산에 일물일가의 법칙이 적용되지 않는다. 따라서 부동산 전문활동, 즉 감정평가 등이 요구된다.
   ④ 부동산활동에서 대상부동산과 다른 부동산의 비교를 어렵게 만든다.
   ⑤ 부동산활동이나 부동산현상을 개별화시킨다.
   ⑥ 감정평가 제 원칙 중 '대체의 원칙'이 적용되기 어렵다.
   ⑦ 특정 부동산에 대한 시장정보의 수집이 어렵고 거래비용이 높아질 수 있다.

(5) 인접성(隣接性 ; 연결성, 접근성)   `13·24회 출제`

1) **의의**
   물리적으로 토지는 무한히 연속되고 반드시 인접토지와 연결되어 있다는 특성이다.

2) **파생특성**
   ① 인접토지와 상호 밀접한 의존적 관계가 형성되어 그 이용에 상린성(相隣性)이 강하다.
   ② 토지이용으로 인한 외부효과가 발생하며, 이로 인하여 토지이용에 있어 협동적 논리주장의 근거가 된다.
   ③ 소유와 관련해 경계문제를 야기한다.
   ④ 가격구성에 있어 인접지의 영향을 받으므로 지역분석을 필연화시킨다.
   ⑤ 개발이익의 사회적 환수, 개발손실에 대한 보상의 논리적 근거가 된다.
   ⑥ 부동산의 용도에 있어 대체 가능성을 가져온다.

2 인문적 특성 ★★

> 공공성·사회성에 근거하지 않는다.
> 후천적, 가변적 특성

(1) 용도의 다양성(변용성, 다용도성, 용도전환의 가변성)

1) 의의

   토지는 다른 경제재와 달리 여러 가지 용도로 사용될 수 있다는 특성이다.

2) 파생특성

   ① 둘 이상의 용도가 경합하거나 하나의 용도가 다른 용도로 전환 및 병존하는 것이 가능하다.
   ② 토지는 한정된 토지에 대한 용도 간 경쟁의 결과로 최유효이용의 원칙이 성립된다.
   ③ 기타 파생특성
      ㉠ 이행과 전환·창조적 이용을 가능케 한다.
      ㉡ 위치의 가변성과 더불어 부동산 용도전환을 통해 토지의 경제적 공급. 즉, 용도전환을 통한 가용면적을 늘릴 수 있다(예 공유수면매립에 의한 농지 또는 택지의 공급).
      ㉢ 가격다원설의 논리적 근거가 된다.
      ㉣ 최유효이용을 도모하여 그 경제적 가치를 증대시키는 요인이 된다.

(2) 병합·분할의 가능성

1) 의의

   토지를 여러 가지 이용 목적 등에 따라 그 면적을 법률이 정하는 한도 내에서 합필 또는 분필할 수 있다는 특성이다.

2) 파생특성

   ① 용도의 다양성을 지원하는 기능을 갖는다(최유효이용 간접지원).
   ② 토지의 합병·분할은 증·감가를 발생케 한다.
   ③ 부동산평가원칙 중 균형의 원칙, 기여의 원칙, 적합의 원칙 등의 지원을 가능케 한다.
   ④ 병합·분할성은 부동성과 함께 작용하여 한정가격을 존재케 한다[규모의 경제 가능, 플롯테이지(plottage)현상 발생].

   > 수 개의 필지가 하나의 큰 필지로 이용되는 현상(병합)

(3) 사회적·경제적·행정적 위치의 가변성(위치성)

1) 의의

   부동산에 대한 인간의 활동이나 정부정책 등의 변동으로 부동산 활동이나 가격이 직접·간접으로 영향을 받음으로써 부동산의 위치가 변화하는 것을 말한다.

2) 파생특성

   ① 사회적 위치를 변화시키는 요인
      ㉠ 공장이나 빌딩의 과밀현상이나 슬럼(slum)지역이 양호지역으로 전환하는 경우
      ㉡ 인구의 증·감이나 가족구성·가구구조의 변화 등에 따른 부동산의 수요변동
      ㉢ 공공시설의 변화(공원의 폐지, 학교의 이전 등)에 따른 부동산가격의 변화 등

   > 공원, 대형마트 등

② **경제적 위치를 변화시키는 요인**
  ㉠ 도로·철도·전철·항만 등의 신설·확장 등으로 인한 부동산의 수급 및 유용성의 변화
  ㉡ 경제성장·소득증대·경기순환 등으로 인한 부동산의 수급 및 유용성의 변화
  ㉢ 토지의 용도전환 (예 농지를 공장용지로 전환)

③ **행정적 위치를 변화시키는 요인**
  ㉠ 토지거래허가제
  ㉡ 그린벨트 또는 농업진흥지역의 지정(또는 대형 건축 불허) 등에 따른 용도규제
  ㉢ 부동산 가격의 통제
  ㉣ 부동산 조세정책의 변화 (예 부동산 양도소득세의 완화와 부동산 보유세제 강화 등)
  ㉤ 정부의 부동산정책 변화(도시계획의 변경, 공시지가제도, 주택가격 공시제도 등) 등

(4) 투자의 고정성
부동산에 투자한 비용을 회수하기까지는 많은 시간이 소요된다는 의미를 말한다.

제2장 부동산의 특성

PART 02 부동산학 각론

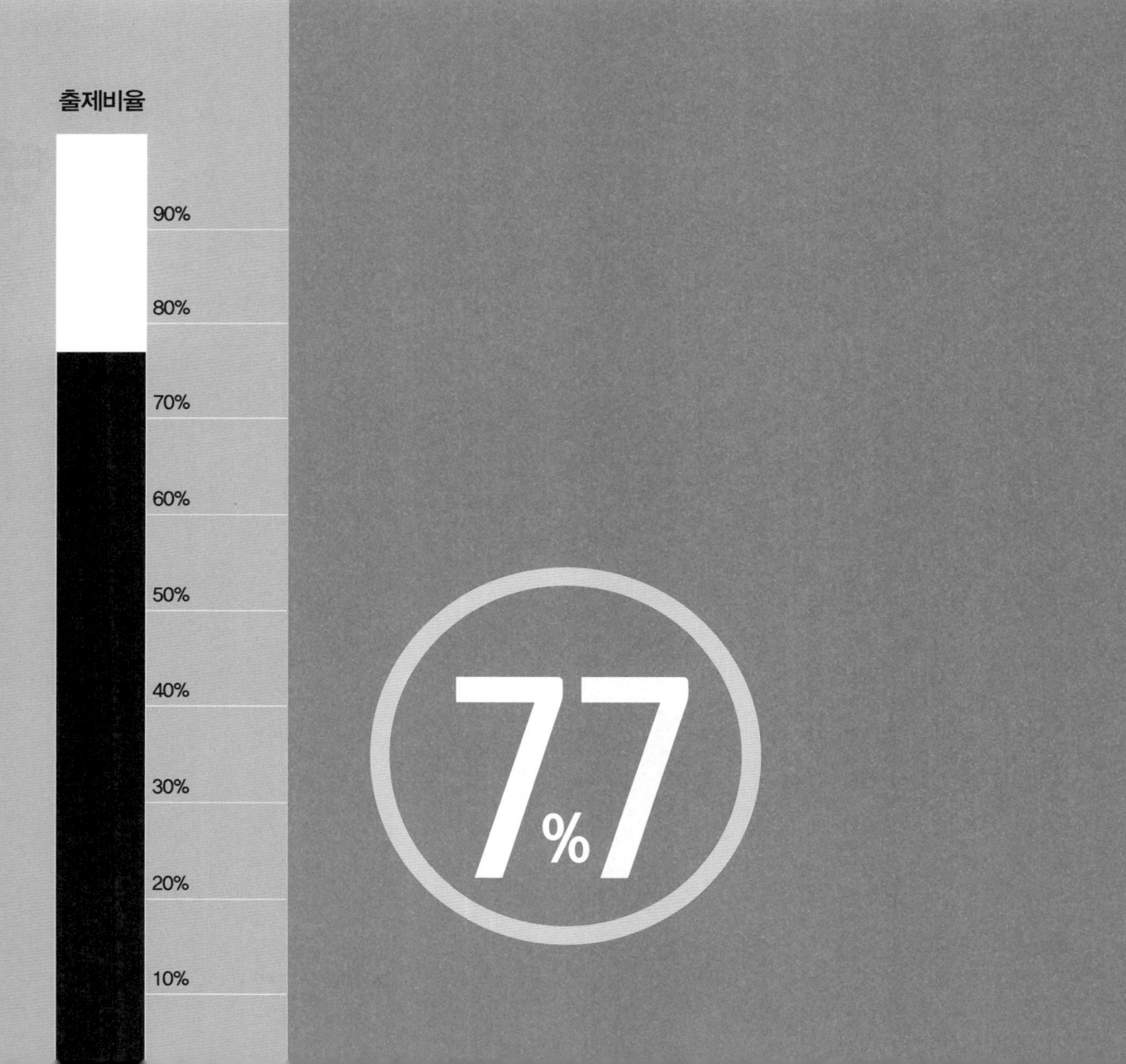

	구 분	25회	26회	27회	28회	29회	30회	31회	32회	33회	34회	계	비율(%)
부동산학 각론	제1장 부동산경제론	4	4	4	5	5	4	5	6	4	5	46	11.5
	제2장 부동산시장론	2	2	3	2	3	1	4	1	3	0	21	5.3
	제3장 입지 및 공간구조론	2	2	1	2	2	3	2	3	4	4	25	6.3
	제4장 부동산정책론	3	5	3	5	4	6	7	4	4	5	46	11.5
	제5장 부동산투자론	6	8	10	9	7	7	5	9	7	8	76	19.0
	제6장 부동산금융론	7	3	3	3	5	5	3	5	5	3	40	10.0
	제7장 부동산개발 및 관리론	5	7	6	3	4	5	8	5	3	6	52	13.0
	소 계	29	31	30	29	30	31	34	31	30	31	306	76.5

CHAPTER 01 부동산경제론

학습 포인트

- 부동산경제론은 부동산시장에서 가격의 형성과 그 변화 과정을 이해하기 위해 필요한 기초이론이다. 공인중개사 자격시험에서도 전체 중 12% 정도의 비중을 차지할 정도로 매우 중요한 장(章)이다. 특히, 수요·공급이론과 거미집이론 등에 대해 완벽하게 정리해 두어야 한다.

CHAPTER 학습 & 출제되는 키워드

- ☑ 부동산수요의 개념
- ☑ 소득효과와 대체효과
- ☑ 수요량의 변화와 수요의 변화
- ☑ 수요의 가격탄력성
- ☑ 부동산의 공급
- ☑ 경제적 공급곡선
- ☑ 공급의 변화
- ☑ 균형가격과 균형거래량
- ☑ 주택수요와 주택소요
- ☑ 주택저량·주택유량
- ☑ 부동산수요결정요인의 종류
- ☑ 수요의 소득탄력성
- ☑ 공급의 법칙
- ☑ 부동산공급의 결정요인
- ☑ 부동산공급의 가격탄력성
- ☑ 균형가격의 변동
- ☑ 부동산수요의 특성
- ☑ 부동산시장 수요함수
- ☑ 부동산수요의 탄력성
- ☑ 수요의 교차탄력성
- ☑ 물리적 공급곡선
- ☑ 공급량의 변화
- ☑ 장기와 단기의 공급곡선
- ☑ 거미집이론

CHAPTER 학습 & 출제되는 질문

- ☑ 어떤 부동산에 대한 시장수요함수는 P = 100 − 4QD이며, 이 시장의 수요자는 모두 동일한 개별수요함수를 갖는다. 이 시장의 수요자 수가 2배로 된다면 새로운 시장수요함수는?
- ☑ 부동산의 수요와 공급에 관한 설명으로 옳은 것은?
- ☑ 유량(flow)과 저량(stock)의 설명으로 옳은 것은?
- ☑ 신규 주택시장에서 공급을 감소시키는 요인을 모두 고른 것은?
- ☑ A주택시장과 B주택시장의 함수조건이 다음과 같다. 거미집이론에 의한 두 시장의 모형 형태는? A주택시장 : $Qd = 200 - P$, $Qs = 100 + 4P$, B주택시장 : $Qd = 500 - 2P$, $Qs = 200 + \frac{1}{2}P$
- ☑ 오피스텔시장에서 수요의 가격탄력성은 0.5이고, 오피스텔의 대체재인 아파트 가격에 대한 오피스텔 수요의 교차탄력성은 0.3이다. 오피스텔 가격, 오피스텔 수요자의 소득, 아파트 가격이 각각 5%씩 상승함에 따른 오피스텔 수요의 소득탄력성은?
- ☑ 아파트에 대한 수요의 가격탄력성은 0.6, 소득탄력성은 0.4이고, 오피스텔 가격에 대한 아파트 수요량의 교차탄력성은 0.2이다. 아파트가격, 아파트 수요자의 소득, 오피스텔가격이 각각 3%씩 상승할 때, 아파트 전체 수요량의 변화율은?
- ☑ 주거서비스 공급의 임대료탄력성에 대한 설명 중 틀린 것은?

제1장 부동산경제론

제1절 부동산의 수요

01 부동산에 대한 수요
→ 구매력을 수반하는 유효수요

1 부동산수요의 의의
`19·34회 출제`

(1) 부동산수요와 부동산수요량의 개념
① 부동산수요란 부동산시장에서 수요자가 부동산을 구매하려는 욕구와 구매능력까지 갖춘 수요를 말한다.
② 부동산수요량이란 부동산을 구입할 의사와 구매능력을 지닌 수요자들이 일정한 기간 동안, 일정한 주어진 조건(가격수준 등) 하에서, 구매하려는 최대수량이다.

(2) 수요의 종류

1) 유효수요와 잠재수요 ★
① **유효수요** : 구매의사와 구매능력을 모두 갖춘 수요를 말한다. 실질수요 혹은 실제수요라고도 한다.
② **잠재수요** : 구매의사는 있으나 구매력을 갖추지 못하여 유효수요층에는 포함되지 않으나, 수요자의 사정·여건에 따라 향후 유효수요로 변화할 수 있는 예비수요를 말한다.

2) 본원수요와 파생수요
① **본원수요** : 소비자의 욕망을 충족시켜주는 재화를 소비재(최종재)라 하고 그러한 소비재에 대한 직접적인 수요로 직접수요라고도 한다. 일반적으로 주택수요는 본원수요이다.
② **파생수요** : 본원수요로 인하여 파생되는 수요, 즉 생산요소에 대한 수요로 소비재에 대한 직접적인 수요의 결과로 생겨나는 것으로 간접수요라고도 한다. 예를 들어 주택수요에 따른 토지수요나 재화 수요에 따른 생산재 수요 등을 말한다.

3) 가수요와 실수요 ★
① **가수요(假需要)** : 유효수요 중 부동산에 대한 이용할 의사없이 장차 가격이 오를 것을 기대하고 구입하는 투기적 수요를 의미한다. 이는 부동산가격이 상승함에 따라 수요가 증가한다.
② **실수요(實需要)** : 유효수요 중 부동산에 대한 실제 이용의사를 갖고 구입하는 수요로서, 가수요에 대비되는 개념이다.

4) 주택수요와 주택소요
① **주택수요** : 주택을 구입하고자 하는 욕구와 주택을 구입할 능력을 갖춘 수요를 말한다.
② **주택소요** : 주택을 구입할 능력이 없는 일정 수준 이하의 주거수준에서 거주하고 있는 가구가 가지고 있는 양적·질적 측면에서의 주택에 대한 요구를 말한다.

제2편 부동산학각론

(3) 유량과 저량 개념의 수요량
수요량에는 '일정 기간 동안' 측정되는 유량 개념의 수요량과 일정 시점에서 측정 가능한 저량(stock)개념의 수요량이 있다.

→ 신규 주택의 수요량과 공급량, 순영업소득
← 주택재고량, 부동산투자회사의 순자산가치

2 부동산수요의 특성 ★
14회 출제

(1) 부동산은 일반경제재에 비하여 가격비중이 크므로 구매자금을 축적하는 데 오랜 시간이 요구된다.
(2) 수요활동의 판단에 영향을 미치는 주안점은 수요활동의 주체와 부동산의 종류에 따라 현저한 차이가 있다.
(3) 부동산은 구매결정을 함에 있어서 검토되어야 할 사항이 전문적이고 복잡하다.
(4) 부동산은 그 구매절차에 있어서도 일반경제재와는 다른 특수한 방법이 쓰인다.
(5) 수요의 탄력성은 부동산에도 원칙적으로 적용되는 것이나 그 크기는 부동산의 종류에 따라 각기 상이한 양상을 보인다.

3 수요법칙과 수요곡선 ★
11회 출제

(1) 수요법칙
다른 조건이 일정하다면, 재화의 가격이 내리면 수요량은 증가하고 가격이 오르면 수요량이 감소한다는 법칙이다. 수요법칙에 의해 가격과 수요량은 반비례(부의 상관관계)한다.

(2) 수요곡선
18·19·34회 출제

1) 의의
    수요곡선이란 가격(임료)을 y축으로, 그 재화의 수량을 x축으로 하는 평면직각좌표 상에 재화의 가격과 수요량의 반비례 관계를 나타낸 곡선이다.

2) 특징 ★
    ① 다른 조건이 일정할 경우 부동산에 대한 가격(임대료)이 상승하면 수요량은 감소하고, 가격(임대료)이 하락하면 수요량은 증가한다.
    ② 수요곡선은 우하향한다.
    ③ 부동산 시장수요곡선은 개별수요곡선을 수직으로 합하여 도출한다.

4 수요량의 변화와 수요의 변화 등 ★★★

17·18·19·29·34회 출제

(1) 수요량의 변화와 수요의 변화 ★★★

1) **수요량의 변화** → 점의 이동

18·22·25회 출제

다른 조건(수요결정요인)이 일정할 경우 해당 재화의 가격이 원인이 되어 수요량이 변하는 것으로 동일한 수요곡선 상에서 점의 이동을 가져온다.

2) **수요의 변화** → 선의 이동 → 세금, 인구, 이자율, 소비자의 기호, 대체재의 가격 등

해당 재화의 가격 이외 다른 요인(수요결정요인)들 중에서 어느 하나 이상의 요인이 변하여 수요량이 변하는 것으로 수요곡선 자체의 이동을 가져온다.

(2) 수요함수 ★★

16·17·18·34회 출제

수요함수란 어떤 재화에 대한 수요와 그 재화의 수요에 영향을 주는 요인들과의 함수관계를 말한다.

▶ 수요함수의 표시 ◀

수요량(Q_D) = f(P_n, Y, P_0, P_S, T, A......)

- Q_D : 수요량
- Y : 소득
- A : 광고선전
- f : 수요함수의 기호
- P_0 : 인구의 크기
- P_S : 대체재의 가격
- P_n : n재의 가격
- T : 소비자의 기호

(3) 부동산의 수요결정요인 ★★

1) **수요의 증가 요인**: 수요곡선을 우측으로 이동시키는 요인

① 인구의 증가 및 가구 수의 증가　　11·14·16·18·19회 출제

② 소득의 증가 ★★　　11·14·16·17·18·19·20·25회 출제

③ 대체재의 가격 상승 ★★

④ 가격상승에 대한 소비자의 예상(기대감) ★　　16·18회 출제

⑤ 융자지원이 많은 경우 ★　　22·25회 출제

융자지원이 많을수록(LTV, DTI, DSR비율이 증가할수록) 수요는 증가한다.

제2편 부동산학각론

> **용어사전**
>
> ① LTV(Loan To Value, 대부비율)
> '주택담보비율' 또는 '담보인정비율' 또는 '저당비율'이라고 하며, 부동산가치에 대한 융자금의 비율이다.
> $$LTV = \frac{융자액(Loan)}{부동산가치(Value)}$$
>
> ② DTI(Debt To Income ratio ; 총부채상환비율)
> '연 총소득대비 상환액 비율' 또는 '총부채상환비율'이라고 하며, 연간 총소득에서 주택담보대출의 연간 원리금 상환액이 차지하는 비율이다.
> $$DTI = \frac{해당\,주택담보대출의\,연간\,원리금상환액}{연소득}$$
>
> ③ DSR(Debt Service Ratio ; 총부채원리금상환비율)
> 대출심사 시 차주의 모든 대출에 대해 원리금 상환 부담을 계산하는 지표. 주택담보대출 뿐 아니라 신용대출과 카드론을 포함한 모든 금융권 대출 원리금 부담을 반영한다.
> $$DSR = \frac{주택\,담보대출의\,연간\,원리금상환액 + 기타\,부채의\,연간원리금상환액}{연소득}$$

⑥ **기타** : 정부보조금, 신용의 유용성(융자비율의 정도), 수요자의 기호(선호도), 광고 등도 수요량을 증가시킬 수 있다.   `18회 출제`

2) **수요의 감소 요인** : 수요곡선을 좌측으로 이동시키는 요인   `11·14·17·22·25회 출제`
① 담보대출의 금리 인상★★
② 세금 중과
③ 규제 강화
④ 대체투자 자산의 수익률 상승★
⑤ 대체재의 공급량 증가

(4) **소득효과와 대체효과**
1) 수요곡선이 우하향하는 것은 소득효과(단, 열등재가 아닐 것)와 대체효과 때문이다.
2) 소득효과(income effect, 所得效果)란 어떤 재화의 가격 하락이 소비자의 실질소득을 증가시켜 구매력을 향상시킴으로써 해당 재화의 소비량이 늘어나는 효과를 말한다.
3) 대체효과(substitution effect, 代替效果)란 실질소득의 변화와는 관계없이 비슷한 효용을 가진 어느 한 재화의 가격이 하락하면 상대재화의 수요는 줄이고 가격이 하락한 재화의 수요를 늘리는(대체하는) 효과를 말한다. 대체효과는 가격이 변화할 때 상대가격의 변화에 따른 수요량의 변동분이다.

02 부동산에 대한 공급

1 부동산공급의 의의

(1) 부동산공급이란 부동산공급자들이 일정기간 동안에 판매하려고 의도한 부동산의 양으로서 주어진 조건(가격수준 등)하에서 판매하려는 최대수량이다.

(2) **공급량**(供給量 ; quantity supplied) ★★ 20회 출제

   1) 공급량은 주어진 가격수준에서 생산자가 판매하고자 하는 최대수량으로서 실제로 판매된 수량과는 구분된다.
   2) 공급량은 일정 기간을 기준으로 측정되는 유량(flow)의 개념이며, 때에 따라서는 일정 시점을 기준으로 하는 저량(stock)의 개념이 사용되기도 한다.
   3) 유량(flow)의 예로는 신규 주택 수요량, 신규 주택 공급량, 아파트 생산량, 주택거래량, 임대료 수입, 지대수입, 연간 이자비용, 순영업소득, 당기순이익, 가계소득, 근로자의 임금, 노동자 소득, 가계소비 등이 있다.
   4) 저량(stock)의 예로는 주택재고량, 실물자산 수량, 부동산투자회사의 순자산가치, 가계자산, 통화량, 자본총량, 도시인구 규모 등이 있다.
   5) 부동산의 공급에는 신규부동산뿐만 아니라 기존의 부동산(중고 부동산)도 포함된다. 그러므로 부동산 공급자에는 신규공급자뿐 아니라 기존의 주택이나 건물의 소유자도 포함된다.

(3) **공급법칙** ★ 20·34회 출제

다른 조건이 불변일 때, '어느 재화의 가격이 상승하면 그 재화의 공급량은 증가하고 가격이 하락하면 그 재화의 공급량은 감소한다는 법칙이다. 따라서 공급법칙에 의하여 가격과 공급량은 비례한다.

2 토지의 물리적 공급곡선과 경제적 공급곡선의 차이 ★

(1) **토지의 물리적 공급**

   1) 의의 23·24회 출제

   토지의 물리적 특성인 부증성 때문에 물리적 절대량을 증가시킬 수 없다.

   2) **토지의 물리적 공급곡선** ➡ 비탄력적 18회 출제

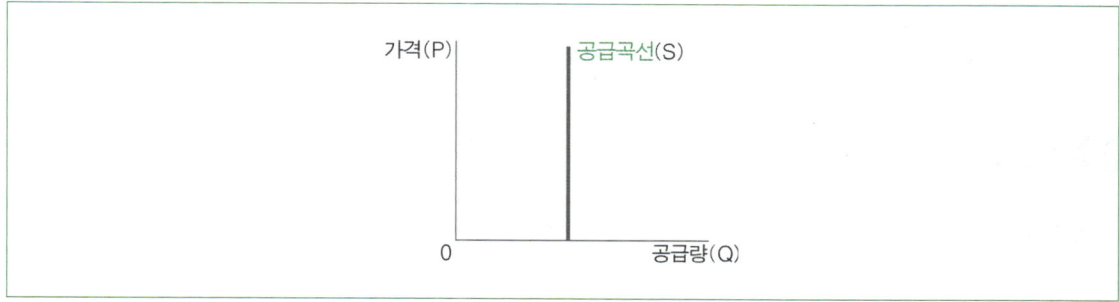

① 토지는 '부증성'이라는 물리적 특성으로 인하여 공급이 제한되므로 가격에 대한 토지의 물리적 공급곡선은 수직(완전비탄력적)으로 된다.
② 토지는 물리적인 측면에서 변화될 수 없으므로 물리적 공급량은 수요에 즉각적으로 대응하지 못한다.

(2) **토지의 경제적 공급** ★ → 용도적 관점에서의 공급에 따른 증가로 탄력적 `24회 출제`

1) 의의
   ① 토지의 인문적 특성인 용도의 다양성 등으로 인해 토지의 경제적 공급(토지의 개발, 토지이용의 집약화, 공법상 규제상의 용도전환 등 용도적 관점에서의 증가)은 가능하다.
   ② 따라서 택지 등 특정 용도의 토지는 경제적 측면에서 공급량 증가가 가능하므로 가격에 대한 경제적 공급곡선은 우상향(탄력적)한다.

2) 토지의 경제적 공급활동에 속하는 유형

> • 공유수면의 매립·간척·개발로 택지를 조성하여 분양하는 활동
> • 여러 가지 용도의 부동산을 건설하여 분양하는 활동
> • 소유 중에 있는 부동산을 매각의 목적으로 시장에 출품하는 활동
> • 임대용 부동산을 임대하는 활동
> • 입체공간을 분양하거나 임대하는 활동

3) **토지의 경제적 공급곡선** → 탄력적   `18회 출제`

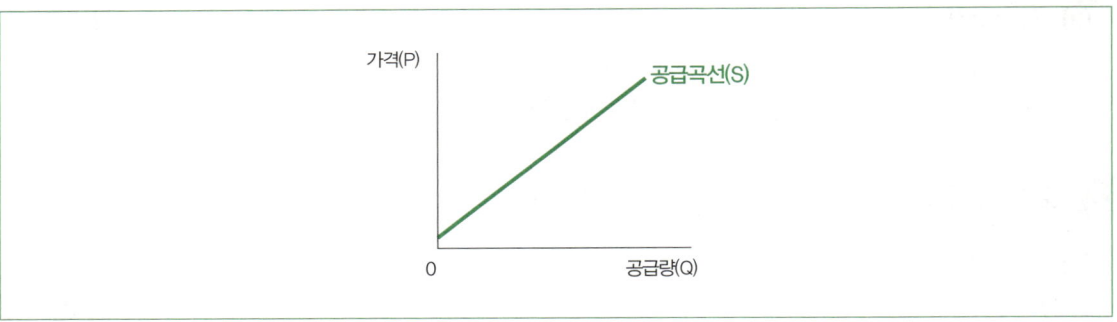

(3) **토지의 물리적 공급곡선과 경제적 공급곡선의 차이** ★   `23회 출제`

1) 토지의 물리적 공급은 제한되므로 가격의 변화에 대한 공급량의 변화가 없으므로 토지의 물리적 공급곡선은 가격에 대하여 완전비탄력적이다.
2) 토지의 경제적 공급은 가능하므로 가격의 변화에 따른 경제적 공급곡선은 탄력적(우상향)이다.

3 부동산의 공급곡선 ★

공급곡선이란 '어느 재화의 가격과 그 가격에 대응하는 공급량이 만나는 점들을 연결한 곡선'을 말한다.
부동산의 공급곡선은 대상 부동산의 가격과 공급량의 관계를 나타낸 곡선으로 공급법칙에 의해 부동산의 가격이 상승하면 공급량이 증가하고 가격이 내리면 공급량이 감소하기 때문에 우상향한다.

4 공급량의 변화와 공급의 변화 등 ★★★

(1) 공급량의 변화와 공급의 변화 ★★★

28회 출제

1) 공급량의 변화

11회 출제

공급량의 변화란 다른 조건이 일정할 경우, 대상 부동산의 가격이 원인이 되어 공급량이 변화하는 것을 말한다. 이로 인하여 동일한 공급곡선 상의 점의 이동을 가져온다.

→ 가격의 변화는 없으며 공급의 결정요인에 따라 곡선의 이동이 나타난다.

2) 공급의 변화 ★★★

해당 재화의 가격 외 다른 요인(공급결정요인)들 중에서 어느 하나 이상의 요인이 변하여 공급의 변화를 가져오는 것을 말한다. 이로 인하여 동일가격 수준에서 그 재화의 공급곡선 자체가 이동한다.

▶ 공급 및 공급량의 변화 ◀

공급량의 변화	공급의 변화
① 대상 부동산의 가격이 원인이 되어 공급량이 변화하는 것 ② 동일 공급곡선 상에서 점의 이동을 가져옴 ③ 대상 부동산의 가격이 상승(하락)하면 공급량이 증가(감소)함	① 대상 부동산 가격 이외의 다른 요인의 변화로 공급량의 변화를 가져오는 것 ② 공급곡선 자체의 이동을 가져옴 ③ 공급의 증가(감소)는 동일한 가격수준에서 공급곡선이 오른쪽(왼쪽)으로 이동함

(2) 공급함수 ★★

18·34회 출제

공급함수란 어떤 재화에 대한 공급과 그 재화의 공급에 영향을 주는 요인들과의 함수관계를 말한다.

▶ 공급함수의 표시 ◀

$Qs = f(Pn, Pa, Pi, T, N, E, S)$

- Qs : 공급량
- f : 공급함수의 기호
- Pn : n재의 가격
- Pa : 대체재의 가격
- Pi : 생산요소의 가격
- T : 기 술
- N : 자연력(홍수, 화재 등)
- E : 매도자수에 대한 공급자의 기대정도
- S : 시장 또는 비시장(非市場)의 힘

(3) 공급곡선의 이동 요인(공급결정요인) ★★

16·20·22·24·26·33회 출제

공급결정요인이란 공급량에 영향을 주는 각종 요인으로 공급 증가요인과 공급 감소요인으로 구분할 수 있다.

1) 공급의 증가 요인 : 공급곡선을 우측으로 이동시키는 요인 ★★

16·17회 출제

① **공급자 수의 증가**★ : 시장에서의 공급이란 개별공급자의 공급을 합산한 것이므로, 공급자가 증가하면 공급량도 증가한다.

② **생산요소의 보유량 증가** : 주택건축의 생산요소(택지, 인력, 건축자재, 건설자금)의 보유량이 증가하면 주택의 공급량도 증가한다.

③ **건축기술의 발달** : 건축기술의 발달은 건축비의 하락을 가져오므로 주택의 공급량은 증가한다.

④ **기타** : 보완재의 가격 하락, 대체재의 가격 상승, 정부보조금 지급, 초과이윤의 발생, 프로젝트 파이낸싱의 활성화 등은 주택공급량을 증가시킨다.

2) **공급의 감소 요인** : 공급곡선을 좌측으로 이동시키는 요인 `13·16·20·22·25회 출제`
   ① **생산요소 가격**(임금, 지가, 건축자재 등)**의 상승★** : 부동산 생산요소 가격이 상승하면 공급원가(cost)가 올라 공급이 감소된다.
   ② 자금조달의 금리(이자율)인상★★ : 자금의 금리가 인상되면 자금 조달비용이 높아져 공급이 감소한다.
   ③ 세금의 중과
   ④ 규제의 강화
   ⑤ 대체재의 가격 상승 : 대체재의 가격이 상승하면 공급자들은 대체재의 공급량은 증가시키려고 하고 대상 재화의 공급량은 감소시킨다.

(4) **개별공급과 시장공급**
   1) **개별공급** : 개별공급자의 공급을 말한다.
   2) **시장공급** : 모든 개별 공급자들의 공급을 합한 것이다.
   3) **개별공급곡선과 시장공급곡선** : 개별공급곡선은 개별공급자의 공급곡선이며, 시장공급곡선은 개별공급 곡선의 수평 합이다. 따라서 시장공급곡선은 개별공급곡선보다 기울기가 더욱 완만하다(더 탄력적이다).

03 부동산수요와 공급의 탄력성

1 부동산수요의 탄력성 ★★ `16·17·27·34회 출제`

(1) **수요의 탄력성 ★**
   수요의 탄력성이란 수요량의 변화율을 수요결정요인의 변화율로 나눈 값, 즉 수요결정요인인 가격이나 소득 등의 변화율에 대한 수요량의 변화율의 정도이다.

(2) **수요의 가격탄력성 ★★** `추가15·20·21·24·25·28·34회 출제`
   1) **의의**
   어떤 재화의 가격변화율에 대한 수요량의 변화율의 정도를 말한다.

   - 수요의 가격탄력성(e) = $\dfrac{\text{수요량의 변화율}}{\text{가격 변화율}}$ = $\dfrac{\frac{\text{수요량의 변화분}}{\text{원래 수요량}}}{\frac{\text{가격의 변화분}}{\text{원래 가격}}}$ = $\left|\dfrac{\frac{Q_2-Q_1}{Q_1}}{\frac{P_2-P_1}{P_1}}\right|$ = $\left|\dfrac{\frac{\Delta Q}{Q}}{\frac{\Delta P}{P}}\right|$ = $\left|\dfrac{\Delta Q}{\Delta P} \cdot \dfrac{P}{Q}\right|$

   - P_1 : 변화 전 가격 · P_2 : 변화 후 가격 · Q_1 : 변화 전 수요량 · Q_2 : 변화 후 수요량

   - $\left|\dfrac{\Delta Q}{\Delta P}\right|$: $\dfrac{1}{\text{기울기}}$ (원래의 기울기는 $\dfrac{y\text{의 변화율}}{x\text{의 변화율}}$ 이므로 $\left|\dfrac{\Delta P}{\Delta Q}\right|$) 따라서 기울기와 탄력성은 반대, 즉 기울기가 작으면 탄력성은 크고, 기울기가 크면 탄력성은 작다.

   - 수요의 가격 호탄력성(ε_d) = $\left|\dfrac{\Delta Q}{\Delta P}\right| \cdot \dfrac{P_1+P_2}{Q_1+Q_2}$

① 수요의 탄력성은 0에서부터 무한대까지 존재한다.
② 가격의 변화율에 비해 수요량의 변화율이 커지면 수요탄력성은 커진다.
③ 수요의 탄력성이 1보다 크면(작으면) 수요가 '탄력적(비탄력적)'이라고 한다.
④ 가격이 매우 소폭적으로 하락했음에도 불구하고 수요량이 무한대로 증가하는 경우 수요의 탄력성은 '무한대'가 되며 이때 수요곡선은 횡축에 대하여 수평선이 된다.

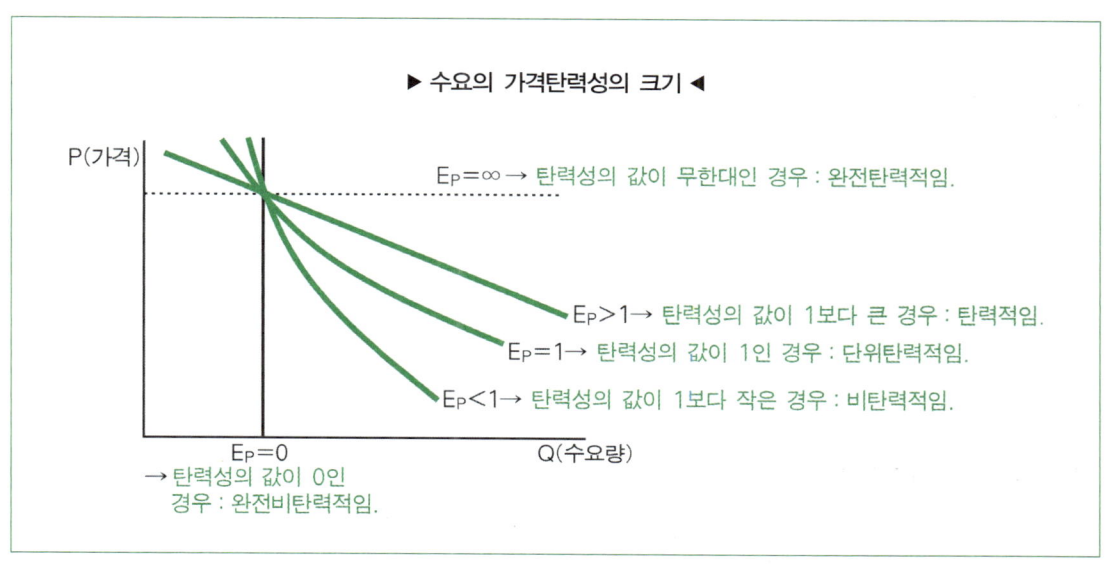

▶ 수요의 가격탄력성의 크기 ◀

2) 가격변화에 따른 가격탄력성의 크기

다음은 가격변화 시 가격탄력성의 크기에 따라 총수입의 증가여부를 나타낸 것이다.

Professor Comment

부동산수요의 가격탄력성은 탄력적이다. 반면에 부동산공급의 가격탄력성은 단기에 완전비탄력적이고 장기에는 탄력적이다.

완전비탄력적(完全非彈力的)	• 탄력성이 0인 경우를 말한다($E_P=0$). • 가격인하(인상)에도 수요량이 변동하지 않으므로 가격을 인하(인상)할 경우 총수입은 감소(증가)한다.
비탄력적(非彈力的)	• 탄력성이 0보다 크고 1보다 작은 경우를 말한다($0<E_P<1$). • 가격인하(인상) 시 가격 인하율(인상율)보다 수요량의 증가율이 더 작기(크기) 때문에 총수입은 감소(증가)다.
단위탄력적(單位彈力的)	• 탄력성이 1인 경우를 말한다($E_P=1$). • 가격 변동율과 수요량의 변동율이 동일하여 가격을 인하(인상)하여도 총수입에는 변화가 없다.
탄력적(彈力的)	• 탄력성이 1보다 크고 무한대보다 작은 경우를 말한다($\infty>E_P>1$). • 수요량 변동이 가격 변동율보다 더 크므로 총수입은 가격의 인상(인하)에 의해 감소(증가)한다.
완전탄력적(完全彈力的)	• 탄력성이 무한대인 경우를 말한다($E_P=\infty$). • 수요량은 약간의 가격인상(인하)에 따라 총수입은 0(무한대)가 된다.

3) 부동산수요의 가격탄력성 요인 ★
    20·23·27·33회 출제
    ① 부동산수요의 가격탄력성에 영향을 주는 요인에는 해당 부동산의 가격, 소득, 인구, 세대수, 시간, 기대이익 등이 있다.
    ② 대체재의 수가 많을수록 수요탄력성은 커진다.
    ③ 부동산의 종류별 용도전환이 쉬울수록 수요의 가격탄력성은 커진다.
    ④ 부동산수요의 가격탄력성은 단기에서 장기로 갈수록 더욱 탄력적이다.

(3) 수요의 소득탄력성 ★
16·18·24·33회 출제

수요의 소득탄력성이란 소비자의 소득이 변화할 때 어느 재화의 수요량이 얼마나 변하는지를 나타내는 지표이다. 즉 소득의 변화율($\Delta Y / Y$)에 대한 수요량의 변화율($\Delta D / D$)을 말한다.

$$수요의\ 소득탄력성 = \frac{수요량의\ 변화율}{소득변화율} = \frac{\frac{수요량\ 변화분}{원래의\ 수요량}}{\frac{소득변화분}{원래의\ 소득}}$$

(4) 수요의 교차탄력성 ★
17·26·28·33회 출제

1) 한 재화(Y)의 가격이 변할 때 다른 재화(X)의 수요량이 얼마나 변하는지를 나타내는 지표로서, Y재의 가격변화율에 대한 X재의 수요량 변화율의 정도를 X재 수요의 Y재 가격에 대한 교차탄력성이라고 한다.
2) 교차탄력성의 부호가 양수(+)이면 대체재이고 음수(-)이면 보완재이다.

$$수요의\ 교차탄력성 = \frac{X재의\ 수요량\ 변화율}{Y재의\ 가격변화율} = \frac{\frac{X재의\ 수요량\ 변화율}{원래\ X재의\ 수요량}}{\frac{Y재\ 가격의\ 변화분}{원래\ Y재의\ 가격}}$$

예제 쌀의 가격이 8,000원에서 10,000원으로 상승했을 때 보리쌀의 수요량이 350개에서 400개로 증가하면 수요의 교차탄력성은 얼마인가?

풀이 교차탄력성의 값이 양수이므로 쌀과 보리쌀의 관계는 대체재이다.

$$\frac{\frac{50}{350}}{\frac{2,000}{8,000}} = \frac{50}{2,000} \times \frac{8,000}{350} = \frac{400,000}{700,000} = \frac{4}{7} ≒ 0.571$$

☞ 0.571

2 부동산공급의 탄력성 ★★

(1) 개념 ★★
부동산공급결정요인의 변화에 따른 부동산공급량 변화의 정도를 의미하는 것으로, 부동산공급량의 변화율을 부동산공급결정요인의 변화율로 나눈 값이다.

(2) 공급의 가격탄력성

어느 재화의 가격이 변할 때 그 재화의 공급량이 얼마나 변하는지를 나타내는 지표이다. 즉 공급량의 변화율을 가격변화율로 나눈 수치이다.

$$\text{공급의 가격탄력성} = \frac{\text{공급량의 변화율}}{\text{가격변화율}} = \frac{\frac{\text{공급량 변화분}}{\text{원래의 공급량}}}{\frac{\text{가격변화분}}{\text{원래의 가격}}} = \left| \frac{\frac{Q_2 - Q_1}{Q_1}}{\frac{P_2 - P_1}{P_1}} \right| = \left| \frac{\frac{\Delta Q}{Q}}{\frac{\Delta P}{P}} \right| = \frac{\Delta Q}{\Delta P} \cdot \frac{P}{Q}$$

- P_1 : 변화 전 가격
- P_2 : 변화 후 가격
- Q_1 : 변화 전 공급량
- Q_2 : 변화 후 공급량

(3) 장기와 단기의 공급곡선 ★

20·34회 출제

1) 단기공급곡선은 장기공급곡선보다 기울기가 가파르다(비탄력적).
   단기공급곡선의 경사도가 가파른 것은 생산요소들이 보다 더 제한을 받기 때문이다.

2) 장기공급곡선은 단기공급곡선보다 더 탄력적이다(기울기가 완만하다).
   장기적으로는 더 많은 생산요소를 선택할 수가 있으므로 공급곡선이 보다 더 완만한 기울기를 갖는다.

3) 따라서 장기 공급곡선이 단기 공급곡선보다 더 탄력적이다.

(4) 부동산공급의 가격탄력성의 특성 ★★

1) 용도전환이 쉬울수록 공급의 가격탄력성은 더 탄력적이다.
2) 생산에 소요되는 기간이 길수록 공급의 가격탄력성은 더 비탄력적이다.
3) 공급의 가격탄력성은 단기에 비해 장기에 더 탄력적이다.
4) 건축 인·허가가 어려울수록 공급의 가격탄력성은 더 비탄력적이다.
5) 생산량을 늘릴 때 생산요소가격이 상승할수록 공급의 가격탄력성은 더 비탄력적이다.

---

04 균형가격의 결정(균형가격)과 변동

→ 수요가격=공급가격

1 균형가격과 균형거래량의 결정 ★★

14·17·18·19·26·27·28·33회 출제

(1) 균형의 개념

균형(Equilibrium)이란 어느 가격수준에서 수요와 공급이 일치하고 있다면 수요자들은 사고 싶어 하는 것을 모두 살 수 있고 공급자들은 팔고 싶어 하는 것을 모두 팔 수 있어 수요자들과 공급자들이 모두 만족하게 되는데 이 상태를 말한다. 즉 수요량과 공급량이 일치하는 시장가격에 도달한 상태이다.

제2편 부동산학각론

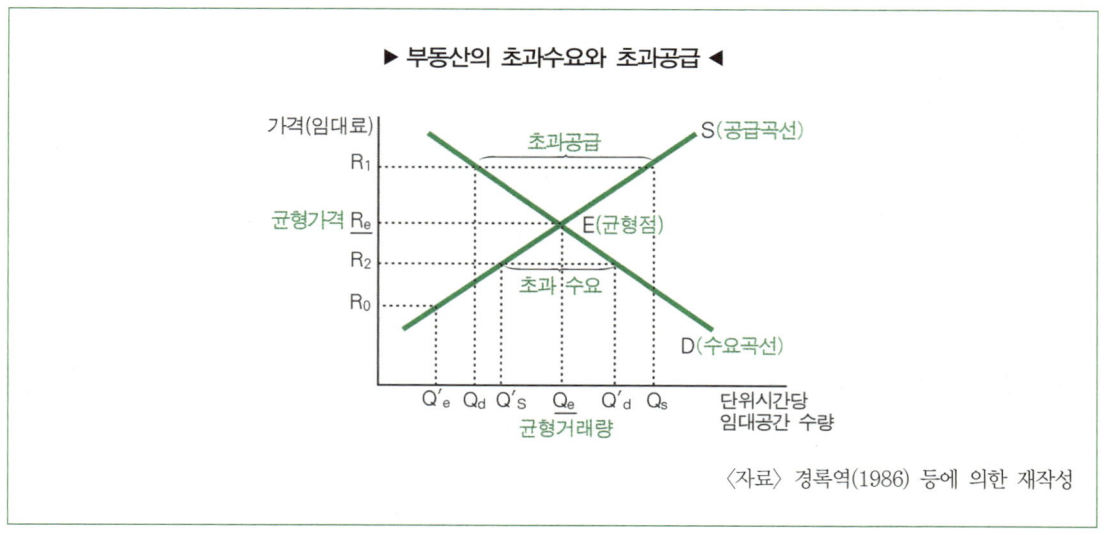

(2) **균형가격**

균형가격은 수요량과 공급량이 일치하는 수준에서 결정되는 가격을 말한다. 즉 수요곡선과 공급곡선이 만나는 점의 가격을 균형가격(equilibrium price)이라고 한다.

(3) **균형거래량**

1) 균형가격이 성립되었을 때의 수요량과 공급량을 말한다.
2) 균형점에서는 수요량과 공급량이 동일하다.

(4) **균형가격의 결정 과정** ★   〔16·18회 출제〕

1) **시장가격(임대료)이 균형가격(임대료)보다 높을 경우**

공급이 수요를 초과하는 '초과공급(공급과잉)'이 발생하고 이로 인해 공급자는 가격(임대료)을 낮출 것이고 낮아진 가격은 다시 수요는 증가시키고 공급량은 감소시킨다.

2) **시장가격(임대료)이 균형가격(임대료)보다 낮을 경우**

수요가 공급을 초과하는 '초과수요(물량부족)'가 발생하고 이로 인해 공급량에 비해 수요량이 더 많으므로 공급자들은 가격(임대료)을 올리게 되고 상승된 가격으로 인해 수요량은 다시 감소하고 공급량은 증가하여 결국 균형상태를 회복하게 된다.

2 균형가격의 변동 ★★★   〔17·19·26·27회 출제〕

(1) **수요·공급의 4원칙** ★   〔18회 출제〕

균형상태에서 수요만 증가하게 될 경우(수요곡선 우측으로 이동)	초과수요가 발생되어 균형가격이 상승하고 균형거래량은 증가한다.
균형상태에서 수요만 감소하게 될 경우(수요곡선 좌측으로 이동)	초과공급이 발생되어 균형가격이 하락하고 균형거래량은 감소한다.
균형상태에서 공급만 증가하게 될 경우(공급곡선 우측으로 이동)	초과공급이 발생되어 균형가격이 하락하고 균형거래량은 증가한다.
균형상태에서 공급만 감소하게 될 경우(공급곡선 좌측으로 이동)	초과수요가 발생되어 균형가격이 상승하고 균형거래량은 감소한다.

(2) 수요·공급이 동시에 변동할 경우(단, 수요와 공급의 탄력성은 동일함) ★

25·33회 출제

1) 수요와 공급이 동시에 증가할 경우

수요의 증가폭 > 공급의 증가폭	수요의 증가폭 < 공급의 증가폭	수요의 증가폭 = 공급의 증가폭
수요의 증가폭이 공급의 증가폭보다 큰 경우 균형가격은 상승하고 균형거래량도 증가한다.	공급의 증가폭이 수요의 증가폭보다 큰 경우 균형가격은 하락하고 균형거래량은 증가한다.	수요와 공급이 동일한 폭으로 증가하면 균형가격은 불변이고 균형거래량만 증가한다.

2) 수요와 공급이 동시에 감소할 경우

25회 출제

수요의 감소폭 > 공급의 감소폭	수요의 감소폭 < 공급의 감소폭	수요의 감소폭 = 공급의 감소폭
수요의 감소폭이 공급의 감소폭보다 큰 경우 균형가격은 하락하고 균형거래량은 감소한다.	공급의 감소폭이 수요의 감소폭보다 큰 경우 균형가격은 상승하고 균형거래량은 감소한다.	수요와 공급이 동일한 폭으로 감소한 경우 균형가격은 불변이고 균형거래량은 감소한다.

3) 수요는 증가하고 공급은 감소할 경우

19회 출제

수요의 증가폭 > 공급의 감소폭	수요의 증가폭 < 공급의 감소폭	수요의 증가폭 = 공급의 감소폭
수요의 증가폭이 공급의 감소폭보다 큰 경우 균형가격은 상승하고 균형거래량은 증가한다.	공급의 감소폭이 수요의 증가폭보다 큰 경우 균형가격은 상승하고 균형거래량은 감소한다.	수요의 증가폭과 공급의 감소폭이 동일하다면 균형가격은 상승하고 균형거래량은 변함없다.

4) 수요는 감소하고 공급은 증가할 경우

수요의 감소폭 > 공급의 증가폭	수요의 감소폭 < 공급의 증가폭	수요의 감소폭 = 공급의 증가폭
수요의 감소폭이 공급의 증가폭보다 큰 경우 균형가격은 하락하고 균형거래량은 감소한다.	공급의 증가폭이 수요의 감소폭보다 큰 경우 균형가격은 하락하고 균형거래량은 증가한다.	수요의 감소폭과 공급의 증가폭이 동일하다면 균형가격은 하락하고 균형거래량은 변함없다.

(3) 탄력성과 수요·공급의 변화 ★

17·28회 출제

1) 수요와 공급의 탄력성이 각각 다른 경우

24·25회 출제

수요만 증가 시 공급의 가격탄력성이 비탄력적인 경우	수요만 감소 시 공급의 가격탄력성이 비탄력적인 경우
수요만 증가할 때 공급의 가격탄력성이 비탄력적일수록 균형가격은 상승하고 균형거래량은 증가한다.	수요만 감소할 때 공급의 가격탄력성이 비탄력적일수록 균형가격은 하락하고 균형거래량은 감소한다.

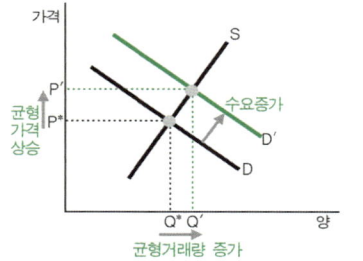
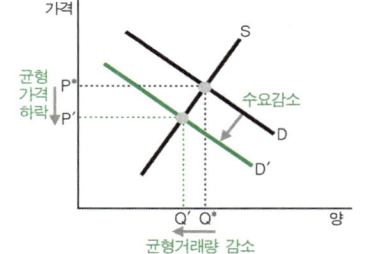

공급만 증가 시 수요의 가격탄력성이 비탄력적인 경우	공급만 감소 시 수요의 가격탄력성이 비탄력적인 경우
공급만 증가할 때 수요의 가격탄력성이 비탄력적일수록 균형가격은 하락하고 균형거래량은 증가한다.	공급만 감소할 때 수요의 가격탄력성이 비탄력적일수록 균형가격은 상승하고 균형거래량은 감소한다.

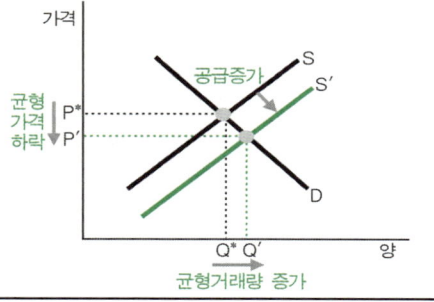
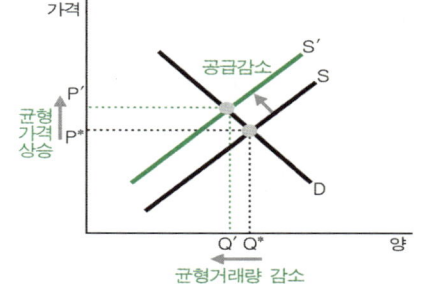

2) 수요와 공급의 탄력성이 특수한 경우

16·18·23회 출제

수요가 가격에 대해 완전탄력적일 때 공급이 증가하면	수요가 가격에 대해 완전비탄력적일 때 공급이 증가하면
균형가격은 불변이고, 균형거래량만 증가한다.	균형가격은 하락하나, 균형거래량은 변하지 않는다.
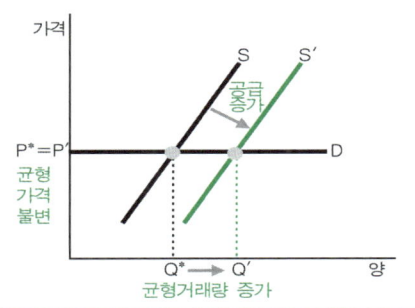	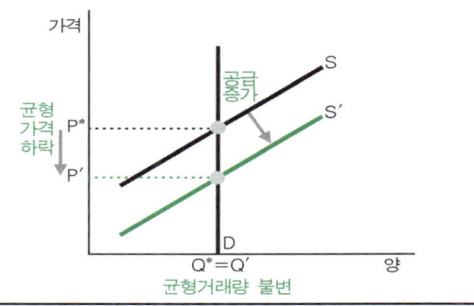

공급이 가격에 대해 완전탄력적일 때 수요가 증가하면	공급이 가격에 대해 완전비탄력적일 때 수요가 증가하면
균형가격은 불변이고, 균형거래량만 증가한다.	균형가격은 상승하나 균형거래량은 변하지 않는다.
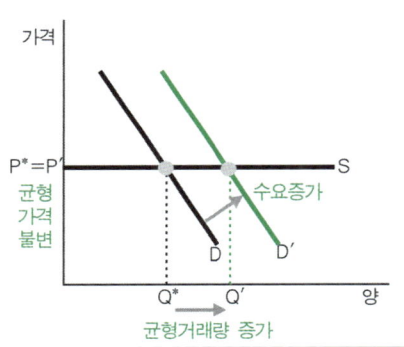	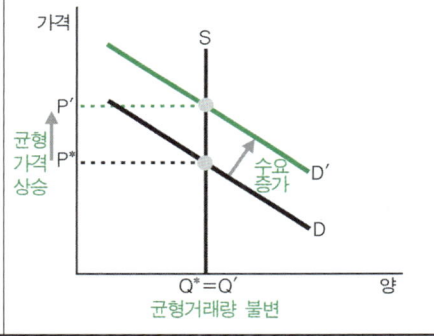

05 거미집이론(cob-web theorem) ★★

19·21·24·34회 출제

1 거미집이론의 의의

거미집이론은 농산물 등의 시장에서 나타나는 주기적인 초과수요(Excess demand)와 초과공급(Excess supply)으로 인한 가격 폭등과 폭락을 수급의 시차로 파악하여 가격이 균형점으로 나아가는 과정을 동태적으로 설명하는 경제학 이론이다.

(1) 시장균형의 안정(수렴형) **23·24·25회 출제**

다음 〈그림a〉와 같이 공급곡선의 기울기가 수요곡선의 기울기보다 급하다면, 즉 공급의 탄력성이 수요의 탄력성보다 비탄력적이면(수요의 탄력성 > 공급의 탄력성), 시장가격이 아무리 균형으로부터 떨어져 있어도 결국엔 균형으로 수렴하게 된다. 이 경우 '시장균형은 안정적이다(수렴한다)'라고 한다.

- 수렴 조건(수렴형) : |공급곡선의 기울기| > |수요곡선의 기울기|
- 공급곡선의 탄력성 < 수요곡선의 탄력성

(2) 시장균형의 불균형(발산형) **24회 출제**

다음 〈그림b〉과 같이 수요곡선의 기울기가 공급곡선의 기울기보다 더 급하다면, 즉 수요의 탄력성이 공급의 탄력성보다 비탄력적이면(수요의 탄력성 < 공급의 탄력성), 최초의 가격이 균형으로부터 떨어져 있으면 더욱더 균형으로부터 멀어져 발산하게 된다. 이 경우 '시장균형은 불균형적이다(발산한다)'라고 한다.

- 발산 조건(발산형) : |공급곡선의 기울기| < |수요곡선의 기울기|
- 공급곡선의 탄력성 > 수요곡선의 탄력성

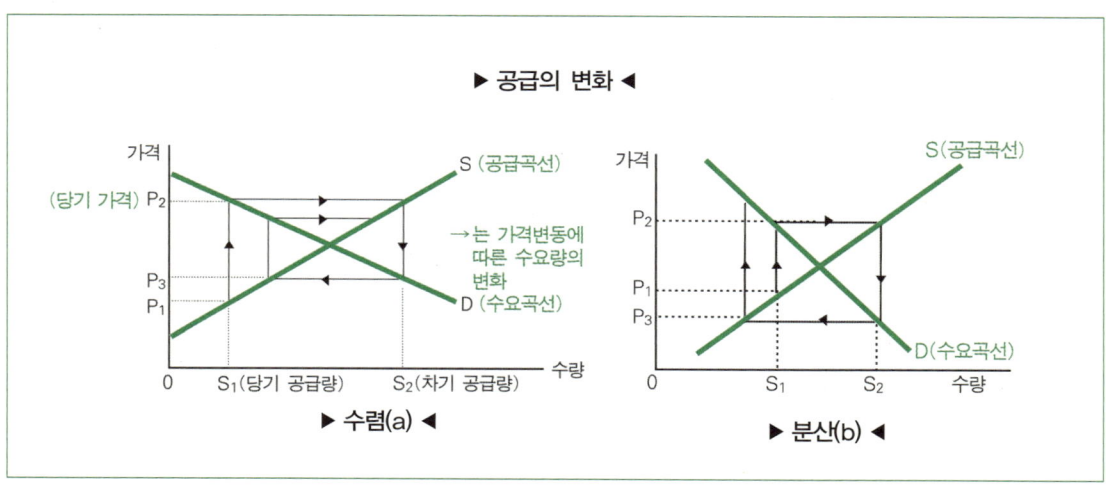

제1장 부동산경제론

(3) 시장균형의 중립(循環, circulation) : 순환형

다음 〈그림c〉와 같이 양곡선의 기울기가 같으면(수요의 탄력성 = 공급의 탄력성), 균형에서 떨어진 채 수렴도 발산도 하지 않으며, 동일한 궤도를 돌게 되는 것을 말한다(순환). 이 경우 '시장균형은 중립적이다'라고 한다.

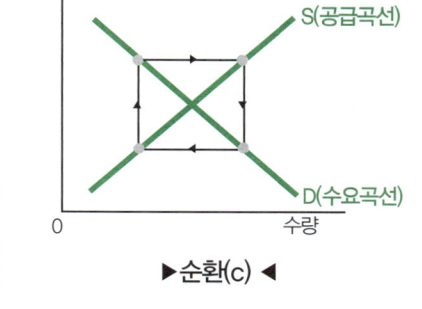

▶순환(c)◀

> •   순환   조건(순환형)   :
> |공급곡선의 기울기| = |수요곡선의 기울기|
> • 공급곡선의 탄력성 = 수요곡선의 탄력성

(4) 탄력성과 모형의 종류

1) **수렴형** : 수요곡선의 탄력성 > 공급곡선의 탄력성
2) **발산형** : 수요곡선의 탄력성 < 공급곡선의 탄력성
3) **순환형** : 수요곡선의 탄력성 = 공급곡선의 탄력성

2 거미집이론과 부동산경기 ★

`15·추가15회 출제`

(1) 부동산시장의 수요와 공급 간의 시간적 갭(차이)의 존재로 주기적인 초과수요와 초과공급을 반복하는 경향이 있다.

1) 부동산시장은 주기적으로 초과수요와 초과공급을 반복하는 경향이 있다.
2) 부동산시장에 이 같은 현상이 발생하는 것은 수요와 공급 간의 시간적 갭이 존재하기 때문인 것으로 알려져 있다. 즉 당기(當期)의 부동산공급량은 전기(前期)의 가격에 의존하게 되고, 차기(次期)의 부동산공급량은 당기(當期)의 가격에 의존하게 된다는 것이다.

(2) 가격급등 → 건물 착공량 증가 → 공급초과 → 침체국면

단기적으로 가격이 급등하게 되면 건물 착공량이 증가하게 되는데 공급물량이 막상 시장에 출하하게 되면 오히려 공급초과가 되어 침체국면에 접어들게 된다는 것이다. 이 같은 현상은 주거용보다는 상업용이나 공업용 부동산에 더 강하게 나타나는 경향이 있다.

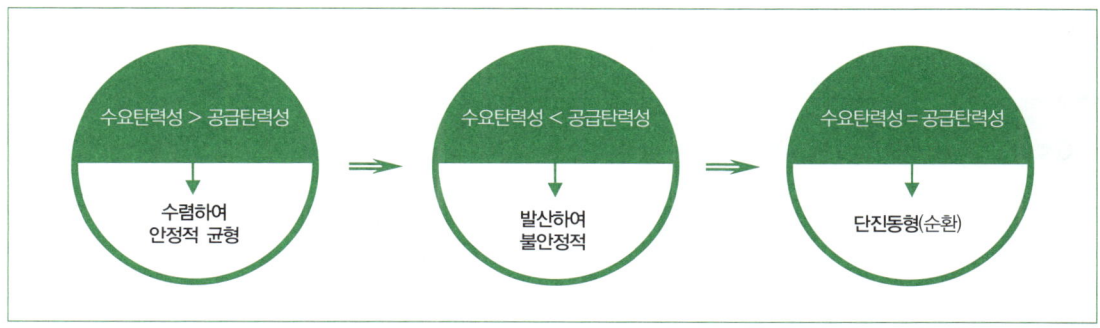

제2편 부동산학각론

제2절 부동산의 경기변동

01 일반경기 `16회 출제`

Professor Comment
부동산경기변동은 부동산산업의 경제적인 변동을 종합적으로 나타낸다.

1 경기변동의 의의

(1) 경기란 전반적인 경제활동 상태를 말한다.
(2) 경기변동이란 경제활동 상태(생산·고용·소비등)가 확장 및 수축국면으로 반복해서 나타나는 현상을 말하며, 경기순환이라고도 한다.

2 경기변동의 특징

반복적·비주기적	경기변동이 확장과 수축이 교대로 되풀이되므로 반복적이나 주기와 진폭이 경기변동시마다 다르게 나타나므로 비주기적이다.
지속적·비대칭적	경기후퇴(확장)가 시작되면 그 상태가 상당기간 지속된다는 점에서 지속적이나 대개 확장국면이 수축국면보다 더 길게 나타난다는 점에서 비대칭적이다.

3 경기순환의 4국면

확장기 (호경기)	① 경제변수의 시계열이 총량적으로 상승 또는 증가하는 경향을 보이는 기간이다. ② 소득·투자·고용 등은 증대하는 반면, 재고·실업률 등은 감소하는 추세를 보인다. ③ 일반적으로 확장기는 호경기에 있는 시기라고 할 수 있다.
후퇴기	① 호황이던 경기가 그 추세를 바꾸어 하락하는 초반기를 의미한다. ② 이 기간에는 성장이 둔화되고 투자와 고용은 감소하는 경향을 보인다.
수축기 (불경기)	① 후퇴기가 연장되면 수축기에 접어든다. ② 이 기간에는 생산시설의 가동률이 저하되고 재고와 실업은 증가하는 경향을 보인다. 즉, 수축기는 경기가 불황에 빠져있는 기간이라고 할 수 있다.
회복기	① 수축기를 지나 모든 경제지표가 그 변동방향을 바꾸게 되면 회복기에 접어든다. ② 생산시설의 가동률은 다시 평상수준에 도달하여, 투자와 고용도 증가한다. ③ 이 회복기가 연장되면 다시 확장기에 접어들어 한 순환을 형성한다.

4 일반경기 순환의 주기구분

구 분	주순환(중기순환)	소순환(단기순환)	장기순환	건축순환
발견자	주글라(C.Juglar)	키친(J.Kitchin)	콘드라티예프 (N.D.Kondratiev)	한센(A.H.Hansen)
명명자	J.A.Schumpeter			
주 기	약 7~11년	약 2~4년	약 40~60년	약 17~18년
특 성	• 경기순환의 대표적 파동이다. • 기업의 설비투자 변동으로 발생함 • 주글라(Juglar)파동이라고도 함	① 주순환의 과정에 2~3개씩 결합됨 ② 주순환의 상승기에는 소순환의 호황기가 길고, 반대인 하강기에는 호황기간이 짧음	• 여러 개의 주순환으로 구성됨 • 기술혁신·전쟁·신자원의 개발 등이 원인 • 콘드라티예프(Kondratiev)파동이라고도 함	건축경기

5 부동산경기의 의의

(1) 부동산경기는 일반경기의 한 구성부문이며, 부동산경기 또한 여러 가지 부문별 경기를 가중평균한 것이다.
(2) 부동산경기는 일반적으로 건축경기(한센파동)를 의미한다.
(3) 일반적 의미에서 부동산경기가 좋다(호황)는 것은 시장참여자들 소득의 상대적인 증가, 부동산경기가 나쁘다(불황)는 것은 시장참여자들 소득의 상대적인 감소를 말한다.

02 부동산경기변동

1 부동산경기변동의 제요인 등

20·23·25회 출제

(1) **의 의**
부동산경기변동이란 부동산시장이 일반경기변동과 같이 상승국면(회복국면, 상향국면)과 하강국면(후퇴국면, 하향국면)을 반복하는 현상을 말한다.

(2) **부동산경기의 구분**
1) **협의(俠義)의 부동산경기** : 주거용 부동산의 경기를 말한다.
2) **광의(廣義)의 부동산경기** : 협의의 부동산경기에 공업용 부동산, 상업용 부동산의 경기를 포함한다.
3) **최광의(最廣義)의 부동산경기** : 광의의 부동산경기에 토지경기를 포함한다.
4) 전체 부동산경기(최광의)는 지역별, 부문별, 경기변동의 가중평균치적 성격을 갖는다.
5) 부동산경기 또는 부동산시장에 영향을 미치는 현상으로는
   - 화폐가치가 하락하여 물가수준이 전반적으로 상승하는 현상인 '인플레이션'
   - 물가가 떨어지고 경제활동이 침체되는 현상인 '디플레이션'
   - 경제 불황 속에서 물가상승이 동시에 발생하는 '스태그플레이션(stagflation)'이 있다.

제2편 부동산학각론

(3) 부동산경기변동의 유형 ★★   16·18·20·21·22회 출제

1) **주기적 변동**
   ① 순환변동 : 다년간에 걸쳐 부동산경기가 호황(好況)과 불황(不況)이 반복되는 현상
   ② 계절변동 : 1년을 단위로 하여 1년에 한번 씩 정기적으로 나타나는 경기변동
      예) 방학동안 대학가 원룸의 공실 증가, 크리스마스용품, 대학가 임대주택, 이사철의 주택시장 변화

2) **무작위 변동**(불규칙적 변동)
   예기치 못한 사태로 인해 초래되는 비주기적(비순환적) 경기변동
      예) 자연재해(지진, 홍수, 화재), 노동과 파업, 혁명, 전쟁, 정부정책(양도소득세 규제, 대출규제 등

3) **장기변동**
   통상적으로 50년 또는 그 이상의 기간으로 측정되는 것으로 일반경제가 나아가는 전반적인 방향을 의미한다.

(4) 부동산경기변동의 제요인

사회적 요인	① 사회 심리적 요인 ③ 교육 및 사회복지 수준 ⑤ 인구의 증감	② 도시형성 및 공공시설의 정비 상태 ④ 토지거래 및 사용수익의 관행
경제적 요인	① 저축, 소비, 투자의 수준 ③ 금융조건	② 소득의 증가 ④ 기술혁신 및 산업구조의 변화
자연적 요인	① 인구증가	② 계절적 요인
정책과 행정적 요인	① 교통정책 ③ 주택정책	② 부동산 조세정책 ④ 토지이용에 관한 계획 및 규제

2 부동산경기변동(순환)의 특징 ★★   추가15·20·21·26회 출제

(1) 순환주기
일반경기에 비해 2배 정도 긴 변동주기를 갖는다.

(2) 진 폭   10회 출제
일반경기에 비해 정점은 높고 저점은 낮다. 이로 인해 진폭도 일반경기에 비해 크다.

(3) 형태
일반경기에 비해 후퇴기간은 짧고 회복기간은 길다.

(4) 시차   추가15회 출제
1) **주거용 건축경기** : 일반경기에 역행한다(자금의 유용성 때문).
2) **상업용·공업용 건축경기** : 일반경기에 동행한다.
3) **부동산시장 전체 경기** : 일반경기에 후행하는 경향이 있다.

(5) 다양한 경기순환   10·추가15·16·20·21회 출제
1) 개별적이고 지역적(국지적) 현상으로 나타나서 전국적(광역적)으로 확대된다.
2) 주기와 진폭은 국가나 지역, 시대별로 다르다.
3) 순환국면이 불분명하고 일정하지 않으며, 일반경기와 비교할 때 동행·선행·후행·역행, 독립적일 수 있다.

제1장 부동산경제론

4) 부동산경기는 도시별로 다르게 변동할 수 있고 같은 도시라도 도시 안의 지역에 따라 다른 변동양상을 보일 수 있다.
5) 부동산경기는 각 주기별 순환국면 기간이 일정치 않은 경향을 보인다.

3 부동산경기의 측정지표 ★★

부동산의 경기측정은 단순지표가 아니므로 종합적인 측정이 필요하다.

Professor Comment

부동산경기의 측정지표에는 아래 제시된 지표 외에 건축량(건축 착공량), 부동산가격변동, 주식, 금리, 통화량, 경제성장률, 물가변동, 사회·경제적 환경 등이 있다.

(1) 건축 허가량과 미분양 재고량   12·14·20회 출제

1) **건축 허가량**: 건축 허가량은 일반적으로 신축 및 증축 허가면적을 가지고 측정하며 국토교통부는 자재별·용도별·연면적별로 건축허가량을 파악하고 있다.
2) **미분양 재고량**: 부동산시장에서 미분양 재고량은 개발시장의 경기상황을 측정하는 지표로서 미분양 재고량이 증가하면 가격은 하락하고 공급은 감소한다.

(2) 부동산 거래량   14회 출제

부동산의 거래량은 등기신청 건수나 부동산 취득세 납부실적 등으로 측정할 수 있는데, 호경기에는 등기신청 건수나 부동산 취득세 납부실적이 많으나, 불경기에는 적은 것이 일반적이다.

(3) 택지의 분양실적   14회 출제

택지분양이 활발하면 건축경기가 활발해지고 분양실적이 나쁠 때는 그 반대현상이 일어나는 것이 일반적이나 택지분양이 활발하다고 해서 언제나 건축경기가 좋다고 할 수 없다.

(4) 부동산금융의 실적

부동산거래가 많을수록 부동산금융의 실적이 많아지므로 시장상태가 좋다고 할 수 있으나, 부동산금융의 실적이 작으면 시장상태도 좋지 않은 것이 일반적이다.

(5) 공가율과 임료수준

공가율(空家率)이 높아지면 임료수준이 낮아지고 이로 인하여 주택가격이 떨어지므로 신규건설이 둔화되어 시장상태도 나빠진다.

(6) 부동산의 가격변동   14회 출제

부동산가격이 상승할 때는 부동산경기가 호황국면일 때가 많다. 그러나 부동산가격이 상승한다고 해서 반드시 경기가 좋은 것은 아니며, 그 반대일 때도 있다.

4 부동산경기의 순환국면 ★★

→ 확장, 후퇴, 수축, 회복의 국면에 따라 변화함

11·14·20·21·23·25·33회 출제

부동산경기도 일반경기와 마찬가지로 하향(불황), 회복, 상향(호황), 후퇴의 4가지 국면에 따라 순환(循環)한다. 다만, 부동산경기의 순환국면(循環局面)은 일반경기의 순환국면에 부동산시장 고유의 '안정시장'을 합쳐서 전부 5개 국면이다.

(1) 하향시장

1) 일반경기의 수축국면(불황국면)에 해당하는 부동산시장이다.
2) 대체로 거래가 저조하며, 부동산의 가격은 보합세를 유지하거나 하락한다.
3) 이 국면이 장기화되면 공가율(空家率), 공실률(空室率)이 증가한다.
4) 이 국면에 약한 부동산은 규모가 큰 호화주택이나 교외의 분양택지 그리고 불요불급한 기타 부동산 등이다.
5) 과거의 거래사례가격은 새로운 거래의 상한선이 된다.
6) 후퇴시장의 기간이 짧고 과열경기를 경험해온 지역일수록 깊은 불황을 경험한다.
7) 시장에서 매도인은 많고 매수인은 적어 매수인 중심의 시장이 형성되므로 부동산 전문 활동에 있어서 매수인 중시화 현상(買方 重視化 現象)이 더욱 높아진다.
8) 건축허가 신청 건수는 매우 낮아진다.

(2) 회복시장 ★★

1) 경기의 하향이 저점에 이르러 하향을 멈추고 상승을 시작하는 국면이다.
2) 거래가 활기를 띠기 시작하고 가격은 상승하기 시작한다.
3) 금리가 낮고 자금의 여유가 생겨 부동산투기가 고개를 들기 시작한다.
4) 과거의 거래사례가격은 새로운 거래의 기준가격이 되거나 하한선이 된다.
5) 매도인이 주도하는 시장이므로 부동산 전문 활동을 하는 업자들에 있어서는 매도인 중시화(賣方 重視化)로 변화한다.
6) 경기회복은 보통 지역별 또는 개별로 이루어진다.

(3) 상향시장

1) 일반경기순환의 확장국면(호황국면)에 속한다.
2) 거래가 활발하고 지가상승이 계속된다.
3) 후퇴시장의 전(前)국면이므로 후퇴의 가능성을 내포하고 있다.
4) 과거의 거래사례가격은 새로운 거래의 하한선이 된다.
5) 가격상승률이 점차 높아지므로 매도인은 거래성립을 미루려는 반면에 매수인은 거래성립을 앞당기려고 한다.
6) 매도인은 적고 매수인은 많아 매도인 중심의 시장이 형성되므로 부동산 전문 활동에 있어서는 매도인의 관리에 주안점을 두어야 한다.
7) 건축허가신청이 증가할 뿐 아니라 그 증가율도 계속 상승하기도 한다.

(4) 후퇴시장

1) 상향시장의 정점을 지나 경기가 후퇴하는(수축되는) 국면이다.
2) 거래가 점차 한산해지고 가격상승이 중단, 반전하여 경기가 후퇴하기 시작한다.
3) 과거의 거래사례가격은 새로운 거래의 기준가격이 되거나 상한선이 된다.
4) 부동산 전문 활동에서는 매도인 중시화 현상(賣方 重視化 現狀)에서 매수인 중시화 현상(買方 重視化 現狀)으로 전환된다.
5) 후퇴시장이 일반경기와 병행하여 장기화되면 공실률이 높아지기도 하며, 단시일 내에 급강하는 곳에서는 부동산거래활동이 중단되기도 한다.
6) 회복시장에서의 회복 기간은 긴 데 반하여 후퇴시장의 후퇴국면은 경기후퇴가 빠른 것이 특징이다.

(5) 안정시장

1) 부동산시장의 고유한 국면으로 부동산가격이 안정되어 있거나 가벼운 상승을 동반하는 국면이다. 불황에 친하지 않은 부동산경기의 특유한 시장이다.
2) 불황에 강한 부동산시장, 즉 도심지의 점포 등이 이에 속하며 위치가 좋고 규모가 작은 주택도 이에 속한다.
3) 수요의 계속적인 증가 속에서 위치, 종류, 규모 등에 있어서 최유효 이용이어야 하는 전제조건을 내포하고 있다.
4) 이 시장은 경기순환에 의해 분류된 것은 아니나 경기와 전혀 무관하다고 할 수 없다.
5) 이 시장에서 과거 거래사례가격은 새로이 신뢰할 수 있는 거래의 기준이 된다.
6) 실수요자에 의한 거래가 이루어지는 시장이므로 부동산 전문 활동에서는 매도인과 매수인 쌍방 모두 중시된다.

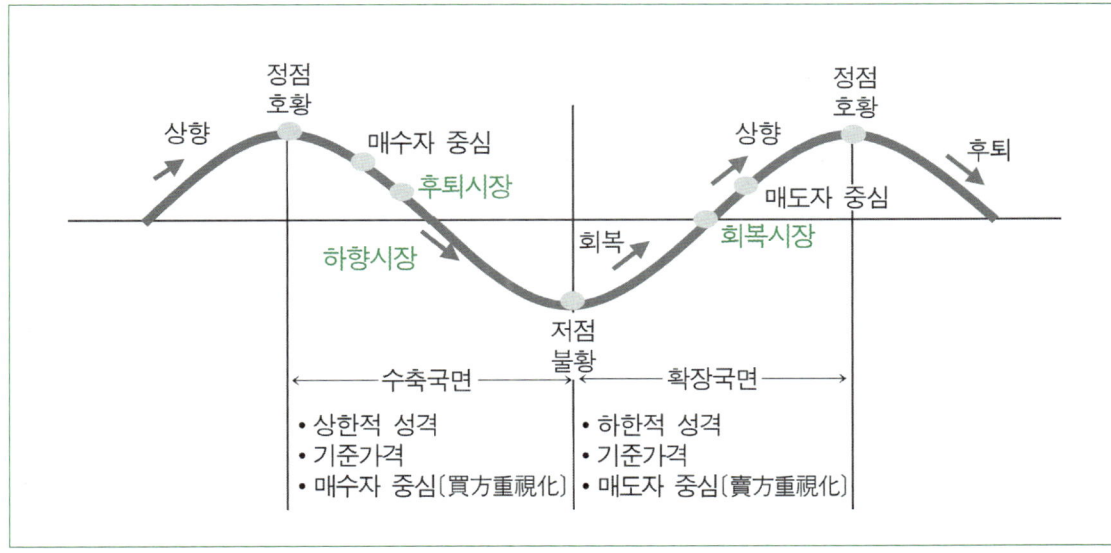

▶ 부동산경기순환 ◀

순환국면	회복시장	상향시장	후퇴시장	하향시장	안정시장
시장가격	가격 상승 시작	가격 상승	가격 하락 시작	가격 하락	가격 안정
거래동향	거래 증가	거래 활발	거래 한산	거래 중지	지속적인 거래
투자/건축	시 작	활 발	감 소	중 단	안 정
시장주도권	매도자시장	매도자시장	매수자시장	매수자시장	쌍방 중시
중요 고객	매도자(賣方) 중시	매도자(賣方) 중시	매수자(買方) 중시	매수자(買方) 중시	쌍방 중시
거래사례가격	하한가격	하한가격	상한가격	상한가격	신뢰가격

CHAPTER 02 부동산시장론

학습 포인트

- 부동산시장은 매도인과 매수인, 임대인과 임차인, 개업공인중개사 등이 부동산상품에 따른 관련 정보를 전달할 뿐 아니라 수요와 공급에 따른 공간분배, 부동산권리의 교환 등이 이루어지는 시장이다. 시험에서는 부동산의 특성을 반영한 부동산시장이 일반재화를 다루는 시장과 다른 점, 즉 부동산시장의 국면별 특성, 효율적 시장 등을 제대로 이해하고 있는지를 묻는 문제가 많이 출제되므로 이에 대한 준비를 철저히 해 두어야 한다.

CHAPTER 학습 & 출제되는 키워드

- ☑ 부동산시장
- ☑ 부동산시장의 특성
- ☑ 부동산경기변동
- ☑ 하향시장·회복시장
- ☑ 효율적 시장
- ☑ 여과과정
- ☑ 불완전경쟁시장
- ☑ 자본시장·공간시장
- ☑ 부동산경기의 측정지표
- ☑ 상향시장·후퇴시장
- ☑ 할당 효율적 시장
- ☑ 주거분리
- ☑ 부동산시장의 기능
- ☑ 4사분면 모형
- ☑ 부동산시장의 경기별 유형
- ☑ 안정시장
- ☑ 인근지역의 수명주기

CHAPTER 학습 & 출제되는 질문

- ☑ 부동산시장에 관한 설명으로 틀린 것은?
- ☑ 부동산시장에 관한 설명으로 틀린 것은?
- ☑ 부동산경기변동에 관한 설명으로 옳은 것은?
- ☑ 부동산의 경기변동과 관련된 설명으로 틀린 것은?
- ☑ 부동산시장과 효율적 시장이론에 관한 설명으로 틀린 것은?
- ☑ 대형마트가 개발된다는 다음과 같은 정보가 있을 때 합리적인 투자자가 최대한 지불할 수 있는 이 정보의 현재가치는?
- ☑ 주택의 여과과정이론과 주거분리에 관한 설명으로 틀린 것은?

제2편 부동산학각론

제1절 부동산시장의 의의

01 부동산시장의 개념과 유형 (→ 지역시장)

1 부동산시장의 개념

부동산시장이란 ㉠ 부동산권리의 교환, ㉡ 상호 유리한 교환으로 가액결정, ㉢ 경쟁적 이용에 따른 공간분배, ㉣ 토지와 공간이용의 패턴결정, ㉤ 수요와 공급의 조절을 돕기 위하여 의도된 상업 활동을 하는 곳이다.

Professor Comment

부동산시장은 부동산이라는 재화를 유통대상으로 하고, 부동산의 자연적 특성인 부동성(지리적 위치의 고정성)으로 인해 국지적 시장형태를 이룬다. 또한, 부동성으로 인해 일반 재화의 시장, 즉 구체적 시장과 달리 거래행위가 일어나는 구체적 장소나 양상이 보이지 않는 전체적 범위, 즉 지리적 권역으로의 추상적 시장이다.

02 부동산시장의 기능과 특성 ★★

1 완전경쟁시장과 부동산시장과의 관계

(1) 완전경쟁시장 → 보이지 않는 손에 의해 자율적으로 결정됨
  1) 시장가격에 영향을 끼칠 수 없을 정도로 다수의 수요자와 공급자에 의해 이루어진다.
  2) 시장의 진입과 탈퇴가 자유롭다.
  3) 동질(同質)의 재화와 용역을 교환하는 시장이다.
  4) 수요자와 공급자 모두가 완전한 정보를 가지고 있다.
  5) 일물일가의 법칙이 적용된다.

(2) 부동산시장이 불완전경쟁시장인 이유
  1) 개별성과 고가(高價)로 인하여 한정된 수요자와 공급자만 존재한다.
  2) 거래 기간이나 의사결정 기간이 장기이다.
  3) 개별성으로 인하여 거래되는 상품은 이질적이다.
  4) 정보의 비대칭성으로 인하여 정보수집과 분석에 상당한 비용과 시간 및 노력이 소요된다.
  5) 부동성으로 인하여 다른 지역의 수요와 공급을 충족시키기 위한 사용이 불가능하다.
  6) 개별성과 고가, 거래기간이나 의사결정 기간의 장기 소요 등으로 인하여 시장의 진출입이 자유롭지 못하다.

2 부동산시장의 특성 ★★

(1) 기본적 특성
1) **시장의 지역성** : 부동산시장은 지리적 위치의 고정성(부동성)으로 인하여 공간적인 적용범위가 일정지역에 국한되는 국지성으로 인하여 지역에 따라 다른 가격이 형성된다.
2) **부동산거래의 은밀성** : 부동산의 개별성(個別性)과 거래 시 많은 자금의 필요성 및 행정적 규제 등은 부동산시장에 있어서 유통거래내용의 공개를 방해하고 있다.
3) **부동산상품의 비표준화성** : 개별성으로 인한 부동산상품의 비표준화성이 나타난다.
4) **부동산시장의 비조직성** : 시장의 국지성, 거래의 은밀성, 개별성 등이 원인이다.
5) **수급조절의 곤란성** : 부동성, 부증성, 개별성 등 부동산의 물리적 특성으로 인하여 수요과 공급조절이 어렵다.
6) **공급의 단기 고정성** : 부동산의 수요 증가에 따른 부동산의 공급에는 많은 시간이 걸린다.
7) **고가성 상품의 거래** : 부동산은 일반시장의 상품에 비해 투자의 단위규모가 매우 크다.
8) **열악한 환금성** : 부동산은 주식이나 예금 등 여타 투자 대상보다 환금성에 있어서 열악하다.

(2) 기타 특성
1) 수요와 공급의 조절에 오랜 시간이 소요되므로 단기에는 수요와 공급의 불균형으로 인하여 '가격의 왜곡' 현상이 발생할 가능성이 높다.
2) 부동산의 고가성, 내구성, 위치의 고정성 등으로 인한 시장의 자유통제(조절)기능의 하락과 시장의 불완전성이 초래된다.
3) 부동성으로 인하여 추상적 시장이 된다.
4) 부동성 및 인접성으로 인하여 외부효과가 발생한다.
5) 부동산시장이 부동산의 종류별 또는 지역별로 세분화된다.
6) 법적 제한으로 인하여 시장의 불완전성이 초래된다.

3 부동산시장의 기능 ★

(1) 공간 및 자원배분 기능
수요자에 대한 부동산공간의 분배와 부동산 자원의 분배(할당)를 촉진한다. 그러나 외부효과, 정보의 비대칭성, 공공재의 존재, 독과점시장 등으로 인하여 시장실패를 초래할 수 있다.

(2) 부동산상품의 교환 기능
부동산과 현금, 부동산과 부동산, 소유와 임대 등의 교환이 이루어지게 된다.

(3) 가격의 창조 기능
부동산상품의 가격은 매수인이 더 이상 지불할 수 없는 상한가격과 매도인이 더 이상 양보할 수 없는 하한가격과의 조정된 가격에서 거래가격이 창조된다.

(4) 부동산상품에 관한 정보제공 기능
부동산시장은 부동산의 활동주체에게 부동산상품에 대한 정보를 제공한다.

(5) 부동산상품의 양과 질의 조절기능

부동산시장에 관한 정보는 부동산 소유자, 관리자, 개발업자, 건설업자들에게 부동산상품의 유용성(有用性)이 최대가 되도록 만들어서 부동산 상품의 양과 질을 조절하게 한다.

(6) 토지이용 결정 기능

1) **토지이용의 유형 결정**: 부동산시장은 경쟁을 통한 경제 활동별 지대 지불능력에 따라 토지이용의 유형을 결정하는 기능을 한다.
2) **계속입지경쟁**(부지경쟁): 부동산시장에서는 용도지정이 된 토지라도 계속적인 입지경쟁을 통해 최유효이용 방법을 고안하고 토지이용을 결정하게 된다.

제2절 효율적 시장 ★★   11·13·추가15회 출제

01 효율적 시장의 의의 및 구분

1 효율적 시장의 의의 ★★   13·15·22회 출제

효율적 시장이란 모든 이용 가능한 새로운 정보가 즉각적으로 가치에 반영되는 시장을 말한다.

2 효율적 시장의 구분 ★★   10·13·22회 출제

→ 나라마다 효율적 시장의 존재형태나 효율성 정도가 다름

(1) 약성 효율적 시장   27회 출제

현재의 시장가치에 과거의 정보가 반영되어 있어서, 과거의 가격이나 시장의 자료를 근거로 한 어떠한 분석(기술분석)도 초과이윤을 획득할 수 없다. 초과이윤을 획득하기 위해서는 공표된 현재정보를 분석(기본분석)하거나 공표되지 않은 내부정보를 분석하여야 한다.

(2) 준강성 효율적 시장   13·22·28회 출제

현재의 시장가치에 과거뿐 아니라 현재의 공표된 정보까지 즉각적으로 반영되어 있기 때문에 현재의 정보를 분석(기본분석)하더라도 정상이상의 수익(초과이윤)을 획득할 수 없다. 초과이윤을 획득하기 위해서는 공표되지 않은 내부정보를 분석하여야 한다.

(3) 강성 효율적 시장 (strong-form efficient market)   11·13·22회 출제

현재까지 공표된 정보뿐 아니라 미래정보(내부정보, 미공개 정보)까지 모두 시장가치에 반영된 시장을 말하며, 강성 효율적 시장에서는 어느 누구도 초과이윤을 획득할 수 없다.

→ 완전경쟁시장에 가까움

제2장 부동산시장론

Keypoint 약성·준강성·강성효율적 시장 비교 ★★

구 분 / 정 보	과거 추세적 자료 기술분석	공표된 신정보 기본분석	공표되지 않은 내부정보 미래분석	시장구분
약성 효율적 시장	초과이윤 ×	초과이윤 ○	초과이윤 ○	부동산시장 (불완전경쟁시장)
준강성 효율적 시장	초과이윤 ×	초과이윤 ×	초과이윤 ○	부동산시장 (불완전경쟁시장)
강성 효율적 시장	초과이윤 ×	초과이윤 ×	초과이윤 ×	완전경쟁시장

강성 효율적 시장
모든 이용가능 정보
(공개된 정보, 비공개된 내부정보 등)

준강성 효율적 시장
공개된 정보(역사적 정보, 공개된
회계자료, 경제자료 등)

약성 효율적 시장
역사적 정보(과거의 가격, 거래량)

〈자료〉박정식 외

▶ 효율적 시장과 정보범위의 상호 관련성 ◀

02 할당 효율적 시장 ★

1 할당 효율성

(1) 의의
시장의 기본적인 기능은 자원의 할당(배분)이다. 자원이 효율적으로 할당되었다는 것은, 부동산투자와 다른 투자대안에 따르는 위험을 감안하였을 때 부동산투자의 수익률과 다른 투자의 수익률이 서로 같도록 할당되었다는 것을 말한다. 그러므로 부동산투자에 초과이윤이 발생하지 않는다.

(2) 부동산시장의 효율적 할당
부동산시장은 가격에 의해서 매수자와 매도자 간에 자원이 효율적으로 할당된다.

2 부동산시장과 할당적 효율성

(1) 완전경쟁시장만이 효율적 시장이 아님 〔22회 출제〕
완전경쟁시장은 효율적 할당이 이루어지나, 효율적 할당이 이루어지는 시장이라고 해서 반드시 완전경쟁시장인 것은 아니다.

(2) 할당적 효율성
부동산시장과 같이 불완전경쟁시장에서도 효율적 할당이 가능하다. 만약, 불완전경쟁시장에서 발생하는 초과이윤이 초과이윤을 발생하게 하는 비용과 일치한다면, 불완전경쟁시장도 할당 효율적일 수 있다.

(3) 초과이윤 획득
부동산시장에서 특정의 투자가가 초과이윤을 획득할 수 있는 것은 시장이 불완전하거나 독점적이기 때문이 아니라 할당 효율적이지 못하기 때문이다.

3 부동산시장과 정보가치 〔14·추가15·25·33회 출제〕

(1) 부동산시장과 정보에 대한 가정
1) 1년 후에 신도시가 들어설 가능성이 있는 주변지역에 토지를 소유한 사람이 있다.
2) 1년 후에 신도시가 들어서면 그 토지는 6,600만원이 되고, 들어서지 않는 것이 확실하게 되면 4,600만원이 된다.
3) 신도시가 들어설 것인지는 아무도 모른다(들어설 확률과 그렇지 않을 확률은 각각 50%라는 의미임).
4) 투자자의 요구수익률은 10%이며, 1년 후 신도시가 반드시 들어선다는 정보를 300만원에 수집하였다.

(2) 정보가 불확실한 경우의 시장가치와 현재가치 계산

1) 1년 후 해당 토지의 시장가치는 다음과 같이 신도시가 들어설 확률을 반영한 가중평균치로 계산된다.

$$1년 후 시장가치 = (6{,}600만원 \times 50\%) + (4{,}600만원 \times 50\%) = 5{,}600만원$$

2) 1년 후의 시장가치를 요구수익률로 할인하여 현재가치를 구할 수 있다.

$$현재가치 = 1년 후 시장가치 \times \frac{1}{(1+r)^n} = 5{,}600만원 \times \frac{1}{(1+0.1)^1} = 5{,}090만원$$

(3) 정보가 확실한 경우의 시장가치와 현재가치 계산

1) 1년 후 신도시가 들어설 확률이 100%라는 정보를 보유한 부동산투자자 입장에서의 해당 토지의 가치는 시장가치가 되며, 다음과 같이 계산된다.

$$1년 후 시장가치 = (6{,}600만원 \times 100\%) + (4{,}600만원 \times 0\%) = 6{,}600만원$$

2) 1년 후의 시장가치를 요구수익률로 할인하여 현재가치를 구하면 다음과 같다.

$$현재가치 = 6{,}600만원 \times \frac{1}{(1+0.1)^1} = 6{,}000만원$$

(4) 투자자의 정보가치 계산

1) 현재 부동산투자자가 구입한 정보를 이용해 해당 토지에 투자할 경우 정보가 확실한 경우의 현재가치 6,000만원의 토지를 시장에서는 5,090만원에 구입할 수 있으므로 정보의 가치는 다음과 같이 계산된다.

$$\begin{aligned}정보가치 &= 정보가 확실한 경우의 현재가치 - 정보가 불확실한 경우의 현재가치 \\ &= 6{,}000만원 - 5{,}090만원 = 910만원\end{aligned}$$

2) 부동산투자자는 910만원의 가치가 있는 정보를 300만원에 구입하였으므로, 해당 정보를 이용해 투자할 경우 발생하는 초과이윤은 610만원이 된다.

3) 할당 효율적 시장이 되기 위해서는 610만원의 초과이윤을 세금 등으로 환수하거나 정보 취득 비용이 610만원이 되도록 하면 될 것이다.

제3절 여과과정 (濾過過程) ★★★

01 여과과정의 의의 23회 출제

여과과정(filtering process)은 주택시장에 신규주택이 공급되면 고소득계층은 신규주택으로 이동하여 거주하고, 고소득계층이 이사한 후의 오래된 기존주택에 저소득계층이 이사하여 거주하게 되는 과정을 말한다.

02 하향여과와 상향여과 ★★

1 하향여과

(1) 어떤 주거지역에 신축할 수 있는 저소득층의 주택이 법적으로 제한될 경우, 고소득층이 사용하던 기존 주택이 저소득층의 사용으로 전환되는 것을 하향여과(Filtering Down)라 한다.
(2) 주택시장에서 종전보다 소득이 낮은 계층이 고소득층이 사용하던 주택을 계승(Succession)하려고 침입(Invasion)하는 경우를 하향여과라고 한다.

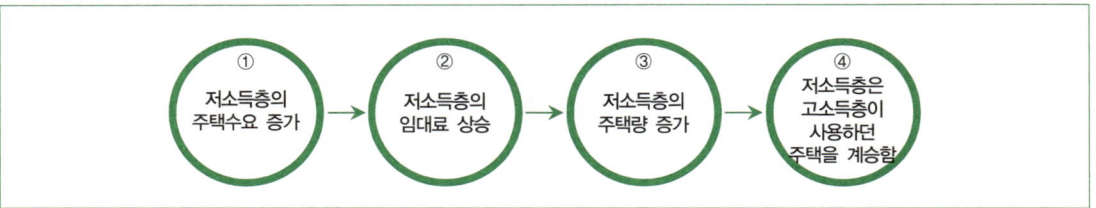

2 상향여과

(1) 저소득층의 주거지역에 있는 주택이 재건축 또는 재개발되어 고소득층의 사용으로 전환되는 것을 상향여과(Filtering Up)라 한다.
(2) 주택의 상향여과는 고소득계층이 저소득층의 주택을 개·보수 또는 재건축하여 사용하려고 진입하는 경우에 발생한다. 상향여과는 주거의 질을 개선하는 효과가 있다.

▶ 여과과정(필터링) ◀

하향여과	신규주택을 취득할 능력이 없는 저소득층이 상위계층이 사용하던 주택을 계승하는 과정
상향여과	고소득층이 개보수 또는 재건축된 저소득층의 주택을 사용하는 과정

3 불량주택

(1) 불량주택문제는 주택 그 자체의 문제가 아닌 거주자의 소득이 낮기 때문에 발생하는 문제이다.
(2) 주택시장에서 불량주택과 같은 저가주택이 공급되는 것은 시장의 실패 때문이 아니라, 시장이 하향여과과정을 통해 수요에 적정하게 대응하고 있기 때문이다.

03 여과작용과 주거분리 ★   19·23·27회 출제

1 정의 외부효과와 부의 외부효과

(1) 정(+)의 외부효과란 어떤 경제주체의 활동 결과가 다른 경제주체에게 시장의 외부를 통해 이로운(좋은) 영향을 주는 것을 말한다. → 수요곡선 우측 이동을 가져옴
(2) 부(-)의 외부효과란 어떤 경제주체의 활동 결과가 다른 경제주체에게 시장의 외부를 통해 해로운(나쁜) 영향을 주는 것을 말한다. → 수요곡선 좌측 이동을 가져옴

2 주거분리현상

주거분리현상은 고소득층의 주거지역과 저소득층의 주거지역이 분리되는 현상이며, 소득에 의해 발생한다.

3 주거분리와 근린지역   21회 출제

| 저소득층 주거지역 | 경계지역 | 고소득층 주거지역 |

〈자료〉 경록역(1986) 등 참조

→ 주거의 질 개선, 주택공급량의 증가

(1) 고소득층은 서로 인접해 주거하기를 바라며 저소득층도 고소득층 주변에 주거하기를 원한다. 이는 고소득층의 인근은 정의 외부효과를 누릴 수 있기 때문이다. 그러나 부의 외부효과 때문에 고소득층은 저소득층 주변에서 멀어지기를 원한다.
(2) 주거분리는 도시 전체뿐 아니라 지리적으로 인접한 근린지역에서도 발생할 수 있다.
(3) 저소득층 주거지역에 가까이 입지한 부동산은 할인되어 거래되고, 고소득층 주거지역에 가까이 입지한 부동산은 할증되어 거래된다.

04 침입(Invasion) 〔21회 출제〕

(1) 침입이란 일정한 지역기능에 새로운 지역기능(이질적인 요소)이 들어오는 현상, 즉 특정지역에 이질적인 어떤 집단이 이동하여 거주하게 되는 것을 말한다.
    예 고소득계층의 주거지역에 저소득계층이 들어오는 경우
(2) 침입과 계승(천이)이란 현상으로 인해 주거입지의 변화를 가져올 수 있다.

→ 계승과정을 '천이'라고 주장하는 학자도 있음

05 계승(Succession)

계승이란 침입의 결과 다른 요소로 변화되어 가는 과정, 즉 어느 한 계층이 해당 지역의 수준을 주도하여 이전의 것을 교체하는 것으로 '천이'라고도 한다.
    예 고소득계층의 주거지역에 저소득계층이 침입한 결과, 모두 저소득계층으로 교체되는 경우

CHAPTER 03 입지 및 공간구조론

학습 포인트

■ 부동산의 가치 및 이용은 입지 및 공간 구조의 영향을 많이 받는다. 자격시험 문제에도 이와 관련된 내용인 크리스탈러의 중심지이론, 레일리의 소매인력법칙, 컨버스의 분기점이론, 허프의 확률모형의 상업입지이론과 베버의 최소비용이론, 뢰쉬의 최대수요이론 등의 공업입지이론에 대한 각각의 특징과 계산문제가 나오므로 이에 대한 준비가 요구된다. 또한, 튀넨의 고립국이론에서 지대와 수송비의 관계, 점포의 유형별 분류, 공업입지의 입지지향성을 포함한 버제스의 동심원이론, 호이트의 선형이론, 해리스와 울만의 다핵심이론으로 구성된 도시공간구조론에 대한 내용도 매 회 출제되므로 이에 대한 학습도 철저히 하여야 한다.

CHAPTER 학습 & 출제되는 키워드

- ☑ 입지와 입지선정
- ☑ 상권과 배후지
- ☑ 레일리의 소매인력법칙
- ☑ 허프의 확률모형
- ☑ 베버의 최소비용이론
- ☑ 튀넨의 농업입지론
- ☑ 해리스와 울만의 다핵심이론

- ☑ 입지조건과 입지인자
- ☑ 상권획정 방법
- ☑ 컨버스의 분기점이론
- ☑ 점포의 유형별 분류
- ☑ 뢰쉬의 최대수요이론
- ☑ 버제스의 동심원이론

- ☑ 상권의 조건
- ☑ 크리스탈러의 중심지이론
- ☑ 공간균배의 원리
- ☑ 예상매출액의 산정방법
- ☑ 공업입지의 입지지향성
- ☑ 호이트의 선형이론

CHAPTER 학습 & 출제되는 질문

- ☑ 다음 설명에 모두 해당하는 입지이론은?
- ☑ 크리스탈러의 중심지이론에서 사용되는 개념에 대한 정의로 옳은 것을 모두 고른 것은?
- ☑ A도시와 B도시 사이에 위치하고 있는 C도시는 A도시로부터 5km, B도시로부터 10km 떨어져 있다. A도시의 인구는 5만명, B도시의 인구는 10만명, C도시의 인구는 3만명이다. 레일리의 '소매인력법칙'을 적용할 경우, C도시에서 A도시와 B도시로 구매활동에 유인되는 인구규모는?
- ☑ 컨버스(P. D. Converse)의 분기점 모형에 기초할 때, A시와 B시의 상권 경계지점은 A시로부터 얼마만큼 떨어진 지점인가?
- ☑ C도시 인근에 A와 B 2개의 할인점이 있다. 허프(D. L. Huff)의 상권분석모형을 적용할 경우, B 할인점의 이용객수는?(단, 거리에 대한 소비자의 거리마찰계수 값은 2이고, 도시인구의 60%가 할인점을 이용함)
- ☑ 다음 이론에 관한 설명 중 옳은 것을 모두 고른 것은?
- ☑ 도시공간구조이론 및 지대이론에 관한 설명으로 틀린 것은?
- ☑ 다음의 (   )에 들어갈 이론 및 법칙으로 옳게 연결된 것은?

제2편 부동산학각론

제1절 입지

01 부동산입지선정의 의의

1 입지와 입지선정　　　　　　　　　　　　　　　　　　　　　　　`10회 출제`

(1) 입지의 의의

입지란 주택, 공장, 점포, 사무실 등이 자리 잡고 있는 일정한 장소로서의 공간적 개념이며, 부동산의 유용성을 결정하는 중요한 요소이다.

(2) 입지선정의 의의 ★

입지선정이란 입지주체가 추구하는 입지조건을 갖춘 부동산을 발견하는 것을 말한다.

2 입지와 부동산활동 ★

(1) 입지론(theory of location)의 의의

어떠한 경제활동이 어떤 장소에서 행하여지는 것이 가장 합리적인가를 연구하는 부동산학의 연구 분야 중 하나이다.

(2) 부동산입지선정에 고도의 전문성이 요구되는 이유

1) 유용성 제고

부동산의 가치는 대상부동산의 유용성(쾌적성, 수익성, 생산성 등)을 최대한 올릴 수 있을 때가 가장 크기 때문이다.

2) 적합의 원칙에 합당한 입지선정

대상부동산의 위치가 주위의 환경과 조화를 이루어 입지하고 있는지, 즉 '적합의 원칙'에 합당한 입지선정이 매우 중요하기 때문이다.

3) 비가역성

부동산은 일단 한번 사용되면 그 용도를 예전 상태로 바꾸기 어렵기 때문이다.

3 입지조건과 입지인자 ★　　　　　　　　　　　　　　　　　　　　`12회 출제`

(1) 입지조건

1) 의의 : 입지조건이란 입지주체가 필요로 하는 부동산이 갖추어야 할 특정 장소의 성질 혹은 상태를 말한다.
2) 입지조건의 결정 요인 : 입지조건을 결정하는 요인은 크게 기후, 일조, 온도 등의 자연적 조건과 사회·행정적 조건인 인문적 요인이 있다.

(2) 입지인자의 의의

입지인자는 특정 주체가 특정 장소에 입지함으로써 얻게 되는 비용 절약상의 이익이며, 여기에는 경제적 인자와 비경제적 인자가 있다.

02 주요 입지론

23회 출제

1 농업입지론

Professor Comment

튀넨의 농업입지이론을 전반적으로 이해하여야 한다. 특히, 아래의 의의와 주요 내용은 정확히 이해하여야 한다.

튀넨(Johann Heinrich von Thünen)은 농업입지에 대하여 주로 지대, 거리, 생산비 등을 분석하여 그의 이론을 설명하였다.

(1) 지대의 의의

지대(地代, Rent)란 매상고에서 생산비와 수송비를 뺀 것이다.

(2) 주요 내용

1) 지대와 수송비는 반비례관계

수송비 절약이 지대로 돌아간다. 즉, 지대와 수송비는 반비례관계에 있다.

$$매상고 - (생산비 + 수송비) = 지대$$

2) 한계지대곡선의 변화 : 작물·경제활동에 따라 한계지대곡선이 다르게 변화한다(집약농업, 조방농업).
   ① 집약적 이용 : 중심지에 근접할수록 집약적 이용이 이루어진다.
   ② 중심지와 가까울수록 높은 지대 지불 : 가장 많은 지대를 지불하는 입지주체가 중심지와 가장 가깝게 입지한다.

3) 지대의 변화 : 농산물가격·생산비·수송비·인간의 행태변화는 지대(Rings)를 변화시킨다.

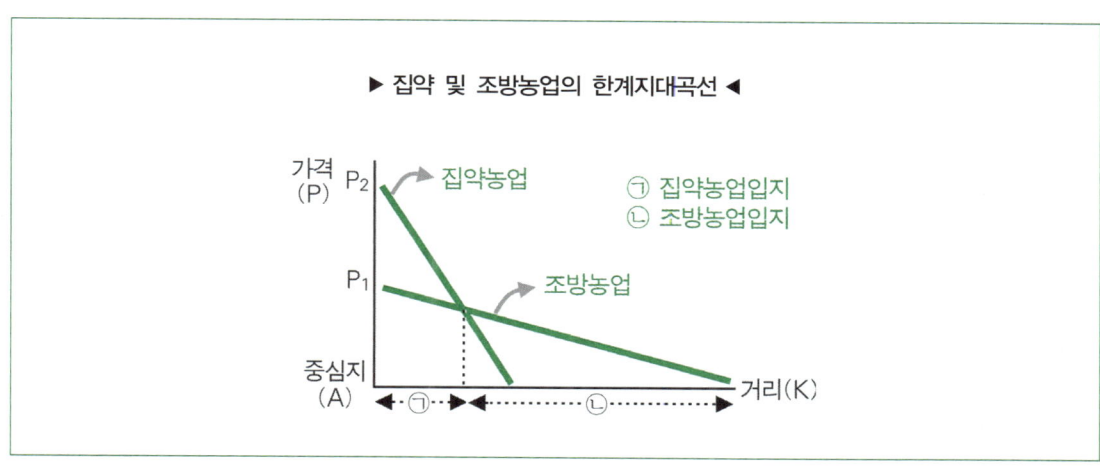

▶ 집약 및 조방농업의 한계지대곡선 ◀

2 공업입지이론

(1) 베버(Alfred Weber)의 최소비용이론 ★   24·33·34회 출제

1) 의의
① 최소비용이론이란 공업입지는 수송비(transportation expense)와 노동비(labor expense), 집적이익(agglomeration)을 감안하여 생산비가 최소인 지점에 입지하는 것이 최적입지라는 이론이다.
② 베버는 이들 중 '수송비'가 생산비에 가장 큰 영향을 미친다고 주장하였다.

2) 최적지의 핵심
베버는 공업입지이론에서 최적지를 다음과 같이 설명하고 있다.
① 최소 운송비 지점 : 원료 및 제품의 운송비가 가장 적게 드는 지점이 공업의 최적입지라는 것이다.
② 노동비 절약 지점 : 노동비 절감액으로 총운송비 증가폭을 상쇄시킬 수 있는 지점이 공업의 최적입지라는 것이다. 즉 노동비의 절감액이 운송비의 증가분보다 큰 지점을 말한다.
③ 집적이익 발생지점 : 관련성이 큰 여러 생산시설이 한 지역에 집적함으로써 얻는 집적이익이 큰 지점이 공업의 최적입지라는 것이다.
④ 등비용선(isodapane)은 최소운송비 지점으로부터 기업이 입지를 바꿀 경우, 추가적인 운송비의 부담액이 동일한 지점을 연결한 곡선이다.

(2) 뢰쉬(A. Lösch)의 최대수요이론   33·34회 출제
1) 베버의 최소비용이론에 대한 비판 : 뢰쉬는 베버의 입지론이 생산비에만 치우쳐 있는 점에 이의를 제기하였다.
2) 최대수요이론
이윤극대화를 위해서는 시장 확대 가능성이 큰 곳(시장수요를 최대로 하는 지점)에 공장의 입지가 이루어져야 한다는 의미이다.

(3) 그린헛의 이윤극대화론
총이윤을 극대화하는 산출량을 공급할 수 있는 지리적 경제공간을 발견하려는 이론이다.

> 총이윤 = 총수입 − 총비용

3 상업입지론 ★★★   11·12·13·16·24·33·34회 출제

(1) 크리스탈러(Walter Christaller)의 중심지이론 ★★   13·16·24·33·34회 출제
1) 의의 : 중심지이론은 중심지의 계층, 공간적 배열상태, 분포의 규칙성 등을 설명하고 있고, 중심지 배치를 위한 계획수립에 적용된다.

2) 전제조건
이 이론의 전제조건은 동질공간의 평야, 동일한 교통수단, 운송비는 거리에 비례, 동일한 기호와 구매력을 갖춘 인구의 균등분포 등이다.

3) 주요 개념 ★   11·16·33·34회 출제
① 중심지 : 각종 재화와 서비스 공급기능이 집중되어 배후지에 재화와 서비스를 공급하는 중심지역으로 주로 도시를 의미한다.

제3장 입지 및 공간구조론

② 최소요구치(임계치) : 중심지의 기능이 유지될 수 있는 최소한의 공간범위나 수요수준 및 고객수를 말한다.
③ 재화의 도달거리(도달범위) : 수요자가 구매를 위해 기꺼이 이동하는 최대한의 거리를 의미한다. 즉, 중심지 기능이 주변지역에 미치는 최대한의 공간적 범위를 말한다.

4) 중심지이론의 핵심 내용 ★★   **11·13회 출제**
① 중심지가 성립하기 위해서는 재화와 서비스의 도달범위 안에 최소요구치가 존재해야 한다.
② 중심지 계층 간의 포섭원리로서 중심지는 상대적 크기에 따라 고차원 중심지와 저차원 중심지로 구분된다.
③ 고차원중심지일수록 재화의 도달거리가 더 멀고 저차원중심지일수록 가깝다.
④ 고차원중심지일수록 상권의 규모가 더 커지고 다양한 중심기능을 갖는다.
⑤ 저차원중심지에서 고차원중심지로 갈수록 중심지의 수는 피라미드형을 이룬다(줄어든다).
⑥ 중차원중심지가 포용하는 저차원중심지의 수는 고차원중심지로 갈수록 그 분포도가 줄어든다.
⑦ 시장원리·교통원리·행정원리 등에 따라 중심지의 수와 모형은 많은 영향을 받는다.

(2) 넬슨의 소매입지이론 : 8원칙   **33회 출제**

1) 의의 : 점포 경영주가 이윤극대화가 되는 매출고를 확보하기 위해 어떤 위치에 입지하는가에 대한 소매상점입지 8원칙을 주창한 이론이며, 양립성을 가장 중시한다.

2) 소매상점입지 8원칙

① 현재 상권 잠재력의 타당성	② 상권에의 접근가능성	③ 성장가능성
④ 중간저지성	⑤ 누적적 흡인력	⑥ 양립성
⑦ 경쟁회피성	⑧ 입지의 경제성	

(3) 레일리(W. Reilly)의 소매인력법칙 ★★   ▶ 뉴턴의 만유인력의 법칙 응용   **11·13·16·17·24·25·26·27·33·34회 출제**

1) 의의 : 소매인력법칙은 뉴턴의 만유인력법칙을 원용한 것으로 소비자들이 상점을 이용할 확률은 상점의 유인력에 따른다. 이 유인력은 상점의 규모가 클수록 커지며, 거리가 멀수록 작아진다는 것이다.

2) 주요 핵심 내용 : A도시와 B도시의 중간지점에 C도시가 있는 경우, 그 C도시에 거주하고 있는 소비자가 어느 정도의 비율로 A, B의 도시로 이동할 것인가에 대한 것이다. 레일리는 두 중심지 사이에 위치하는 소비자에 대하여 상권이 미치는 영향력의 크기는 그 두 중심지의 크기(상점의 크기, 인구수 등)에 비례하고, 거리의 제곱에 반비례한다는 점에 착안하여 두 중심지 간의 상권의 구분을 시도하여 체계화시켰다.

3) 공식

$$\left(\frac{A도시의\ 구매규모}{B도시의\ 구매규모}\right) = \frac{A도시의\ 인구수}{B도시의\ 인구수} \times \left(\frac{중간도시로부터\ B도시까지의\ 거리}{중간도시로부터\ A도시까지의\ 거리}\right)^2 \Rightarrow \left(\frac{B_a}{B_b}\right) = \frac{P_a}{P_b} \times \left(\frac{D_b}{D_a}\right)^2$$

- B_a : A시가 중간의 도시 C로부터 흡인하는 소매판매액
- B_b : B시가 중간의 도시 C로부터 흡인하는 소매판매액
- P_a : A시의 인구
- P_b : B시의 인구
- D_a : A시와 C도시까지의 거리
- D_b : B시와 C도시까지의 거리

(4) 컨버스(P.D. Converse)의 분기점 모형 ★

16·18·22회 출제

1) **의의**: 레일리의 소매인력법칙을 응용하여 두 도시 간의 상권경계를 계산하는 데 이용하는 이론이다. 상권의 경계점은 두 도시가 미치는 구매 지향력이 같은 점이 되므로, 각 도시로부터의 분기점은 다음의 공식에 의해 산정된다.

2) **공식**

$$A도시로부터의 분기점 = \frac{A-B \text{ 두 도시 간 거리}}{1+\sqrt{\frac{B도시 인구}{A도시 인구}}} \Rightarrow D(A)\frac{d}{1+\sqrt{\frac{P(B)}{P(A)}}}$$

(5) 허프(David L. Huff)의 확률모형 ★★

15·추가15·20·22·23·25·28·33·34회 출제

1) **의의**
   ① 허프는 중력이론을 토대로 대도시에서 쇼핑패턴을 결정하는 확률모형을 제시했다.
   ② 허프는 수요자의 개성, 미시적 분석에 관심을 두고 중심지이론을 전개시켰다. 특히 소비자 형태에 많은 관심을 쏟았다.
   ③ 어떤 매장이 고객에게 주는 효용이 클수록 그 매장이 고객들에게 선택될 확률이 더 높아진다는 공리에 바탕을 두고 있다.

2) **유용성**
   허프의 모델은 소비자의 구매행동에서 구매확률을 구하는 것으로 어떤 지역에서 다수의 경쟁업체가 입지할 경우에 특정 상점의 상권 내 소비자에 대한 유인(흡인)력 및 시장 점유율을 추계하는 데 유용하다.

3) **특정 매장을 이용할 확률** ──▶ 점유율과 관련되었음

25회 출제

상권 내 모든 상점의 소비자에 대한 특정상점으로의 유인력은 특정 매장의 규모에 비례하고 거리의 마찰계수 승(乘)에 반비례한다는 소매인력법칙에 의거하고 있다.

$$\text{특정 매장을 이용할 확률} = \frac{\dfrac{\text{특정 매장면적}}{(\text{특정 매장과의 거리})^{\text{마찰계수}}}}{\dfrac{\text{특정 매장면적}}{(\text{특정 매장과의 거리})^{\text{마찰계수}}} + \dfrac{\text{다른 매장면적}}{(\text{다른 매장과의 거리})^{\text{마찰계수}}}} = P_{ij} = \frac{\dfrac{S_j}{T_{ij}^\lambda}}{\sum_{j=1}^{n}\dfrac{S_j}{T_{ij}^\lambda}}$$

- P_{ij} = i지점 소비자가 j상점가에 갈 확률
- S_j = j상점의 규모
- T_{ij} = i지점으로부터 j상점까지 가는데 걸리는 시간 또는 거리
- λ = 공간마찰계수로 시장의 교통조건과 쇼핑 물건의 특성에 따라서 달라지는 값

4) **주요 내용**

13회 출제

① 일반적으로 소비자는 가장 가까운 곳에서 상품을 택하려는 경향이 있다.
② 적당한 거리에 고차원중심지가 있으면 인근의 저차원중심지를 지나칠 가능성이 커진다.
③ 고차원계층일수록 수송가능성은 더 확대된다.

03 용도별 입지선정 ★

1 용도별 부동산 입지선정의 기준
(1) **주거지 입지조건** — 쾌적성, 편의성, 접근성, 안전성 등
(2) **상업지 입지조건** — 수익성, 교통수단과 접근성, 상권의 성숙도 등
(3) **공업지 입지조건** — 생산성, 경제적 효율성, 능률성 등
(4) **농업지 입지조건** — 비용성, 생산성 등

2 주거지의 입지조건 ★

 도시지역주거지 유용성

쾌적성		부동산에 거주함으로써 느껴지는 정신적 만족도인 편리함과 쾌감
편리성	접근성	어떤 목적물에 도달하는 데 시간적·경제적·거리적 부담이 적은 것
	편리성	학교, 시장, 병원 등의 편의시설을 이용하기 쉬운 성질

(1) 주거지역의 지역요인
 1) 지역의 기상상태
 2) 지역의 사회적 환경
 3) 가로의 폭·포장 등의 상태
 4) 도심과의 거리 및 교통수단의 상태
 5) 상점가의 배치상태
 6) 상하수도, 가스, 전기 등 공급·처리시설의 상태
 7) 학교, 공원, 병원 등의 배치상태
 8) 위험·혐오시설 등의 유무

(2) 주거지의 개별요인
 1) 획지의 면적·형상·일조·건습
 2) 교통시설에의 거리
 3) 공급·처리시설의 상태 및 접근의 정도
 4) 획지의 고저·각획지 기타 접면가로와의 관계
 5) 접면가로의 계통·구조 등의 상태
 6) 인접부동산 등 주위의 상태
 7) 공공시설 등에의 접근의 정도
 8) 상점가와의 접근의 정도

3 상업지의 입지조건 ★★

(1) 상권의 의의 및 측정

1) 상권(배후지)의 의의 등 ★   **11·22회 출제**
① **의의**: 상권(배후지)이란 점포가 고객을 흡인하는 지리적 영역으로 '시장지역' 또는 '배후지'라고도 한다.
② **좋은 상권(배후지)의 조건**: 인구밀도가 높고, 지역면적이 크며, 고객의 소득수준이 높은 곳
③ **배후지의 분석**: 매상고와 직결되기 때문에 배후지에 관한 충분한 정보나 지식의 확보는 매우 중요하다.
④ 고객의 사회적·경제적 수준이 높을수록 양호하고 그 배후지의 범위도 시간의 경과에 따라 가변적이다.

2) 상권의 획정
① **의의**
  ㉠ 상권의 획정이란 지리적인 조건으로서의 그 지역성(지역특성)을 포착하여 상권의 지리적 범위를 확인하는 것이다.
  ㉡ 상권 획정을 위해서는 중심성에 입각해 도시의 흡인력과 주변과의 관계 및 소매 및 서비스업의 제 활동의 밀집, 위치, 규모, 성격, 간격에 의해서 나타나는 제 특성을 지표상에서 포착해야 한다.

② **상권의 획정방법**
  ㉠ **현지조사법**: 해당 지역에 사는 세대와 지역에 소재하는 상점을 대표하는 샘플을 추출하여 면접을 실시해서 상권을 측정하는 방법이다.
  ㉡ **통계적 분석법**: 기존 통계를 분석해서 시장의 지역성을 포착하고 그 지역성을 기초로 상권의 특성을 추계하는 방법이다.
  ㉢ **수학적 기법**: 경험적인 연구에 입각하여 결론을 수식화하여 일반화하는 것으로부터 발전한 방법이다. 예 레일리법칙, 허프모델, 중심지집락지수(中心地集落指數) 모델 등

(2) 상업지역의 지역요인 ★
1) 배후지 및 고객의 질과 양
2) 고객의 교통수단의 상태
3) 영업의 종류 및 경쟁의 상태
4) 경영자의 창의와 자력
5) 번영의 정도 및 성쇠의 상태

(3) 상업지의 개별요인
1) <mark>접면너비</mark>·획지의 형상·면적·지반
   → 획지가 가로에 접하는 크기를 말함
2) 고저·<mark>각획지</mark> 기타 접면가로와의 관계
   → 방향이 서로 다른 길가의 모퉁이에 입지한 토지를 말함
3) 접면가로의 계통·구조 등의 상태 및 그 위치관계
4) <mark>번화가에의 접근성</mark> → 거리 등
5) 고객의 통행패턴 및 적합성
6) 인접부동산 등 주위의 상점·부동산 등의 상태

(4) 공간균배의 원리(R.M.Fetter)   **16회 출제**

1) **의의** : 경쟁관계에 있는 점포 사이에 공간을 서로 균배한다는 이론이다.

2) **점포의 입지** : 점포의 입지는 고객의 상품 구매빈도가 낮고 수요의 탄력성이 작을 경우에는 배후지의 중심부로 모이는 경향이 있다. 반면에, 구매빈도가 높고 수요의 탄력성이 클 경우에는 배후지의 중심부에서 분산되는 경향이 있다.

(5) 점포의 유형별 분류 ★★   **12·17·22회 출제**

공간균배의 원리에 따른 점포의 유형별 분류는 다음과 같다.

1) **집심성 점포**
   배후지의 중심부에 입지하면 유리한 유형의 점포로 도매상, 백화점, 의류점, 귀금속점, 영화관, 고급음식점, 미술품상, 화장품점, 시계점, 약국, 서점 등이 있다.

2) **집재성 점포**
   동일한 업종의 점포가 서로 한 곳에 입지하면 유리한 유형의 점포로 은행 등 금융기관을 비롯하여 보험회사, 기계점, 가구점, 건재약국 등이 있다.

3) **산재성 점포 ★★**
   동일한 업종의 점포는 서로 분산 입지해야 유리한 유형의 점포로 잡화점, 어물점, 과자점, 이발소, 조미료점, 양화점, 주방용품점, 공중목욕탕, 세탁소 및 일용품점 등이 있다.

4) **국부적 집중성 점포 ★** : 농기구점, 석재점, 철공소, 비료상·종모상·어구상·기계류상·공구상 등과 같이 국부적 중심지에 입지해야 유리한 점포를 말한다.

(6) 상품의 종류에 따른 점포의 분류 ★

1) **편의품점**(便宜品店)
   ① 일상의 필수품을 판매하는 상점으로 상품은 주로 가정용이고, 그 고객도 주부가 많으며, 늘 통행하는 길목의 상점이 대부분이다.
   ② 상품의 특성상 다른 소비품에 비해 이윤율이 낮은 편이고 지가수준도 다른 상업지역에 비해 높지 않다.

2) **선매품점**(選買品店)
   ① 고객이 여러 상점의 상품 가격·스타일·품질 등을 비교하여 구매하는 상품을 주로 판매하는 상점을 말한다.
   ② 가구·부인용 의상·보석류 등이 이에 해당된다.

3) **전문품점**(專門品店)
   ① 고객이 특수한 매력을 찾으려는 상품으로 구매를 위한 노력을 아끼지 않는다. 가격수준은 높으며, 광고된 유표품(有標品)이 많다.
   ② 구매 빈도는 낮아도 상권의 규모는 클 수 있다.
   ③ 고급양복·고급향수·고급시계·고급카메라·고급자동차 등이 이에 해당된다.

4 공업지의 입지조건 ★　　　　　　　　　　　　　　11·12회 출제

(1) 공업지역의 지역요인
1) 제품의 판매시장 및 원재료 구입시장과의 위치관계
2) 간선도로·항만·철도 등 수송시설의 정비상태
3) 동력자원 및 용·배수에 관한 비용
4) 노동력 확보의 난이(難易)
5) 연관 산업과의 위치관계
6) 온도·습도·풍설 등 기상의 상태 → 작업능률을 비롯하여 생산비에 영향을 미침
7) 수질의 오탁·대기오염 등 공해 발생의 위험성
8) 행정상의 조장 및 규제의 정도

(2) 공업지의 개별요인
1) 면적·형상 및 지반
2) 항만·철도·간선도로 등 수송시설과의 위치관계
3) 용(用)·배수(排水) 등 공급·처리시설의 정비의 필요성

(3) 입지인자(立地因子)

1) 의의

　　입지단위(立地單位)로 보아서 다른 장소 이상으로 이익을 가져오기 때문에 이때에 특정장소에 공업을 견인하는 비용절약상의 이익을 입지인자(立地因子)라 한다. 따라서 수심 9m의 해안벽이라든가 하역설비 등은 입지조건이지만, 노동비·운송비·제비용 등은 입지인자이다.

2) 입지인자의 종류

　　입지인자(立地因子)는 비용의 절약으로부터 나타나는 이익이며 경제적 인자와 비경제적 인자로 분류할 수 있다.

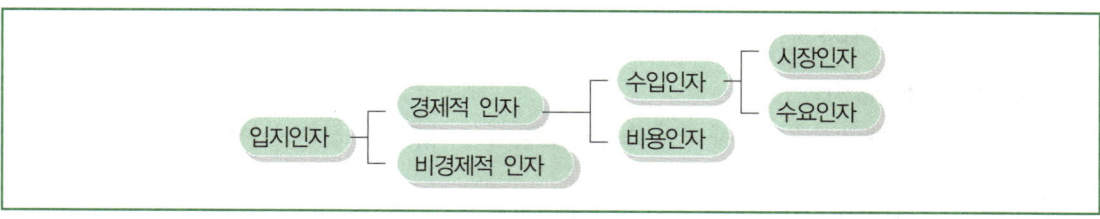

제3장 입지 및 공간구조론

(4) 공업의 집적인자와 분산인자

1) **공업의 집적인자**(集積因子) : 공업이 일정한 지역에 집중하는 현상을 집적이라 하며, 생산과 그로부터의 이익이 어느 장소에 있어 어느 특정의 집단(集團)과 통합(統合)하여 이루는 데 발생하는 생산 또는 판매의 저렴화를 말한다.

2) **공업의 분산인자**(分散因子) : 모든 집적(集積)은 비용의 등귀(騰貴, 상승)를 야기하여 집적의 반작용으로 집단의 해제를 가져옴에 따른 생산의 모든 저렴화를 말한다. 집적의 반작용으로는 대부분 토지의 지가상승에 기인한다.

(5) 입지지향성 ★   [추가15회 출제]

1) **원료지향형 공업** ★   → 편재원료의 투입공장이 선호함   [15회 출제]
   ① 편재원료(국지원료)를 많이 이용하는 공업과 최종생산품이 원료보다 무게가 작아지는 제품은 원료지향형 입지경향이 있다(중량 감소산업 : 원료무게 > 제품무게).
   ② 부패하거나 변질되기 쉬운 원료를 사용하는 공업은 원료산지에 입지하는 것이 좋다. 예 통조림 산업
   ③ 원료지수(= $\frac{국지원료중량}{제품중량}$)가 1보다 크면 원료지향형 입지가 유리하다.

2) **시장지향형 공업** ★   → 보편원료의 투입공장이 선호함
   ① 최종생산품을 시장까지 운송하는 데 소요되는 비용이 원료운송비보다 많이 드는 공업은 시장 근처에 위치하여 상품을 생산·공급하는 것이 유리하다는 것이다.
   ② 원료보다 무거운 제품을 생산하는 중량증가산업은 시장지향형 입지를 선호한다(중량증가산업 : 원료무게 < 제품무게) 예 청량음료, 아이스크림, 유리제품 등
   ③ 원료지수(= $\frac{국지원료중량}{제품중량}$)가 1보다 작으면 시장지향형 입지가 유리하다.

3) **노동지향형 공업** ★   [15회 출제]
   노동집약적이고 다른 산업과 관계되어 저렴하고 풍부한 노동력(미숙련공)을 필요로 하는 산업은 노동시장의 조건을 중시한다. 예 섬유, 신발, 제화, 전자공업

4) **집적지향형 공업**
   관련 계열의 공장(관련부품업체들)이 밀집해 있고 많은 자본과 고도의 기술이 필요한 공업은 집적지향을 선호한다. 예 석유화학공업, 자동차 공업 등

5) **적환지 지향형 공업**
   ① 소비시장과 원료산지 사이에 이적지점(두 교통수단의 교차지점)이 있는 경우의 산업으로 이적지 지향형 공업이라고도 한다.
   ② 전체 수송과정 중 원료수송수단을 바꿔 수송하는 경우로 이적지점에서 이적비용이 급격히 증가하는 산업이 이에 속한다. 예 제철산업, 석유화학공업, 정유공업

6) **입지 자유형 공업** : 생산비에 비해 부가가치가 높은 최첨단 산업계열은 운송비용이나 노동비용 등의 입지요인에 구애받지 않는다.

5 농지의 입지조건 : 비용성, 생산성 등

농업지역의 지역요인	농업지의 개별요인

1) 일조·온도·습도·풍우 등의 기상(氣象)의 상태
2) 기복·고저 등 지세의 상태
3) 토양의 양부
4) 수리(水利) 및 수질(水質)의 상태
5) 소비지(消費地)와의 거리 및 수송시설의 상태
6) 출하의 집하지와 출하시장과의 관계
7) 홍수·사태 등 재해발생의 위험성
8) 취락과의 위치관계
9) 행정상의 조장 및 규제의 정도
	1) 자연적 조건
	  ① 토양과 일조·습도 등의 기상상태
	  ② 경사도 등
	  ③ 관개배수의 상황
	  ④ 농로의 상황
	  ⑤ 재해위험성의 정도
	2) 사회적·경제적 조건
	  ① 시장의 규모와 질
	  ② 출하지 및 집하지와의 접근성
	  ③ 취락과의 접근정도

6 임지의 입지조건

임업지역의 지역요인	임업지의 개별요인
1) 임도 등의 상태 2) 일조·온도·습도 등의 상태 3) 표고·지세 등의 자연상태 4) 토층(土層)의 상태	주어진 지역 내에서도 다음 조건은 개별적 임지(個別的 林地)에 따라 차이가 있다. 1) 임목의 반출·운반 등의 난이 2) 일조·건습·우량 등의 상태 3) 표고·지세 등의 상태 4) 토층의 상태 5) 공법상의 규제 6) 관리의 낙후

04 개발부지의 입지선정 - 부지선정 [12회 출제]
→ 개별부동산의 선정과정

1 소매업용 부지선정 : 대안부지의 분석

(1) 매출액 증가의 방법
 1) 기존점포에서 판매량 증대
 2) 상품가격 인상
 3) 점포수 확대

(2) 대안부지의 분석
 1) 예상매출액의 산정 ★   [12·15회 출제]
  대안부지의 예상매출액은 거래지역, 잠재 소비자의 지출액, 경쟁력, 허용 가능한 통행량, 교통접근성과 가시성, 점포이미지, 그리고 시장점유율에 대한 판단을 필요로 한다.

  ① **비율법** ★
   상권 내에 거주하는 가망고객의 가처분 소득과 점포의 취급품목에 대한 비율을 구하고, 이 비율에 상권 내 지역의 가구수를 곱하여 가망고객의 총 지출액을 산정한다. 총 지출액에 지역 내 유사점포에 대한 대상점포의 면적비율을 곱하면 점포의 가능매상고를 산정할 수 있다.

  ② **유추법** ★
   ㉠ 의의 : 인근지역 내의 유사점포의 매출액을 조사하여 해당점포의 예상매출액을 추계하는 방법이다.
   ㉡ 유추법의 절차
    ⓐ 첫째, 유사위치에 있는 기존점포에서 소비자 표본을 선정하여 주소, 쇼핑 빈도수, 점포에서의 지출량, 기타 인구통계학적 정보 등을 조사한다.
    ⓑ 둘째, 소비자의 주소를 지도에 표시한다. 격자(가로, 세로를 일정한 간격으로 직각이 되게 맞추어 바둑판 모양)를 지도에 표시하고 각 격자 안에 소비자의 수를 기록한다.
    ⓒ 셋째, 기존점포의 범위를 확대하면서 격자의 매출액을 누적적으로 더해 나간다. 누적매출액이 60~70% 해당 지역을 1차 상권(거래지역), 다음 20% 지역을 2차 상권(거래지역), 그외 전지역을 3차 상권(거래지역)이라고 한다.
    ⓓ 넷째, 각 격자 안과 각 지역 내의 시장점유율을 추계한다.

  ③ **중력모형** ★
   ㉠ 의의 : 질량을 가진 두 물체 사이에 작용하는 만유인력의 크기는 두 물체의 질량에 비례하고, 거리의 제곱에 반비례한다는 만유인력법칙을 이용하여 점포의 예상매출액을 추계하는 방법이다. 즉 특정점포에서의 매출액은 경쟁력 측면에서 점포의 면적과 비례하고 타점포와 관련되어 소비자가 당해점포로부터 떨어진 거리에 반비례한다는 것이다.

ⓒ **이용용도**
　ⓐ 중력모형은 슈퍼마켓, 약국, 백화점, 식품점의 위치 선정에 이용된다.
　ⓑ 중력모형은 기존점포의 과거 매출액을 기반으로 작용한다.
　ⓒ 수정이미지계수가 기대(이론)매출액과 실제매출액이 동등해질 때까지 이루어진다.
　　　→ 개별점포의 실제매상고와 이론적 매상고와의 차
ⓓ **활용** : 이 모형을 사용하여 새로운 점포의 매출액, 점포 확장시 매출액, 또는 새로운 체인점이 근처에 위치하였을 때 같은 체인의 점포들의 매출액을 예상할 수 있다.

④ **회귀모형★**
　㉠ **의의** : 기존점포의 매출액(종속변수, 결과변수)에 영향을 주는 자료(독립변수, 설명변수)를 분석하여 새로운 위치에서의 매출액을 예상하는 방법이다.
　㉡ **매출액을 추계하기 위한 고려사항** : 새로운 점포와 기존점포의 매출액을 추계하기 위해서는 거래지역 내의 인구수, 소득수준, 지출액, 점포의 실내장식(design), 주차장, 접근성, 가시성, 간판 등의 독립변수를 고려해야 한다.

2) **체크리스트**　　　　　　　　　　　　　　　　　　　　　　　　　　　　　　　　　　　　　12회 출제

Professor Comment
매장용 부동산에 관한 체크리스트 활용은 사전적 예비수단으로 대안부지의 여러 가지 특성을 다각도로 활용할 수 있는 장점이 있다.

① 체크리스트는 대안부지평가에 사용되며, 점포위치평가에 유용하다.
② **체크리스트의 작성**

> ㉠ 부지선정 : 회사의 체크리스트 요구조건에 적합하고 이전단계에서 결정된 지역에 위치한 5개 이상의 부지를 선정한다.
> ㉡ 포함 항목 : 필요공간의 크기, 높이, 건물의 형태, 토양의 질, 하수도, 상수도, 전기, 연료 등이다.
> ㉢ 대안부지 추천 : 5~20개의 가능부지와 부지비교에 필요한 자료가 제출되면 회사부지선정위원회는 최종적으로 3개 정도의 대안부지를 추천한다.
> ㉣ 대안부지 최종선택 : 최고경영자가 대안부지에 대해 최종선택을 하게 된다.

3) **현금흐름(수지)분석**
　① 대안부지의 매출액을 추계하면 다음 단계는 부(富)를 더욱 증대시키기 위해 각 대안에 대한 현금흐름분석(cash flow analysis)을 한다.
　② **부지결정시 주의사항**
　　㉠ 첫째, 위치와 타점포와의 매출액 사이의 적절한 상호작용을 고려했는가 하는 점이다.
　　㉡ 둘째, 현금흐름분석은 앞으로 일어날 수도 있고 일어나지 않을 수도 있는 기대치에 기반을 둔 것으로 절대적인 것이 아니라 상대적인 결과치이다.

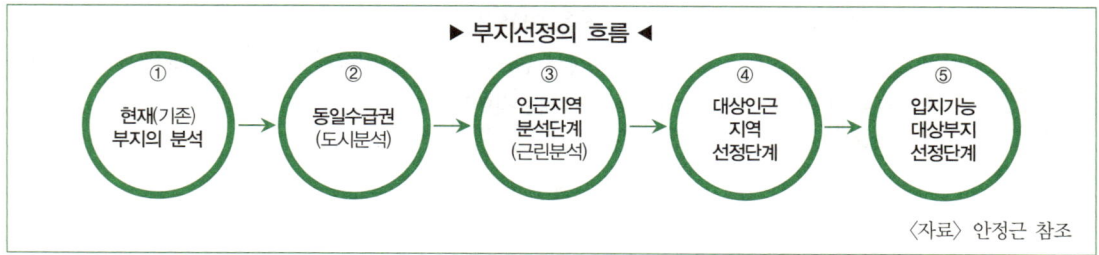

▶ 부지선정의 흐름 ◀
① 현재(기존) 부지의 분석 → ② 동일수급권 (도시분석) → ③ 인근지역 분석단계 (근린분석) → ④ 대상인근 지역 선정단계 → ⑤ 입지가능 대상부지 선정단계

〈자료〉 안정근 참조

2 공업용 부지선정

(1) 입지결정

기업의 입지선정은 당해기업의 업종·역사·규모·기존공장·자금·경쟁기업의 상태 등에 따라 다르고, 선정과정 그 자체는 일반적으로는 다음과 같은 순서에 의해 전개되는 바 이를 입지결정의 3단계라 한다.

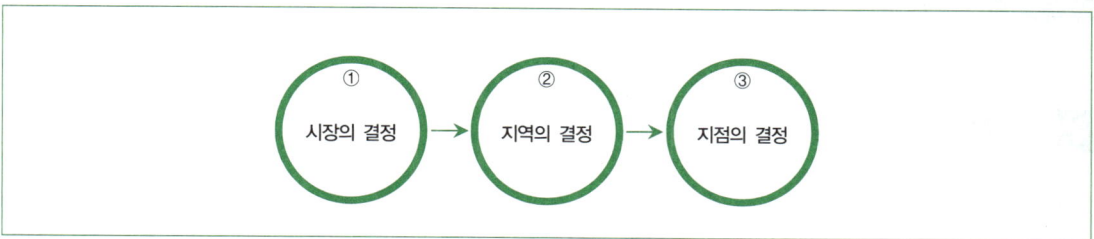

(2) 부지선정의 단계

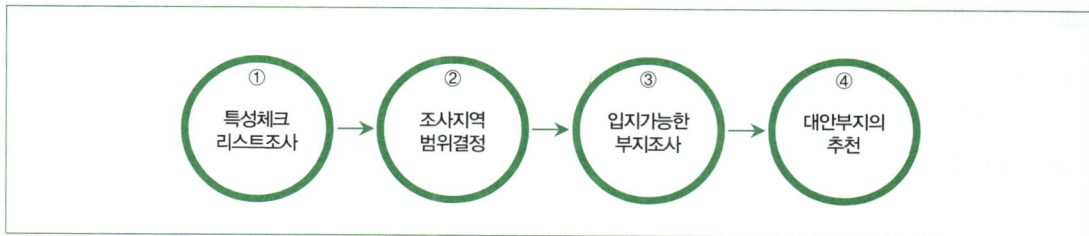

제2편 부동산학각론

제2절 도시공간구조론 ★   28·34회 출제

01 동심원이론 : 버제스 ★
→ 시카고학파를 중심으로 발전

1 의 의

동심원(同心圓)이론은 침입, 경쟁, 천이과정을 거쳐 도시가 성장함에 따라 도시구조는 외연적으로 확대되어 5개의 지대(중심업무지구, 전(점)이지대, 저소득층의 노동자지대, 중고소득층지대, 통근자지대)로 구성된다고 버제스(E. Burgess)가 주장한 이론이다.

2 주요 내용   19·20·22·24·25·34회 출제

(1) 버제스(E. Burgess)의 동심원이론은 튀넨(V. Thünen)의 고립국이론의 응용에서 비롯된 것으로 20세기 초반에 미국 시카고대학의 시카고학파를 중심으로 발전하였다.
(2) 도시는 중심지로부터 멀어질수록 접근성·지대 및 인구밀도 등이 낮아지며, 범죄·인구이동·빈곤 및 질병도 적어지는 경향을 보였다.
(3) 토지이용률은 높은 지대를 지불할 수 있는 지역에서 높아진다.
(4) 동심원모델은 기본적으로 입찰지대이론을 따른다. 즉 더 높은 지대를 지불할 수 있는 이용자가 중심지에 더 가까이 위치할 수 있다.
(5) 동심원이론에서는 소득이 증가하면 도시 외곽 쪽으로 주거지역이 확산된다는 것을 설명하고 있는 단핵심이론으로, 전통적인 소도시를 설명할 때 유용하다.
(6) 도시의 팽창이 도시내부구조에 미치는 영향과 거주지 분화의 사회적 공간현상을 도시생태학적인 관점에서 설명한다.

02 선형이론 : 호이트 ★

1 의 의

호이트(H. Hoyt)에 의해 제안된 선형(扇形; 부채모양, 쐐기형;wedge)이론은 도시가 도로망(교통망)을 따라서 확대된다는 도시구조이론이다.

2 주요 내용

(1) 도시 내부의 주택지대구조는 부채꼴 모양의 선형구조로 설명될 수 있다.
(2) 주택지대는 교통축을 따라 접근성이 달라지며 그 결과 지가가 달라지므로 주택지대의 구조는 교통축을 따라 선형(쐐기형 : wedge)으로 나타난다.
(3) 도심으로부터 교통축을 따라 외곽으로 더 쾌적한 환경지대나 그 지역의 저명인사들이 사는 주거지를 향해 고임대주거지구가 형성된다.
(4) 도시인구가 증가함에 따라 주택지가 교통로(주요 간선도로)를 따라 확대해 나가는 과정에서 사회계층 간의 주택지구는 서로 분리되어 유사한 계층끼리의 거주지역이 선형으로 형성된다.
(5) 주택구입능력이 높은 고소득층의 주거지는 주요 간선도로 인근에 입지하는 경향이 있다. 따라서 주택가격의 지불능력이 도시주거공간의 유형을 결정하는 중요한 요인임을 알 수 있다.

03 다핵심이론 : 해리스와 울만 ★

1 의 의

도시의 내부구조는 하나의 핵(중심)이 아닌 여러 개의 전문화된 핵으로 이루어졌다는 다핵심이론에 의해 설명될 수 있다는 이론이다. 여기서 핵(核)이란 주거, 상업, 공업기능 등 도시의 성장을 일으키는 어떤 견인적인 요소를 말한다. 다핵심이론은 맥킨지(R. D. Mckenzie)가 처음 주장하고 해리스와 울만(C.D. Harris, E.L. Ullman)이 발전시킨 이론이다.

2 도시구조를 다핵화시키는 요인

(1) 특정입지와 시설을 필요로 하는 특정사업
(2) 한 장소에 입지함으로써 집적이익을 가져오는 유사업종 간의 집중지향성
(3) 이해관계가 상반되는 서로 다른 업종 간에는 서로 다른 핵으로부터 분리하여 입지하려고 하는 분산지향성
(4) 특정장소에 대한 업종별 경제지대의 지불능력의 차이

3 주요 내용 ★

(1) 다핵의 종류와 입지는 도시규모, 도시의 전체적 구조, 역사적 과정 속에서의 특이성 등에 따라 달라진다.
(2) 다핵심이론은 대도시 지역의 성장을 고려하여 대도시 내부구조를 분석한 것으로서 현대의 도시구조를 설명하는데 더 적합하다.
(3) 많은 도시토지이용의 패턴은 몇 개의 이산(離散)되는 핵심으로 구성되어 있다.
(4) 오래된 도시일수록 단핵도시 패턴이며, 신도시일수록 다핵도시 패턴이다.

CHAPTER 04 부동산정책론

학습 포인트

- 부동산정책은 다양한 유형의 부동산문제를 해결하고 시장실패와 부동산경기변화 등에 적절히 대응하기 위해 정부가 부동산시장에 개입하는 방법이다. 공인중개사 자격시험에서는 주로 정부의 시장개입의 유형, 외부효과에 관한 문제, 지역지구제와 개발이익환수제도, 개발권양도제도(TDR), 토지은행제도 등이 출제된다. 그리고 임대료 규제정책과 분양가 규제정책, 공공임대공급정책, 부동산활동 단계별 부동산조세의 종류와 탄력성에 따른 조세의 부담 정도 등에 대해서도 출제 비중이 높으므로 이에 대한 준비를 철저히 해 두어야 한다.

CHAPTER 학습 & 출제되는 키워드

- ☑ 부동산문제
- ☑ 외부효과
- ☑ 용도지역지구제
- ☑ 개발권양도제(TDR)
- ☑ 임대료 보조정책
- ☑ 분양가규제제도
- ☑ 후분양제도
- ☑ 주택공급의 동결효과
- ☑ 정부의 시장개입
- ☑ 공공재
- ☑ 개발이익환수제도
- ☑ 토지선매제도
- ☑ 공공임대주택공급정책
- ☑ 분양가자율화제도
- ☑ 부동산조세정책
- ☑ 시장실패
- ☑ 정보의 비대칭
- ☑ 토지매수청구권제도
- ☑ 임대료 규제정책
- ☑ 주택분양정책
- ☑ 선분양제도
- ☑ 조세의 귀착

CHAPTER 학습 & 출제되는 질문

- ☑ 정부의 부동산시장 직접개입 유형에 해당하는 것을 모두 고른 것은?
- ☑ 공공재에 관한 일반적인 설명으로 틀린 것은?
- ☑ 현행 법제도상 부동산투기억제제도에 해당하지 않는 것은?
- ☑ 외부효과에 관한 설명으로 틀린 것은?
- ☑ 정부가 시행중인 부동산정책에 관한 설명으로 틀린 것은?
- ☑ 부동산조세에 관한 설명으로 옳은 것을 모두 고른 것은?

제1절 부동산문제

01 부동산문제의 의의

1 의의

부동산문제란 부동산과 인간과의 관계 악화의 제(諸; 모든) 문제를 말한다.
예 토지문제, 주택문제, 부동산의 공익성 저해(국토자원의 비효율화), 거래질서의 문란

02 부동산문제의 내용

1 구체적인 내용

부동산문제의 구체적인 내용은 인간생활공간의 유한성(有限性) 문제여 서부터 지가변동과 부동산이용·개발·관리적 측면 등에 이르기까지 나라와 시대에 따라 차이가 있으며, 그 모습도 다양하다.

2 토지문제

10회 출제

(1) **물리적 토지문제**

토지의 유한성 문제로서 토지의 자연적 특성 중 '부증성'으로부터 야기된다.

(2) **경제적 토지문제**

1) **의의**: 인간생활에 필요한 공간 확보를 위한 토지의 수요와 공급의 불균형 문제를 말한다.
2) **지가고**(地價高) ★★
   ① **의의**: 합리적인 지가수준을 넘는 지가상태를 말한다.
   ② 지가고의 폐단★
      ㉠ 공공용지 확보의 어려움
      ㉡ 물가 및 산업의 원가 상승 요인
      ㉢ 주택문제 해결에 대한 나쁜 영향
         ⓐ 택지가격을 상승시켜 주택을 건설하기 위한 택지의 취득을 어렵게 만든다.
         ⓑ 높은 택지가격은 택지의 공간적 이용을 촉진시키는 반면에 고층화를 야기한다.
         ⓒ 택지구입에 많은 비용이 소요될 경우 건축의 질적 수준이 저하시킨다.
         ⓓ 도심 또는 도심에의 접근성이 좋은 교외의 택지가격이 높으면 직주분리(職住分離)현상을 심화시키고 때로는 스프롤 현상까지 초래할 수 있다.

ⓔ **토지이용에 대한 나쁜 영향**
ⓐ 무질서한 토지이용의 촉진
ⓑ 과밀화의 요인
ⓜ 토지투기의 조장 촉진
ⓗ 사회 불평등의 심화
ⓢ 지가규제의 확대

(3) 행정적 토지문제
토지이용과 개발, 관리에 대한 계획 등의 부재로 인한 토지의 비능률적 이용을 가져오는 문제이다. 이를 해결하기 위해서는 사회성과 공공성에 바탕을 둔 토지이용계획과 개발·관리가 이루어져야 한다.

(4) 우리나라의 토지문제
1) 토지이용현황과 토지수요의 급증
2) 토지소유의 편중
3) 지가고와 토지투기
4) 토지이용의 비효율
5) 개발이익의 사유화

3 주택문제

(1) 주택문제의 의의
주택문제는 주택이 재화로서 갖는 특성으로 인하여 나타난다. 즉 토지의 고정성·주택시장의 비유동성 및 지역성으로 인한 주택의 자연적 부족현상과 주택의 공공재적 성격으로 인한 시장기구의 자원배분 결여 문제로서 양적 주택문제와 질적 주택문제로 구분된다.

(2) 양적 주택문제
1) 의의 : 주택의 절대량 부족현상을 말하며, 가구총수에 합리적인 공가율에 의한 필요공가수를 합친 필요주택수에 미달하는 것을 말한다.

2) 주택수요의 증가요인
① 인구의 증가
② 결혼과 이혼
③ 핵가족화 현상
④ 필요공가율의 증가
⑤ 기존주택의 노후화
⑥ 공공사업 등에 의한 주택의 철거 및 전용

(3) 질적 주택문제 **14회 출제**
1) 의의 : 주택가격이나 주거비 부담능력이 낮아 주택의 질적 수준(주거수준)이 낮은 데서 비롯되어 여러 가지 불만을 초래하는 문제로 '경제적 주택문제'라고도 한다.

2) 질적 수준을 높이는 요인
① 소득증대
② 신건축자재의 개발과 보급
③ 생활수준의 향상
④ 주택금융의 확대
⑤ 주문화생활의 욕구
⑥ 행정상의 배려

03 부동산문제의 특징

1 악화성향
어떤 부동산 문제가 한번 생기면 시간의 흐름에 따라 악화되기 쉽고 이를 바로 잡는 일이 점점 어려워진다는 것을 말한다. 예 주택공급을 중단하면 주택의 질적·양적 문제가 악화된다.

2 비가역성
토지이용에 있어 한번 잘못 이용된 토지는 최유효이용의 원칙에 알맞게 완전한 옛 상태로 회복하기는 어렵다는 성질을 말한다. 예 지가가 폭등하면 폭등한 지가수준에 의해서 경제상태가 형성된다.

3 지속성
부동산 문제가 시간의 흐름과 함께 지속되는 현상을 말한다. 예 1가구 1주택의 양적 문제해결에 있어서 수요의 증대로 인한 공급과제의 지속성

4 해결수단의 다양성
부동산문제의 해결 수단은 세제, 금융, 재정, 주택건축, 택지개발, 토지이용, 부동산의 평가, 권리분석, 지가고시, 토지수용, 주택산업의 육성책 등 다양하다.

5 복합성
부동산문제는 양적, 질적 복합성은 물론 법률적, 경제적, 기술적 측면에서도 복합적으로 나타난다.

6 공간적 광범위성
부동산문제는 발생한 특정지역에만 피해가 한정되는 것이 아니라 보다 넓은 지역으로 확산되어 가는 경향이 있다.

7 시차(時差)와 경로의 복잡성
부동산문제가 나타나기까지는 상당한 시차가 있고, 복잡한 경로를 거치게 된다.

8 자기증식성
자기증식성은 생물학에서 다른 개체 없이 자기 혼자서 번식하는 특성을 말하며, 부동산문제도 그 자체로서 양적인 증가뿐만 아니라 질적인 복잡성을 초래한다는 것이다.

제2절 부동산정책

01 부동산정책의 의의 [10회 출제]

부동산정책이란 공적 부동산활동의 주체, 즉 정부기관이 부동산 문제를 해결하기 위하여 취하는 방침이나 수단을 말한다.

02 정부의 시장개입 ★★★ [13회 출제]

1 정부의 시장개입 이유

(1) 정치적 측면

정부는 정치적인 측면에서 사회적 목표를 달성하기 위하여 시장에 개입한다. 사회적 목표는 형평성 또는 효율성, 그 밖의 다른 목표일 수도 있다. 예 저소득층을 위한 주택공급 정책

(2) 경제적 측면 ★★ [추가 15·17·18·19·24회 출제]

1) 시장기구(시장 메커니즘)가 적정한 자원배분을 달성하지 못한 경우. 즉, 시장의 실패를 초래한 경우에 정부가 이를 보정하기 위해 시장에 개입한다.
2) 부(-)의 외부효과가 발생하는 경우 정부가 세금부과나 규제 등을 통해 자원배분의 비효율성을 줄이기 위해 시장에 개입한다. 즉 외부효과의 제거는 시장의 실패를 수정하기 위한 정부의 경제적 기능에 해당된다.
3) 공원 등과 같은 공공재의 경우 과소생산의 문제가 발생될 수 있기 때문에 정부가 개입할 수 있다.

(3) 시장실패의 원인 ★★

시장실패란 시장에서 자원배분이 효율적으로 이루어지지 않는 것을 말한다. 시장실패의 원인은 다음과 같다.

1) **규모의 경제**
   ① 규모의 경제란 기업이 생산량을 증가시킴에 따라 장기평균총비용이 감소하는 현상을 말한다.
   ② 규모의 경제가 발생하여 단일 기업에 의해서 자연독점(自然獨占)[3] 또는 과점화될 수 있으며, 이러한 경우 사회적으로 바람직한 수준 이하의 생산량, 과다한 가격 그리고 부당한 초과이윤을 초래하게 된다.

2) **독과점 기업의 존재** : 불완전경쟁시장의 유형에 속하는 독과점(獨寡占) 기업이 존재할 경우 사회적으로 최적생산량보다 적게 생산하므로 가격이 상승할 뿐만 아니라 자원배분의 비효율성이 발생하고 경제적 순손실(시장왜곡 현상에 의해 초래되는 총잉여 감소분)이 초래된다.

---

[3] 자연독점이란 규모의 경제가 현저한 산업에서 전체 시장이 아주 큰 기업 하나에 의해 독점되는 현상을 의미한다.

제4장 부동산정책론

3) 공공재의 존재 ★★ `22회 출제`

① **의의**: 여러 사람이 공동으로 이용할 수 있도록 생산된 재화 또는 서비스로 비경합성과 비배제성이란 특성이 있다. 예 도로와 같은 사회간접자본(SOC), 국방·치안서비스, 잘 보전된 산림, 명승지 등

② **비경합성**(非競合性, Non-rivalry): 한 사람이 공공재를 많이 소비하더라도 다른 사람의 소비량을 감소시키지 않는다는 특성이다.

③ **비배제성**(非排除性, Non-excludability): 대가를 치르지 않고 이를 소비하려고 하는 사람이라도 소비를 못하게 할 수 없다는 특성이다.

④ **무임승차자의 발생과 과소생산**
공공재는 비경합성과 비배제성으로 인해 시장실패를 초래하고 시장기구를 통해 공공재가 적절한 수준으로 생산·공급되지 않는다. 그래서 정부와 같은 공적 주체에 의해 공급된다.

4) 정보의 비대칭성(情報의 非對稱性, Information Asymmetry) ★

① 거래당사자 사이에 정보가 일방에 편중되어 있는 상태를 말한다. 정보의 비대칭은 역선택과 도덕적 해이를 초래한다.

  ㉠ **역선택**(逆選擇, 반대선택, Adverse Selection)
  정보수준이 낮은 쪽이 바람직하지 않은 상대방과 거래할 가능성이 높은 현상을 말한다.
  예 사고발생 확률이 높은 사람만 보험에 가입하는 현상, 중고자동차시장에서 자동차품질에 대한 정보가 비대칭을 이루는 상태에서 질이 떨어지는 중고자동차만 거래되는 현상

  ㉡ **도덕적 해이**(道德的 解弛, Moral Hazard): 사회 전체의 이해보다는 개인과 기업의 이익(利益)을 추구하는 비도덕적인 행위를 말한다. 예 자동차 보험 또는 화재보험 가입 후 사고 예방을 게을리 하여 사고 발생 확률이 높아지는 현상

5) 외부효과(external effect) ★

① 외부효과는 어떤 시장참여자의 행위가 시장 매커니즘(기능)을 통하지 않고 다른 제3자에게 의도하지 않은 이익(정의 외부효과) 또는 손해(부의 외부효과)를 가져다주는데도 이에 대한 대가를 받거나 지불하지 않는 것을 말한다.

② 정(+)의 외부효과는 사회적 이익보다 사적 비용을 더욱 고려하기 때문에 사회적 최적수준보다 더 적게 생산한다. 반면에, 부(-)의 외부효과는 사회적 비용보다 사적 이익을 더욱 고려하기 때문에 사회적 최적수준보다 더 많이 생산한다.

 시장실패의 원인 `16·17·19·24회 출제`

① 규모의 경제
② 독과점기업의 존재
③ 공공재의 공급
④ 정보의 비대칭성
⑤ 외부효과의 발생

제2편 부동산학각론

2 정부의 시장개입 방법 ★

`13·21·23·26·34회 출제`

(1) 직접개입 방법(수단)

`14·34회 출제`

정부나 공공기관이 수요자나 공급자의 역할을 직접 수행하여 시장의 효율성을 달성하는 방식이다.

예 ① 공공임대주택의 건설·공급   ② 토지은행제도(공공토지비축제도)
   ③ 행복주택의 건설·공급   ④ 공영개발사업 및 도시개발사업, 공공투자사업
   ⑤ 토지수용   ⑥ 재개발사업·재건축사업

(2) 간접개입 방법(수단)

`27·34회 출제`

조세나 금융 등의 방법으로 시장기능의 정상화를 지원하는 개입형태이다.

예 ① 각종 조세(취득세, 종합부동산세, 양도소득세 등)에 의한 방법
   ② 각종 금융지원[대부비율(LTV), 총부채상환비율(DTI), 총체적 상환능력비율(DSR)의 적용]과 보조금 지급 또는 개발부담금 부과

(3) 토지이용 규제 : 용도지역·지구제

`33회 출제`

1) 지역·지구제의 실시를 통한 시장개입을 직·간접 개입 이외의 별도의 개입방법, 즉 토지이용규제로 구분한다.

용도지역	의의	용도지역은 토지의 이용 및 건축물의 용도·건폐율·용적률·높이 등을 제한함으로써 토지를 경제적·효율적으로 이용하고 공공복리의 증진을 도모하기 위하여 서로 중복되지 아니하게 도시·군관리계획으로 결정하는 지역을 말하며, 국토교통부장관, 시·도지사 또는 대도시 시장이 지정한다.
	구분	① 도시지역 : 주거지역(전용·일반·준주거지역), 상업지역(중심, 일반, 근린, 유통), 공업지역(전용, 일반, 준공업), 녹지지역(보전, 생산, 자연) • 전용주거지역 : 양호한 주거환경을 보호하기 위하여 필요한 지역 • 일반주거지역 : 편리한 주거환경을 보호하기 위하여 필요한 지역 • 준주거지역 : 주거기능 위주로 이를 지원하는 일부 상업기능 및 업무기능 보완을 위해 필요한 지역 ② 관리지역 : 보전관리지역, 생산관리지역, 계획관리지역 ③ 농림지역 ④ 자연환경보전지역
용도지구	의의	용도지구는 토지의 이용 및 건축물의 용도·건폐율·용적률·높이 등에 대한 용도지역의 제한을 강화하거나 완화하여 적용함으로써 용도지역의 기능을 증진시키고 경관·안전 등을 도모하기 위하여 도시·군관리계획으로 결정하는 지역을 말한다.
	구분	경관지구, 고도지구, 방화지구, 방재지구, 보호지구, 취락지구, 개발진흥지구, 특정용도제한지구, 복합용도지구
용도구역	의의	용도구역은 토지의 이용 및 건축물의 용도·건폐율·용적률·높이 등에 대한 용도지역 및 용도지구의 제한을 강화하거나 완화하여 따로 정함으로써 시가지의 무질서한 확산방지, 계획적이고 단계적인 토지이용의 도모, 토지이용의 종합적 조정·관리 등을 위하여 도시·군관리계획으로 결정하는 지역을 말한다.
	구분	개발제한구역, 도시자연공원구역, 시가화조정구역, 수산자원보호구역, 입지규제최소구역

■ 정부의 시장개입 방법

직접개입	공공임대주택의 건설, 공영개발사업, 공공투자사업, 토지수용, 토지은행제도, 공영개발사업, 도시개발사업, 공공투자사업 등
간접개입	부동산조세와 금융, 개발부담금, 보조금 등
토지이용 규제	용도지역지구제, 토지이용계획, 인허가제도 등

제4장 부동산정책론

3 공적 개입의 제약과 토지정책의 기본과제
18회 출제

(1) 정부의 실패
시장의 실패를 교정하기 위한 정부의 시장개입이 오히려 효율적인 자원배분을 더 저해하는 현상이다.

(2) 토지정책의 기본과제
1) **토지이용의 양태를 결정하는 3대 요인** : 시장기구, 토지이용법제, 토지소유권제도의 적절한 조화

2) 이 3가지 요인은 토지시장기구를 보완하고 활성화하는 범주에서 토지이용의 양태를 결정하는 3대 요인이라고 한다.

4 부동산시장에서의 외부효과 ★★
13·16·18·19·22·24회 출제

(1) 부동산시장에의 정(+)의 외부효과
16회 출제

1) **의의** : 어떤 경제주체의 활동 결과가 제3자에게 시장의 외부를 통해 이익을 주는데도 대가를 지급하지 않는 경우이다.

2) **예** : 공공기관의 설치, 공중을 위한 공원의 설치, 유치원의 설립, 학교의 설립 등

3) **부동산시장에 미치는 영향** : 인접한 부동산의 수요가 증가(수요곡선의 우측 이동)하여, 부동산가치가 상승하고 균형거래량도 증가한다.

4) **사회적 적정수준보다 적게 생산** : 정(+)의 외부효과를 일으키는 경제주체가 사회적 편익보다 사적 비용을 더욱 고려하기 때문이다.

(2) 부동산시장에의 부(−)의 외부효과
16·18·22·26회 출제

1) **의의** : 어떤 경제주체의 활동 결과가 제3자에게 시장의 외부를 통해 손해를 주는데도 대가를 지급하지 않는 경우이다.

2) **예** : 주택가에 인접한 비행장·유흥업소·화장터, 공해와 소음·폐수 등을 배출하는 공장의 설치, 쓰레기매립지 조성 등

3) **부동산시장에 미치는 영향** : 인접한 부동산의 수요가 감소(수요곡선의 좌측 이동)함에 따라 부동산가치는 하락하고 균형거래량도 감소한다.

4) **사회적 적정수준보다 많이 생산** : 부(−)의 외부효과를 일으키는 경제주체가 사회적 비용보다 사적이익을 더욱 고려하기 때문이다.

▶ **외부경제(정의 외부효과)와 외부불경제(부의 외부효과) 비교** ◀　　28회 출제

정(+)의 외부효과	부(−)의 외부효과
① 사적 비용 > 사회적 비용 ② 사적 이익 < 사회적 이익	① 사적 비용 < 사회적 비용 ② 사적 이익 > 사회적 이익
③ 핌피(PIMFY) 현상 발생	③ 님비(NIMBY) 현상 발생
④ 정부정책 : 보조금, 지원금, 조세경감 등의 정책	④ 공해유발업종 및 개발손실을 야기하는 부동산활동에 대해 부담금을 부과하거나 중과세를 부과하는 등의 정책
⑤ 인근토지와의 합병적·협동적 이용을 유도하는 정책	⑤ 인근토지와의 분할적 이용을 유도하거나 용도지역·지구제를 실시하여 '어울리지 않은 이용'의 진입을 규제하는 정책
⑥ 사회적 이익보다 사적비용을 더욱 고려함으로 사회적 필요량보다 적게 생산함	⑥ 사회적 비용보다 사적이익을 더 고려함으로 사회적 필요량보다 많이 생산함

5 부동산시장에서 외부효과의 대책　　22회 출제

(1) 정부의 적극적 개입: 외부효과의 공적 해결방안

　1) 토지이용규제 → 배출금지, 배출허용기준, 조업중지, 용도지역지구제, 토지이용계획 등
　2) 조세부과

(2) 시장유인을 이용한 간접규제 : 외부효과의 사적 해결방안

부의 외부효과로 손해를 입는 제3자가 환경에 대한 재산권을 가지게 되면 오염물질을 배출한 자가 손해를 입은 제3자에게 보상을 지급하는 조건으로 오염물질을 줄이는 것에 합의하게 된다. 이와 같이 외부효과 관련된 권리(재산권)가 명확히 설정되면 정부의 개입 없이 작은 협상비용으로 시장기구가 스스로 외부효과 문제를 해결이 가능하다는 것을 '코오즈의 정리(Coase's conjecture)'라고 한다.

(3) 용도지역·지구제의 실시

용도지역지구제와 같은 토지이용규제는 부(−)의 외부효과를 억제하기 위한 수단으로도 이용된다.

제3절 토지정책 ★★ 15·16·28회 출제

01 토지정책의 목표

(1) 택지의 수급불균형에 따른 투기억제·지가안정
(2) 안정된 택지의 지속적 공급 및 확대
(3) 개발이익의 사유화(私有化) 방지
(4) 토지 오남용의 방지 및 무용(無用, 쓸모없는)토지의 활용 등

02 토지정책의 수단 ★★

1 직접적 개입   23·24·25회 출제

(1) 의 의
정부나 공공기관이 토지시장에 직접 개입하여 토지에 대한 수요 및 공급자의 역할을 적극적으로 수행하는 방법이다.

(2) 수 단
도시재개발, 토지수용, 토지은행제도(공공토지비축 및 공급을 위하여 「공공토지의 비축에 관한 법률」에 따라 한국토지주택공사에 설치된 토지은행계정), 공공소유제도, 공영개발 및 도시개발사업 등 공공에 의한 토지개발, 최고가격제의 실시, 사회간접자본의 확충, 공공임대주택의 건설과 공급 등이 있다.

2 간접적 개입

(1) 의 의
기본적으로 시장기구의 틀을 유지하면서 그 기능을 통해 소기의 효과를 거두려는 방법이다.

(2) 수 단
각종의 토지세에 의한 방법, 토지개발 및 이용에 관한 각종 금융지원 또는 개발이익환수(개발부담금 부과), 보조금 지급, 토지시장의 원활한 기능을 저해하는 요인들을 줄이기 위한 각종 토지행정상의 지원 등

3 토지이용규제

(1) 의 의
개별 토지이용자의 토지이용행위를 바람직한 방향으로 유도하기 위해 행해지는 법률적·행정적 수단을 말한다.

(2) 수 단
「국토의 계획 및 이용에 관한 법률」에 의한 용도지역지구제, 「농지법」에 의한 대리경작제 등이 포함된다. 구체적인 방법에는 토지구획규제, 건축규제, 정부의 각종 인·허가제, 토지이용계획 및 도시계획 등이 있다.

제2편 부동산학각론

03 토지정책의 주요 내용 ★

1 토지소유제도와 토지공개념을 위한 정책수단   23·24·25·33·34회 출제

(1) 우리나라의 토지소유제도의 윤곽과 특징은 「헌법」을 위시하여 「민법」, 「국토의 계획 및 이용에 관한 법률」, 「공익사업을 위한 토지 등의 취득 및 보상에 관한 법률」 등 여러 가지 법률에 규정되어 있는 토지소유권의 성격, 내용 또는 제한에 관한 규정 속에서 발견할 수 있다.

(2) 토지공개념이란 '토지는 '부증성'으로 인하여 다른 재화에 비해 사회성·공공성이 높기 때문에 토지에 대한 공적인 간섭을 확대할 필요가 있다는 인식'이다. 토지공개념을 실현하기 위한 정책수단은 다음과 같다.

토지소유에 관한 정책수단	① 농지소유의 상한제(농지법) ② 기업의 비사업용 토지에 관한 중과세(지방세법)
토지거래에 관한 제도	① 부동산거래신고제도(부동산거래신고 등에 관한 법률) ② 검인계약서제(부동산등기 특별조치법) ③ 토지거래허가제(부동산거래신고 등에 관한 법률) ④ 농지의 취득자격증명제(농지법)
토지이용에 관한 정책수단	용도지역·지구·구역제(국토의 계획 및 이용에 관한 법률)
개발이익의 환수제도	① 개발부담금(개발이익 환수에 관한 법률) ② 재건축부담금(재건축초과이익 환수에 관한 법률) ③ 양도소득세(소득세법) ④ 부동산가격공시제도(부동산 가격공시에 관한 법률) ⑤ 국가균형발전특별회계(국가균형발전 특별법)

※ 부동산거래신고제는 「부동산거래신고 등에 관한 법률」에 규정된 것으로 다음과 같다.
- 거래당사자는 부동산의 매매계약 등을 체결한 경우 그 실제 거래가격 등을 거래계약의 체결일부터 30일 이내에 그 권리의 대상인 부동산 등의 소재지를 관할하는 시장·군수 또는 구청장("신고관청")에게 공동으로 신고하여야 한다.
- 거래당사자 중 일방이 국가, 지방자치단체인 경우에는 국가 등이 신고를 하여야 한다.
- 거래당사자는 거래신고를 한 후 해당 거래계약이 해제, 무효 또는 취소된 경우에도 해제 등이 확정된 날부터 30일 이내에 해당 신고관청에 공동으로 신고하여야 한다.

※ 토지공개념 3법에는 「택지소유상한에 관한 법률」, 「토지초과이득세법」, 「개발이익환수에 관한 법률」이 있다. 이들 중 「개발이익환수에 관한 법률」만 현재 시행 중이고 「택지소유상한에 관한 법률」과 「토지초과이득세법」은 대법원 위헌 판결로 폐지되었다.

※ 부동산거래신고와 관련된 부동산거래신고제도는 공인중개사의 업무 및 부동산거래신고에 관한 법률에 의해 2006.1.30.부터 시행되었으며, 공인중개사제도는 부동산중개업법(현, 공인중개사법)에 의해 1984.4.1.부터 시행되었다. 즉 부동산거래신고제도가 공인중개사제도보다 먼저 시행되었다.

※ 현재 우리나라에서 시행되고 있지 않는 부동산정책 수단 – 택지소유상한제, 토지초과이득세, 공한지세

2 토지제도의 유형 ★★

(1) 토지은행(토지비축제도) ★
15·17·24·33회 출제

1) 의의: 정부가 미리 저가에 미개발 토지를 대량으로 매입하여 비축(공공자유보유 또는 공공임대보유 형태)하였다가 토지수요의 증가 시 비축된 토지를 수요자에게 팔거나 대여하는 제도를 말한다.
2) 사적 권리의 침해 정도: 토지은행제도가 토지소유자의 토지양도 의사표시가 전제된다는 점에서 강제수용을 통한 토지수용제도보다 토지소유자의 사적 권리를 침해하는 정도가 작다.
3) 개인 등에 의한 무질서하고 무계획적인 토지개발을 막을 수 있어서 효과적인 도시계획 목표의 달성에 기여할 수 있다.
4) 적절한 투기방지대책 없이 대량으로 토지를 매입할 경우 지가상승을 유발할 수 있다.

(2) 토지구획정리사업(도시개발사업의 환지방식)
불규칙한 농지와 미개발지에 대해서 기반시설을 갖춘 도시적 토지이용으로 전환하기 위한 단지조성사업이다.

(3) 공영개발 ★★
10·14·15·17회 출제

1) 부동산은 인간의 생활과 생산을 위한 불가결한 기반이기 때문에 부동산이 지닌 기능 내지 적정 또는 지역에 따라 공공복리를 위해 가장 효율적으로 이용되지 않으면 안 된다는 관점에서, 정부가 비효율성은 감소시키고 편익의 최종적인 분배를 더욱 공평하게 하려는 의도에서 시작한 것이다.
2) 공공부문이 직접 공급자나 수요자의 역할을 수행하면서 부동산시장에 개입하는 방법이다.
3) 공영개발로 조성한 토지 중 공장용지는 일반적으로 조성원가로 공급하나, 상업용지나 주택용지는 개발이익의 환수를 위해서 적정이윤을 감안하여 공급한다.

(4) 공공임대보유제
공영개발에 의해 개발된 토지에서 발생하는 개발이익의 사유화를 방지하기 위해 개발초기에 공공이 보유하면서 이를 민간에 임대하는 방식이다.

04 지역지구제 ★★
13회 출제

1 지역지구제의 의의 ★★
23회 출제

지역지구제는 지역특성에 맞는 용도지정으로 다른 용도를 배제시킴으로써 해당 지역의 재산 가치를 보호하려는 주목적과 부적절한 토지용도를 공간적으로 분리시켜서 공해, 재해, 교통 혼잡, 건물 과밀을 방지하려는 부차적 목적을 달성하기 위해 시작된 제도이다.

2 지역지구제의 필요성

(1) 토지자원의 이용개발과 보전의 조화를 위해 필요하다.
(2) 세대 간의 형평성을 유지하기 위해서도 요구된다.
(3) 토지이용에 따른 부의 외부효과를 방지하기 위해 필요하다.
(4) 토지자원의 효율적 이용을 위해 필요하다.

3 지역지구제의 목적 ★★

13·추가15·16·20·22·24회 출제

(1) 부(-)의 외부효과를 예방하거나 최소한 감소시키기 위함이다.
(2) 사적시장은 문제의 재산권이 명확히 정의되어 있고 시장을 이용하는 거래비용이 제한되어 있지 않을 경우에 부의 외부효과 문제에 대해 효율적인 해결책을 제시할 수 있다.
(3) 사적시장은 부동산자원의 가치를 최상으로 이용할 수 있다(자원배분).
(4) 부의 외부효과를 차단함으로써 토지이용의 효율성 제고, 집적이익의 증대, 위생 및 안전상 필요한 최저기준의 설정, 공공서비스를 위한 토지의 원활한 공급, 재산권 보호 및 편익분배의 조정 등의 목적을 달성할 수 있다.[1]
(5) 지역과 지구별로 건축물의 용도·종류 및 규모 등을 제한하고 있다.
(6) 토지이용에 있어서 지역지구제는 사회적 후생손실을 완화하기 위해 지정된다.

4 지역지구제의 실시효과 ★

(1) 토지이용에 대한 지역지구제 제한과 더불어 신축량에 대한 추가적 제한의 경우에 주택저량의 장기적 가치에는 변화가 없다.
(2) 지역지구제의 주택에 대해 현재 시장에 추가적 자원의 진입이 불가능하다면 그때는 유사한 주택건축을 허용하는 다른 지역지구제 지역이 개발되고 주택저량의 공급은 순현재가치가 0이 될 때까지 증가한다. **12회 출제**
(3) 지역지구제는 부동산의 현재가치에서 단기적인 증가는 있을 수 있으나 경쟁시장이 존재하는 한 가치에 있어서의 장기적인 변화는 있을 수 없다.

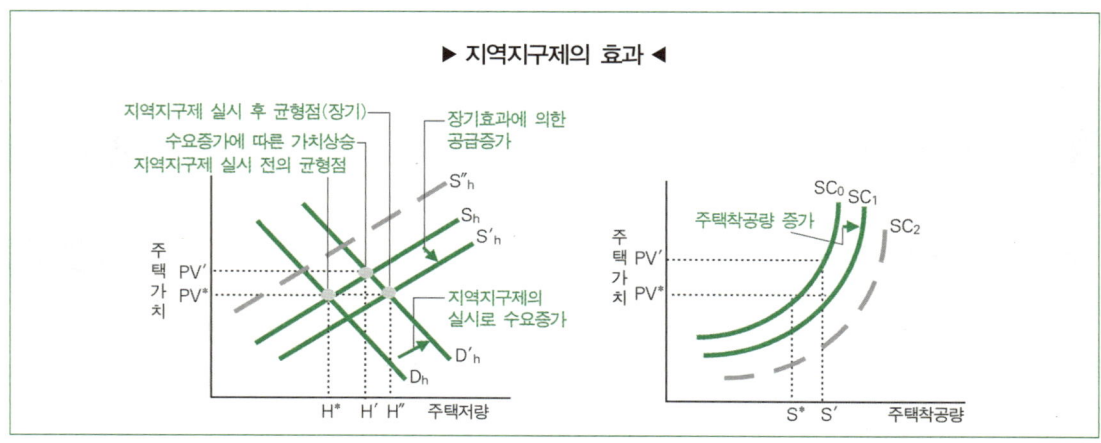

▶ 지역지구제의 효과 ◀

---
1) 상게서, p. 427 등 참조.

6 지역지구제와 독점의 관계

(1) 지역지구제로 인해 시장에 독점력이 존재한다면 부동산시장에 자원의 배분이 잘못될 것이다.
(2) 지역지구제 지역이 감소된다면 현재가치의 증가는 기존의 부동산소유자에게 돌아간다.

7 지역지구제의 문제점

(1) 지가상승에 따른 토지개발비용과 건설비용의 인위적 상승
(2) 지가급등, 토지불법개발 및 이용 등의 조장
(3) 토지의 최유효이용 저하와 토지소유자들의 재산권 과잉보호
(4) 잘못된 지역지구제 지정에 따른 바람직한 토지이용의 배제
(5) 경제적 형평성 문제 야기
(6) 획일적 규제에 따른 토지의 효율적 개발 및 이용의 능동적 유도 불가

8 지역지구제의 보완제도

지역지구제의 문제점을 보완하기 위한 제도는 다음과 같이 다양하다. 이들 중 성과주의 용도지역지구제, 지구단위계획, 유도지구제, 기반시설물부담제는 우리나라에서도 실시하고 있다.

(1) **성과주의 용도지역지구제** (Performance Zoning)
환경오염 기준이나 소음공해 기준 등의 성과기준을 정해놓고 그 기준에 부합하는 활동은 허용하고 그렇지 못한 활동은 규제하는 방법이다.

(2) **계획단위개발** (PUD ; Planned Urban Development)
개발업자가 전체적인 개발계획을 수립하고, 공공은 전체적인 밀도와 기반시설 여건을 확인한 후에 개발을 허가하는 제도이다.

(3) **지구단위계획** ★★
도시·군관리계획 수립 대상지역의 일부에 대하여 토지이용을 합리화하고, 그 기능을 증진시킨다. 또한 미관을 개선하고, 양호한 환경을 확보하며, 그 지역을 체계적·계획적으로 관리하기 위하여 수립하는 도시·군관리계획이다.

(4) **유도지구제** (Incentive Zoning)
개발사업자가 공원 등의 녹지공간이나 휴양 및 위락시설, 저소득층용 임대주택 등 여러 사람들에게 혜택을 주는 시설물을 설치할 경우 용적률 제한 등의 규제를 완화해주는 방식이다.

(5) **기반시설물부담제** (Subdivision Regulation)
허가권자가 개발허가의 조건으로 개발자에게 도로, 상하수도, 전기, 공원 등 기반시설의 설치를 의무화하는 제도를 말한다.

(6) **개발권양도제** (TDR ; Transferable Development Rights)
문화재 등이 있는 지역의 보호를 위해 용적률 등으로 규제할 경우 주변의 이용에 비해 높이나 용적률이 낮아 손해를 볼 때 그 차이가 나는 부분에 대해 소유권과 별개로 개발권(Development Rights)을 발행하여 인근의 개발 가능한 지역에 판매하여 우발손실을 보상받을 수 있도록 하는 제도이다. 이는 미국 등에서 시행하고 있지만 우리나라는 시행하고 있지 않다.

제2편 부동산학각론

05 개발이익환수제도 ★

1 개발이익의 의의
12·23회 출제

"개발이익"이란 개발사업의 시행이나 토지이용계획의 변경, 그 밖에 사회적·경제적 요인에 따라 정상지가 상승분[2]을 초과하여 개발사업을 시행하는 자나 토지소유자에게 귀속되는 토지가액의 증가분을 말한다.

2 개발이익의 환수
23회 출제

국가는 공공기관의 개발사업등으로 토지소유자가 자신의 노력과는 관계없이 지가상승으로 현저한 이익을 받을 경우에 그 개발이익을 환수할 수 있다.

3 개발부담금제도(우리나라, 개발이익환수제도)
33회 출제

(1) 개발부담금

개발사업의 시행이나 토지이용계획의 변경, 그 밖에 사회적·경제적 요인에 따라 정상지가(正常地價)상승분을 초과하여 개발사업을 시행하는 자나 토지 소유자에게 귀속되는 토지 가액의 증가분인 개발이익 중 「개발이익환수에 관한 법률」에 따라 특별자치시장·특별자치도지사·시장·군수 또는 구청장(구청장은 자치구의 구청장을 말하며, 이하 "시장·군수·구청장"이라 한다)이 부과·징수하는 금액을 말한다.

(2) 개발이익의 환수

시장·군수·구청장이 택지개발사업, 산업단지개발사업 등 개발부담금 부과대상사업이 시행되는 지역에서 발생되는 개발이익을 「개발이익 환수에 관한 법률」이 정하는 바에 따라 '개발부담금'으로 징수한다(「개발이익 환수에 관한 법률」 제3조).

▶ 기타 개발이익 환수수단 ◀
12회 출제

조세적인 환수수단	지역자원시설세, 양도소득세, 재산세, 간주취득세, 종합부동산세, 도시계획세
비조세적인 환수수단	감보율제도, 공공용지부담, 수익자부담금제, 개발부담금제, 개발이익금제, 공영개발제, 국공유토지임대제, 공시지가제, 재산세 과세등급 조정분에 대한 취득세(토지형질을 변경시킨 이후 지목변경에 의한 것)
기타 환수수단	국·공유지 임대제도, 수용보상제도

---

[2] 정상지가상승분이란 금융기관의 정기예금이자율 또는 국토교통부장관이 조사한 평균지가변동률 등을 고려하여 산정한 금액을 말한다.

4 재건축부담금제도(우리나라) ★

18회 출제

(1) 재건축부담금
재건축초과이익 중 「재건축초과이익 환수에 관한 법률」에 따라 국토교통부장관이 부과·징수하는 금액을 말한다.

(2) 재건축초과이익
「도시 및 주거환경정비법」에 따른 재건축사업 및 「빈집 및 소규모주택 정비에 관한 특례법」에 따른 소규모 재건축사업으로 인하여 정상주택가격 상승분을 초과하여 공공시행자 및 조합 또는 조합원에 귀속되는 주택가액의 증가분으로서 「재건축초과이익 환수에 관한 법률」에 의하여 산정된 금액을 말한다.

(3) 재건축초과이익의 환수
국토교통부장관은 재건축사업에서 발생되는 재건축초과이익을 「재건축초과이익 환수에 관한 법률」에서 정하는 바에 의하여 재건축부담금으로 징수하고 있다.

▼ 개발부담금과 재건축부담금 비교

구 분	개발부담금	재건축부담금
개념	개발이익 중 「개발이익환수에 관한 법률」에 따라 특별자치시장·특별자치도지사·시장·군수 또는 구청장이 부과·징수하는 금액	재건축초과이익 중 「재건축초과이익 환수에 관한 법률」에 따라 국토교통부장관이 부과·징수하는 금액
적용법령	개발이익환수에 관한 법률	재건축초과이익환수에 관한 법률
시행연도	1990년 1월 1일	2006년 1월 1일

5 토지선매제도

(1) 시장·군수 또는 구청장은 「부동산거래신고 등에 관한 법률」에 따른 토지거래계약에 관한 허가신청이 있는 경우 공익사업용 토지나 토지거래계약허가를 받아 취득한 토지를 그 이용목적대로 이용하고 있지 아니한 토지에 대하여 국가, 지방자치단체, 한국토지주택공사 등이 매수를 원하는 경우에는 이들 중에서 해당 토지를 매수할 자(선매자)를 지정하여 그 토지를 협의매수하게 할 수 있다.

(2) 토지수용이 소유자의 의사와 관계없이 강제 매수할 수 있는 데 비해, 선매는 토지소유자가 토지를 팔 의사가 있어야 한다는 점에서 다르다.

6 토지거래허가제

(1) 지정권자 : 국토교통부장관 또는 시·도지사
(2) 지정목적 : 국토의 이용 및 관리에 관한 계획의 원활한 수립과 집행, 합리적인 토지 이용 등을 위함
(3) 대상지역 : 토지의 투기적인 거래가 성행하거나 지가(地價)가 급격히 상승하는 지역과 그러한 우려가 있는 지역
(4) 지정기간 : 5년 이내
(5) 임의사항 : 토지거래계약에 관한 허가구역으로 지정할 수 있다.
(6) 허가구역의 특정 지정 가능 : 허가대상자, 허가대상 용도와 지목 등을 특정하여 허가구역을 지정할 수 있다.[3]

---
[3] 「부동산신고 등에 관한 법률」 제10조 참조

7 조정대상지역

(1) 지정권자 : 주거정책심의위원회의 심의를 거쳐 국토교통부장관이 지정
(2) 지정요건 : 과열지역 또는 위축지역으로서 국토교통부령으로 정하는 기준을 충족하는 지역[4) 5)]
   ① 주택가격, 청약경쟁률, 분양권 전매량 및 주택보급률 등을 고려하였을 때 주택 분양 등이 과열되어 있거나 과열될 우려가 있는 지역(과열지역)
   ② 주택가격, 주택거래량, 미분양주택의 수 및 주택보급률 등을 고려하여 주택의 분양·매매 등 거래가 위축되어 있거나 위축될 우려가 있는 지역(위축지역)
(3) 임의사항 : 조정대상지역을 지정할 수 있다.[6)]

제4절 주택정책 ★★★   11·14회 출제

01 주택정책의 의의   14·34회 출제

1 주택정책의 목표

(1) 국민이 양호한 주거환경 하에 안정된 주거생활을 영위하는 데 충분한 주택을 확보할 수 있도록 하는 것
(2) 구체적 지표 – 충분한 양(量)의 주택 확보, 양호한 주택의 확보, 쾌적한 주택의 확보

2 주택마련의 방법

(1) 재고주택의 소비이외에 임대 또는 분양(조합원 분양 또는 일반분양)을 통해서 가능하다.
(2) 조합원 분양과 관련된 조합의 종류
   ① 지역주택조합 – 지역에 거주하는 주민이 주택을 마련하기 위하여 설립한 조합
   ② 직장주택조합 – 같은 직장의 근로자가 주택을 마련하기 위하여 설립한 조합
   ③ 리모델링 주택조합 – 공동주택의 소유자가 그 주택을 리모델링하기 위하여 설립한 조합
(3) 사업계획의 승인대상 – 단독주택은 30호 이상, 공동주택은 30세대 이상(리모델링의 경우에는 증가하는 세대수 기준)

---

4) 과열지역(법 제63조의2 제1항 제1호에 해당하는 조정대상지역) : 직전월(조정대상지역으로 지정하는 날이 속하는 달의 바로 전 달)부터 소급하여 3개월간의 해당 지역 주택가격상승률이 해당 지역이 포함된 시·도 소비자물가상승률의 1.3배를 초과한 지역
5) 위축지역(법 제63조의2 제1항 제2호에 해당하는 조정대상지역) : 직전월부터 소급하여 6개월간의 평균 주택가격상승률이 마이너스 1.0퍼센트 이하인 지역
6) 「주택법」제63조의2 참조

02 주택정책의 원리

1 신규공급정책 : 플로우(Flow ; 유량) 대책

신규공급정책은 주택수요지역에 공적 주체가 주택시장에 직·간접적으로 개입하여 주택건설을 자극시키는 것이다.

직접개입	간접개입
1) 저소득층 : 공적 주체의 공공임대주택 공급 2) 중·고소득층 : 공적 주체의 건설, 분양	1) 주택시장에 장기저리대출 제공(금융정책) 2) 주택 관련 세금 완화(조세정책)

2 기존주택정책 : 스톡(Stock; 저량)대책

기존주택정책은 주택과 주거환경의 질의 회복·향상을 위해 기존주택과 주거지의 재건축·재개발·개수·관리 등을 한다.

구 분	공공부문	민간부문
공급목표	소득재분배·사회복지·주택자원의 배분적 형평성	경제적 효율성·이윤추구·소비자 선호
공급과정	주택소요에 우선	주택수요·경쟁원리 존중
주요공급대상	저소득층·무주택자·도시영세민	모든 소득계층(중·고소득층에 치중)
주택점유형태	임대우선·부분적 분양	분양과 임대
공급자와 소비자(수혜자)관계	① 협동관계(공급자와 수혜자) ② 경쟁관계(기관 간·수혜대상자 간)	경쟁관계(기업 간·공급자와 소비자 간)
국가로부터의 지원	직접적 지원과 보조(금융·조세 등)	직·간접적 지원(금융·조세 등)

제2편 부동산학각론

03 주택정책의 내용 *

4·10회 출제

Professor Comment
공급확대방안과 부동산시장 활성화방안에 대해서 주의해야 한다.

1) 공급확대
① 신규주택건설촉진
② 재고주택의 보전과 개량
③ 주택금융의 개선
④ 주택공급의 원칙 적용
　㉠ 적지성의 원칙
　㉡ 적시성의 원칙
　㉢ 적량성의 원칙
　㉣ 적법성의 원칙
　㉤ 간소성의 원칙

2) 구매력강화
① 일반소득분포의 개선
② 주택규모의 합리화
③ 서민주택금융의 증대
④ 주택비지원 및 보조
⑤ 임대주택제도의 활성화
⑥ 임대 후 매각
⑦ 세제상의 혜택

3) 주거환경의 조성 및 정비
① 안전한 주거환경
② 건강한 주거환경
③ 편리하고 효율적인 주거환경
④ 쾌적한 주거환경
⑤ 문화적인 주거환경 등

4) 부동산시장 활성화
① <u>분양권 명의변경</u>(분양권전매)
② <u>주택저당채권 유동화(MBS)제도</u>
③ <u>자산담보부증권(ABS)제도</u>
④ 리츠(REITs)제도
⑤ 주택분양보증제도
⑥ 주택선분양제도
⑦ 주택금융취급은행 일반화
⑧ 주택임대사업기준완화(2가구 이상)
⑨ 신규주택취득에 따른 양도세 면제 등의 세제지원 등

33회 출제

● **PIR지수**
연(年)소득대비 주택가격의 비율(PIR ; Price to Income Ratio). 연소득대비 주택가격비율이라고도 하며, 통상 도시중산층 거주 주택가격을 도시중산층의 연간총소득으로 나누어 계산한다. 이 값이 작을수록 주택가격에 대한 부담은 작아지고 주택 구매능력은 커진다.

● **RIR지수**
월(月)소득대비 임대료의 비율(RIR ; Rent to Income Ratio). 월소득대비 임차료부담이라고도 하며, 통상 도시중산층이 부담하는 월임대료를 도시중산층의 월간총소득으로 나누어 계산한다. RIR값이 클수록 임대료(월세) 부담이 커지는 반면에 이 값이 작아지면 임대료 부담은 작아진다.

04 주거정책의 내용 ★ 『34회 출제』

(1) 우리나라는 「주거기본법」에 의해 주거에 대한 권리를 인정하고 있다.

(2) 현재 우리나라는 공공임대주택, 주거급여제도, 주택청약종합저축제도 등을 시행하고 있다.

(3) 주택 바우처(Housing Vouche)는 저소득임차가구에 주택임대료를 일부 지원해주는 소비자보조방식의 일종으로 임차인의 주거지 선택을 용이하게 한다.

(4) 임대료 보조정책은 민간임대주택의 공급을 장기적으로 증가시키고 시장임대료를 낮추는 효과가 있다.

(5) 무주택 서민의 주거안정을 위해 임대료를 균형가격 이하로 통제하면 민간임대주택의 공급량은 감소하고 질적 수준이 저하되는 문제점이 초래된다.

제2편 부동산학각론

04 임대료 규제정책 ★★★ 　　　15·추가15·20·21·22·23·24·26회 출제
→ 공급지향적 정책

1 의 의

임대료 규제는 임대인들이 임대료를 일정수준 이상으로 부과하는 것을 막기 위한 가격규제(최고가격제)의 일종이다.

2 목 적

(1) 소득의 불균형적 배분을 시정하고자 하는 목적
(2) 주택재고가 급격히 파괴 혹은 감소된 경우에 해당 지역주민들의 주거불안정과 사회적 동요를 진정시키기 위함
(3) 임대료가 급상승하여 저소득임차인의 주거불안정이 가중되는 경우 임차인의 보호를 위해 사회 정책적 차원에서 폭등하는 임대료를 일정시점으로 동결하기 위함

3 효 과 ★★★　　　추가15·16·17·20·21·22·23·24·25·28회 출제

(1) **규제임대료가 시장임대료보다 낮은 경우**
  1) 가구이동을 감소시키고, 임대주택의 과소비를 초래할 수 있다.
  2) 임대주택의 질적 저하를 초래할 수 있다.
  3) 기존 임대주택의 타(다른)용도로의 전환이 발생할 수 있다.
  4) 암시장이 형성될 가능성이 있다.
  5) 임대주택에 대한 초과수요를 발생시킨다.
  6) 임대주택에 대한 투자를 기피하는 현상이 발생한다.
  7) 장기적으로 임대주택의 공급량을 감소시킨다.
  8) 저소득층 임차인의 주거환경이 악화될 수 있다.

(2) **규제임대료가 시장임대료보다 높은 경우** ★★★　　15·추가15·17회 출제
  1) 임대주택의 질적 저하를 가져오지 않는다.
  2) 기존 세입자들의 이동도 저하시키지는 않는다.
  3) 시장에서 임대주택 공급량에 영향을 미치지 못한다.

(3) **장기적 효과**
  1) 단기에 비해 장기에 더 많은 초과수요를 발생시킴
  2) 많은 양의 유휴 부동산을 발생시키면서 유용한 임대부동산의 수는 줄어듦
  3) 신규 임차인에 대한 임대부동산의 입주비용이 높아짐

제4장 부동산정책론

> **WIDE** 부동산시장에 대한 정부의 정책 – 분양가격 규제정책의 효과
>
> ① 신규주택의 공급 감소와 초과수요 발생
> ② 지역적인 지가의 고려 없이 분양가격이 동일하게 규제되면 토지이용의 비효율성이 야기함
>   **예** 변두리(외곽)지역이 도심지역보다도 고밀도로 이용된다.
> ③ 시장가격 이하의 분양가격 규제는 시세차익을 노리는 투기적인 주택수요를 발생시킴
> ④ 신규주택의 프리미엄 때문에 주택소비자는 대규모의 주택만을 선호하여 주택의 과소비와 자원 낭비를 초래함

05 임대료 보조정책

15·16·18·19·21·22회 출제

Professor Comment
임대료 보조에서는 목적, 특징, 효과가 출제가능하다. 최근 전세난이 심화되어 임대료 보조정책에 대한 많은 관심이 있다.

1 의 의

정부가 저소득층 임차인의 주거 안정을 위해 임차인에게 직접 임대료를 보조하는 수요 지향적 정책이다.

2 목 적 ★

임대주택시장의 수요를 증대시켜 저소득임차인의 주거안정을 도모하는 데 목적이 있다.

3 특 징 ★★

15·16·17·20·21·22·23회 출제

다른 요인은 불변이라고 가정하는 경우에 다음과 같은 특징이 있다.
(1) 임대료 보조제도는 수요자 지원 주택정책의 한 형태이다.
(2) 임대료 보조 대신 동일한 금액을 현금으로 제공할 경우 저소득층의 소득이 증대되므로 효용이 증대된다.
(3) 임대료 보조를 받은 저소득층의 주택소비가 증가하는 이유는 소득효과와 대체효과 때문이다.
(4) 주택 소비량의 증가와 함께 다른 재화의 소비량도 증가한다.
(5) 임대료 보조를 받는 저소득층의 효용은 임대료 보조를 받지 않는 경우보다 더 높아진다.
(6) 임대인(임대주택 공급자)에게 보조금을 지급할 경우에는 단순히 공급량만 증가하므로, 임차인에게 보조금을 지급하는 방식이 임차인의 주거지 선택의 자유를 보장하는 측면이 있다.
(7) 우리나라는 저소득층의 주거비 지원 정책으로서 주거급여제도(주택바우처제도)를 시행하고 있다. 주거급여란「국민기초생활 보장법」에 의해 주거안정에 필요한 임차료, 수선유지비, 그 밖의 수급품을 지급하는 것을 말한다.

4 임대료 보조의 효과 ★★★   15·20·21·22·23회 출제

(1) 단기적 효과
1) 저소득 가구의 임대료 부담을 덜어 임대주택의 소비가 증가한다.
2) 임대주택의 소비의 증가로 초과수요가 발생하여 임대주택의 초과공급이 요구되고, 임대료가 상승한다.
3) 저소득층에게 임대보조금이 지급된다고 하더라도 다른 조건이 일정할 경우 저가주택의 임대료가 장기적으로는 원래 수준으로 회귀하며, 시장 전체의 저가주택 공급량이 증가한다.

(2) 장기적 효과
1) **저급주택의 부족문제 해결**
   정부의 임대료 보조로 임대주택에 대한 소비가 증가하므로 초과수요에 따른 공급의 부족은 고급주택의 하향식 순환과정(하향여과)에 의해 조달하게 된다.
   → 고급주택 → 저급주택
2) **고급주택의 부족문제 해결**
   고급주택의 하향식 순환과정에 의한 고급주택 부족의 문제는 제3의 고급주택개발업자를 유인하므로, 장기적으로는 고급주택의 양은 종전의 수준과 같게 된다.

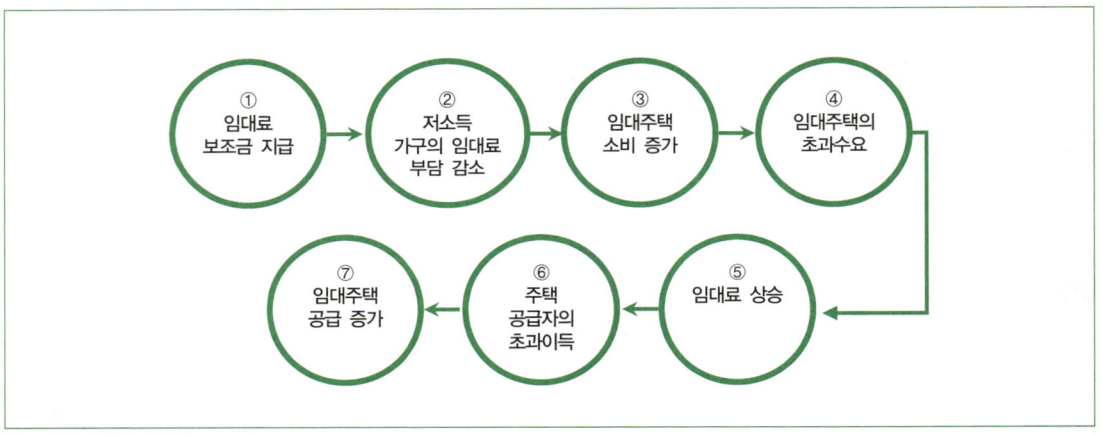

06 공공임대주택 공급정책 ★   27회 출제

1 의 의

정부는 고소득층 가구에서 하향여과된 주택이 손실된 것을 대체하고 민간건설기업이 필요한 만큼 주택을 건설하지 않은 경우에 그 부족분을 보충하거나 저소득층의 주거환경을 개선할 목적으로 공공임대주택을 공급하기도 한다.

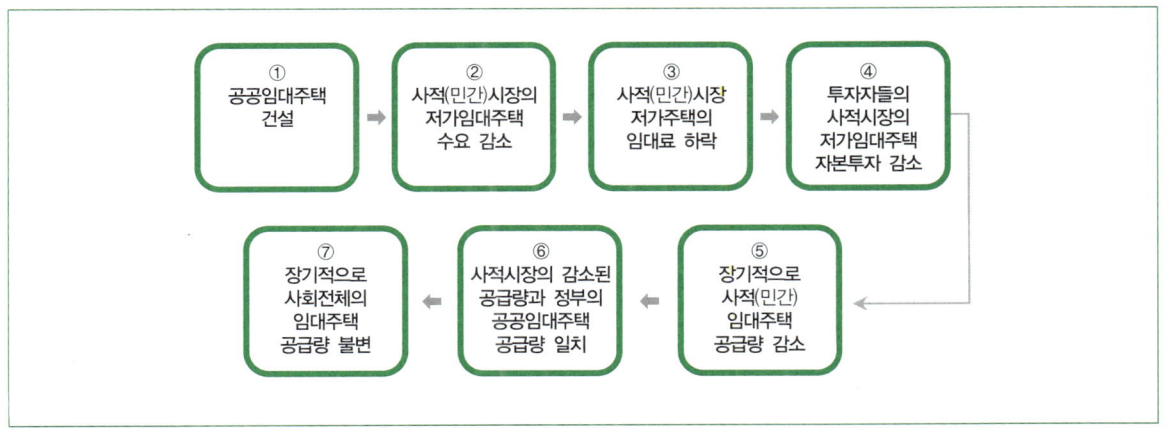

2 특 징

(1) 저소득층 가구를 위한 공공임대주택의 임대료는 사적시장의 임대주택에 대한 임대료보다 저렴하므로 사적(민간)시장이 제공하는 임대주택에 대한 수요는 감소한다.

(2) 사적시장이 제공하는 임대주택에 대한 수요 감소로 사적시장의 임대료는 하락한다. 그러므로 이 혜택은 사적시장의 임대주택에 대한 임대료보다 저렴함 공공임대주택으로 이사한 임차인과 민간임대주택에 남아있는 임차인 모두에게 돌아간다. 그러나 임대료 하락으로 인해 부동산투자자들은 민간임대주택에 대한 투자를 감소시킨다.

(3) 장기공공임대주택은 공공부문에서 시장임대료보다 낮은 수준의 임대주택을 공급하는 것이다.

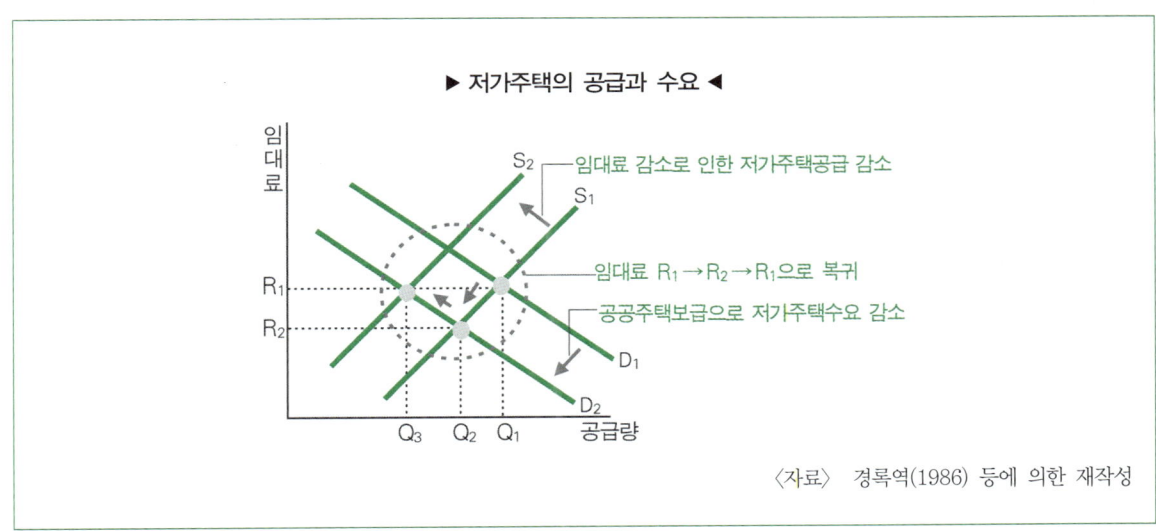

3 공공임대주택의 유형

공공임대주택이란 공공주택사업자(국가 또는 지방자치단체, 한국토지주택공사 등)가 국가 또는 지방자치단체의 재정이나 「주택도시기금법」에 따른 주택도시기금을 지원받아 「공공주택 특별법」 또는 다른 법률에 따라 건설, 매입 또는 임차하여 공급하는 주택으로 그 유형은 다음과 같다.

33·34회 출제

1. 영구임대주택 : 국가나 지방자치단체의 재정을 지원받아 최저소득 계층의 주거안정을 위하여 50년 이상 또는 영구적인 임대를 목적으로 공급하는 공공임대주택
2. 국민임대주택 : 국가나 지방자치단체의 재정이나 「주택도시기금법」에 따른 주택도시기금의 자금을 지원받아 저소득 서민의 주거안정을 위하여 30년 이상 장기간 임대를 목적으로 공급하는 공공임대주택
3. 행복주택 : 국가나 지방자치단체의 재정이나 주택도시기금의 자금을 지원받아 대학생, 사회초년생, 신혼부부 등 젊은 층의 주거안정을 목적으로 공급하는 공공임대주택
4. 통합공공임대주택 : 국가나 지방자치단체의 재정이나 주택도시기금의 자금을 지원받아 최저소득 계층, 저소득 서민, 젊은 층 및 장애인·국가유공자 등 사회취약계층 등의 주거안정을 목적으로 공급하는 공공임대주택
5. 장기전세주택 : 국가나 지방자치단체의 재정이나 주택도시기금의 자금을 지원받아 전세계약의 방식으로 공급하는 공공임대주택
6. 분양전환공공임대주택 : 일정 기간(5년~10년) 임대 후 분양 전환할 목적으로 공급하는 공공임대주택
7. 기존주택등 매입임대주택 : 국가나 지방자치단체의 재정이나 주택도시기금의 자금을 지원받아 기존주택등을 매입하여 「국민기초생활 보장법」에 따른 수급자 등에게 공급하는 공공임대주택
8. 기존주택전세임대주택 : 국가나 지방자치단체의 재정이나 주택도시기금의 자금을 지원받아 기존주택을 임차하여 저소득 서민에게 전대(轉貸)하는 공공임대주택

주의 공공지원민간임대주택, 장기일반민간임대주택, 민간매입임대주택은 「민간임대주택에 관한 특별법」에 의한 민간임대주택이지 공공임대주택이 아니다.

구 분	공공임대주택	민간임대주택
법 령	공공주택특별법	민간임대주택에 관한 특별법
주택의 종류	• 영구임대주택 • 국민임대주택 • 행복주택 • 통합공공임대주택 • 장기전세주택 • 분양전환공공임대주택 • 기존주택등매입임대주택 • 기존주택전세임대주택	• 공공지원**민간**임대주택[7] • 장기일반**민간**임대주택[8] • **민간**건설임대주택[9] • **민간**매입임대주택[10]

---

[7] "공공지원민간임대주택"이란 임대사업자가 민간임대주택을 10년 이상 임대할 목적으로 취득하여 「민간임대주택에 관한 특별법」에 따른 임대료 및 임차인의 자격 제한 등을 받아 임대하는 민간임대주택을 말한다.
[8] "장기일반민간임대주택"이란 임대사업자가 공공지원민간임대주택이 아닌 주택을 10년 이상 임대할 목적으로 취득하여 임대하는 민간임대주택[아파트(「주택법」 제2조제20호의 도시형 생활주택이 아닌 것을 말한다)를 임대하는 민간매입임대주택은 제외한다]을 말한다.
[9] "민간건설임대주택"이란 임대사업자가 임대를 목적으로 건설하여 임대하는 주택이나 「주택법」에 따라 등록한 주택건설사업자가 사업계획승인을 받아 건설한 주택 중 사용검사 때까지 분양되지 아니하여 임대하는 주택을 말한다.
[10] "민간매입임대주택"이란 임대사업자가 매매 등으로 소유권을 취득하여 임대하는 민간임대주택을 말한다.

07 주택분양정책 ★★   11·13·18·19회 출제

1 분양가규제 정책   13·27회 출제

(1) 의 의
1) 주택의 분양에서 시장가격 이하로 분양가격의 상한선을 정하고, 법정분양가 이하로만 분양하도록 강제하는 제도로 우리나라에서 현재 시행하고 있다.
2) 분양가격은 택지비와 건축비로 구성되며, 입주자모집 승인을 얻은 때에는 입주자모집공고 안에 택지비, 공사비 등 주요항목을 공개하도록 「주택법」에 규정되어 있다.
3) 우리나라는 원가연동제방식[11]의 분양가규제제도를 시행하고 있다.
4) 사업주체가 「주택법」에 따라 일반인에게 공급하는 공동주택 중 공공택지와 공공택지 외의 택지에서 주택가격 상승 우려가 있어 국토교통부장관이 「주거기본법」에 따른 주거정책심의위원회의 심의를 거쳐 지정하는 지역에 공급하는 주택의 경우에는 「주택법」에서 정하는 기준에 따라 산정되는 분양가격 이하로 공급하여야 한다.
5) 분양가상한제 적용주택에서 제외되는 주택
   ① 도시형 생활주택
   ② 「경제자유구역의 지정 및 운영에 관한 특별법」에 따라 지정·고시된 경제자유구역에서 건설·공급하는 공동주택으로서 경제자유구역위원회에서 외자유치 촉진과 관련이 있다고 인정하여 분양가격 제한을 적용하지 아니하기로 심의·의결한 경우
   ③ 「관광진흥법」에 따라 지정된 관광특구에서 건설·공급하는 공동주택으로서 해당 건축물의 층수가 50층 이상이거나 높이가 150m 이상인 경우

(2) 분양가 규제의 장점   19회 출제
1) 가격조절의 기능 : 공급가격을 낮출 수 있는 가격조절 기능을 한다.
2) 공급업자의 적정이윤 보장기능 : 과도한 개발이익의 유도 및 편중을 방지함으로써 주택 공급자에게 적정이윤이 귀속되게 한다.
3) 분양받는 자에게 주택구입비용 지원효과 : 시장가격이하로 주택을 분양함으로써 수분양자에게 주택구입비를 지원해 주는 효과가 있다.
4) 저소득계층의 내 집 마련 기회의 확대 : 신규주택의 공급가격을 분양가상한제에 의해 주택의 수요자는 시가보다 낮은 가격으로 주택을 구입할 수 있어 저소득층의 주택구입 기회가 확대된다.
5) 무분별한 주택건설의 억제 : 분양가상한제로 분양가격을 안정시킴으로써 주택경기의 호·불황이 불안정하게 교차하는 경우에 과잉공급이나 과소공급을 완화하여 무분별한 주택건설이 억제된다.

---
11) 토지가격은 택지공급가격으로 하고, 주택가격의 상한가격은 정부에서 고시한 건축가격 이하로 정하는 방식을 말한다.
- 원가연동제에서의 분양가 = 택지비(공공택지: 공급가격+감정평가액, 민간택지: 감정평가액+택지가산비) + 표준건축비(기본형 건축비+건축가산비)

(3) 분양가 규제의 문제점
1) 분양가격과 시장가격의 차이(프리미엄) 때문에 부동산 투기를 유인(誘引)하기도 한다.
2) 주택산업의 경쟁력을 약화시켜 주택산업의 생산성을 저하시킨다.
3) 민간에서의 신규주택공급을 위축시킴으로써 중고주택의 가격을 상승시킨다.
4) 도시화·인구집중 등의 상황에서는 신규주택의 공급이 위축되어, 기존주택의 가격수준도 동반 상승한다.
5) 시장가격보다 낮은 가격으로 인하여 주택을 분양받는 수요자는 주택을 과소비하게 되고, 주택공급자는 공급을 감소시킴으로써 저소득층의 주택난 심화를 초래한다.

(4) 분양가자율화제도
1) 장점
   ① 가수요(假需要)를 진정시키고 실수요자 중심의 시장이 형성된다.
   ② 주택건설 수입이 안정되므로 주택건설업의 생산성이 향상된다.
   ③ 주택공급시장이 활성화되어 공급량이 증가한다.
   ④ 신규주택 공급 확대에 따라 중고주택 가격이 하락하여, 신규주택시장과 중고주택시장 사이의 균형이 형성된다.

2) 문제점
   ① 분양가격이 급격히 상승하고 대형주택 위주로 주택공급이 이루어짐으로써 저소득층의 부담을 가중시킨다.
   ② 분양가격의 급격한 상승은 인근지역 주택가격의 동반 상승의 원인으로 작용한다. 이로 인하여 2006년부터 원가연동제 방식의 분양가 규제를 다시 시행하고 있다.

2 선분양제도와 후분양제도

선분양제도는 주택을 완공하기 이전에 입주자를 모집하는 방식의 부동산분양제도를 말하며, 후분양제도는 주택을 완공하거나 완공 직전에 분양하는 부동산분양제도를 말한다.

(1) 선분양제도의 장·단점

1) 장점
① 주택구입자는 주택을 할부(割賦)로 구입할 수 있다.
② 입주시점까지의 주택가격 상승분은 입주자에게 귀속된다.
③ 준공 전 분양대금의 유입으로 사업자의 초기자금부담을 완화할 수 있다.
④ 사업자는 초기에 주택건설자금의 대부분을 주택구매자로부터 조달하므로 건설자금에 대한 이자의 일부를 주택구매자에게 전가할 수 있다.
⑤ 사업자는 착공 후 완공 시점까지 기간 동안의 위험을 주택구입자에게 전가시킬 수 있고, 주택공급의 주도권을 갖게 된다.

2) 단점
① 입주자가 주택건설사업의 중단 등 입주시점까지의 위험을 부담해야 한다.
② 입주자가 입주시점까지의 가격하락의 위험을 부담해야 한다.
③ 분양권 전매를 통하여 가수요를 창출하여 부동산시장의 불안을 야기할 수 있다.

(2) 후분양제도의 장·단점

1) 장점
① 공급자 중심의 주택시장을 수요자 중심으로 바꿀 수 있다.
② 분양권이나 주택에 대한 투기가 감소될 수 있다.
③ 착공 후 완공 시점까지 발생할 수 있는 가격상승 이익이 주택건설업체에 귀속된다.
④ 주택건설업체의 경쟁력 강화에 도움을 줄 수 있다.
⑤ 소비자 측면에서 선분양제도보다 공급자의 부실시공 및 품질 저하에 대처할 수 있다.

2) 단점
① 주택건설자금의 조달비용 증가로 인해 주택분양가가 상승하게 된다.
② 주택구입대금을 일시에 지불해야 하므로 저소득층이 분양받을 수 있는 기회가 원천적으로 봉쇄된다.
③ 선분양제에서 발생했던 주택자금 저축효과가 감소된다.
④ 수익이 되는 중대형 주택 위주로 주택이 공급될 수 있다.
⑤ 시행 초기에는 주택공급에 공백이 생겨 일시적으로 주택가격이 상승할 수 있다.
⑥ 개발자금조달이 어려워져 주택건설업체의 연쇄도산 등 부작용이 속출하거나 공급량이 감소될 수 있다.

제5절 부동산조세정책

01 부동산조세의 의의

1 조세의 의의

조세(Taxation)란 정부나 지방자치단체와 같은 공권력을 가진 자가 그의 재정수요(Public Wants)를 충족시키기 위해 국민으로부터 강제적으로 징수하여 획득하는 수입이다.

2 부동산조세의 의의

부동산조세는 부동산을 취득·보유·처분하는 경우와 부동산에서 발생한 소득 등을 과세대상으로 하여 부과된다.

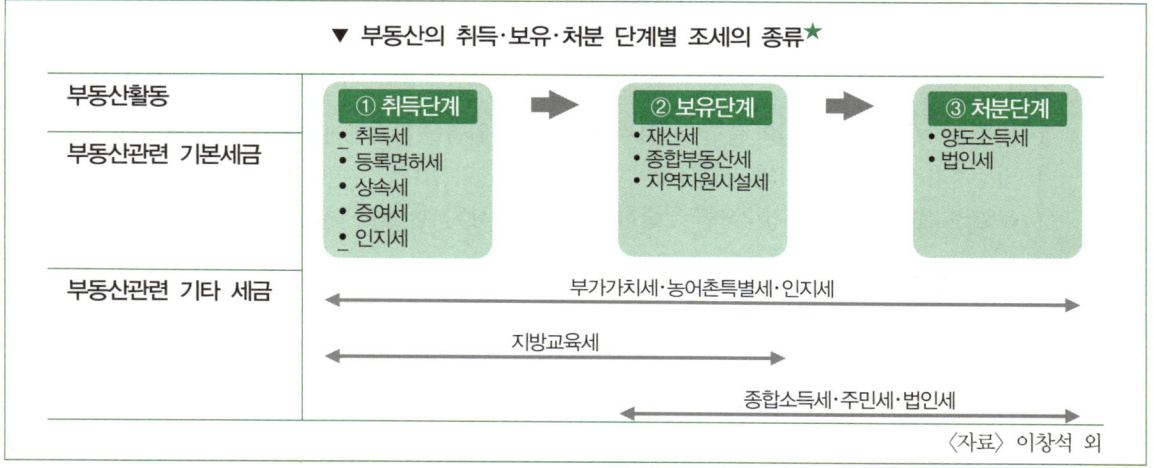

▼ 부동산의 취득·보유·처분 단계별 조세의 종류★

〈자료〉이창석 외

02 부동산조세의 기능 ★

부동산자원 배분	조세를 통해 토지이용을 규제하거나 증대시켜 사회의 부동산자원을 민간과 공공부문에서 활용할 수 있도록 배분함
소득 재분배	종합부동산세·상속세·증여세·재산세 등은 누진세율을 적용하여 가처분 소득의 격차를 완화시킴으로 소득 재분배 기능이 있음. 누진세율이란 과세대상금액이 증가했을 때 세율이 올라가는 것임
지가 및 주택가격 안정	양도소득세·종합부동산세·특별부가세(법인세) 등을 이용하여 지가 및 주택가격의 안정을 기함
주택문제 해결	소형주택의 공급확대, 호화주택의 건축억제, 주택가격의 안정 등에 영향을 미침
도시과밀 방지	양도소득세·재산세·종합부동산세·지역자원시설세 등을 통하여 도시과밀화를 방지할 수 있음

03 재산세 ★★

13·28·34회 출제

Professor Comment

출제가능성이 높은 탄력성과 조세의 귀착, 양도소득세와 관련된 동결효과 등을 중심으로 정리해 두어야 한다.

1 조세의 귀착 ★★

22·25·26회 출제

(1) 의의
정부가 부동산소유자에게 조세를 부과하였을 때 실제로 누가 부담하느냐를 뜻하는 개념이다.

(2) 단기효과 ★★

13회 출제

1) 재산세의 영향은 수요와 공급의 탄력성 여부에 따라 다양해진다.
2) 다음의 〈그림〉에서 PV_0, H_0, Q_0에서 세전 이전에 균형상태를 보이고 있다. 주택저량에 대한 수요는 탄력적이나 공급은 비탄력적이다.
3) 정부가 주택소유자에게 재산세를 부과하면 시장가치 PV_0에서 주택저량의 초과수요가 발생한다. 세금의 결과로 발생한 초과수요는 소비자가 지불하는 가치가 인상되어 공급곡선 S'_h에 의해서 PV_1이 새로운 균형가치가 되나, 이 가치에서 공급자는 이전보다 작은 가치인 PV_f를 갖는다.

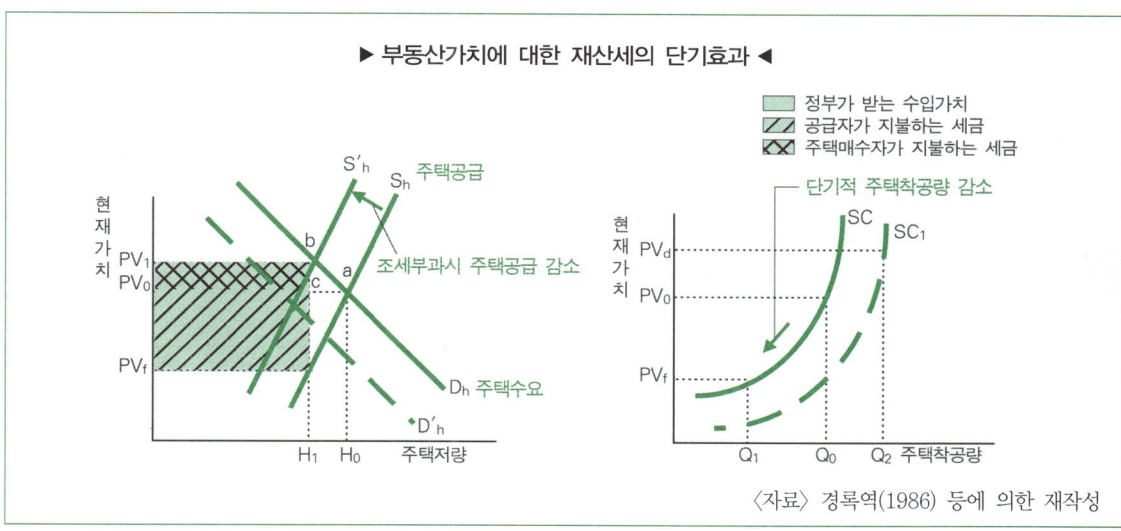

▶ 부동산가치에 대한 재산세의 단기효과 ◀

〈자료〉 경록역(1986) 등에 의한 재작성

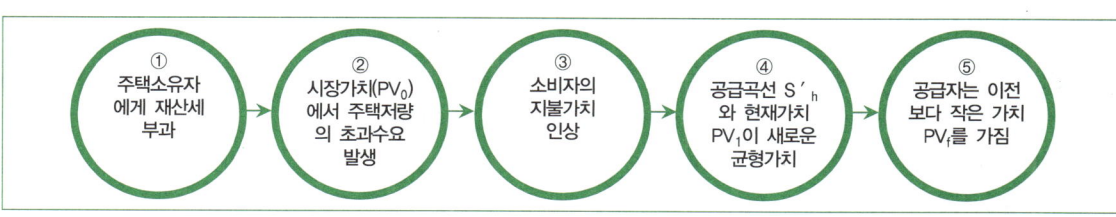

(3) 장기효과 ★★

1) 다음의 〈그림〉에서 건축율의 감소는 공급을 감소시켜 공급곡선을 S_h에서 S'_h와 S'_{ht}로 이동시키게 된다. S'_h는 세금이 없는 공급곡선이고, S'_{ht}는 세금이 있는 공급곡선이다.

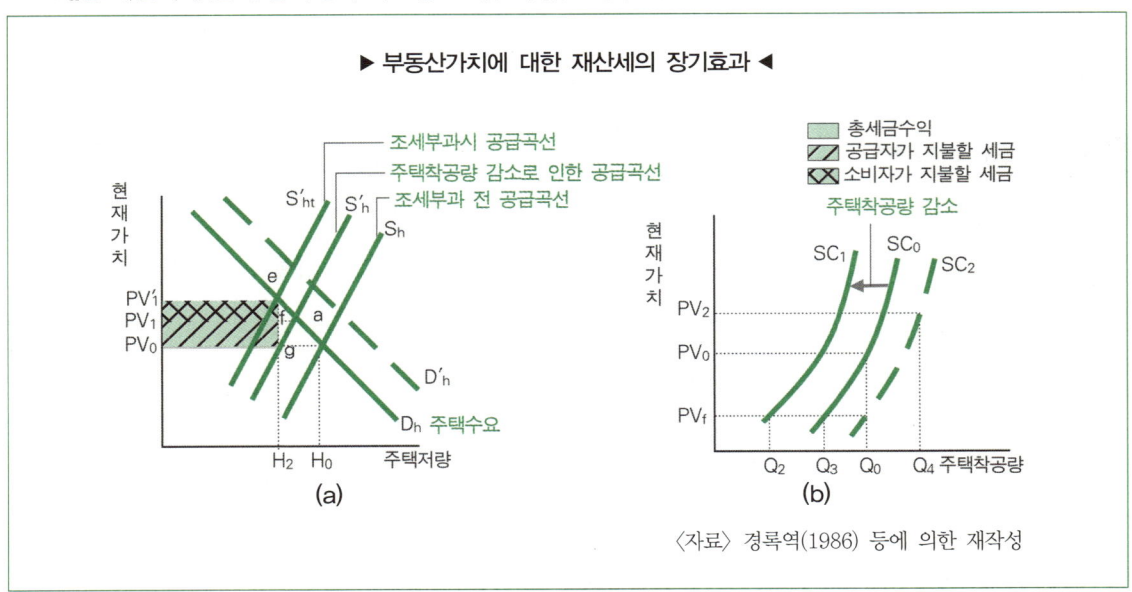

2) 공급자가 받는 가치는 PV_f에서 초과수요에 의해 PV_0로 인상된다.
3) 총세수입(total tax revenue)의 자본가치는 면적 PV'_1, PV_0, g, e이다. 공급자는 면적 PV_1, PV_0, g, f만큼 지불하며, 소비자는 PV'_1, PV_1, f, e만큼 지불한다.
4) 앞의 〈그림〉 (b)에서 일부 기업들의 이탈로 인해 SC_0 곡선에서 SC_1으로 이동하며 주택착공률은 Q_2로 감소된다.

2 주택에 미치는 영향

Professor Comment

재산세 귀착문제는 탄력성의 정도에 따라 달라지는 것에 대해 정확히 이해하여야 한다. 비례세율을 적용할 경우 저소득층에게 불리한 역진세적인 효과도 있다. 역진이란 평균세율, 즉 과세대상총소득의 금액에 대한 세금총액의 비가 감소하는 것을 말한다. *평균세율 = $\dfrac{세금총액}{과세대상소득의 총액}$

(1) 재산세의 영향

1) 재산세는 소비자가 지불하는 가치를 증가시키고, 공급자가 획득하는 가치는 감소시킨다.
2) 즉 소비자는 조세를 포함한 금액을 지불할 용의가 있으며, 공급자는 재산세를 빼고 생산비를 조달해야 하므로 비용증가를 가져와 공급자가 획득하는 가치는 감소한다.
3) 따라서 소비자에게 증가된 지불가치는 주택저량의 양을 감소시키고, 공급자의 낮은 획득가치는 공급량을 감소시킨다.

(2) 탄력성과 조세 귀착 ★

재산세 등의 과세에 대한 귀착문제는 수요의 탄력성과 공급의 탄력성의 상대적 크기에 따라 다르게 나타난다.

1) **수요의 탄력성이 공급의 탄력성보다 작은 경우**(수요의 탄력성 〈 공급의 탄력성)
   ① 수요자(매수인 또는 임차인)의 재산세 부담액이 공급자(매도인 또는 임대인)보다 크다.
   ② 수요의 탄력성이 완전비탄력적이면 수요자가 재산세 전액을 부담한다.
   ③ 공급의 탄력성이 완전탄력적인 경우에도 수요자가 재산세 전액을 부담한다.

2) **수요의 탄력성이 공급의 탄력성보다 큰 경우**(수요의 탄력성 〉 공급의 탄력성)
   ① 수요자의 재산세 부담액이 공급자보다 적다.
   ② 공급의 탄력성이 완전비탄력적이면 공급자가 재산세 전액을 부담한다.
   ③ 수요의 탄력성이 완전탄력적인 경우에도 공급자가 재산세 전액을 부담한다.

(5) 역진세적인 효과 ★

주택가격에 일률적으로 같은 세율(비례세율)[12]을 적용하면 재산세는 고소득층에게는 적게 귀착되고 저소득층에게는 많이 부과되는 역진세(逆進稅)적인 효과가 나타난다.

04 양도소득세 ★★

Professor Comment
양도소득세의 경제적 효과 중에서 주택공급의 동결효과가 중요하다.

1 양도소득세의 개념

(1) **양도소득세**
  1) 양도소득세는 양도로 인하여 발생하는 소득(양도차익)에 대해 부과·징수하는 소득세를 말한다.
  2) "양도"란 자산에 대한 등기 또는 등록과 관계없이 매도, 교환, 법인에 대한 현물출자 등을 통하여 그 자산을 유상(有償)으로 사실상 이전하는 것을 말한다.

(2) **양도소득의 범위**(「소득세법」 제94조 제1항)
  1) 토지 또는 건물의 양도로 발생하는 소득
  2) 다음의 어느 하나에 해당하는 부동산에 관한 권리의 양도로 발생하는 소득
     ① 부동산을 취득할 수 있는 권리
     ② 지상권
     ③ 전세권과 등기된 부동산임차권

---

[12] 비례세율이란 과세 대상 금액이 증가하더라도 세율은 일정한 것을 말한다.

2 양도소득세의 경제적 효과[13]

18·22회 출제

(1) 주택공급의 동결효과 ★★

1) 주택공급의 동결효과란 가격이 오른 주택의 소유자가 양도소득세를 납부하지 않기 위해 주택 처분을 기피함에 따라 주택공급이 감소하는 효과를 말한다. → 부동산가격 상승

2) 주택공급의 동결효과 유무에 따른 효과
   ① **동결효과가 없는 경우**: 양도소득세의 부과는 처분에 따른 자본이득의 크기를 줄여 사용자 비용을 증가시킨다. 그러므로 주택수요를 감소시켜 주택거래가 감소하고 주택가격도 하락한다.
   ② 동결효과가 있는 경우: 공급의 감소(공급곡선의 좌상향 이동)로 주택가격은 상승하고 주택거래량도 감소한다.

3) 주택에 대한 양도소득세 부과와 동결효과 유무에 따른 효과
   ① 양도소득세가 부과되지 않을 경우 균형가격과 균형거래량은 각각 P_0, Q_0이다.
   ② 양도소득세가 부과되는 경우에 주택수요는 감소하여 주택수요곡선이 D에서 D'으로 이동한다.
   ③ 이때 동결효과가 없다면 주택가격은 P_1으로 하락하고 주택거래량은 Q_1으로 감소한다.

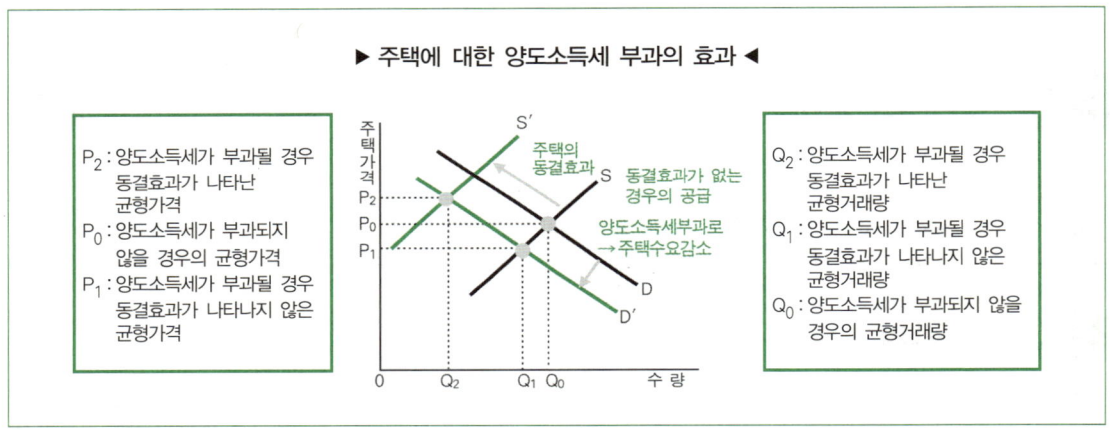

▶ 주택에 대한 양도소득세 부과의 효과 ◀

P_2 : 양도소득세가 부과될 경우 동결효과가 나타난 균형가격
P_0 : 양도소득세가 부과되지 않을 경우의 균형가격
P_1 : 양도소득세가 부과될 경우 동결효과가 나타나지 않은 균형가격

Q_2 : 양도소득세가 부과될 경우 동결효과가 나타난 균형거래량
Q_1 : 양도소득세가 부과될 경우 동결효과가 나타나지 않은 균형거래량
Q_0 : 양도소득세가 부과되지 않을 경우의 균형거래량

   ④ 양도소득세를 강화하여 주택공급 동결효과가 나타나면 주택공급곡선은 S에서 S'로 이동하므로 주택가격은 원래의 가격보다 더 높은 P_2로 상승하게 되고 거래량은 더욱 적은 Q_2로 감소하게 된다.

---

[13] 이중희, 주택경제론, 박영사, 1997. pp. 382~383(정상철 외, 부동산조세의 이해, 형설, 2005, pp.160~163 참조).

CHAPTER 05 부동산투자론

학습 포인트

- 최근 부동산학개론에서 가장 높은 출제비중을 차지하는 부분이다. 부동산에 관한 기본이론에서 수요·공급에 의해 가격이 결정되는 부동산경제이론, 이에 근거한 부동산시장을 분석하고 구체적인 투자의사결정을 위한 내용들로 구성된 매우 중요한 장(章)이다. 특히, 화폐의 시간가치, 영업의 현금흐름 산정 및 지분복귀액 계산, 할인현금흐름분석법과 비할인현금흐름의 종류와 특징 등의 비교 및 계산, 어림셈법, 재무비율분석법 등과 관련된 공식에 이르기까지 어느 하나 중요하지 않은 것이 없으므로 이에 대한 철저한 준비가 필요하다.

CHAPTER 학습 & 출제되는 키워드

- ☑ 부동산투자의 위험
- ☑ 대출액과 원리금의 관계
- ☑ 부동산투자분석의 기법
- ☑ 내부수익률법(IRR)
- ☑ 회계적 이익률법
- ☑ 대부비율과 부채비율
- ☑ 레버리지효과
- ☑ 포트폴리오 이론
- ☑ 현재가치·미래가치
- ☑ 현금흐름의 계산
- ☑ 할인현금흐름분석법
- ☑ 수익성 지수(PI)
- ☑ 어림셈법
- ☑ 총부채상환비율
- ☑ 기대수익률과 위험
- ☑ 최적의 포트폴리오
- ☑ 저당상수·상환기금계수
- ☑ 영업의 현금흐름 산정
- ☑ 순현가법(NPV)
- ☑ 비할인현금흐름분석법
- ☑ 재무비율분석법
- ☑ 자기자본수익률
- ☑ 투자위험과 위험관리
- ☑ 효율적 프론티어

CHAPTER 학습 & 출제되는 질문

- ☑ 화폐의 시간가치 계산에 관한 설명으로 옳은 것은?
- ☑ 다음은 투자부동산의 매입, 운영 및 매각에 따른 현금흐름이다. 이에 기초한 순현재가치는?
- ☑ 부동산투자의 할인현금흐름기법(DCF)과 관련된 설명으로 틀린 것은?
- ☑ 다음 자료를 활용하여 산정한 대상 부동산의 순소득승수는?
- ☑ 비율분석법을 이용하여 산출한 것으로 틀린 것은?
- ☑ 수익형 부동산의 간접투자에서 자기자본수익률을 상승시키는 전략으로 틀린 것은?
- ☑ 부동산 투자수익률에 관한 설명으로 옳은 것은?
- ☑ 포트폴리오이론에 관한 설명으로 틀린 것은?

제2편 부동산학각론

제1절 부동산투자 기초이론

01 부동산투자의 의의

1 투자와 투기의 의의와 차이 → 부동산투자는 일정의 개발을 대상으로 함

(1) 부동산투자 → 실수요자가 그 부동산을 이용하기 위하여 필요량을 취득하는 것

1) 의의

부동산투자란 미래의 기대이윤의 획득을 목적으로 생산적인 부동산에 자본을 투입하는 행위를 말한다.
→ 수익 →지출

27회 출제

2) 부동산투자의 장·단점 ★

① 장점
→ 보유기간 동안 지대 또는 임대료로 얻는 수익
  ㉠ 소득이득(운영소득)과 자본이득의 향유
  → 처분 시 지가상승 등으로 얻는 양도차익
  ㉡ 지렛대효과(Leverage Effect)
  ㉢ 절세(Tax Shelter)효과
  ㉣ 구매력 보호(Purchasing - Power Protection)
  ㉤ 소유의 긍지(Pride of Ownership)
  ㉥ 인적 통제(Personal Control)
  ㉦ 자신의 직접이용과 점유(Self - Use and Occupancy)

② 단 점
  ㉠ 낮은 환금성
  ㉡ 사업위험 부담
  ㉢ 금융위험 부담
  ㉣ 소유자의 노력 필요
  → 관리활동(개·보수)
  ㉤ 높은 거래비용
  ㉥ 행정통제와 법률의 복잡성

Professor Comment

지렛대(레버리지)효과란 비교적 저렴한 금리의 차입금을 이용하여 자기자본수익률을 높이는 것을 말한다.

---

(2) 부동산투기

1) 의의 → 양도차익의 획득을 목적으로 필요 이상의 부동산을 취득하는 것

부동산투기(不動産投機)란 '불완전하게 개발된 부동산을 매각하여 단기 양도차익을 획득함을 목적으로 부동산을 소유하는 것을 말한다. 주로 '미성숙지를 경작·관리할 의사가 없을 뿐만 아니라 스스로 개발할 수 있는 규모 이상의 토지를 소유하는 것'이라는 견해 등이 있다.

2) 부동산투기의 발생원인 ★
① 신도시 개발이나 도시재개발 등
② 도로·철도 등의 수송수단 신설과 확장
③ 경제성장으로 부동산 수요에 비해 공급이 한정됨에 따른 상대적 희소성
④ 공공개발에 따른 개발이익에의 편승
⑤ 부증성 및 부동산시장의 불완전성으로 인한 주택지의 가격상승
⑥ 부동산시장에서 정보 활용의 비효율성으로 인한 초과수익 발생
⑦ 인플레이션 하의 환물투기심리현상

3) 부동산투기의 부정적 영향
① **개인의 측면** : 개인 간의 이익 불균형과 현저한 소득격차 초래
② **기업의 측면** : 기업용 실수요 용지(實需要 用地) 확보의 난제와 기업경영의 생산원가상승 초래
③ **정부의 측면** : 공공용지 확보 난에 따른 도시기반시설 설치 곤란 등 국민복리에 부정적 영향을 미침
④ **국민경제적인 측면** : 경제적 혼란과 경제발전의 분위기 조성에 커다란 영향을 미침
⑤ **사회적 측면** : 투기 풍조의 일반화와 그의 만연으로 말미암은 노동의욕 상실
⑥ **토지이용의 국가적 차원** : 토지의 효율적·합리적인 이용에 저해요인이 됨

(3) 부동산투자와 부동산투기의 차이

구 분	부동산투자	부동산투기
1) 목 적	실수요자의 정당한 기대이익행위	양도차익으로 인한 가수요자의 불로소득행위
2) 범 위	최적면적(최유효사용에 입각)	최적면적 이상
3) 대 상	항구적 용도의 자산(성숙·미성숙지)	미성숙지(잡종지, 전답), 개발지역
4) 합리성·안전성	합리적인 자유시장에서 안전성을 받을 수 있음(장기)	보장이 안 됨(단기성)
5) 가 격	시장가격(정상가격·균형가격)	소유자 희망가격(투기가격)
6) 생산성	생산적임(이용관리의사 있음)	비생산적임(이용관리의사 없음)
7) 정 책	정책적으로 조장	정책적으로 규제
8) 거 리	거주지에 근접	거주지에서 원거리
9) 면 적	이용관리 가능한 필요량	필요량 이상의 구입
10) 이용·관리의사	있 음	없 음

2 부동산투자결정시 고려사항 ★

12회 출제

(1) 부동산투자결정의 의의
부동산투자에 대한 투자자의 의사결정을 말한다.

(2) 부동산투자결정시 고려사항과 주요변수

투자결정시 고려사항★	① 투자의 안전성 ③ 투자의 환금성 ⑤ 세금이면의 이익 ⑦ 순수익의 재투자	② 산출의 확실성 ④ 자산가치의 확대 ⑥ 경영관리의 부담 ⑧ 지렛대 효과(차입자본의 효과)
투자결정 요인	① 경상비(운용비용) ③ 유효총수익 ⑤ 저당대부금의 이자율	② 가격에 대한 대부금 혹은 레버리지비율 ④ 자산가치의 상승률 ⑥ 구입가격

Professor Comment
투자결정이란 불확실한 미래를 위하여 확실한 현재를 희생할 것인가를 선택하는 행위를 말한다.

3 재산투자 3분법 및 투자요소 ★

16회 출제

(1) 재산투자 3분법의 의의
재산투자 3분법은 여러 가지의 투자대상 중 한 가지에 집중투자하지 않고 예금, 증권 및 부동산에 적당한 형태로 분산투자하는 것을 말한다.

(2) 투자의 3요소

1) **환금성**(liquidity)
환금성이란 합리적인 시간에 시장가격으로 처분할 수 있는 특성을 말한다. 부동산의 경우는 환금성이 가장 불리하고 주식이나 예금은 비교적 신속한 환금(realization)이 가능하다.

2) **안전성**(security)
부동산은 영속성의 특성이 있어 원본상실 가능성이 적으므로 다른 투자자산에 비해 높은 안전성을 지닌다. 가장 안전한 투자는 예금이다.

3) **수익성**(profitability)
부동산은 지가상승 등으로 인한 자본이득과 운영을 통한 임대료 수익 등의 운영소득(소득이득)을 향유할 수 있다. 또한, 타인자본을 동원하여 자기자본수익률을 상승시키는 지렛대 효과(또는 레버리지 효과)를 누릴 수 있다.

제5장 부동산투자론

02 화폐의 시간가치[14] ★★

Professor Comment
① 여기에서는 부동산투자분석을 위한 화폐의 시간가치 계산방법인 미래가치의 계산, 현재가치의 계산 등에 대한 개념의 이해와 숙지가 필요하다.
② 계수(6가지)의 기본 의의와 계산문제는 출제빈도가 높다. 계산하는 과정과 방법에 대해 익혀둘 필요가 있다.

1 일시불의 미래가치(FV ; Future Value)의 계산   〔29회 출제〕

(1) 일시불의 미래가치

1) **의의** : 일시불의 미래가치란 현재의 일정금액을 장래 일정시점의 가치로 환산한 금액을 말한다.
2) **복리계산** : 일시불의 미래가치계산에서 복리계산이란 원금에 이자가 발생하면 원금과 이자의 합계액이 재투자되어 이자에 대한 이자가 반복 발생한다고 가정하여 이자계산을 하는 것이다.
3) **일시불의 미래가치계수**(FVIF ; Future Value Interest Factor) —— $(1+r)^n$: 이자율이 r일 경우 현재의 일정금액(PV)은 n기간 후에는 $PV \times (1+r)^n$원이 된다. 이 $(1+r)^n$을 일시불의 미래가치계수(FVIF) 또는 일시불의 내가계수라 한다.

 일시불의 미래가치 계산공식

$$\text{일시불의 미래가치}(FV) = PV(1+r)(1+r)\cdots(1+r) = PV(1+r)^n$$

• n : 기간   • PV : 현재가치   • r : 이자율

 원금 100,000원을 연간 이자율 10%로 2년간 빌려주었을 경우 2년 후의 미래가치는?

풀이 일시불의 미래가치$(FV_2) = 100{,}000 \times (1+0.1)^2 = 121{,}000$원   ☞ 121,000원

(2) 연금의 미래가치(FVA ; Future Value of an Annuity) ★★

1) **의의** : 매 기간 일정금액(A)씩 n년 동안 적립할 경우 n년 후의 미래가치를 의미한다.
2) **특징** : 연금의 미래가치(FVA)는 일정한 현금흐름(A)이 규칙적으로 발생할 경우 미래의 일정시점에서 이러한 현금흐름들이 가지는 가치의 크기이다.

 연금의 미래가치 계산공식

$$\text{연금의 미래가치}(FVA) = A \times \frac{(1+r)^n - 1}{r}$$

• A : 연금   • r : 이자율   • n : 기간
• FVIFA : 연금의 미래가치 계수(연금의 내가계수) = $\dfrac{(1+r)^n - 1}{r}$

---

14) 경록역(비매) 등 참조

제2편 부동산학각론

예제 연간 10%의 이자를 지급하는 은행에 5년간 매년 연말에 1,000,000원을 투자하는 경우 5년 후의 미래가치는?

풀이
연금의 미래가치(FVA) $= 1{,}000{,}000 \times \left[\dfrac{(1+0.10)^5 - 1}{0.10}\right]$
$= 1{,}000{,}000 \times \left(\dfrac{0.61051}{0.10}\right)$
$= \dfrac{610{,}510}{0.10}$
$= 6{,}105{,}100(원)$

☞ 6,105,100원

(3) 감채기금계수(減債基金係數, SFF ; Sinking Fund Factor)[1] ★   26회 출제

1) **의의** : 감채기금계수란 연금의 미래가치를 실현하기 위한 매기간의 불입액(적립액)을 찾아내는 계수이다. 감채기금계수는 상환기금률(償還基金率)이라고도 한다.

2) **감채기금** : 감채기금은 장래에 원하는 일정금액을 마련하기 위해 매 기간마다 적립해야 할 액수를 말한다.

감채기금(A) $= \text{FVA} \times \dfrac{r}{(1+r)^n - 1}$

FVA : 연금의 미래가치 • r : 이자율 • n : 기간 • SFF : 감채기금계수 $= \dfrac{r}{(1+r)^n - 1}$

예제 3년 만기의 100만원짜리 적금에 가입하였다. 매년 얼마씩 불입하여야 하는가? (이자율은 10%)

풀이
$1{,}000{,}000 \times \left[\dfrac{0.10}{(1+0.10)^3 - 1}\right] = \dfrac{100{,}000}{0.331}$
$\fallingdotseq 302{,}115원$

☞ 302,115원

예제 5년 동안에 10%의 이자율로 20,000,000원을 모으려면 매년 얼마를 저축해야 하는가?

풀이
$A = 20{,}000{,}000 \times \left[\dfrac{0.10}{(1+0.10)^5 - 1}\right]$
$= 20{,}000{,}000 \times \left(\dfrac{0.10}{1.61051 - 1}\right)$
$= \dfrac{2{,}000{,}000}{0.61051}$
$\fallingdotseq 3{,}275{,}950(원)$

☞ 3,275,950원

---

[1] 이원준, 전게서, 2000, p.204 참조.

2 현재가치(PV ; Present Value)의 계산

(1) 일시불의 현재가치

`28회 출제`

1) **의 의**: 일시불의 현재가치(PV)는 장래 발생될 현금흐름(FV)을 현재시점의 가치(PV)로 환산한 금액을 말한다.

2) **일시불의 현재가치계수**(PVIF ; Present Value Interest Factor): 이자율이 r일 때 n기간 후의 일정금액(FV)이 현재 얼마의 가치가 있는지를 계산할 때 사용하는 계수를 말한다. '일시불의 현가계수'라고도 한다.

 일시불의 현재가치 계산공식과 일시불의 현가계수

$$\text{일시불의 현재가치(PV)} = FV \times \frac{1}{(1+r)^n} = FV(1+r)^{-n}$$

- 일시불의 현재가치계수(PVIF) $= \dfrac{1}{(1+r)^n} = (1+r)^{-n}$
- FV : 일시불의 미래가치 • r : 이자율 • n : 기간

(2) 연금의 현재가치(PVA ; Present Value of an Annuity) ★★

`10·14·27·33회 출제`

1) **의의**: 이자율이 r이고 불입 또는 투자기간이 n년일 때, 매 기간 일정금액씩 n년 동안 받게 될 연금(A)을 현재시점에서 일시불로 환원한 액수(PVA)이다.

2) **특징**
① 연금의 현재가치는 장래에 매 기간 일정한 현금흐름(A)이 발생할 경우 이러한 현금흐름들이 현재시점에서 가지는 가치의 크기를 볼 수 있다.
② 연금의 현재가치계수는 미상환 대출잔액(저당잔고 ; Mortgage balance)을 계산하는 데 사용된다.

 연금의 현재가치 계산공식과 연금의 현가계수

$$\text{연금의 현재가치(PVA)} = \text{연금} \times \text{연금의 현가계수} = A \times \frac{1 - \dfrac{1}{(1+r)^n}}{r}$$

- 연금의 현재가치계수(PVIFA) $= \dfrac{1 - \dfrac{1}{(1+r)^n}}{r}$
- A : 연금(불입액) • r : 이자율 • n : 기간

제2편 부동산학각론

예제 3년 동안 매년 연말에 1,000,000원을 지불하는 투자에서 현재가치는 얼마인가?(요구수익률은 10%임)

풀이

$$\text{연금의 현재가치} = 1,000,000 \times \left[\frac{1 - \frac{1}{(1.1)^3}}{0.10} \right]$$
$$= 1,000,000(2.48685199098)$$
$$= 2,486,851.99098$$
$$\approx 2,486,851(원)$$

☞ 2,486,851원

(3) 저당상수(연부상환율, MC ; Mortgage Constant) ★★★   13·14·20·27회 출제

1) **의의** : 저당상수 또는 연부상환율이란 저당대부액에 대한 매 기당 수령액 또는 지불액을 결정하고자 할 경우에 사용되는 계수이다. 즉, 저당상수란 지불액을 융자액으로 나눈 것과 같다.

WIDE 저당상수 계산공식

$$\text{매 기당 수령액 또는 지불액(A)} = PVA \times \frac{r}{1 - \frac{1}{(1+r)^n}}$$

- 저당상수(MC) : $\dfrac{r}{1 - \dfrac{1}{(1+r)^n}}$
- PVA : 연금의 현재가치(대출액)
- r : 이자율
- n : 기간

예제 대출기관에서 이자율 10%, 대출기간 5년으로 50,000,000원을 대출하였다. 저당대출 연 상환액은?

풀이

$$\text{저당대출상환액} = \text{연금의 현재가치} \times \left[\frac{\text{이자율}}{1 - \frac{1}{(1 + \text{이자율})^{\text{기간}}}} \right]$$

$$= 50,000,000 \times \left[\frac{0.10}{1 - \frac{1}{(1+0.1)^5}} \right] = 50,000,000 \times \left(\frac{0.10}{1 - \frac{1}{1.61051}} \right)$$

$$= 50,000,000 \times \left(\frac{0.10}{\frac{0.61051}{1.61051}} \right) = 50,000,000 \times \left(\frac{1}{10} \times \frac{1.61051}{0.61051} \right)$$

$$= 50,000,000 \times \frac{1.61051}{6.1051} = \frac{80,525,500}{6.1051}$$

$$= 13,189,874(원)$$

☞ 13,189,874원

2) 저당상수의 적용

① **특 징** : 저당상수는 원리금균등분할상환방식의 대출에 적용하는 것으로 다음과 같은 특징이 있다.
   ㉠ 잔금액은 대출만기에 0이 된다.
   ㉡ 부채서비스액(매기당 불입액, 원리금균등분할상환액)은 만기가 될 때까지 동일하다.

$$\text{저당상수(MC)} : \frac{r}{1 - \frac{1}{(1+r)^n}}$$

- r : 이자율   - n : 기간

   ㉢ 원리금균등분할상환액 중 이자지불액은 매년 감소한다.
   ㉣ 원리금균등분할상환액 중 원금상환액은 매년 증가한다.

② **상환조견표** : 다음은 이자율 10%, 20년 만기로 100,000원을 빌렸을 때의 상환조견표를 오른쪽〈그림〉으로 나타낸 것이다.

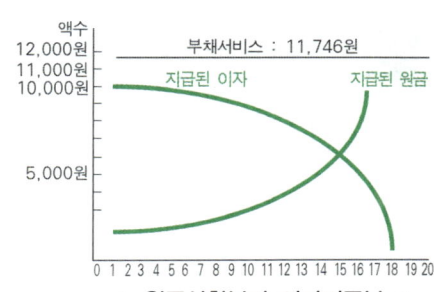

▶ 원금상환분과 이자지급분 ◀

〈자료〉 경록역(1986) 등에 의한 재구성

3) 잔금비율 ★

14회 출제

① **의의** : 잔금비율은 매 기간 말의 미상환원금을 원래의 대부액으로 나눈 것이다. 즉 저당대부액 중 미상환된 원금을 잔금이라 하고, 잔금이 차지하는 비율을 잔금비율이라 한다.

$$t\text{년도 말의 잔금비율} = \frac{t\text{년도 말의 원금미지불액}}{\text{총차입액}} = \frac{\text{저당지불액} \times \text{연금의 현가계수}(r\%,\ n-t\text{년})}{\text{저당지불액} \times \text{연금의 현가계수}(r\%,\ n\text{년})}$$

② **차입액** : 차입액은 불입액(payments)의 현재가치인 PVA(연금의 현재가치)를 구하는 것이다.

$$\text{저당지불액} \times \text{연금의 현가계수}(r\%,\ n\text{년})$$

③ **잔금액** : 특정연도 말의 잔금액은 잔여 불입액의 PVA(연금의 현재가치)를 구하는 것이다.

$$\text{저당지불액} \times \text{연금의 현가계수}(r\%,\ n-t\text{년})$$

4) 상환비율 ★

① **의의** : 상환비율은 상환원금을 원래의 대부액으로 나눈 것이다. 즉, 저당대부액 중 상환된 원금을 상환액이라 하고, 상환액이 차지하는 비율을 상환비율이라 한다.

$$t\text{년도 말의 상환비율} = 1 - t\text{년도 말의 잔금비율} = \frac{t\text{년도 말의 상환액}}{\text{총차입액}}$$

$$= \frac{\text{저당지불액} \times \text{연금의 현가계수}(r\%, t\text{년})}{\text{저당지불액} \times \text{연금의 현가계수}(r\%, n\text{년})}$$

② **차입액** : 차입액은 불입액(payments)의 현재가치인 PVA(연금의 현재가치)를 구하는 것이다.

③ **상환액** : 특정연도 말의 상환액은 상환불입액의 PVA(연금의 현재가치)를 구하는 것이다.

예제 은행에서 100,000원을 대출하여 연리 10%로 20년에 걸쳐 상환한다고 하면 연상환금은 얼마나 되는가?

풀이

$$A = PVA \times \left[\frac{r}{1 - \frac{1}{(1+r)^n}} \right]$$

$$A = 100,000원 \times \left[\frac{0.1}{1 - \frac{1}{(1+0.1)^{20}}} \right] = 11,746(원)$$

☞ 11,746원

3 미래가치와 현재가치의 관계 ★★★

`21·30회 출제`

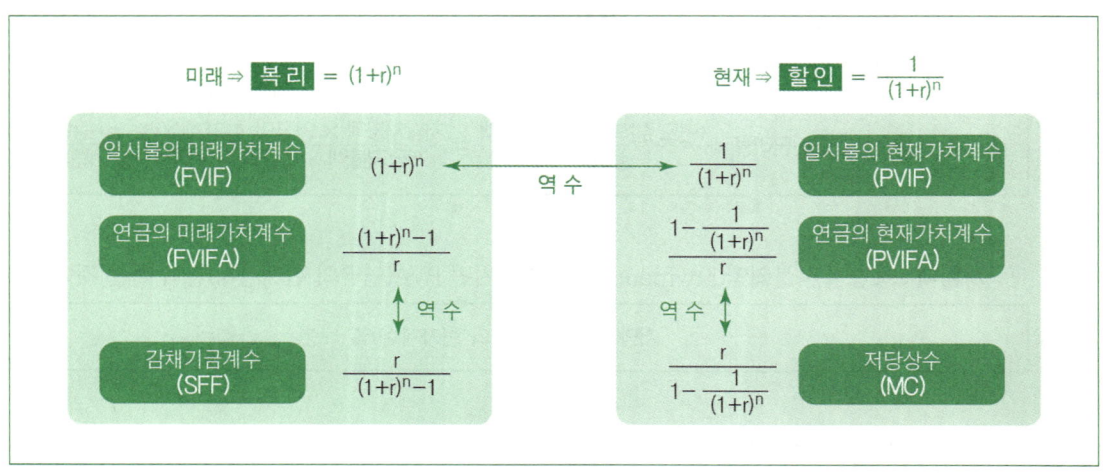

4 복리계산의 제계수 (r: 이자율, n: 기간) ★★★

16·21회 출제

구 분	사 례	계수의 의미	적용 예	비 고	계수 및 공식
일시불의 현재가치계수	202X년의 1원은 201X년 현재가치로 얼마나 되는가?	n년 후의 1원이 갖는 현재의 가치를 구할 때 사용하는 계수이다.	할인율	일시불의 내가계수의 역수	$PV = FV \cdot \dfrac{1}{(1+r)^n}$ $= FV \cdot (1+r)^{-n}$ (PV=현재가치)
일시불의 미래가치계수	201X년 현재 1원을 예금하면 202X년에는 얼마나 되는가?	현재의 1원이 n년 동안 복리로 증식한 미래가치를 구할 때 사용하는 계수이다.	정기예금	일시불의 현가계수의 역수	$FV = PV \cdot (1+r)^n$ (FV=미래가치)
연금의 현재가치계수	201X년부터 202X년까지 10년 동안 매년 1원씩 상환한다면 201X년 현재 대출할 수 있는 금액은 얼마인가?	매년 1원씩 n년 동안 받게 될 연금의 현재가치를 구할 때 사용하는 계수이다.	대출할 수 있는 금액	일시불의 현가계수의 합계	$PVA = A \cdot \dfrac{1-(1+r)^{-n}}{r}$ (r: 이자율)
연금의 미래가치계수	201X년부터 202X년까지 매년 1원씩 10년 동안 적금을 든다면 202X년에는 얼마나 되는가?	매년 1원씩 n년 동안 적립할 경우 n년 후의 미래가치는 얼마인지 구할 때 사용하는 계수이다.	정기적금	※일시불의 내가계수를 누적한 수치 ※n년의 연금의 내가계수는 n-1년까지의 일시불의 내가계수의 합계에 1을 더한 것	$FVA = A \cdot \dfrac{(1+r)^n - 1}{r}$ (A: 적립액)
감채기금계수 (상환기금률)	201X년부터 202X년까지 매년 얼마씩 적립해야 10년 후에 1원이 되겠는가?	복리로 n년 동안 할증한 미래의 일정금액을 만들기 위해 매년 적립해야 할 금액을 구할 때 사용하는 계수이다.	정기적금의 매년 적립액	연금의 내가계수의 역수	$A = FVA \cdot \dfrac{r}{(1+r)^n - 1}$
저당상수 (연부상환율)	201X년 현재 일정금액을 대출받았을 때 일정기간 동안에 상환해야 할 금액은 얼마인가?	n년 후 현재가치를 회수하기 위해 n년 동안 매년 상환해야 할 금액을 구할 때 사용하는 계수이다.	불입액 (원금 상환액 + 이자 지불액)	연금의 현가계수의 역수	$A = PVA \cdot \dfrac{r}{1-(1+r)^{-n}}$

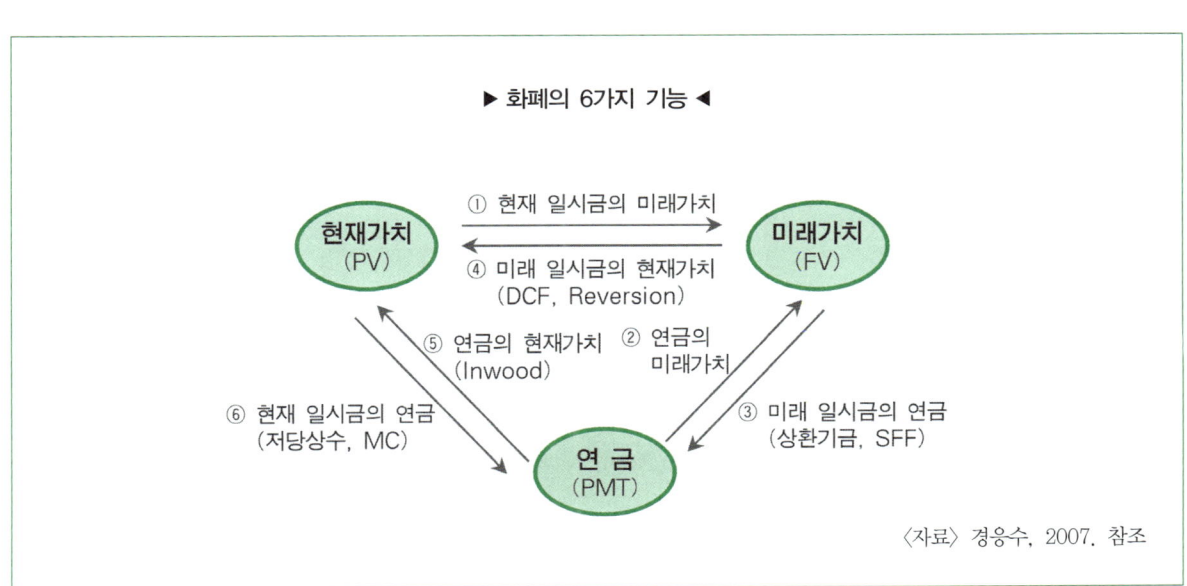

▶ 화폐의 6가지 기능 ◀

① 현재 일시금의 미래가치
④ 미래 일시금의 현재가치 (DCF, Reversion)
⑤ 연금의 현재가치 (Inwood)
② 연금의 미래가치
⑥ 현재 일시금의 연금 (저당상수, MC)
③ 미래 일시금의 연금 (상환기금, SFF)

현재가치 (PV) / 미래가치 (FV) / 연금 (PMT)

〈자료〉 경응수, 2007. 참조

5 대출액과 원리금의 관계 ★★★

Professor Comment

대출액과 원리금의 관계를 정확히 파악해야 한다.

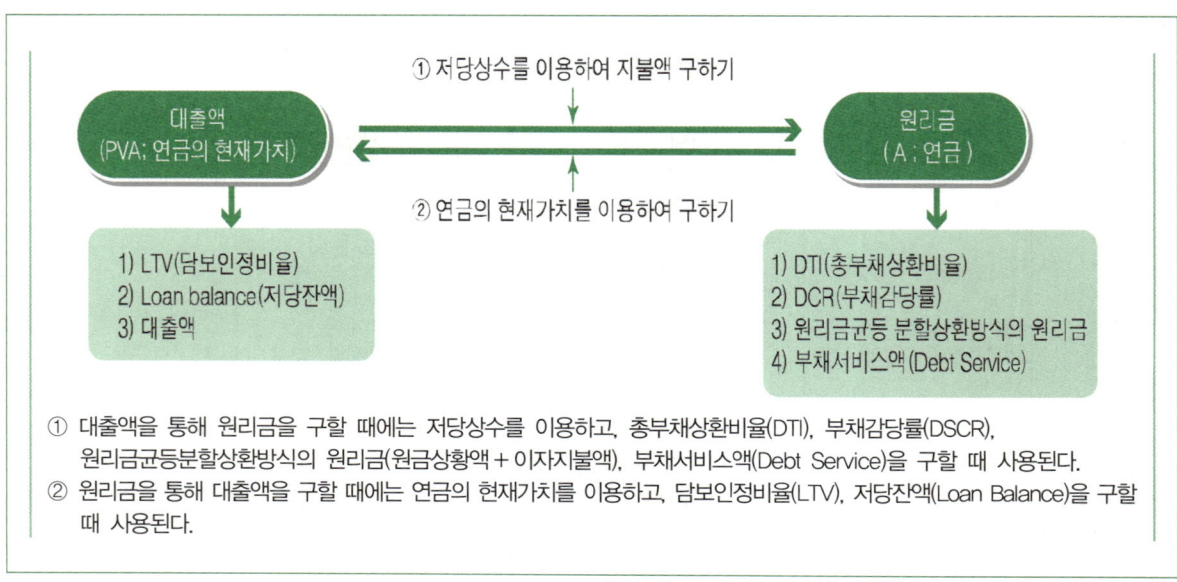

① 대출액을 통해 원리금을 구할 때에는 저당상수를 이용하고, 총부채상환비율(DTI), 부채감당률(DSCR), 원리금균등분할상환방식의 원리금(원금상환액 + 이자지불액), 부채서비스액(Debt Service)을 구할 때 사용된다.
② 원리금을 통해 대출액을 구할 때에는 연금의 현재가치를 이용하고, 담보인정비율(LTV), 저당잔액(Loan Balance)을 구할 때 사용된다.

제2절 부동산투자분석 기법

01 부동산투자결정의 과정

1 부동산시장참여자의 구분 ★

(1) **지분투자자**(The Equity Investor)
자기자본으로 투자의 일정형태를 선택하고 지분을 요구하는 의사결정자이다.

(2) **저당대출자**(The Mortgage Lender)
저당대출자는 이자수익이상을 기대하고 투자한다.

(3) **임차인**(The Tenant)
임차인은 임대료를 지불하고 임대인(지분투자자)으로부터 직접적인 사용·수익권(Immediate right of Possession)을 가지는 자이다.

(4) **정부**(The Government)
정부는 지분투자자, 저당투자자, 임차인의 관계에 영향을 줄 뿐 아니라 부동산투자의 사용에도 제한을 둔다.

2 부동산투자결정의 과정

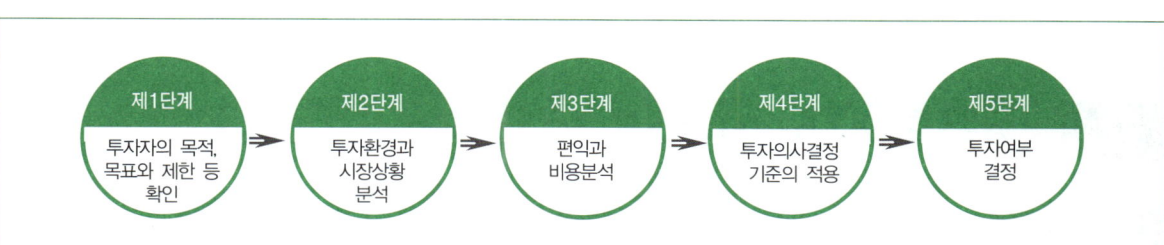

제2편 부동산학각론

> 대전제 : 수익 > 지출 ⇒ 투자

3 부동산의 투자결정 ★★

부동산의 투자분석과정에서 투자자가 기꺼이 투자할 수 있는 결정은 다음의 기준에 의한다.

(1) 순현가가 0(零)보다 클 경우

$$순현가(NPV) > 0$$

(2) 내부수익률이 요구수익률보다 클 경우

$$내부수익률 > 요구수익률$$

(3) 수익성지수가 1보다 클 경우

$$수익성지수(PI) > 1$$

(4) 편익이 비용보다 클 경우

$$B/C > 1 \ (B : 편익, \ C : 비용)$$

(5) 투자가치가 시장가치보다 클 경우

$$투자가치 > 시장가치$$

02 현금흐름(cash flow)의 계산 ★★★

1 영업의 현금흐름 산정 ★★   [28회 출제]

(1) 가능조소득(PGI ; Potential Gross Income)
   투자 결과, 공실이 없을 경우에 획득 가능한 총임대소득으로 매년 단위당 예상임대료에 임대 가능한 전체 단위수를 곱한 금액이다.

$$가능조소득 = 월 단위 \ 예상임대료 \times 공급 \ 단위수 \times 12$$

(2) 공실 및 불량부채액(VBD ; Vacancy and Bad Debt allowance)
   예상되는 공실로 인한 손실액과 임대료 회수불능 등으로 인해 예상되는 불량부채액의 합계

(3) 기타 소득(MI ; Miscellaneous Income)
   건물의 공용부분에 설치한 주차장 임대수입이나 광고탑 수입, 유료세탁기, 자판기 소득 등이 있다.

제5장 부동산투자론

(4) 유효조소득(EGI ; Effective Gross Income)   20·25·34회 출제

가능조소득에서 공실 및 불량부채액을 빼고 기타 소득을 더한 것이다. 따라서 공실률, 부채서비스액은 유효총소득을 산정하는 데 필요한 항목이다.

> 유효조소득 = 가능조소득 − 공실 및 불량부채액 + 기타 소득

(5) 영업경비(OE ; Operating Expenses)   12·20회 출제

1) 영업경비는 임대부동산을 운용하고 유지·관리하는데 들어가는 비용으로 건물과 관련된 수선비, 유지·관리비, 재산세, 보험료, 광고비, 공익사업비, 부담금 등이 포함된다.
2) 그러나 감가상각비와 공실 및 불량부채액, 영업(임대)소득세와 자본이득세는 영업경비에 포함되지 않는다.

(6) 순영업소득(NOI ; Net Operating Income)   17·21·27회 출제

유효조소득에서 영업경비를 뺀 것이다.

> 순영업소득 = 유효조소득 − 영업경비

(7) 부채서비스액(DS ; Debt Service) ★★

1) 저당대부에 대한 매 기간의 원금 상환분과 이자 지급분을 합한 것으로 '부채서비스액' 혹은 '저당지불액'이라고 한다.
2) 부채서비스액을 구하기 위해서는 '저당상수'를 이용하여야 한다.

$$A = PVA \times \dfrac{r}{1 - \dfrac{1}{(1+r)^n}}$$

- A : 매기간의 저당지불액
- PVA : 저당대부

(8) 세전현금흐름(BTCF ; Before−Tax Cash Flow) ★★★

순영업소득에서 부채서비스액(= 원금상환액 + 이자지급액)을 뺀 것이다.

→ 원리금균등분할상환에서 월불입액을 말한다. 월불입액은 저당상수를 통해 구할 수 있다.

제2편 부동산학각론

(9) 세후현금흐름(ATCF ; After-Tax Cash Flow) ★★★ 〔12·19·24·25회 출제〕
세전현금흐름에서 영업소득세를 뺀 것이다.

■ 영업(운영)수지 계산 공식 〔29·30회 출제〕

```
    단위당 연간예상임대료(Expected Rent Per Unit Per Year)
  × 임대단위수(Number Of Units)
  ─────────────────────────────────────────
    가능조소득(PGI ; Potential Gross Income)
  − 공실 및 불량부채(VBD ; Vacancy And Bad Debt Allowance)
  + 기타 소득(MI ; Miscellaneous Income)
  ─────────────────────────────────────────
  = 유효조소득(EGI ; Effective Gross Income) ………………… ①
  − 영업경비(OE ; Operating Expenses)
  ─────────────────────────────────────────
  = 순영업소득(NOI ; Net Operating Income) ………………… ②
  − 부채서비스액(DS ; Debt Service)
  ─────────────────────────────────────────
  = 세전현금흐름(BTCF ; Before − Tax Cash Flow) ………… ③
  − 영업소득세[TO ; Taxes (Savings) from Operations]
  ─────────────────────────────────────────
  = 세후현금흐름(ATCF ; After − Tax Cash Flow) ………… ④
```

2 매각(지분복귀액)[2]의 현금흐름 ★

지분복귀액의 현금흐름(Cash Flow from Reversion)은 투자의 처분(판매)에서부터 시작된다. 이때 지분액(Equity Money)은 소유자(지분투자자)에게 복귀된다.

(1) 매도가격(Selling Price)
매도가격은 투자 종료시점의 순영업소득을 환원이율로 환원하여 계산할 수 있다(매도가격= $\frac{순영업소득}{환원이율}$).

(2) 매도경비(Selling Expenses)**와 순매도액**(Net Sales Proceeds)
1) 투자한 부동산의 처분과 관계되어 예상되는 비용이며, 순매도액은 매도가격에서 매도경비를 뺀 것이다.

> 순매도액 = 매도가격 − 매도경비

2) 매도경비는 부동산처분(판매)과 관련되는 중개보수(Brokerage Fees), 법적 수수료(Legal Fees), 그리고 기타 비용을 포함하며 현금지출로 나타난다.
3) **순매도액**(NSP : Net Sales Proceeds) : 매도가격에서 매각경비를 뺀 것이다.

---
[2] 지분복귀액(reversion value) : 순 현금매각액이다.

제5장 부동산투자론

(3) 미상환저당잔액(Unpaid Mordgage Balance) ★

매각 당시의 대출금의 잔액으로 연금의 현재가치를 이용하여 구한다.

$$PVA = A \times \frac{1 - \frac{1}{(1+r)^{n-t}}}{r}$$

- PVA : 미상환저당잔금
- A : 저당지불액
- n : 전체기간
- t : 상환기간

(4) 세전지분복귀액(Before-Tax Equity Reversion)

순매도액에서 미상환저당잔액을 뺀 것이다.

(5) 세후지분복귀액(After-Tax Equity Reversion)

세후지분복귀액(ATER)은 세전지분복귀액에서 자본이득세를 뺀 것이다. ★

```
    예상되는 매도가격(SP ; Expected Selling Price)
  - 매도경비(SE ; Selling Expenses)
  ──────────────────────────────────────────────
  = 순매도액(NSP ; Net Sales Proceeds) ·················································· ①
  - 미상환저당잔액(UM ; Unpaid Mortgage Balance)
  ──────────────────────────────────────────────
  = 세전지분복귀액(BTER ; Before-Tax Equity Reversion) ································ ②
  - 자본이득세(TDS ; Taxes Due on Sale)
  ──────────────────────────────────────────────
  = 세후지분복귀액(ATER ; After-Tax Equity Reversion) ································· ③
```

03 부동산투자분석의 기법   14·16·21·26·33·34회 출제

1 할인현금흐름(수지)분석법   12·18·19·28·33·34회 출제

(1) 의 의

미래에 기대되는 현금유입과 현금유출을 현재가치(현가)로 할인하여 투자판단의 준거로 삼는 방법으로 순현가법(NPV), 내부수익률법(IRR), 수익성 지수법(PI) 등이 있다.

(2) 순현가법(순현재가치법, NPV ; Net Present Value Method) ★★★   12·20·23·24·28·30·33회 출제

1) 의의

① 순현가란 요구수익률을 할인률로 적용한 예상 현금수지의 현재가치에서 지분투자비용을 뺀 것이다.

② 보유기간 동안 기대되는 매년 현금유입의 현재가치 합과 처분 시에 예상되는 지분복귀액의 현재가치합 계액에서 투자비용으로 지출한 지분투자액을 비교하는 방법이다.

> 순현재가치 = [보유기간 동안 예상되는 매년 현금유입의 현재가치] + [처분 시에 예상되는 지분복귀액의 현재가치] − [지분투자액 (초기 투자비용)]
>
> 〈자료〉 경록

2) **의사결정**
   ① 투자여부 : 순현가(NPV) > 0이면 투자하고, 순현가(NPN) < 0이면 투자하지 않는다.
   ② 투자안이 상호독립적인 투자안일 때에는 순현가(NPV)가 0보다 큰 대안을 모두 선택한다.
   ③ 투자안이 상호배타적일 경우 순현가(NPV)가 0보다 큰 대안 중 순현가(NPV)가 가장 큰 대안만 선택한다.

3) **장점**
   ① 화폐의 시간가치를 고려하고 측정된 모든 현금흐름을 고려한다.
   ② 가치의 가산원칙을 따르고, 기업의 이윤을 극대화할 수 있는 투자안을 채택할 수 있다.

4) **단점**
   ① 순현가(NPV)만으로는 투자위험을 측정하기가 곤란하다.
   ② 서로 다른 투자대안을 상호 비교하기 위해서는 수익성 지수(PI)를 활용해야 한다.
   ③ 투자위험을 측정하기 위해서는 연평균순현가(ANPV)를 활용해야 한다.

5) **연평균 순현재가치**(ANPV)
   ① **의의**
   연평균 순현재가치는 회사가 한계자본비용(요구수익률)으로 순현재가치를 사업기간 동안에 투자했을 때 수령할 수 있는 연금을 말한다. 순현가에 할인율을 적용하여 매년 동일한 금액의 연평균순현가(ANPV)를 계산하기 위해서는 다음과 같이 순현가에 저당상수를 곱하거나 순현가를 연금의 현가계수로 나누어 계산한다.

   > - 연평균 순현가(ANPV) = 순현가(NPV) × 저당상수
   > - 연평균 순현가(ANPV) = 순현가(NPV) ÷ 연금의 현가계수

   ② **장점**
   ㉠ 최대수용 가능한 투자오차의 한계를 나타낸다.
   ㉡ 사업기간이 서로 다른 사업 사이의 비교를 가능하게 한다.

(3) **내부수익률법**(IRR ; Internal Rate of Return Method) ★★   14·24·29·30·34회 출제

   1) **의의**
   ① 미래 현금유입의 현재가치와 현금유출의 현재가치를 동일하게 만드는 할인율, 즉 순현가(NPV)를 0으로 만드는 할인율이며, 수익성 지수는 1.0이 되게 하는 할인율이다.
   ② 내부수익률법에서는 요구수익률이 아닌 내부수익률을 재투자율로 사용한다.
   ③ 내부수익률을 요구수익률과 비교하여 투자의사결정을 하는 방법이다.

2) 의사결정
① 내부수익률(IRR) > 요구수익률 : 투자한다.
   내부수익률(IRR) < 요구수익률 : 투자하지 않는다.
② 상호독립적인 투자안일 때 : 내부수익률(IRR)이 요구수익률보다 큰 대안은 모두 선택한다.
③ 투자안이 상호배타적일 경우 : 내부수익률(IRR)이 요구수익률보다 큰 대안 중 내부수익률(IRR)이 가장 큰 대안만을 선택한다.

3) 장점
① 사전(事前)에 내부수익률을 결정하지 않아도 된다.
② 측정된 전체 현금흐름을 고려할 수 있다.
③ 화폐의 시간가치를 고려하므로 이론적으로 매우 합리적인 방법이다.

4) 단점
① 내부수익률을 재투자수익률로 사용할 경우 내부수익률은 비현실적이다.
② 복수의 해 존재와 내부수익률을 구할 수 없는 경우가 있다.
③ 가치의 가산원칙을 준수하지 않는다.
④ 할인율이 변할 때 투자비교 기준선정이 힘들다.

(4) 순현가법과 내부수익률법의 비교[3]   〔20·21회 출제〕

1) 순현가가 내부수익률보다 선호되는 이유
① **내부수익률은 현금수지를 목표수익률(요구수익률)로 할인하지 않는다.**
   내부수익률법에서는 재투자수익률로 내부수익률을 쓴다.
② **순현가법으로 우선순위를 정할 경우 투자자는 부(富)의 극대화를 달성할 수 있지만, 내부수익률을 투자 준거로 사용하면 투자자에게 반드시 부(富)의 극대화를 주지 못한다.**
   ㉠ 순현가에서는 모든 투자대상이 요구수익률로 할인되고, 재투자수익률로 요구수익률을 쓴다.
   ㉡ 그러나 내부수익률에서는 각 투자의 수익률만으로 순위를 매기는데, 이 순위 기준의 투자로는 부의 극대화를 이루지 못할 수도 있다.
③ 투자가 초기뿐 아니라 중간 단계에서도 추가적으로 이루어질 경우, 투자횟수에 따라 2개 이상의 내부수익률이 동시에 생길 수 있다.

(5) 수익성 지수(PI ; Profitability Index) ★★   〔23·24·25·30·34회 출제〕

1) 의의
① 수익성 지수란 현금유입의 현재가치 합계액을 현금유출의 현재가치 합계액으로 나눈 값으로 1보다 크면 투자하고 1보다 작으면 투자하지 않는다(수익성지수=$\dfrac{\text{현금유입의 현가합}}{\text{현금유출의 현가합}}$).
② 투자액에 대한 현금유입의 현가의 크기, 즉 투자규모를 표준화하여 프로젝트의 투자타당성을 평가하는 기법이다.

---
[3] 경록역, 전게서, 1986, pp.137~139 등 참조.

③ 현금유출 현가합에 대비한 현금유입 현가합의 비율이므로 B/C비율(편익-비용비율, Benefit Cost Ratio)이라고도 한다.

④ 현금유출 현가와 현금유입 현가는 순현가법에서의 계산 결과를 활용할 수 있으므로 순현가법의 보완적 지표로 활용되는 경우가 많다.

2) 투자안 채택여부
① **독립적인 투자안**: 수익성 지수(PI)가 1보다 큰 투자안은 모두 채택하고, 1보다 작은 투자안은 모두 기각한다.
② **상호배타적 투자안**: 수익성 지수가 1보다 큰 투자안들 중에서 가장 큰 수익성 지수를 가지는 투자안만 선택한다.

예제 현금유출의 현재가치가 2,400,000원이고 현금유입의 현재가치가 4,000,000원일 때 수익성 지수는?

풀이 수익성 지수 = $\dfrac{\text{현금유입의 현재가치}}{\text{현금유출의 현재가치}} = \dfrac{4,000,000}{2,400,000} ≒ 1.6$ ☞ 1.6

예제 다음의 현금흐름이 있다.

0	1	2	3	4	5
−1,000	100	150	200	250	1,300

단, 요구수익률은 10%이다.
1. NPV를 구하시오.
2. IRR을 구하시오.
3. PI를 구하시오.

풀이
1) $NPV = -1,000 + \dfrac{100}{(1+0.1)^1} + \dfrac{150}{(1+0.1)^2} + \dfrac{200}{(1+0.1)^3} + \dfrac{250}{(1+0.1)^4} + \dfrac{1,300}{(1+0.1)^5} = 343.09$ ∴ NPV > 0 보다 크므로, 투자가능

2) $IRR = -1,000 + \dfrac{100}{(1+IRR)^1} + \dfrac{150}{(1+IRR)^2} + \dfrac{200}{(1+IRR)^3} + \dfrac{250}{(1+IRR)^4} + \dfrac{1300}{(1+IRR)^5} = 0$ ∴ IRR=18.34%, IRR > 요구수익률 보다 크므로, 투자가능

3) $PI = \dfrac{\dfrac{100}{(1+0.1)^1} + \dfrac{150}{(1+0.1)^2} + \dfrac{200}{(1+0.1)^3} + \dfrac{250}{(1+0.1)^4} + \dfrac{1,300}{(1+0.1)^5}}{1,000}$

$= \dfrac{1,343.09}{1,000} ≒ 1.34$ ∴ PI > 1 보다 크므로, 투자가능

2 비할인현금흐름법(NDCF ; Non-Discounted Cash Flow Method)

(1) 회수기간법 ★　　　　　　　　　　　　　　　　　　　　15·16·19·22·34회 출제

1) 의의
① 투자 시 사용된 전체 비용을 모두 회수하는 데 소요되는 기간으로서 연단위로 나타낸다.
② 투자회수기간은 짧을수록 바람직하다.

2) 단순회수기간법(Simple Payback)　　　　　　　　　　　20·23·28회 출제
초기에 투자된 총 금액을 모두 회수하는 데 소요되는 기간을 말하며, 자금회수는 화폐의 시간가치를 고려하지 않는다.

3) 장·단점

장 점	단 점
① 계산 방법이 용이하다. ② 투자위험 정보를 제공한다. ③ 기업 유동성정보를 제공한다. ④ 시설 및 생산품의 진부화 위험의 정보를 제공한다.	① 회수기간 이후의 현금흐름을 고려하지 않는다. ② 회수기간 내 현금흐름에서 화폐의 시간적 가치를 고려하지 않는다. ③ 가치의 가산원칙의 적용이 불가능하다. ④ 독립적 투자안에서 회수기간의 선정이 주관적이다.

(2) 회계적 이익률법(평균이익률법 또는 재무수익률) ★　　15·17·21·22·23·24·34회 출제

회계적 이익률법은 세 차감 후 연평균순이익을 해당 투자안의 최초투자액(또는 평균투자액)으로 나눈 이익률로 투자안을 평가하는 기법으로 현금흐름의 시간적 가치를 고려하지 않는다.

$$회계적\ 이익률 = \frac{연평균순이익}{연평균투자액}$$

1) 의사결정
단일 투자안일 때에는 회계적 이익률이 기업이 미리 선정한 목표이익률보다 높으면 채택하고 다수 투자안일 때는 투자대안 중 가장 높은 회계적 이익률(평균이익률)을 지닌 투자대안을 선택한다.

2) 장·단점

장 점	단 점
① 간단하고 이해하기 용이하다. ② 회계장부상의 자료를 쉽게 획득하여 그 자체로 이용할 수 있다.	① 화폐의 시간적 가치를 고려하지 않으므로 비과학적이다. ② 장부상의 이익을 분석대상으로 하여 현금흐름을 직접 고려하지 않는다.

3) 2개 투자대안의 투자금액과 회계적 수익률이 각각 동일한 경우
사업기간 초기에 현금유입이 많은 대안보다 후기에 현금유입이 많은 대안의 내부수익률이 낮은 것이 원칙이다.

4) 투자수익률
투자수익률은 세공제 전 현금수지를 총투자액으로 나눈 비율이다.

제2편 부동산학각론

3 재무어림셈법(Financial Rules of Thumb) 〔15·24·33·34회 출제〕

(1) 승수법(Multipliers)

1) **가능조소득승수**(GRM ; Gross Rent Multiplier) ← 조소득승수

    조소득승수는 총투자액을 가능조소득으로 나눈 것으로 총투자액이 가능조소득의 몇 배인지를 볼 수 있다.

    [예제] 총투자액이 250,000원이고 가능조소득이 150,000원일 때 가능조소득승수는?

    [풀이] 가능조소득승수 = $\dfrac{\text{총투자액}}{\text{가능조소득}} = \dfrac{250,000}{150,000} ≒ 1.6$ ☞ 1.6

2) **유효조소득승수**(EGIM ; Effective Gross Income Multiplier) 〔34회 출제〕

    유효조소득승수는 총투자액을 유효조소득으로 나눈 것으로 총투자액이 유효조소득의 몇 배인지를 볼 수 있다.

    [예제] 총투자액이 350,000원이고 유효조소득이 200,000원이다. 유효조소득승수는?

    [풀이] 유효조소득승수 = $\dfrac{\text{총투자액}}{\text{유효조소득}} = \dfrac{350,000}{200,000} ≒ 1.75$ ☞ 1.75

3) **순소득승수**(NIM ; Net Income Multiplier) ★ ← 종합환원율의 역수이다. 〔15·23·24·29·33·34회 출제〕

    순소득승수는 순영업소득에 대한 총투자액의 비율로, 순소득승수는 순영업소득을 총투자액으로 나눈 종합환원율의 역수이다. 순소득승수를 자본회수기간이라고도 한다. 따라서 순소득승수가 클수록 자본회수기간은 길어진다.

    [예제] 상가건물의 구입에 2억 5천만원이 투자되었다. 예상되는 순영업소득은 3천5백만원이다. 순소득승수는?

    [풀이] 순소득승수 = $\dfrac{\text{총투자액}}{\text{순영업소득}} = \dfrac{250,000,000}{35,000,000} ≒ 7.142$ ☞ 7.142

4) **세전현금흐름(수지)승수**(Before-Tax Cash Flow Multiplier) 〔34회 출제〕

    ① **의의** : 세전현금흐름승수는 지분투자액(Equity Investment)을 세전현금흐름으로 나눈 것이다.
    ② **역수** : 세전현금흐름승수는 세전현금흐름을 지분투자액으로 나눈 지분배당률의 역수이다.

    [예제] 지분투자액이 4,500,000원이고 세전현금흐름은 3,000,000원이다. 세전현금흐름승수는?

    [풀이] 세전현금흐름승수 = $\dfrac{\text{지분투자액}}{\text{세전현금흐름}} = \dfrac{4,500,000}{3,000,000} ≒ 1.5$ ☞ 1.5

제5장 부동산투자론

5) 세후현금흐름승수(After-Tax Cash Flow Multiplier)
세후현금흐름승수는 지분투자액을 세후현금흐름으로 나눈 것이다.

29회 출제

예제 지분투자액이 12,000,000원이고 세후현금흐름이 4,000,000원일 때 세후현금흐름승수는?

풀이 세후현금흐름승수 = $\dfrac{\text{지분투자액}}{\text{세후현금흐름}} = \dfrac{12,000,000}{4,000,000} ≒ 3$

☞ 3

(2) 수익률법(Rrates of Return)

1) 종합자본환원율(OR ; Overall Capitalization Rate)★★

17·20회 출제

Professor Comment
종합자본환원율(=순영업소득/총투자액)의 역수는 순소득승수(=총투자액/순영업소득)이다.

① 종합자본환원율은 순영업소득을 총투자액으로 나눈 것으로 순소득승수의 역수이다.
② 이것은 직접환원방식의 수익가액 = $\dfrac{\text{순수익}}{\text{종합자본환원율}}$ 을 활용한 것이다.

예제 순영업소득이 4,000,000원이고 총투자액이 6,000,000원일 때 종합자본환원율은?

풀이 종합자본환원율 = $\dfrac{\text{순영업소득}}{\text{총투자액}} = \dfrac{4,000,000}{6,000,000} ≒ 0.66$ ∴ 66%

☞ 66%

2) 지분배당률(EDR ; Equity Dividend Rate or Cash on Equity)★
→ 세전 수익률

20·21·23·24·34회 출제

지분배당률은 세전현금흐름을 지분투자액으로 나눈 것이다. 이를 지분환원율 또는 '세전수익률'이라고도 한다. '지분배당률'과 혼동되는 지분수익률은 대상부동산의 보유기간 동안 여러 해의 소득으로 계산되는 반면, 지분배당률은 한 해의 소득으로 계산된다. 지분배당률은 세전현금수지승수의 역수이다.

예제 상가건물의 지분투자액이 50,000,000원이고 세전현금흐름은 2,500,000원이다. 지분배당률은?

풀이 지분배당률 = $\dfrac{\text{세전현금흐름}}{\text{지분투자액}} = \dfrac{2,500,000}{50,000,000} \times 100 ≒ 5$

☞ 5%

3) 세후수익률(ATR ; After-Tax Rate or After Cash on Equity)
① 세후수익률은 지분투자액에 대한 세후현금수지의 비율이다. 이를 '현금 대 현금수익률(Cash on Cash Rate of Return)' 또는 '현금수익률'이라고도 하는데, 그 의미는 지분투자자의 입장에서 들어온 현금과 나간 현금의 비율이라는 것이다.
② 세후수익률은 세후현금수지에 대한 지분투자액의 배수인 '세후현금수지승수'의 역수이다.

제2편 부동산학각론

> **예제** 세후현금흐름이 800,000원이고 지분투자액이 2,400,000원일 때 세후수익률은?
>
> **풀이** 세후수익률 = $\dfrac{\text{세후현금흐름}}{\text{지분투자액}} = \dfrac{800{,}000}{2{,}400{,}000} ≒ 0.333$ ∴ 33.3%
>
> ☞ 33.3%

4 재무비율분석법(financial ratio analysis) ★★
24·26·27·28·30회 출제

투자자는 투자에 대한 목표 달성과 안전성 확보를 위해 위험 평가의 수단으로 현금흐름을 여러 가지 비율로 분석하고 있다. 비율분석의 수단으로 쓰이고 있는 비율에는 다음과 같은 것들이 있다. 이들 중 담보인정비율(LTV)이나 총부채상환비율(DTI), 총부채원리금상환비율(DSR)등은 금융위원회에서 협의하여 정하는 기준에 의한다.

(1) 부채감당률(DCR ; Debt Coverage Ratio) ★★
20·23·24·26·28회 출제

1) 의의
부채감당률(DSR)은 순영업소득을 부채서비스액으로 나눈 것을 말한다. 즉 순영업소득이 부채서비스액의 몇 배인가를 나타내는 비율로서 채무상환능력을 측정하는 보상비율의 성격을 지닌다. 부채서비스액이란 매 기간 지불해야 하는 원금상환분과 이자지급분을 말한다.

$$\text{부채감당률(DCR)} = \dfrac{\text{순영업소득(NOI)}}{\text{부채서비스액(DS)}}$$

2) 부채감당률의 의미
24회 출제

부채감당률은 부동산으로부터 파생되는 현금흐름이 부채를 어느 정도나 상회하는지를 나타내는 것으로 부채감당률(DCR)이 1보다 클수록 안전하다.
① 부채감당률 > 1
  순영업소득으로 채무의 원리금을 모두 상환하고도 잔여액이 남는다는 의미이다.
② 부채감당률 < 1
  순영업소득으로 매기의 원리금을 모두 상환할 수 없어 채부불이행할 확률이 높다는 의미이다.

> **예제** 부채감당률을 1.2로 하고 기대순영업소득이 1,000만원일 때 부동산을 담보로 차입할 수 있는 최대의 부채서비스액은?
>
> **풀이** 부채감당률 = $\dfrac{\text{순영업소득}}{\text{부채서비스액}}$
>
> 부채서비스액 = $\dfrac{\text{순영업소득}}{\text{부채감당률}} = \dfrac{1{,}000만원}{1.2} ≒ 833.33만원$
>
> ☞ 833.33만원

제5장 부동산투자론

(2) 대부비율(LTV: Loan To Value ratio) = 담보인정비율 = 저당비율 ★★★
`15·16·17·18·19·20·21·22·23·24·25회 출제`

1) 정의
LTV는 부동산을 담보로 하여 은행으로부터 융자받을 수 있는 금액의 비율이다. 즉 부동산가치에 대한 대출금의 비율로 '주택담보대출비율' 또는 '저당비율'이라고도 한다.

2) 계산방법

$$대부비율(LTV) = \frac{대출금(L)}{부동산가치(V)}$$

3) 주택을 담보로 은행에서 돈을 빌릴 때 부동산가치를 얼마나 인정해 주는지를 비율로 표시한다.

4) 대부비율(LTV)이 높아질수록 투자의 재무레버리지 효과가 커질 수 있으나, 대출금에 대한 채무불이행위험은 높아진다.

5) 문제점과 한계
① LTV 규제는 해당 주택담보가치에 초점을 맞추고 있기 때문에 소득이 없는 사람도 많은 돈을 빌릴 수 있다는 점과 소득이 없는 배우자나 자녀 명의로도 대출을 받을 수 있기 때문에 부동산투기의 방지에 한계가 있다. 이로 인하여 대출자의 연간총소득으로 대출금에 대한 부채서비스액을 부담할 수 있는지를 확인하는 총부채상환비율(DTI)이 등장하게 된 것이다.
② 대부비율이 높을수록 지렛대효과는 클 수 있으나, 채무불이행 시 원리금 회수에 어려움을 겪는다.

예제 대부비율(LTV)이 60%라면 시가 3억원의 아파트는 최대 얼마까지 빌릴 수 있는가?

풀이
$$60\%(LTV) = \frac{[융자액(L)]}{3억원[부동산가치(V)]}$$
융자액(L) = 3억원[부동산가치(V)] × 60%(LTV) = 1억8,000만원
∴ 최대 1억 8,000만원까지 빌릴 수 있다. ☞ 1억 8,000만원

(3) 부채비율(Debt Ratio) ★★
`28회 출제`

1) 정의
부채비율이란 대출금(Loan, 융자액)을 지분투자액(자기자본; Equity)으로 나눈 비율이다. 즉 자기자본에 대한 타인자본의 비율로 부채(타인자본)에 대한 의존도를 측정하는 지표이다. 부채비율이 클수록 채무불이행 위험이 커지므로 대부비율과 더불어 위험지표로 활용된다. 부동산가치(V)는 대출금(L)과 지분투자액(E)을 합한 것이므로 대부비율(LTV)이 50%라면 대출금(L)과 지분투자액(E)이 같게 되므로 부채비율은 100%가 된다.

2) 계산방법

$$부채비율 = \frac{대출금(L)}{지분투자액(E)}$$

제2편 부동산학각론

(4) 총부채상환비율(DTI : Debt To Income Ratio) = 차주상환능력 ★★★
〔19·20·22·23·25회 출제〕

1) 정의
총부채상환비율(DTI)은 연간 총소득에서 주택담보대출의 연간 원리금 상환액이 차지하는 비율을 말하며, '연 총소득대비 상환액 비율' 또는 '총부채상환비율'이라고도 한다.

2) 계산방법

$$DTI = \frac{해당 \ 주택담보대출의 \ 연간 \ 원리금상환액}{연소득}$$

예제 연소득 5,000만원인 A씨가 7억원짜리 아파트를 산다고 가정해 보자. LTV 40%를 적용하면 7억원 대비 40%인 2억 8,000만원까지 빌릴 수 있다. 하지만 DTI 40%를 적용할 때, 10년 만기 원리금균등상환(기타 부채없이 이자율 6% 고정금리 적용)으로 할 때 얼마를 빌릴 수 있는가?

풀이
$$40\%(DTI) = \frac{해당 \ 주택담보대출의 \ 연간 \ 원리금상환액 + 기타 \ 부채의 \ 연간 \ 이자상환액}{5,000만원(연소득)}$$

해당주택담보대출의 연간 원리금상환액 + 기타 부채의 연간이자상환액 = 2,000만원
해당주택담보대출의 연간 원리금상환액 = 2,000만원인데, 만약 10년 만기, 이자율 6%의 원리금균등분할상환일 경우에는 $\boxed{A = PVA \times 저당상수}$를 이용할 수 있다.
- PVA : 융자액
- A : 지불액(해당 주택담보대출의 연간 원리금상환액) : 2,000만원

$$2,000만원 = PVA \times 저당상수 \left[= \frac{0.06}{1 - \frac{1}{(1+0.06)^{10}}} = 0.136 \right]$$

PVA = 2,000만원 ÷ 0.136 = 1억 4,705만원

∴ DTI 40%를 적용하면 LTV 40%보다 대출액이 줄어든다. 즉, LTV 40%의 적용으로 2억 8천만원을 빌릴 수 있지만, DTI 40%를 적용하면 1억 4,705만원을 빌릴 수 있을 뿐이다.

☞ 1억 4,705만원

(5) 총부채원리금상환비율(DSR : Debt Service Ratio) = 총체적 상환능력 비율

1) 정의
총부채원리금상환비율(DSR)이란 주택담보대출 원리금과 모든 신용대출 원리금을 포함한 총대출 상환액이 연간 소득액에서 차지하는 비율로 '총체적 상환능력비율'이라고도 한다. 즉 모든 대출 원리금상환액을 연간소득으로 나눈 것을 말한다.

2) 계산방법

$$DSR = \frac{모든 \ 대출 \ 원리금상환액}{연간소득}$$

3)
총부채상환비율(DTI)은 소득 대비 주택담보대출 원리금으로 대출한도를 계산하는 반면 DSR은 주택담보대출의 원리금뿐만 아니라 신용대출, 자동차 할부, 학자금 대출, 카드론 등 모든 대출의 원금과 이자를 합산한 원리금 상환액으로 대출상환능력을 심사하기 때문에 더욱 엄격한 규제라고 할 수 있다.

▶ DSR과 DTI 비교 ◀

구 분	DSR(Debt Service Ratio)	DTI(Debt to Income)
명 칭	총부채원리금상환비율 또는 총체적 상환능력비율	총부채상환비율
산 식	$\dfrac{\text{모든 대출원리금상환액}}{\text{연간소득}}$	$\dfrac{\text{주택담보대출 원리금상환액}}{\text{연간소득}}$
활 용	금융회사 여신관리 과정에서 다양한 활용	대출심사 시 규제비율로 활용

▶ 주택취득비용 지불능력의 측정지표 ◀ ★

구 분	지표	정 의	활 용	의 미
주택구입 능력지표	PIR	연소득 대비 주택가격 비율 (Price/Income Ratio) $= \dfrac{\text{주택가격(P)}}{\text{연소득(I)}}$	자력에 의한 주택 구입능력 측정	PIR이 높을수록 주택구입능력이 낮다는 의미이므로 좋지 않음
월임대료 능력지표	RIR	월소득 대비 임대료비율(RIR) $= \dfrac{\text{월임대료(R)}}{\text{월소득(I)}}$	임대료부담능력 측정	RIR이 높을수록 임대료부담능력이 낮다는 의미이므로 좋지 않음.
대출상환 능력지표	LTV	대부비율(LTV) $= \dfrac{\text{대출금(L)}}{\text{부동산가치(V)}}$	① 부동산가치에 대한 대출금액의 크기 측정 ② 채무불이행위험 측정	LTV가 높을수록 투자의 재무레버리지효과가 높지만, 채무불이행위험은 커짐
대출상환 능력지표	DCR	부채감당율(DCR) $= \dfrac{\text{순영업소득}}{\text{부채서비스액}}$	순영업소득이 부채서비스액의 몇 배인지를 나타내는 비율	부채서비스액을 순영업소득으로 충당할 수 있는 정도를 측정하는 지표
	DSR	총체적 상환능력비율(DSR) $= \dfrac{\text{모든 대출원리금상환액}}{\text{연간소득}}$	모든 가계대출의 여신심사과정에서 차주의 상환능력을 정확히 반영하여 대출	모든 대출 원리금상환액을 연간소득으로 나눈 것
	DTI	총부채상환비율(DTI) $= \dfrac{\text{주택담보대출 원리금상환액}}{\text{연간소득}}$	상환불능위험 측정	DTI가 높을수록 상환불능위험이 큼

(6) 손익분기현금흐름(BEC ; Break-Even Cash Flow Ratio) `29회 출제`

1) **의의**

   손익분기현금흐름은 '채무불이행률'이라고도 하는데, 손익분기현금흐름이 1이라는 것은 수입과 지출이 일치한다는 의미이다.

2) **산식**

   대출기관이 특정기간의 개발사업 손익분기점 수준을 파악하기 위해 이용하는 손익분기현금흐름은 영업경비와 부채서비스액의 합계액인 손익분기임대소득을 유효조소득으로 나누어 계산한다.

예제 영업경비가 2,000,000원, 부채서비스액이 3,000,000원이고 유효조소득이 7,000,000원일 때 손익분기현금흐름(채무불이행률)은?

풀이 영업경비 + 부채서비스액 = 손익분기소득

$$\text{손익분기현금흐름 (채무불이행률)} = \frac{\text{손익분기소득}}{\text{유효조소득}}$$

$$= \frac{2,000,000 + 3,000,000}{7,000,000} = 0.714285$$

∴ 0.714295 × 100 ≒ 71.4%

☞ 71.4%

(7) 영업경비비율(operating expenses ratio)   **20·27회 출제**

1) 의의

   영업경비비율은 영업경비를 유효조소득(EGI)으로 나눈 값이다.

2) 특징

   대상부동산의 영업경비비율이 비교부동산의 평균영업경비비율보다 높다면 영업경비에 대한 비용통제가 원활히 이루어지지 않고 있다는 것을 의미한다.

예제 상가건물의 영업경비는 300,000원이고 유효조소득은 750,000원이다. 영업경비비율은?

풀이 $\text{영업경비비율} = \frac{\text{영업경비}}{\text{유효조소득}} = \frac{300,000}{750,000} = 0.40$

∴ 영업경비비율은 40%

☞ 40%

(8) 순영업비율(net operating ratio)

1) 의의

   순영업비율은 순영업소득을 조소득으로 나눈 비율이다.

2) 특징

   순영업소득과 조소득의 상대적인 비중으로 조소득에서 순영업소득이 차지하는 비율이다.

예제 순영업소득이 200,000원이고 조소득이 500,000원일 때 순영업비율은?

풀이 $\text{순영업비율} = \frac{\text{순영업소득}}{\text{조소득}} = \frac{200,000}{500,000} = 0.40$

∴ 순영업비율은 40%

☞ 40%

(9) 총자산회전율(total asset turnover ratio) ★

총자산회전율은 투자된 총자산인 '부동산가치'에 대한 '조소득'의 비율이며, 조소득승수(=총투자액/조소득)의 역수이다.

예제 조소득이 600,000원이고 부동산가치가 900,000원이다. 총자산회전율은?

풀이 총자산회전율 = $\dfrac{조소득}{부동산가치} = \dfrac{600,000}{900,000} ≒ 0.66$

∴ 총자산회전율은 66%

☞ 66%

(10) 종합자본수익률(ROR ; Rate of Return on Total Capital) ★

종합자본수익률은 순영업소득을 부동산가치(=총투자자본)로 나눈 비율로 소득 창출 부동산의 전체 생산성을 측정한다. 종합자본환원율 또는 종합환원율과 같은 개념이다.

$$종합자본수익(이익)률 = \dfrac{순영업소득(NOI)}{부동산가치} = \dfrac{순영업소득(NOI)}{총투자자본}$$

예제 상가구입에 총투자자본이 500,000,000이고 순운영소득(NOI)이 40,000,000일 때 총자본수익률은?

풀이 총자본수익률 = $\dfrac{순운영소득(NOI)}{총투자자본} = \dfrac{40,000,000}{500,000,000} = 8\%$

☞ 8%

(11) 자기자본수익률(ROE ; Rate of Return on Equity) ★★

자기자본수익률 또는 지분수익률은 지분투자액(자기자본)에 대한 세전현금수지의 비율이다. 지분환원율이라고도 한다.

WIDE 자기자본수익률(지분수익률)

- 지분수익률 = $\dfrac{세전현금수지}{자기자본}$ (%)
- 지분수익률 = $\dfrac{총투자수익률 - (대출금리 \times 대부비율)}{자기자본비율}$ (%)
- 순수익 = 총투자수익액 - (대출금리 × 대부액)

제2편 부동산학각론

04 레버리지효과 ★
12·14·20·27·33·34회 출제

Professor Comment
레버리지 효과에 대한 문제는 실무와 관련된 문제의 예문으로 출제될 수 있다.

1 레버리지의 의의 ★

레버리지는 '지렛대'라는 의미로 투자를 위한 차입을 의미한다. 타인자본을 지렛대로 투자 수익률을 극대화하는 레버리지는 경기가 호황일 때 효과적인 투자방법이다.

2 레버리지효과

(1) 레버리지효과의 의의

1) 지렛대 작용을 의미하는 레버리지 효과(leverage effect)는 비교적 저렴한 비용의 부채를 이용함으로써 투자자의 자기자본수익률을 증대시키는 것을 가리킨다.
2) 즉 전액 자기자본으로 투자한 경우의 수익률보다 더 낮은 이자율의 은행융자 등 타인자본을 이용할 경우 자기자본수익률이 증가하는 경우를 말한다.

(2) 계 산 ★★
25·27·29·33·34회 출제

1) 계산방법

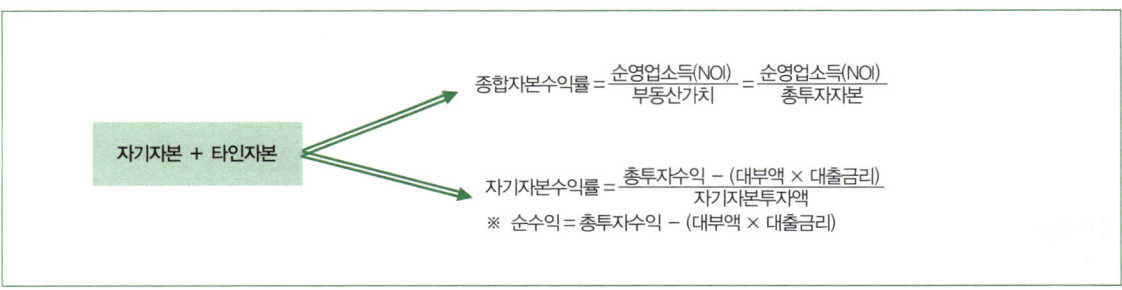

2) 예를 들어 1억원을 투자하면 매년 2천만원의 수익이 발생하는 부동산이 있다고 하자(수익률 20%).
① 투자자가 이자율 10%로 융자 5천만원을 얻어 자기자본 5천만원으로 투자할 경우, 투자자는 이자 500만원을 제외한 1,500만원의 자기자본수익이 발생한다. 결국 자기자본 5천만원에 대한 1,500만원의 수익이 발생하면 자기자본수익률은 30%가 된다. 이 투자자는 전액 자기자본으로 투자할 경우 연간 수익률이 20%이지만 타인자본(레버리지, 지렛대)을 동원하여 10%의 추가수익을 획득할 수 있는 레버리지효과가 발생한 것이다.
② 이와 같은 사례에서 1억원은 타인자본(은행융자)과 자기자본을 동원한 자금이므로 종합자본이라고 할 경우, 종합자본수익률이 20%일 경우 융자이자율 10%를 동원하여 자기자본수익률 30%가 발생했으므로, 레버리지효과는 10%(= 30% - 20%)가 되는 것이다.

제5장 부동산투자론

Professor Comment

지렛대(레버리지)효과는 부동산투자가 금융기관융자 등 차입을 동반할 때뿐만 아니라 임대보증금(무이자타인자본)을 이용하여 투자를 할 때도 발생한다.
① 지렛대(레버리지)효과는 부동산투자가 금융기관융자 등 차입을 동반하여 이루어질 때 발생한다.
② 지렛대(레버리지)효과는 순자산 또는 지분투자액 대비 투자수익률의 진폭을 크게 한다.
③ 정의 레버리지효과가 나타날 경우에는 LTV가 클수록 지렛대효과가 크다.
④ 부동산투자자는 담보대출과 전세를 통해 레버리지(지렛대 효과)를 활용할 수 있다.

예제 퇴직자가 퇴직금으로 부동산임대사업을 하려고 한다. 연초에 자기자본 4,000만원과 타인자본 8,000만원을 연 10%로 조달하여 12,000만원에 건물을 매입하여 연말까지 순영업소득 1,000만원을 올렸다. 이 경우에 1차연도 자기자본대비 투자수익률은?(단, 조건은 1년 후의 매매가격 변동이 없다는 가정임)

풀이

$$\text{자기자본수익률(지분수익률)} = \frac{\text{세공제전 현금수지}}{\text{총투자액}} = \frac{\text{순영업소득} - \text{부채서비스액}}{\text{총투자액}}$$

$$= \frac{10,000,000 - (80,000,000 \times 0.10)}{40,000,000} \times 100\%$$

$$= \frac{10,000,000 - 8,000,000}{40,000,000} \times 100 = \frac{2,000,000}{40,000,000} \times 100 = 5\%$$

☞ 5%

(3) 투자자들의 이점

레버리지를 동원할 경우 투자자들의 이점은 다음과 같다.

수익률의 레버리지 효과	자기자본수익률을 올릴 수 있다.
수익금의 레버리지 효과	타인자본을 동원해 적은 자기자본으로 부동산을 소유함으로써 부동산에서 발생할 수 있는 수익금을 획득할 수 있다.
위험분산의 레버리지 효과	한정된 자본으로 타인자본을 동원해 분산투자를 함으로써 위험을 분산시킬 수 있다.

(4) 종 류

일반적으로 레버리지를 사용할 경우 자기자본수익률이 변화하는 동시에 채무불이행할 위험도 커진다.

1) **수익효과**

레버리지의 사용으로 인한 자기자본수익률의 변화분을 의미한다. 수익의 레버리지 효과는 동일한 융자이자율이라면 대부비율이 클수록 높아진다(후술).

2) **위험효과**

① 레버리지의 사용으로 인한 자기자본투자의 위험률 변화분을 의미한다. 비용의 레버리지효과라고도 한다.
② 위험의 레버리지 효과는 채무불이행위험을 증폭시키는 것으로, 대부비율이 클수록 높아진다.

(5) 수익의 레버리지 효과 ★

수익의 레버리지효과는 다음과 같이 구분한다.

정(正, ⊕)의 레버리지효과	대출이자율(저당환원율) < 종합자본수익률 < 자기자본수익률
부(否, ⊖)의 레버리지효과	대출이자율(저당환원율) > 종합자본수익률 > 자기자본수익률
중립적 레버리지 효과	대출이자율(저당환원율) = 종합자본수익률 = 자기자본수익률

1) 정의 레버리지 효과의 조건
   ① 종합자본수익률이 대출이자율(저당환원율)보다 높을 경우[종합자본수익률 > 대출이자율(저당환원율)]에만 정(+)의 레버리지 효과가 나타난다.
   ② 정의 레버리지 효과가 나타날 경우 '자기자본수익률 > 종합자본수익률 > 대출이자율(저당환원율)'의 관계가 성립된다. 따라서 정(+)의 레버리지효과는 자기자본수익률이 총자본수익률(종합수익률)보다 높을 때 발생한다.

2) 부의 레버리지 효과의 조건
   ① 종합자본수익률이 대출이자율보다 낮을 경우[종합자본수익률 < 대출이자율(저당환원율)]에는 부(-)의 레버리지 효과가 나타난다.
   ② 부의 레버리지 효과가 나타날 경우 '자기자본수익률 < 종합자본수익률 < 대출이자율(저당환원율)'의 관계가 성립된다.

3) 중립적 레버리지 효과
   ① 종합자본수익률이 대출이자율과 같은 경우[종합자본수익률 = 대출이자율(저당환원율)]에는 중립적 효과가 나타난다.
   ② 중립적 레버리지 효과가 나타날 경우 '자기자본수익률 = 종합자본수익률 = 대출이자율(저당환원율)'의 관계가 성립된다.

3 레버리지비율★

(1) 의 의
   레버리지비율이란 자기자본과 부채의 비율을 말한다.

(2) 총자본수익률과 이자율의 관계

   1) **총자본수익률이 이자율보다 높은 경우**
      총자본수익률이 이자율보다 높아지면, 레버리지비율이 클수록 자기자본수익률이 개선되어 유리하다.

   2) **총자본수익률이 이자율보다 낮은 경우**
      반대로 총자본수익률이 이자율보다 적은 수익률밖에 올리지 못하는 경우에는 자기자본수익률은 감소되어 레버리지가 불리하게 된다.

   3) **부채의 효과**
      이처럼 투자자의 수익률을 부채라는 지렛대로서 움직이는 효과를 가지고 있다.

   4) **총자본수익률이 금융비용을 초과하는 경우**
      보통 총자본수익률이 금융비용(대출이자율)을 초과하는 경우에는 언제나 레버리지가 유리하고, 또 레버리지비율이 높을수록 투자자의 수익률도 높아진다.

(3) 부채비율 ★   22·23회 출제

1) 의의

타인자본을 자기자본으로 나눈 비율이다.

$$\frac{타인자본}{자기자본} \times 100$$

2) 부동산투자자는 단기적 채무변제를 받지 않는 한 호경기라면 높은 부채비율을 선호하게 된다.

예제 상가건물을 구입하기 위해 자기자본 50,000,000원 이외에 은행에서 30,000,000원을 대출받았다. 부채비율은?

풀이 부채비율 $= \frac{타인자본}{자기자본} \times 100 = \frac{30,000,000}{50,000,000} \times 100 = 60$

☞ 60%

(4) 자기자본비율 ★

1) 의의

총자본 중에서 자기자본이 차지하고 있는 비중을 표시하는 비율이다.

$$\frac{총자본 - 타인자본}{총자본} \times 100$$

2) 부채비율과 함께 기업의 안정성을 측정·판단하는 비율에 쓰인다.

예제 아파트 구입에 필요한 총액은 150,000,000원이다. 아파트 구입을 위해 은행에서 30,000,000원을 대출받았다. 자기자본비율은?

풀이 자기자본비율 $= \frac{총자본 - 타인자본}{총자본} = \frac{150,000,000 - 30,000,000}{150,000,000}$
$= 0.8$

☞ 80%

제3절 부동산투자의 위험과 수익

01 부동산투자의 위험과 수익의 관계 [11회 출제]

1 부동산투자의 위험과 수익의 관계 ★★

(1) 위험과 수익의 작용

위험성이 높을수록 높은 수익률이 요구된다.

1) 위험이 크면 그에 따라 기대수익률도 높아진다.
2) 투자자의 투자를 유도하려면 투자의 위험도가 높을수록 기대수익률이 높아야 한다.

Professor Comment

투자위험을 전혀 감수하지 않을 경우, 얻을 수 있는 수익률은 무위험률 밖에 없다. '위험혐오적'이란 기대수익률이 동일할 경우 덜 위험한 쪽을 선택하는 투자자들의 행동을 말한다.

(2) 위험 – 수익의 상쇄관계(risk-return trade-off)

위험부담이 크면 고수익률을 요구하며 위험부담이 낮으면 낮은 수익률이어도 투자를 결정하게 된다.

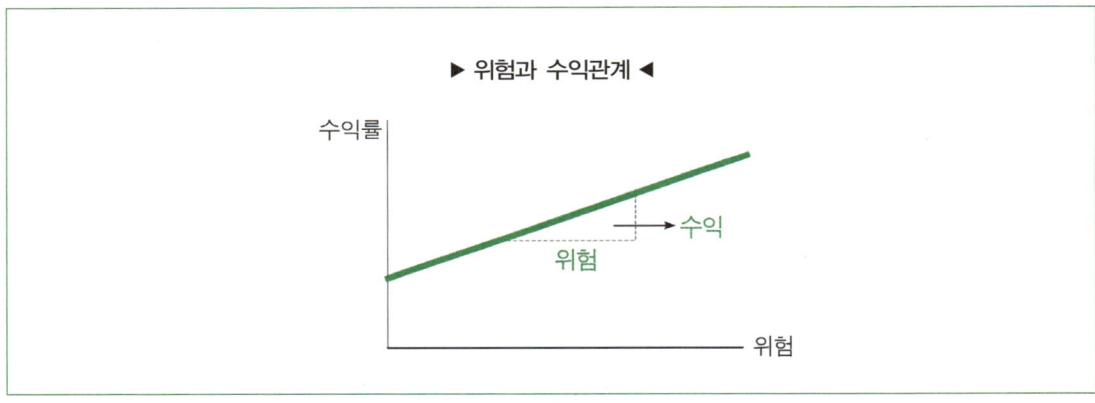

▶ 위험과 수익관계 ◀

① 위험조정할인율 = 무위험이자율 + 위험프리미엄
② **요구수익률** = 무위험이자율 + 위험프리미엄 + 예상된 인플레에 대한 프리미엄
   - 예상된 디플레이션에 대한 프리미엄[피셔(Fisher)의 효과])
     → 위험이 증대됨에 따라 요구수익률은 상승함
        시간에 대한 비용과 위험에 대한 비용이 포함됨
     → 요구수익률에 예상되는 인플레율이 반영된다는 것을 말함

2 수익률 ★★

13·14회 출제

(1) 수익률의 의의
수익률이란 투자에 대해서 실현되거나 기대되는 가치의 소득(또는 손실) 또는 변화의 금액을 백분율로 표시한 것을 말한다.

(2) 수익률의 구분 ★

14·34회 출제

1) **기대수익률 ★** → $\dfrac{\text{예상수익}}{\text{부동산의 가치(총투자액)}}$

   ① 의의 : 대상부동산의 투자에서 발생 가능한 예상수익률로 투자의사결정 이전에 계산되므로 사전수익률이다.
   ② 기대수익률은 자본비용으로 미래현금흐름을 할인하여 현재가치를 파악하기 때문에 자본환원율(Capitalization rate) 또는 할인율(Discount rate)이라고 한다.
   ③ 기대수익률은 투자로 인해 기대되는 예상수입과 예상지출로부터 계산되는 수익률이다.

2) **실현수익률 ★**

   ① 의의 : 대상부동산에 대한 투자가 종료된 시점에서 산정하는 결과적 수익률이다.
   ② 사후수익률 또는 역사적 수익률이라고도 한다.

3) **요구수익률 ★★**

25·33·34회 출제

대상부동산에 대한 투자자가 투자한 자본에 대하여 요구하는 최소한의 수익률로서, 필수수익률 또는 목표수익률이라고도 하며, 어떤 투자안이 받아들여지기 위해 다른 투자의 기회를 포기한다는 점에서 '기회비용'이라고도 한다.

(3) 기대수익률과 요구수익률의 관계 ★★

21회 출제

1) 투자자는 투자분석 결과 기대수익률(expected rate of return)이 요구수익률(required rate of return)보다 높을 경우에 투자한다(기대수익률>요구수익률 ; 투자함).
2) 대상부동산에 대한 투자자의 요구수익률이 기대수익률보다 큰 경우 장기적으로 수요가 감소하여 대상부동산에 대한 기대수익률은 상승하게 된다.

3 부동산 투자가치

(1) 부동산 투자가치의 의의
부동산의 투자가치란 장래 기대되는 수익에 대하여 요구수익률로 환원 또는 할인한 현재의 가치를 말한다.
"요구수익률=무위험률+위험할증률+예상인플레이션율"

(2) 부동산 투자가치의 공식

$$\text{부동산의 투자가치} = \dfrac{\text{투자에 대한 예상(순)수익}}{\text{시장의 요구수익률}}$$

4 부동산 위험의 특징

(1) 위험에 대한 태도

1) 위험 회피형 투자자
위험에 대한 태도에는 위험선호, 위험회피, 위험중립의 경우를 가정할 수 있다. 부동산투자자는 일반적으로 위험이 증가하면 그에 상응하여 요구수익률을 증가시키려고 하기 때문에 위험 회피형임을 전제할 수 있다.

2) 위험할증
위험 회피형 투자자는 위험을 보유하는 대신 대가성 보수를 요구하는데, 이 보수를 위험할증(risk premium)이라고 한다.

5 부동산투자위험의 구분 ★★

(1) 비체계적 위험과 체계적 위험

`12·20·25·34회 출제`

1) 비체계적 위험
① 분산투자 또는 기타 위험회피수단으로 제거할 수 있는 위험이다.
② 개별부동산으로부터 초래되는 위험이다.

2) 체계적 위험
① 분산투자나 기타 위험회피수단으로 제거할 수 없는 위험이다.
② 시장으로부터 초래되는 위험이다.

(2) 전략위험(Strategic Risk)

1) 전략위험
경제적 환경, 법적 환경 및 정치적 환경의 일시적 또는 기조적 변화로부터 야기되는 위험이다.

2) 법적 위험(legal risk)
부동산투자 시 임대료 규제, 세법, 용도지역지구제 등 투자수익성에 불리한 영향을 미칠 수 있는 사실의 변경으로부터 직면하게 되는 위험을 말한다.

(3) 사업위험(Business Risk ; 경영 위험)

`27·34회 출제`

1) 의의
사업위험이란 투자활동과정에서 수익성 악화가 야기되는 위험을 말한다.

2) 종류
① **부동산시장위험**(Real Estate Market Risk) : 부동산시장에서 수요와 공급의 변화에 따라 운용하는 부동산 수익성이 변동될 가능성을 뜻한다.
② **위치적 위험**(Locational Risk) : 부동산의 위치는 인위적으로 이동시키는 것이 불가능하다는 속성에 내재하는 위험으로서 특정지역의 시장여건변화 또는 환경변화 등으로 인해 상대적 위치가 변화하므로 인하여 초래되는 위험을 말한다.
③ **운영위험**(Operational Risk) : 부적절한 운영시스템, 관리상의 실패, 통제상의 오류, 사무실의 관리의 어려움, 근로자의 파업, 영업경비의 변동 등으로 인하여 발생 가능한 위험을 말한다.

제5장 부동산투자론

(4) 금융위험(Financial Risk) ★
29회 출제

1) 의의 → 투자금액을 모두 자기자본으로 조달할 경우 금융위험을 제거할 수 있다.

   금융위험은 투자자가 대출을 하여 부동산투자를 한 경우에 원리금을 정상적으로 상환하지 못하여 부도를 낼 경우에 투자자에게 발생할 수 있는 손실 가능성을 말한다.

2) 종류
   ① **시장위험**(Market Risk)
      금융자산(또는 금융부채)의 가치가 변동하면서 발생하는 위험이다.
   ② **채무불이행위험**(신용위험, Default Risk) ★
      거래상대방이 계약이행의무를 게을리 하거나 계약 자체를 파기하면서 발생할 수 있는 위험이다.

(5) 유동성 위험(Liquidity Risk) ★
34회 출제

1) 의의
   유동성(환금성) 위험은 부동산의 현금화하는 과정에서 발생하는 시장가치의 손실 가능성을 말한다. 따라서 부동산 투자자가 대상부동산을 원하는 시기와 가격에 현금화하지 못하는 경우는 유동성위험에 해당한다.

2) 종류
   ① **시장·상품의 유동성 위험** : 시장의 유동성으로 인하여 현재의 시장가격으로 재화가 거래될 수 없는 경우에 발생되는 위험이다.
   ② **현금흐름·자금조달 유동성 위험** : 현금지급 의무 금액을 확보하지 못할 경우 발생되는 위험이다.

(6) 인플레이션 위험(inflation risk, 물가상승위험) ★
예기치 못한 인플레이션으로 인해 투자수익률이 하락하고 부동산투자의 가치가 감소되는 위험을 말한다.

Professor Comment
구매력위험(인플레이션 위험)은 제한된 금액으로 구입해야 할 재화와 용역의 양이 줄어들 가능성으로부터 야기되는 불확실성이다.

(7) 대출 관련 위험 ★

1) **조기상환위험**(Prepayment Risk)
   시장금리가 대출약정금리보다 낮은 상황에서 차입자가 만기일 전에 채권의 일부나 전부를 상환하는 경우에 대출자가 부담하는 위험을 말한다.

2) **이자율위험**(Interest Rate Risk)
   현재시점에서의 대출금리는 미래의 변수(저축자금 공급, 인플레이션 수준 등)에 대한 예측치를 반영하여 결정한다. 그렇지만 대출자 측이 대출실행 이후에 경제사정의 변화로 약정된 금리만으로는 충당하기 어려운 위험에 처하게 되는 것을 말한다, 즉 대출금리 설정에서의 불확실성을 '금리위험'이라고 한다.

(8) 물리적 위험
엘리베이터 사고, 지반의 불안정, 물리적 경계의 침범 등 부동산 자체의 기능적·물리적 하자로 인하여 초래되는 위험을 말한다.

6 투자자의 위험에 대한 태도 유형 ★

`18·21회 출제`

구 분	정 의	특 징
위험회피형 (보상형)	• 위험을 피하려는 이성적인 행동으로 위험을 부담하는 경우 반드시 이에 따르는 보상을 얻고자 하는 유형 • 저위험 저수익 투자 선호	수익률이 증가함에 따라 효용은 증가하나 한계효용이 체감하는 효용함수의 특징을 갖고 있고 한계효용이 체감하는 이유는 일반적으로 수익률이 높을수록 위험이 증가하여 위험회피형의 효용이 한계적으로 작아지기 때문이라는 것
위험중립형 (기대수익형)	• 위험의 크기에 관계없이 기대수익률에만 따라 행동하는 유형 • 투자자산의 위험과 무관	기대수익률을 최대화함으로써 기대효용을 극대화하는 것으로 위험중립형의 효용은 위험의 크기와 관계없이 수익률에 정비례한다는 것
위험추구형 (위험감수형)	• 위험을 선호하는 행동으로 높은 수익률을 획득할 기회를 얻기 위하여 큰 위험을 기꺼이 감수하는 유형 • 고위험 고수익 투자 선호	수익률이 증가함에 따라 효용이 체증적으로 증가하는 효용함수의 특징을 갖고 있고, 한계효용이 체증하는 이유는 일반적으로 위험이 클수록 높은 수익률을 얻을 수 있는 기회가 있어 위험선호형의 효용이 한계적으로 커지기 때문이라는 것

7 위험관리

`19·21회 출제`

(1) 위험관리의 의의
위험관리는 투자자가 직면할 수 있는 위험에 대하여 미리 그 적정 정도를 설정하고 현재 노출된 위험을 측정하여 적정위험과 비교하여 노출위험을 감소시키거나 제거시키는 행위이다.

(2) 위험관리기법 ★

`17·19회 출제`

Professor Comment

위험의 의의, 부동산투자 위험의 종류와 위험관리기법이 복합적으로 출제되고 있다. 특히, 투자위험분석, 위험과 수익의 측정 등에 대한 정확한 이해와 학습이 요구된다.

1) **위험회피**(危險回避; Risk Avoidance)
   이는 기본적으로 손실가능성을 피하는 것으로 가장 일반적인 방법이다.
   예 부동산시장의 순환주기에 따른 투자, 특수물건의 회피, 위험한 투자의 제외, 변동금리 차입금의 회피

2) **위험보유**(危險保有; Risk Retention)
   이는 위험에 따른 장래의 손실을 자기 스스로 부담하는 방법이다.
   예 외부적 감가상각요인을 감안하여 충당금을 설정

3) **위험전가**(危險轉嫁; Risk Transfer)
   이는 잠재손실의 결과를 제3자 또는 보험회사에 떠넘기는 방법이다.
   예 하청계약, 리스계약, 임대계약 등

4) **위험통제**(危險統制; Risk Control)
   이는 손실발생회수 또는 규모를 축소하는 방법을 말한다.
   예 민감도분석(시뮬레이션 기법), 위험조정할인율 사용, 포트폴리오 구성 등

(3) 위험관리의 단계적 절차

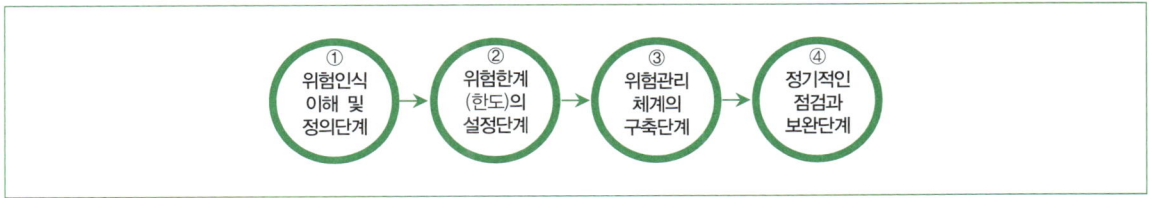

02 부동산투자 위험분석

1 위험의 의의
위험이란 ㉠ 투자 원금의 손실 가능성, ㉡ 요구수익률의 획득 불가능성, ㉢ 기대수익과 실현수익의 차이 등을 말한다.

2 전통적 분석방법

(1) 회수기간분석법 ★　　　　　　　　　　　　　　　　　　　　　　　　　16회 출제

투자액 회수에 필요한 현금수입이 들어오는 기간 동안의 위험성을 분석하는 방법이다. 목표 회수기간보다 짧으면 위험성이 낮은 것으로 판단한다. 단점은 시간가치가 고려되지 않고 회수기간 이후의 수익이 무시된다는 점이다.

(2) 수익구성요소 분석법

수익의 구성원천에 따라 자기자본에의 기여도를 분석하여 투자에 따른 위험 정도를 분석하는 방법이다.

(3) 민감도 분석(敏感度 分析) ★　　　　　　　　　　　　　　　　　　　추가15·34회 출제

1) 의의

민감도 분석은 투자수익을 결정하는 여러 독립변수들 중 각 변수를 하나씩 바꿔가면서 투자대안의 순현가(NPV)나 내부수익률(IRR) 등의 종속변수(결과변수)가 달라지는 정도를 분석하는 것이다. 이 분석은 수익률의 범위 예측과 집중관리 대상의 변수를 확인하는 기법으로 '감응도 분석'이라고도 한다.

2) 민감도 분석의 단점

① 민감도 분석은 그 확률에 대해서는 정보를 전혀 제공하지 못한다.
② 민감도 분석은 독립변수들 중 다른 변동요인을 고정시킨 다음에 하나의 변동요인이 종속변수(NPV, IRR 등)에 어떠한 영향을 미치는가를 분석하는 방법이기 때문에 독립변수들이 동시에 변동하는 경우에는 변동요인의 영향 정도를 측정할 수 없다.
③ 민감도분석법은 위험자체를 특정방법으로 추정하여 위험에 따른 변화만을 추적하는 것이지 위험에 따른 대응책을 제공하는 것은 아니다.

제2편 부동산학각론

3 평균-분산결정법(Mean-Variance Dominance Principle)

(1) 의의

평균(기대수익)과 분산(위험)만으로 투자대안을 선택하는 방법을 말한다.

(2) 평균 – 분산지배원리

1) 동일한 위험을 갖는 투자안(포트폴리오) 중에서 가장 큰 기대수익률을 갖는 투자안이 다른 투자안을 지배한다는 원리를 말한다.
2) 반대로, 동일한 기대수익률을 갖는 포트폴리오 중에서는 가장 낮은 위험을 갖는 포트폴리오가 다른 투자안을 지배한다는 원리를 말한다.

Professor Comment

평균-분산 지배원리에 따라 투자결정을 하는 방법을 평균-분산결정법이라고 한다.

4 위험과 수익의 측정 ★★

수익의 측정

(1) 기대수익률 ★★

포트폴리오의 기대수익률은 각 부동산투자 상황(낙관, 정상, 비관 등)별 발생확률에 각 투자대안들의 투자수익률을 곱하여 나온 결과들을 더하여 계산한다.

WIDE 기대수익률의 공식 ★ 21·24·34회 출제

$$기대수익률 = \sum_{i=1}^{n} r_i P_i$$

- r_i : i 번째 결과에 해당하는 수익률
- P_i : i 번째 결과가 발생할 수 있는 확률
- n : 가능한 결과의 수

예제 부동산의 대체투자가 다음과 같을 경우, 주상복합건물의 기대수익률은?

구 분		대체상태 특성 기준에 따른 투자의 수익률(%)		
상태의 특성	발생확률	주상복합건물	사무용빌딩	아파트
비관적 전망	0.30	5.0	1.0	6.0
정상적 전망	0.50	20.0	25.0	18.0
낙관적 전망	0.20	35.0	40.0	30.0
계	1.00			
기대수익률			20.8	16.8

풀이

$$기대수익률 = \sum_{i=1}^{n} r_i P_i = r_1P_1 + r_2P_2 + r_2P_3$$
$$= 5\%(0.30) + 20\%(0.50) + 35\%(0.20)$$
$$= 1.5\% + 10\% + 7\% = 18.5\%$$

☞ 18.5%

(2) 위험 측정 ★★

1) 위험을 측정하는 방법

위험을 측정하는 전통적인 방법은 분산과 표준편차이다.

① 수익의 분산(Variance)은 각 시장 상황별 내부수익률(IRR)이 기대수익률(=평균)을 중심으로 얼마나 집중되어 있거나 확산되어 있는지를 측정할 수 있는 척도이다.

② 표준편차(Standard Deviation)는 분산의 제곱근($\sigma = \sqrt{\sigma^2}$)이다.

2)

표준편차는 수익률로서 동일 단위들에서만 표현된다. 2가지 대안의 기대수익이 동일한 경우에 표준편차가 낮은 대안이 그만큼 위험이 적다는 것을 의미한다.

> **WIDE** 분산과 표준편차 ★
>
> - 분산 $(\sigma^2) = \sum_{i=1}^{n}(r_i - \bar{r}_{avg})^2 \cdot P_i$
> - 표준편차 $(\sigma) = \sqrt{\sigma^2} = \sqrt{\sum_{i=1}^{n}(r_i - \bar{r}_{avg})^2 P_i}$
>
> - r_i : i번째 결과에 해당하는 기대수익률
> - $\bar{r}_{avg}$: 기대수익률(평균)
> - P_i : 확률

(3) 변이계수(분산계수, 단위수익 당 위험) ★

1) 의의

변이계수는 기대수익률 한 단위당 위험률을 나타낸다.

2) 산식

변이계수는 표준편차를 기대수익률로 나눈 것이다. ★

$$\text{변이계수(CV ; Coefficient of Variation)} = \frac{\text{표준편차}(\sigma)}{\text{기대수익률}(r)}$$

3) 선호성

일반적으로 수익에 따른 적은 위험을 부담하는 투자안이 선호된다.

> **예제** 앞의 예제의 변이계수를 구하고, 위험이 가장 작은 투자는?
>
> **풀이**
> 1) 주상복합건물 = $\frac{10.49}{18.5}$ = 0.56
> 2) 사무용빌딩 = $\frac{14.14}{20.8}$ = 0.67
> 3) 아파트 = $\frac{8.39}{16.8}$ = 0.49
>
> | 구 분 | 주상복합건물 | 사무용빌딩 | 아파트 |
> |---|---|---|---|
> | 변이계수 | 0.56 | 0.67 | 0.49 |
>
> 4) 위험률이 가장 작은 투자 : 변이계수 0.49로 가장 작은 아파트가 위험률이 가장 작은 투자이다.

5 위험과 투자

(1) 위험한 투자를 배제하는 방법
1) 안전한 투자일수록 상대적으로 수익은 낮다.
2) 위험과 수익의 관계는 비례관계에 있고 위험을 감수하면 투자자의 부(富)에 긍정적 또는 부정적 결과를 초래할 수 있다. 그러므로 위험한 투자를 배제하는 전략은 투자자에게 손실이 될 수도 있다.
3) 위험을 혐오한다고 해도 모든 위험을 배제하는 투자자는 아니다.

(2) 보수적 예측방법
1) 보수적 예측방법은 현금수지나 지분복귀액과 같은 투자수익을 낮게 추계하는 방법이다.
2) 투자추계를 하향편의(Downward Bias)하여 많은 위험이 배제된다고 가정한다.
3) 투자의 수익계획을 하향조정한 후에도 그 투자가 좋게 보이면 그 투자는 매우 좋은 투자이다.
4) 투자의 목적이 부(富)의 극대화라는 측면에서 볼 때, 보수적 예측방법에 의하면 현실적으로 완전하게 수용할 수 있는 투자기회를 놓칠 수도 있다.

(3) 위험조정할인율 ★

추가15·25·28·34회 출제

위험조정할인율은 장래 기대되는 수익을 현재가치로 환원할 때 위험에 따라 조정된 할인율로 요구수익률과 같은 개념이다. 위험한 투자일수록 높은 할인율이 적용되며, 위험조정할인율을 적용한 요구수익률보다 기대수익률이 높은 투자대안을 선택하는 것이 가장 합리적인 방법이다.

> 위험조정할인율 = 무위험이자율 + 위험프리미엄

1) **무위험률**
    ① 무위험률은 국·공채 이자율이나 정기예금 이자율을 의미하는 것으로, 시간의 경과에 따라 당연히 보장되는 수익률이라는 의미이다. 따라서 시중금리 상승도 투자자의 요구수익률을 상승시키는 요인이 된다.
    ② 무위험률도 투자자의 요구수익률에 영향을 미치는 요인이다. 즉 무위험률이 상승(하락)하면 투자자의 요구수익률을 상승(하락)시키는 요인이 된다.

03 포트폴리오 이론 ★★

12·19·33회 출제

1 포트폴리오 이론의 의의 ★

(1) 포트폴리오 이론이란 여러 개의 자산을 소유함으로써 한 종목에만 집중되어 있을 때에 발생할 수 있는 위험을 제거하여 분산될 자산으로부터 안정된 결합편익을 획득하도록 하는 자산관리의 방법이다.
(2) 여기서의 위험은 '비체계적 위험'으로 포트폴리오를 구성하는 투자자산 종목의 수를 늘릴수록 비체계적 위험도 감소된다.
(3) 포트폴리오 이론은 자산의 분산관리방법을 말한다.
(4) 현금을 여러 자산에 분산투자함으로써 최소의 위험과 최대의 수익을 갖는 투자자산의 집합을 찾을 수 있다.

2 기대수익률과 위험

(1) **포트폴리오 수익률** → 투자대안별 기대수익률이 동일하다면 위험이 낮은 대안을 선택하는 것이 좋다.

   1) 의의
   포트폴리오 수익률은 포트폴리오를 구성하는 각 개별자산의 수익률과 각 개별자산이 포트폴리오에서 차지하는 비중에 의해 결정된다.

   2) 포트폴리오 수익률의 공식 ★

   21·24회 출제

   ① **포트폴리오 수익률** : 어떤 투자자가 아파트(r_1)와 상가건물(r_2)로 포트폴리오를 구성하였을 경우 포트폴리오 수익률은 다음과 같다.

   $$r_p = w_1 r_1 + w_2 r_2$$
   - r_p : 포트폴리오 수익률
   - w_1, w_2 : 포트폴리오 구성비율
   - r_1, r_2 : 투자금액

   ② **포트폴리오 구성비율** : w_1과 w_2는 포트폴리오 구성비율이다. 전체 투자금액에서 각 부동산에 투자할 금액이 차지하는 비중을 나타낸다. 구성비율의 합은 항상 1이어야 한다.

예제 투자자가 총투자금액 1,000만원 중 투자안 A에 600만원을 투자하고 투자안 B에 400만원을 투자하였다. 1년 동안 투자안 A의 수익률은 20%이고, B의 수익률은 30%이다. 포트폴리오의 수익률은 얼마인가?

풀이
r_p = 6,000,000 × (1 + 0.2) + 4,000,000 × (1 + 0.3)
   = 6,000,000 × 1.2 + 4,000,000 × 1.3
   = 7,200,000 + 5,200,000
   = 12,400,000
∴ 총투자금액은 1,000만원이므로 포트폴리오의 수익률은 24%이다.   ☞ 24%

(2) 포트폴리오의 기대수익률

1) 의의
포트폴리오의 기대수익률은 포트폴리오 각 구성자산의 기대수익률을 구성비율로 가중평균한 값을 말한다.

`21·24·33회 출제`

2) 포트폴리오의 기대수익률의 공식 ★

$$E(r_p) = E(w_1 r_1 + w_2 r_2) = w_1 E(r_1) + w_2 E(r_2)$$

- $E(r_i)(i = 1, 2)$: 개별투자안의 기대수익률
- w_1, w_2 : 포트폴리오 구성비율

예제 투자자가 총투자금액 1억원 중 투자안 A에 총투자금액의 60%를 투자하고 투자안 B에 나머지 40%를 투자하였다. 1년 동안 투자안 A의 수익률은 20%이고 투자안 B의 수익률이 10%라면 포트폴리오의 기대수익률은?

풀이 $E(r_p) = (0.6)(0.2) + (0.4)(0.1) = 0.12 + 0.04 = 0.16 = 16\%$ ☞ 16%

(3) 포트폴리오의 위험
포트폴리오의 분산은 다음과 같다.

$$\sigma_p^2 \equiv Var(r_p) = Var(w_1 r_1 + w_2 r_2) = w_1^2 \sigma_1^2 + w_2^2 \sigma_2^2 + 2 w_1 w_2 \sigma_1 \sigma_2$$

- σ_p^2 : 포트폴리오 분산
- σ : 분산
- r_p : 포트폴리오 수익률
- w : 포트폴리오 구성비율

3 위험분산효과 ★★

`20·34회 출제`

Professor Comment

분산투자에 의한 포트폴리오는 불필요한 위험과 개별부동산으로부터 오는 비체계적 위험(피할 수 있는 위험)을 제거할 수 있다. 그렇지만 경기침체, 인플레이션 심화 등의 시장으로부터 오는 체계적 위험(피할 수 없는 위험)은 제거할 수 없다.

(1) 위험분산효과의 의의 ★
분산투자를 할 경우 위험은 통계적으로 '제거'되나, 이는 각각의 자산이 가진 위험이 제거되는 것이 아니라 자산 상호간에 위험을 분산하는 것에 불과하다. 이와 같은 분산투자를 통한 위험의 제거효과를 위험분산효과(risk diversification effect)라고 한다.

(2) 수익률의 상관관계

`30회 출제`

수익률간의 상관계수가 +1일 경우에는 포트폴리오를 구성한다고 하더라도 위험은 감소되지 않는다. 반대로 수익률들의 상관계수가 -1일 경우에는 포트폴리오 위험은 완전히 제거된다.

(3) 분산투자와 위험 ★
분산투자에 의해 포트폴리오 전체의 위험을 감소시킬 수 있고, 투자자산을 추가할수록 포트폴리오 전체의 위험은 감소한다. 따라서 무작위로 자산을 배합한다면 포트폴리오를 구성하는 자산의 수가 많으면 많을수록 불필요한 위험은 통계적으로 제거된다.

→ 비체계적 위험의 제거

4 최적의 포트폴리오 ★

34회 출제

(1) 의 의
최적의 포트폴리오란 투자자의 입장에서 수익률이 극대화되고 위험이 극소화된 투자조합을 의미한다. 따라서 위험회피형 투자자의 최적 포트폴리오는 투자자의 무차별곡선과 효율적 프론티어의 접점에서 선택된다.

(2) 효율적 포트폴리오
무수한 포트폴리오 중에서 일정한 위험에서는 기대수익을 최대로 하는 투자조합, 또는 일정한 기대수익 수준에서는 위험을 최소로 하는 투자조합을 효율적 포트폴리오(efficient portfolio)라고 한다. 이는 무수한 포트폴리오 중에서 평균-분산 지배원리에 따라 선택된 포트폴리오를 의미한다. → 최소분산포트폴리오집합

(3) 효율적 프론티어(효율적 전선) ★

20·26·27·30회 출제

1) 의의
→ 효율적 프론티어, 효율적 투자선, 효율적 경로
효율적 포트폴리오를 연결한 선을 효율적 전선(效率的 前線, efficient frontier)이라고 한다. 즉 평균분산 기준에 의해 동일한 위험에서 최고의 기대수익률을 나타내는 포트폴리오를 선택하여 연결한 선이다.

2) 효율적 전선이 우상향하는 이유
동일한 위험에서 투자자는 이보다 더 높은 수익을 얻을 수 없으므로 더 높은 수익을 얻기 위해서는 더 많은 위험을 감수해야 한다는 것을 의미한다.

(4) 한 투자자에게 최적인 투자대안이 다른 투자자에게는 최적이 아닐 수 있다.

CHAPTER 06 부동산금융론

학습 포인트

- 이 장(章)은 부동산수요자와 공급자가 모두 지분금융이든 부채금융이든 자금조달을 위해 고려해야 하는 부동산관련 금융이론으로 구성되어있다. 공인중개사 자격시험에서는 주로 담보인정비율과 부채비율, 조기상환위험 등을 비롯하여 저당대출의 종류와 자산유동화 및 주택저당유동화, REITs, 주택연금, 입주자저축제도 등에 관한 내용이 출제되고 있으므로 이들 부분에 대한 심도 있는 학습이 요구된다.

CHAPTER 학습 & 출제되는 키워드

- ☑ 부동산금융
- ☑ 저당대출
- ☑ 조기상환위험
- ☑ 원금균등분할상환 저당대출
- ☑ 역연금식 저당대출
- ☑ 저당유동화
- ☑ 저당대출원리금이체채권(MPTBs)
- ☑ 부동산펀드
- ☑ 주택금융
- ☑ 담보인정비율(대부비율)
- ☑ 실질금리
- ☑ 점증상환 저당대출
- ☑ 주택연금제도
- ☑ 주택저당이체증권(MPTs)
- ☑ 프로젝트 파이낸싱(PF)
- ☑ 부동산신탁
- ☑ 저당(모기지)
- ☑ 채무불이행위험
- ☑ 원리금균등분할상환저당대출
- ☑ 계단식 상환 저당대출
- ☑ 자산유동화(ABS)
- ☑ 주택저당담보부채권(MBB)
- ☑ 부동산투자회사(REITs)
- ☑ 입주자저축제도

CHAPTER 학습 & 출제되는 질문

- ☑ 부채금융에 해당하는 것을 모두 고른 것은?
- ☑ 주택금융에 관한 설명으로 틀린 것은?
- ☑ 대출 상환방식에 관한 설명으로 옳은 것은?
- ☑ 한국주택금융공사의 주택연금제도에 관한 설명으로 틀린 것은?
- ☑ 모기지(mortgage) 유동화에 관한 설명으로 틀린 것은?
- ☑ 부동산투자회사법령상 (   )에 들어갈 내용으로 옳은 것은?
- ☑ 주택청약에 필요한 입주자저축에 관한 설명으로 틀린 것은?

제1절 부동산금융

제1관 부동산금융의 개요

부동산금융이란 부동산활동에 직·간접적으로 영향을 미치는 **금융활동**을 의미한다.
→ 자금조달활동

01 부동산금융의 의의

(1) 부동산금융(不動産金融, real estate finance)이란 부동산과 관련된 자금조달활동을 의미한다.
(2) 부동산금융은 자금조달방법에 따라 구분될 수 있으며, 자금조달 목적에 따라서도 구분된다.

1 자금조달방법에 따른 구분 〔22·29·34회 출제〕

(1) **부채금융**(debt financing, 負債金融)
저당권 설정이나 사채 발행으로 채무(타인자본)를 통해 자금을 조달하는 방법이다. 저당투자자들은 이자율 이상의 투자수익을 기대한다.

1) **저당금융**(mortgage financing)
차입자가 소유한 대상부동산에 저당권을 설정하고, 금융기관으로부터 직접 자금을 대출받는 방법이다.

2) **신탁증서금융**(trust deed financing)
부동산소유자가 자신의 채무이행을 보장하기 위하여 소유권을 신탁회사에 이전하고 신탁회사로부터 수익권증서를 교부받아 그 수익권증서를 담보로 금융기관에서 대출을 받을 수 있는 방법이다.

3) **주택상환사채**
「주택법」에 의하여 한국토지주택공사와 주택건설등록사업자가 주택건설에 필요한 자금을 마련하기 위해 발행하는 채권으로 일정기간이 지나면 주택으로 상환 받을 수 있는 기명식 보증사채이다.

4) **자산유동화증권**(ABS; 자산담보부증권)
- 부동산을 비롯한 회사채, 대출채권 등 각종자산을 기초자산으로 하여 발행하는 증권이다.
- 자산에 묶여 있는 현금흐름의 유동성을 창출하는 것이 목적으로 「자산유동화에 관한 법률」에서 규율하고 있다. 저당담보부증권(MBS)도 ABS에 포함된다.
- ABS에서 수령하는 이자에 대하여 모든 개인투자자는 소득세 납부의무를 진다.
- ABS는 금융위원회에 등록한 이전 회차의 유동화계획을 따르더라도 금융위원회에 등록을 해야 금번 회차에도 동일하게 재발행할 수 있다.
- ABS는 대출기관이 유동화 도관체(conduit)인 유동화전문회사(SPC)에 대출채권을 양도하고 SPC는 이를 기초로 ABS를 발행하여 유동화 한다.

5) **자산담보부기업어음**(Asset Backed Commercial Paper ; ABCP)
   - 유동화전문회사(SPC)가 매출채권, 리스채권, 회사채 등 자산을 담보로 발행하는 기업어음(CP)을 말한다.
   - 주로 만기가 도래한 기존 ABS 채권을 상환하는 데 쓰이며, 단기 기업어음을 반복 발행할 수 있다. 주의해야 할 점은 회사채가 아닌 기업어음 형태로 ABS를 발행한다는 것이다.
   - ABCP에서 수령하는 이자에 대하여 모든 개인투자자는 소득세 납부의무를 진다.
   - 공사대금 재원이 필요한 경우, 시행사는 분양대금을 담보로 ABCP를 발행하고 이를 통해 조달한 재원을 시공사에 지급한다.

6) **프로젝트 파이낸싱**(project financing)
   대규모 프로젝트 사업주가 설립한 별도의 프로젝트 회사가 부동산담보가 아닌 프로젝트(Project, 사업)의 사업성과 프로젝트로부터 발생하는 장래의 현금흐름을 담보로 금융기관 등으로 구성된 자금대부단으로부터 자금을 융자받아서 조달하는 장기금융 방법이다.

7) **회사채**(corporate bond)
   부동산 관련 회사가 일반 대중으로부터 자금을 모집하려고 집단적·대량적으로 발행하는 채권(bond, 債券)이다. 상기 주택상환사채도 회사채의 일종이다.

(2) **지분금융**(equity financing, 持分金融) `19회 출제`
   기업이 주식 발행 등과 같은 지분권 판매나 공동투자 등을 통해 자기자본을 조달하는 방법으로 다음과 같은 것들이 있다.

   1) **부동산신디케이트**(real estate syndicate)
      다수의 부동산투자자가 부동산투자조합을 결성하여 공동의 부동산프로젝트를 수행하는데 필요한 자본을 조달하는 방법이다(소구좌 지분형 자금조달에 해당됨).

   2) **조인트벤처**(joint venture)
      어떤 특정의 사업을 공동으로 수행하는 합작회사, 즉 2인 이상의 고액투자자들이 모여 특정의 부동산벤처 사업의 목적을 달성하기 위해 공동으로 진행하는 공동사업체 방법이다.

   3) **부동산투자신탁**(REITs)
      「부동산투자회사법」에 따라 설립된 부동산투자회사가 주식을 발행하여 자금을 조달하는 방법이다. 즉 다수의 투자자로부터 자금을 모아서 부동산소유지분이나 주택저당담보증권에 투자하거나 부동산관련 대출 등으로 운영해 얻은 수익을 투자자에게 되돌려주는 방법이다.

   4) 「**자본시장과 금융투자업에 관한 법률**」**에 의한 부동산간접투자펀드**
      회사, 조합, 신탁 등 부동산투자 목적의 특수목적회사(SPC, special purpose company)의 지분발행을 통한 자본조달방법이다.

   5) **공모**(Public offering)
      부동산매매회사, 임대회사 등 부동산관련 회사에서 부동산투자 등 부동산활동을 목적으로 일반인들을 대상으로 주식을 공모하여 자금을 조달하는 방법이다.

▶ 부채금융과 지분금융 비교 ◀

부채금융		지분금융
• 저당금융 • 주택상환사채 • 자산담보부기업어음(ABCP) • 회사채	• 신탁증서 다모대출 • 자산유동화증권(ABS;자산담보부증권) • 프로젝트파이낸싱	• 부동산신디케이트 • 조인트벤처 • 부동산투자신탁 • 공 모

2 자금조달 목적에 따른 구분 ★

(1) 주택금융

주택의 개발·공급이나 수요활동과 관련된 금융을 말한다. 주택금융(住宅金融)은 주택수요자와 주택건설업자에게 장기저리로 주택자금을 대출해줌으로써 주택의 공급을 확대하는 한편 주택구입을 용이하도록 하는 제도라고 할 수 있다.

1) 주택소비금융

25·33회 출제

① 주택의 거래를 원활히 하고 국민의 주택구입능력을 높이기 위해 주택을 구입하거나 개량하고자 하는 서민의 주택을 담보로 잡고 자금을 대출해주는 금융이다.
② 소비자금융이라고도 하며, 개발금융에 비해 장기·저리인 것이 특색이다.

2) 주택개발금융

① 주택건설을 촉진하려는 목적에서 주택건설업자의 건설활동에 필요한 자금을 지원해주는 공급자(건설업자)에 대한 금융이다.
② 주택개발금융(건축대부 ; construction loan)은 부동산개발업자나 건설업자가 자금의 수요자이므로 일종의 공급자금융이다.
③ 주택개발금융(건축대부)은 착공에서 완공에 이르기까지, 보통 2~3년 정도 제공되는 것이 특징이다. 주택개발금융(건축대부)의 대부기간은 건축기간에 국한하는 경우가 많으며 길어도 건축기간 후 몇 개월을 초과하지 않는다.
④ 주택개발금융(건축대부)은 일종의 프로젝트 파이낸싱(project financing)이므로 일반적인 저당대부보다 대부기간이 짧고 이자율도 상당히 높다.
⑤ 대출기관의 대부금 지급은 건설공사의 진척도에 따라 감리를 거쳐 단계적으로 이루어지지만, 대부금의 상환은 일반적으로 건축 완공 때 일시불로 이루어진다.

(2) 토지금융

주택 이외 토지의 개발·공급이나 토지 수요를 촉진하는 활동과 관련된 금융을 말한다.

02 주택금융의 의의와 역할

11·23·25·33회 출제

→ 주택금융은 구입자를 위한 수요자금융과 건설자를 위한 공급자금융으로 구분할 수 있음.

1 주택금융의 의의

일반적으로 주택금융은 주택의 구입, 개·보수, 건설 등 주택관련사업에 대한 자금조달 활동을 의미한다.

제2편 부동산학각론

2 주택금융의 역할
`11·25·33회 출제`

자금의 효율적 배분을 통하여 주택의 생산과 거래를 원활하게 함으로써 무주택서민층까지 포함하는 모든 국민이 보다 용이하게 주거수준의 향상을 기할 수 있도록 하는 것이다.

03 부동산시장과 주택금융

Professor Comment
주택금융의 기능과 주택금융의 원칙이 주택금융의 의의와 복합적으로 출제가능하다.

1 부동산(주택)금융의 기능 ★

주택금융은 자발적인 저축을 유도하여 주택부문투자에 필요한 주택금융을 조성하고, 이렇게 조성된 자금을 통하여 주택에 대한 수요와 공급을 매개로 하여 부동산시장을 조절하는 기능을 보유하고 있다.

(1) 주택거래의 활성화 → 주택에 대한 유효수요확대를 통한 부동산시장의 활성화
(2) 주택시장의 수급조절기능 → 자가주택의 공급확대
(3) 주택금융 조성과 부동산시장 조절   (4) 일반경기 조절기능
(5) 주거의 안정   (6) 주택가격의 안정
(7) 주택자원의 효율적 배분   (8) 임차가구의 자가 주택소유를 확대하는 데 기여

2 주택금융의 원칙(역할)
`23·33회 출제`

(1) 재원의 확보 → 자금확보
(2) 장기저리의 대출 → 부동산대출금리의 책정
(3) 대출채권의 유동화 → 주택저당증권유동화 방법(MPTS, MBB, MPTB, CMO)
(4) 신용보완제도의 확립 → 부동산채권보전

Professor Comment
우리나라의 대표적인 신용보완제도로는 '주택금융신용보증기금'과 '주택건설보증'이 있다.

WIDE PIR지수와 RIR지수

① PIR지수 ★
  연소득 대비 주택가격의 비율(PIR ; Price to Income Ratio). 통상 도시중산층 거주 주택가격을 도시중산층의 연간총소득으로 나누어 계산하며, '소득대비 주택가격비율' 또는 'P/Y지수'라고도 한다.
② RIR지수
  월소득 대비 임대료의 비율(RIR ; Rent to Income Ratio). 통상 도시중산층이 부담하는 월임대료를 도시중산층의 월간총소득으로 나누어 계산하며, 소득 대비 임차료부담이라고도 한다.

제2관 부동산의 저당대출제도

01 저당(Mortgage ; 모기지)
→ 부동산을 담보로 하여 자금을 조달하는 방법임

1 저당의 의의

(1) 의 의

1) 저당(抵當, Mortgage)이란 '부동산을 담보로 하여 자금을 조달하는 제도' 또는 '부동산을 담보로 대출해준 금융기관이 보유한 저당채권', '부동산대출에 대한 담보를 위해 부동산에 설정한 저당권' 등 다양한 의미로 사용된다.

2) 우리나라의 「한국주택금융공사법」에서는 저당(Mortgage)이라는 용어 대신에 주택저당채권(住宅抵當債券)이라는 용어를 사용한다. 이는 주택에 설정된 저당권에 의해 담보된 주택의 구입 또는 건축에 소요된 대출자금에 대한 채권의 의미이다(동법 제2조 제3호).

(2) 저당관계자

대출기관은 차입자의 소유부동산을 저당잡고 대출을 해주는 저당권자(Mortgagee : 채권자)이고 차입자는 자신의 소유부동산을 저당 잡히고 대출을 받는 저당권설정자(Mortgagor : 채무자)이다.

2 저당대출(모기지론)

(1) 저당대출의 의의

저당대출(Mortgage Loan ; 모기지론)이란 주택에 저당권을 설정하는 방식으로 대출채권을 확보한 후에 자금을 대출해 주는 것을 말한다.

(2) 주택저당대출금리 [16·17회 출제]

대출금리 = 시장금리를 감안한 적정금리 + 신용프리미엄 + 기대 인플레이션율

→ 통화 당국에서 콜금리 인상
→ ① 차입자의 취업상태 불안정 ② 차입자의 과거 대출에 대한 연체실적이 많다.
→ 향후 인플레이션율이 상승할 것으로 예상

1) **기대 인플레이션율**
향후 예상되는 인플레이션율을 말한다.

2) **신용 프리미엄**
차입자의 신용상태가 낮을 경우 신용 프리미엄이 높다.

(3) 주택담보 대출금리체계 – 코픽스(COFIX; Cost of Funds Index, 자금조달비용지수)

1) 2010년 2월 16일부터 은행연합회는 회원은행과 협의를 거쳐 은행의 자금조달비용을 제대로 반영할 수 있는 새로운 대출기준금리인 코픽스(COFIX; 자금조달비용지수)를 도입했다.

2) 과거 은행권에서 주택담보 대출 시 주된 기준금리로 활용했던 CD(Certificate of Deposit, 양도성 예금 증서)금리는 은행의 자금조달 총액에서 차지하는 비중이 낮은데다, CD금리가 시장실세금리와 차이가 크게 나는 등 은행의 자금조달비용을 제대로 반영하지 못하는 문제가 있었다.

3) COFIX 이용 시 고객별 대출금리는 개별은행이 COFIX에 spread[4]를 더하여 결정한다.

4) COFIX 연동 주택담보대출 등 개별은행이 자율적으로 도입한다.

5) **기대효과**
    COFIX는 은행의 여러 자금조달수단에 적용되는 금리를 이용하여 산출되기 때문에 CD금리에 비해 은행의 자금조달비용을 제대로 반영함으로써 보다 합리적인 금리결정이 가능하다.

02 저당대출의 종류

Professor Comment
저당대출의 종류는 출제될 가능성이 높으므로 정리해 두어야 한다.

1 원금(원리금)상환방법에 의한 구분(대분류)   21·23·24·25·27·28·29·33회 출제

(1) **원금만기일시상환**(원금만기상환) **저당대출**
    대출기간 동안 이자만 지불하다가 만기에 원금을 일시에 상환하는 저당대출이다. 일반적으로 대출기간은 5년 미만이다.

(2) **할부상환 저당대출**   21·23·24·25·27·28·29·33회 출제
    대출기간 동안 원금과 이자를 불입함으로써 만기에 원금상환이 완료되도록 하는 저당대출이다.

   1) **원리금균등분할상환 저당대출**(CPM ; Constant Payment Mortgage Loan) ★★
      ① **의의** : 전체 대출기간 동안 차입자가 지불(상환)해야 할 월불입액(원금과 이자)이 동일한 저당대출이다.

      > • 월불입액(=월리금상환액) = 대출금 × 저당상수
      > • 매기(每期) 상환할 원금 = 대출원금÷대출기간
      > • 이자액 = 저당잔액×이자율(최초 원리금을 지급할 때는 대출금이 잔금이 된다)
      > • 원금 상환액 = 원리금상환액 − 이자액
      > • 잔금 = 전회 잔금−원금상환액

      ② 대출원금에 저당상수를 곱하여 매월 원리금을 계산한다.
      ③ 대출 초기에는 월불입액(원리금) 중 이자액의 비중이 높고 원금상환액 비중은 적으며, 점차 원금이 상환됨에 따라 이자액의 비중은 줄고 원금상환액 비중은 증가한다.
      ④ 원리금균등분할상환 저당대출은 원금균등분할상환 저당대출에 비해 대출 초기에 소득이 낮은 차입자에게 유리하다.
      ⑤ 중도상환 시 차입자가 상환해야 하는 저당잔금은 원리금균등분할상환 저당대출이 원금균등분할상환 저당대출보다 많다.

---

4) spread는 COFIX와 개별은행 조달비용과의 차이, 관리비용(적정마진 포함), 신용도, 기간 프리미엄 및 거래실적 등을 고려하여 각행이 결정한다.

2) 원금균등분할상환 저당대출(CAM ; Constant Amortizing Mortgage Loan) ★★

> 추가15·16·20·21·23·25·26회 출제

① 의의

원금은 매달 균등하게 상환하고, 이자는 감소하는 원금 기준으로 매달 상환하는 방식이다. 원리금에 포함된 원금상환액은 대출금을 상환 횟수로 나누어 계산한다. 이자액은 잔금에 이자율을 곱하여 계산한다. 또한 대출 후 첫 번째 원리금을 계산할 때는 아직 한 번도 원금을 상환하지 않았으므로 대출금이 잔금이 된다.

- 원금상환액 = $\dfrac{\text{대출액}}{\text{기간}}$
- 이자지불액 = 잔금 × 이자율(최초 원리금을 지급할 때는 대출금이 잔금이 된다)
- 월불입액(원리금상환액) = 원금상환액 + 이자상환액
- 잔금 = 전회 잔금 − 원금상환액

② 대출 후 차입자의 지불 원리금이 점차 감소하는 방식이므로 원리금체감식 저당대출이라고도 한다.
③ 대출 초기에는 원리금균등분할상환 저당대출보다 월불입액(원리금상환액)이 많으며 일정 기간 경과 후에는 적어진다.
④ 대출 실행시점에 월불입액(원리금)이 가장 높고 대출 실행 이후 대출잔액이 빠르게 적어진다.
⑤ 대출자측 입장에서 보면, 원금회수위험이 원리금균등분할상환 저당대출보다 상대적으로 적다.
⑥ 장래 가계수입의 감소가 예상되는 중년층 이상의 근로자들에게 유리하다.
⑦ 차입자가 대출액을 중도상환할 경우 원금균등상환방식은 원리금균등상환방식보다 대출잔액이 적다.

▶ 시간경과에 따라 CPM과 CAM(월불입액, 월원금상환액, 월이자액)의 비교 ◀   18·23회 출제

구 분	월불입액(A+B)=원리금상환액	월원금상환액(A)	월이자액(B)
원금균등분할상환 저당대출(CAM)	점차 감소 단, 대출초기엔 원리금균등(CPM)보다 많다.	고정(동일) 단, 대출초기엔 원리금균등(CPM)보다 많다.	점차 감소
원리금균등분할상환 저당대출(CPM)	고정(동일) 단, 대출초기엔 원금균등(CAM)보다 적다.	점차 증가 단, 대출초기엔 원금균등(CAM)보다 적다.	점차 감소

▶ 대출상환액(Monthly Payment)의 비교와 대출잔액(Loan Balance)의 비교 ◀ ★   20·23·25회 출제

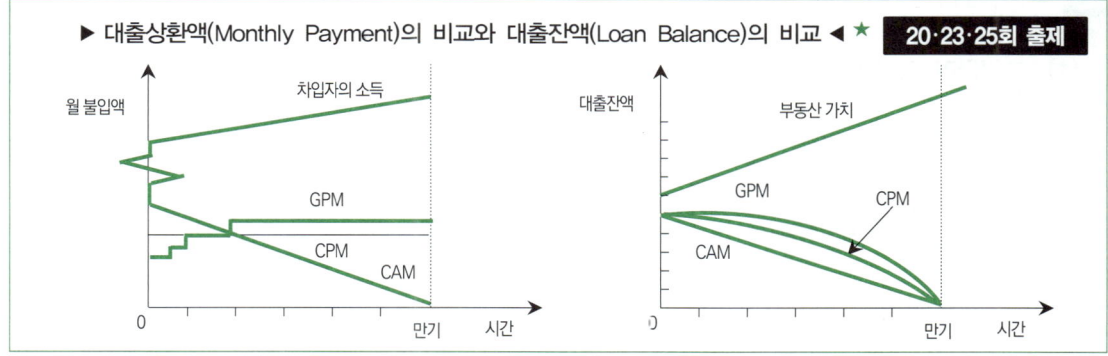

i) CAM(Constant Amortization Mortgage Loan) : 원금균등분할상환 저당대출
ii) CPM(Constant Payment Mortgage Loan) : 원리금균등분할상환 저당대출
〈자료〉 William B. Brueggeman·Jeffrey D. Fisher, *Real Estate Finance Investments*, McGraw-Hill, 2002, p.91.

3) 점증(체증)상환 저당대출(GPM ; Graduated Payment Mortgage) ★★ `15·16·24·25회 출제`

① 대출 후 일정 기간 동안 차입자의 원리금상환액이 점차 증가하는 저당대출이다. 즉, 일정 기간 동안 상환액이 특정비율로 증액되므로 원리금상환액을 초기에는 적게 부담하고 시간의 경과에 따라 부담이 커지는 저당대출 방식이다.
② 대출 초기에 총부채상환비율(DTI)이 낮아서 대출한도를 높여준다.
③ 대출 초기에는 원리금균등식보다 원리금상환액이 적으며 일정 기간 경과 후 원리금균등분할상환 방식으로 전환되는 경우가 많다.
④ 장래 가계수입의 증가가 예상되는 젊은 근로자들에게 유리하다.

4) 계단식 상환 저당대출(SRM ; Stepwise Repayment Mortgage)

① 원리금균등분할상환방식과 점증상환방식의 2가지 방식을 절충한 상품이다.
② 통상 주택건설업자가 분양활성화를 위하여 주택수요자에게 대출해주는 경우가 많다.
③ 주택건설업자는 금융기관으로부터 원리금균등분할상환방식으로 대출을 받은 주택자금을 주택수요자에게 원리금체증식으로 저당대출을 해주는 경우가 많다. 이와 같은 경우 일정 기간 동안 주택건설업자는 주택수요자로부터 받는 원리금보다 많은 원리금을 금융기관에 지급해야 하므로 부(-)의 상환이 이루어진다.
④ 대출 후 일정 기간은 상환액을 원리금균등분할상환 저당대출로 전환하는 선택권을 부여하는 경우도 많다. → 예 5년 또는 10년

(3) 부분할부상환 저당대출 → 금액 분할 방식

대출기간 동안 대출금의 일부에 대해서만 할부상환을 하고, 만기에 남은 원금을 일시에 상환하는 저당대출이다.

→ 기간 분할 방식
(4) 거치식 저당대출(Interest Only 대출)

부동산금융에서 고정금리 및 균등상환으로 많이 활용되는 구조로 거치기간 동안은 이자만 지불하다가 거치기간 이후부터 할부상환하는 방식의 저당대출이다.

2 이자율변동 여부에 의한 구분 ★★ `추가15회 출제`

(1) 고정금리 저당대출 ★★ `14·20·25·26·27회 출제`

1) 의의
전체 대출기간 동안 시장금리의 변동과는 관계없이 고정된(동일한) 이자율을 적용하는 저당대출이다.

2) 고정금리 저당대출의 특징 ★★
① 고정금리 저당대출이 이루어질 경우 차입자가 금리변동의 위험을 피할 수 없다.
② 대출이자율보다 시장이자율이 높아질 경우 대출자에게 금리변동위험에 따른 손실이 발생할 가능성이 있다.
③ 시장이자율보다 대출이자율이 높아질 경우 차입자에게 금리변동위험에 따른 손실이 발생할 가능성이 있다.

④ 일반적으로 주택저당대출은 차입자에게 콜옵션(Call Option : 조기상환권리)이 부여되므로, 차입자에게 금리위험이 발생할 경우 차입자는 조기상환(만기 전 변제)을 함으로써 금리변동위험을 회피하게 된다.

WIDE 콜방어

콜방어 장치	대출자는 조기상환위험을 방지하기 위한 콜방어 장치로, 대출약관에 콜옵션 금지조항이나 조기상환위약금조항을 삽입하는 것이 일반적이다.
콜옵션 금지조항	차입자가 콜옵션을 행사하지 못하도록 하는 약정을 의미하며, 조기상환위약금조항이란 차입자가 조기상환을 할 경우 일정한 위약금을 대출자에게 지급해야 하는 약정을 의미한다.

⑤ 시장이자율보다 대출이자율이 높아지더라도 차입자의 조기상환으로 인해 은행에게 손실이 발생할 가능성이 있는데, 이런 위험을 조기상환위험(만기 전 변제위험)이라고 한다.
⑥ 결국 대출자에게는 금리변동위험과 조기상환위험이 항상 존재한다.
⑦ 차입자의 경우 조기상환이 가능하더라도 조기상환위약금을 부담해야 하므로 시장이자율이 하락할 경우 어느 정도의 금리변동위험을 부담해야 한다.
⑧ 고정금리 저당대출의 경우 대출자와 차입자 모두 금리변동위험을 부담하나, 일반적으로 대출자에게 더 많은 위험이 부가되는 방식이다(금리위험부담의 비대칭).
⑨ 고정금리 저당대출을 할 경우 대출자는 대출이자율에 금리변동위험과 조기상환위험을 포함시키기 때문에 대출이자율이 높아지게 되며, 높은 대출이자율은 대출상품 판매 저하로 인한 수익 감소의 원인이 된다.
⑩ 일반적으로 다른 대출조건이 동일할 때 대출시점에 고정금리 주택담보대출의 금리가 변동금리 주택담보대출의 금리보다 높다.
⑪ 대출금리가 고정금리일 때, 대출시점의 예상 인플레이션보다 실제 인플레이션이 높으면 금융기관에게는 손해이고 차입자에게는 이익이다.

(2) 금리조정 저당대출 = 변동금리 저당대출 ★   16·25회 출제

변동금리 저당대출은 시장이자율의 변동에 따라 대출이자율이 조정되는 방식으로 이자율 변동으로 인한 위험을 차입자에게 전가하여 금융기관의 위험을 줄일 수 있다. 금리조정 저당대출은 다음과 같이 구분된다.

1) **가변이자율저당**(VRM ; Variable-rate Mortgage)
   ① 의의
      ㉠ 미리 약정한 인플레이션 감응지수에 따라 이자율이 변동된다.
      ㉡ 전형적으로 이자율 변동의 빈도와 최대량에 제한을 두며, 이자율 변동은 지불액에 영향을 준다.
   ② **물가연동 금리조정 담보대출**(PLAM ; Price Level Adjusted Mortgage)
      먼저, 실질이자, 위험프리미엄, 기대인플레이션을 정한 후 저당대출 잔고를 물가와 비교 조정하여 가감하므로 상환액은 인플레이션이 조정된 새로운 대출잔고에 대해 계산되는 변동금리 저당대출이다.

2) 조정이자율저당(ARM ; Adjustable-rate Mortgage) `16·20회 출제`

① 의의
㉠ 가변이자율저당처럼 이자율이 변동되나 조정에 적용되는 변수가 다양해 대출자에게 재량권이 많이 부여된다.

㉡ 우리나라에서는 과거 CD(양도성예금증서)금리와 연동하는 경우가 많았다. 즉, CD금리가 상승하면 CD금리를 기준으로 하는 변동금리 주택담보대출의 금리가 상승한다. 이와 같은 CD금리 연동방식은 문제가 있으므로 최근에는 주택담보대출의 주된 기준금리로 활용될 수 있는 코픽스(COFIX; 자금조달비용지수)를 도입하였다.

② 특징
이자율 조정주기가 짧을수록 금융기관은 금리변동위험을 차입자에게 더 전가하게 된다.

3) 재협정이자율 저당대출(RRM ; Renegotiable-rate Mortgage)
이자율이 미리 정해진 지수에 의해 결정되는 것이 아니라 정기적으로 대출기관과 차입자의 재협정에 의해 결정한다. ▶ 보통 3~5년 정도

> **WIDE 변동금리 저당대출**
>
> 변동금리부 주택담보대출 이자율의 조정주기가 짧을수록 이자율 변동의 위험은 대출자에서 차입자로 전가된다.

`17·19·20·23·25·33·34회 출제`

3 주택연금제도 (역저당, 역모기지론, Reverse Mortgage Loan, 「한국주택금융공사법」상의 주택담보노후연금)

(1) 의의
주택연금이란 만 55세 이상의 대한민국 국민(외국인 단독 및 부부 모두 외국인 경우에는 가입 불가)이 소유한 주택을 담보로 제공하고, 평생 혹은 일정 기간 동안 매월 연금방식으로 노후생활자금을 지급받는 국가 보증의 금융상품(역모기지론)이다. 이를 위하여 한국주택금융공사는 연금 가입자를 위해 은행에 보증서를 발급하고 은행은 한국주택금융공사의 보증서에 의해 가입자에게 주택연금을 지급한다. 담보제공 방식은 주택 소유자의 주택에 저당권을 설정하는 '저당권 방식'과 주택소유자와 한국주택금융공사가 체결하는 신탁계약에 따른 '신탁방식'이 있다.

주택연금을 받는 중 담보주택에 저당권 또는 가등기담보권 등 담보물권을 설정하는 행위, 담보주택에 전세권을 설정하는 행위, 담보주택을 임대하는 행위(보증금 없이 순수 월세로 전부 또는 일부 임대, 신탁방식의 보증금 있는 전세, 반전세는 제외) 등 공사의 담보를 침해하는 행위를 할 수 없다.

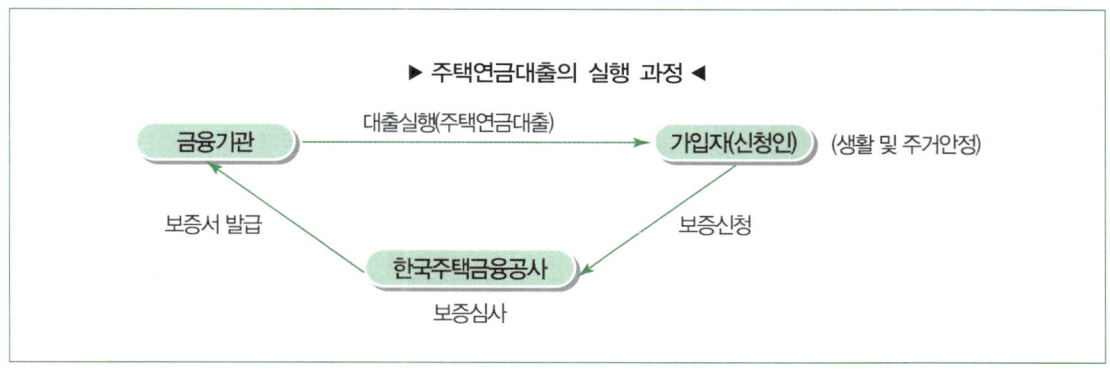

(2) 특 징

1) 보증기한(종신)은 소유자 및 배우자 사망 시까지이며, 이용 도중에 이혼 또는 재혼을 한 경우, 이혼 또는 재혼한 배우자는 주택연금을 받을 수 없다.
2) 주택소유자는 매월 대출금을 분할 지급받으면서, 주택을 이용할 수 있고, 주택을 매도하거나 본인이 사망할 때까지 대출금을 상환할 필요가 없다.
3) 초기보증료는 주택가격의 1.5%를 가입 시 1회만 납부하며, 연 보증료는 보증잔액의 연 0.75%를 매월 취급 금융기관이 가입자 부담으로 공사에 납부하고 이자는 매월 연금지급총액(대출잔액)에 가산되므로 가입자가 직접 현금으로 납부할 필요가 없다.
4) 담보는 1순위 근저당권이 설정되며, 자녀, 형제 등 제3자 소유의 주택을 담보로 하는 주택연금은 이용할 수 없다.
5) 대출이자는 대출잔액에 대하여 가입자가 금융기관과 약정한 금리를 적용하여 납부한다. 이때 기준금리는 '3개월마다 변경되는 CD금리' 또는 '6개월마다 변경되는 코픽스(COFIX) 금리' 중 한 가지를 선택할 수 있다. 이자는 매월 대출잔액에 자동으로 가산되므로 직접 현금으로 납부하지 않아도 된다.
6) 가입 당시 재개발·재건축이 예정된 경우 관리처분계획인가 전 단계까지는 주택연금가입이 가능하며, 이용 도중에 재개발·재건축이 되더라도 주택연금 계약을 유지할 수 있다.
7) 주택연금액의 결정기준은 **부부 중 연소자를 기준으로 하되, 주택연금 가입 시점의 연령, 담보주택의 가격**에 따라서 결정된다.
8) 주택연금 가입자는 언제든지 임의로 대출잔액을 변제하고 연금을 해지할 수는 있으나 3년 간 동일주택으로는 다시 주택연금에 가입할 수 없다.
9) 변제할 금액은 변제일 현재의 주택가격과 대출잔액 중 적은 금액이다. 따라서 주택 처분대금이 대출 상환에 부족하더라도 부족한 부분을 추가로 상환할 필요가 없다.
10) 주택연금을 해지하더라도 초기보증료와 연보증료는 환급이 불가능하다. 그러나 최초 대출 실행일로부터 3년 이내 받은 주택연금을 전액 상환하여 해지하거나 재난으로 주택이 멸실된 경우에는 초기보증료의 일부를 환급받을 수 있다.

▶ 주택연금 상품 비교 ◀

구 분	일반 주택연금	내집연금 3종세트		사전예약 보금자리론
		주택담보대출 상환용 주택연금	우대형 주택연금	
가입연령	주택소유자 또는 배우자가 만 55세 이상		주택소유자 또는 배우자가 기초연금 수급자로서 만 65세 이상	부부 중 1명이 만 40세 이상
가입국적	주택소유자 또는 배우자가 대한민국 국민 (외국인 단독 및 부부 모두 외국인인 경우에는 가입 불가)			• 보금자리론을 신청하면서 주택연금 가입을 사전예약 하고, 주택연금 가입연령에 도달 시 주택연금으로 전환 (55세 이후 전환 희망하는 경우) • 주택연금으로 전환 시 우대금리 누적액을 전환장려금으로 일시에 지급
주택보유	부부기준 공시가격 등5)이 9억원 이하 1주택 소유자 또는 보유주택 공시가격 등의 합산가격 9억원 이하 다주택자 ※ 9억원 초과 2주택자는 3년 이내 비거주 1주택을 처분하는 조건으로 가입가능		부부기준 1.5억원 미만 1주택 소유자	
주택가격	공시가격 9억원 이하		1억 5천만원 미만	
지급방식	종신지급/종신혼합/확정혼합방식	대출상환방식	우대지급/우대혼합방식	
지급유형	정액형/전후후박형 (지급유형 변경 가능)	정액형만 가능(지급유형 변경 불가)		
인출한도	연금지급한도의 50% 이내 수시인출	연금지급한도의 90%까지 일시인출 가능	연금지급한도(대출한도)의 45% 이내 수시인출을 통한 목돈 사용 가능	
인출한도 용도	대부분의 노후생활비 용도 단, 확정기간혼합방식 의무설정한도는 주택관리비, 의료비 용도로만 사용	주택담보대출 상환용으로만 사용 가능	대부분의 노후생활비 용도	
가입비 (초기보증료) 및 연보증료	• 초기 보증료 : 주택가격의 1.5%(대출상환방식의 경우 1.0%)를 가입 시 1회만 납부 • 연보증료 : 보증잔액의 연 0.75%(대출상환방식의 경우 1.0%)를 매월 납부 ※12억 원 초과주택은 12억 원 적용	• 초기 보증료 : 주택가격의 1.0% • 연보증료 : 연금지급총액의 연 1.0%	• 초기 보증료 : 주택가격의 1.5% • 연보증료 : 연금지급총액의 연 0.75%	
고객 인센티브	—	• 대출금리 0.1%p 인하	일반주택연금 대비 월지급금 최대 약 20% 증가6)	
중도상환 수수료	주택연금과 주택담보대출 은행이 동일한 경우, 대출상환금액에 대한 중도상환수수료 면제		—	

5) 공시가격 등은 ①공시가격 → ②시가표준액 → ③시세 또는 감정평가액 순으로 적용
6) 가입 후 추가로 주택을 취득한 경우에는 매월 받는 월지급금이 일반형 주택연금 수준으로 조정됨. 다만, 추가 취득한 주택을 처분할 경우 월지급금은 당초 수준으로 재조정됨

(3) 장·단점

1) 장점

① **평생거주, 평생지급 보장** : 평생 동안 가입자 및 배우자 모두에게 거주를 보장해주며, 부부 중 한 쪽이 사망한 경우에도 연금감액 없이 동일금액의 지급을 보장해 줌

② 중도해지가 가능하며 별도의 중도상환 수수료 없음

③ 국가(한국주택금융공사)가 연금지급을 보증하므로 연금지급 중단 위험이 없음

④ **합리적인 상속과 대출금 상환** : 나중에 부부 모두 사망 후 주택을 처분해서 정산하되, 연금수령액이 주택 처분 가격을 초과하게 되면 공사가 부담하므로 상속인에게 청구하지 않는다. 반대로 주택 처분 가격이 연금지급총액을 초과하면 상속인에게 상속된다.

금액비교	정산방법
주택처분가격 > 연금지급총액	남는 부분은 상속인에게 상속됨
주택처분가격 < 연금지급총액	부족분에 대해서는 한국주택금융공사가 부담함, 따라서 상속인에게 별도 청구 없음

⑤ **세제 혜택**

시기	세제 감면 혜택
저당권 설정 시	등록세(설정금액의 0.2%) 75% 감면
	농어촌 특별세 면제(등록세액의 20%)
	국민주택채권 매입의무 면제(설정금액의 1%)
이용 시	대출이자비용 소득공제(연간 200만원 한도)
	재산세(본세) 25% 감면

⑥ **지급조정**(우대방식)

㉠ 우대지급(혼합)방식을 선택하는 경우에는 고객과 배우자의 보유주택수는 1주택으로 제한되며, 가입 후에도 보유주택수를 조사하여 우대자격여부를 검증한다.

㉡ 공사의 검증 절차에 따라서 주택연금 가입 후 담보주택 외의 주택을 보유한 것을 공사가 확인한 경우에는 6개월 이내에 해당 주택을 처분할 것을 요청하며, 처분하지 않을 경우에는 연금대출(월지급금, 인출한도 등)을 90%수준으로 조정하여 지급한다.

2) 단점

차입자의 부채가 점점 늘어날 뿐만 아니라 연금액이 일정하여 인플레가 발생할 경우 생활이 불안정해질 수 있다.

> **예제** 주택이 3억 원이고, 55세 갑(甲)이 소유한 주택 값의 60%까지 대출해 준다면 갑(甲)은 매월 얼마를 금융기관으로부터 지급받는가? 갑(甲)의 예상수명은 20년이고, 월 이자율은 0.5%이며, 감채기금계수(0.5%, 240개월) = 0.002이다.
>
> **풀이** 지급금액 = (3억원 × 60%) × 감채기금계수(0.5%, 240개월)
> = 1억 8천만원 × 0.002
> = 36만원
>
> ☞ 36만원

(4) 이용자격

1) **가입 가능 연령**

주택소유자 또는 배우자가 만 55세 이상(근저당권 설정일 기준)이어야 하며, 부부 중 1명은 대한민국 국민이어야 한다.

※ 확정기간방식은 주택소유자 또는 배우자가 만 60세 이상인 자 중 연소자가 만 55세~만 74세이어야 함
※ 우대방식은 주택소유자 또는 배우자가 만65세 이상(기초연금 수급자)

2) **주택 보유수**

다음 중 하나에 해당할 것(부부기준)

① 부부기준 공시가격 등이 9억원 이하 주택소유자
- 다주택자라도 공시가격 등의 합산가격이 9억원 이하이면 가능
- 공시가격 등이 9억원 초과 2주택자는 3년 이내 1주택을 처분하면 가입 가능

※ 단, 주거목적 오피스텔의 경우, 주택연금에 가입하려고 하는 주거목적 오피스텔만 주택보유수에 포함

② **우대방식의 경우 1.5억원 미만 1주택자만 가입 가능**

(5) 대상주택

1) 「부동산 가격공시에 관한 법률」에 따라 공시 또는 고시되는 가격이 9억원 이하인 주택 및 지방자치단체에 신고된 노인복지주택, 주거목적 오피스텔(상가 등 복합용도주택은 전체 면적 중 주택이 차지하는 면적이 1/2 이상인 경우 가입가능, 단, 신탁방식으로 가입 시에는 불가)

※ 확정기간방식은 노인복지주택 제외
※ 농지법 상 농업인 주택 및 어업인 주택 등 주택 소유자의 자격이 제한되는 주택은 신탁방식 주택연금으로 가입불가

2) 우대방식의 경우 1.5억원 이하 주택만 가입 가능

주택유형 및 지급방식	종신방식/대출상환방식/우대방식	확정기간방식
일반주택(단독, 아파트, 연립, 다세대 등)	가입 가능	
노인복지주택(지자체에 신고된 주택에 한함)	가입 가능	가입 불가
복합용도주택(상가와 주택이 같이 있는 건물)	가입가능(단, 등기사항증명서상 주택이 차지하는 면적이 1/2 이상)	

(6) 거주요건

1) 주택연금 가입주택을 가입자 또는 배우자가 실제 거주지로 이용하고 있어야 한다.
2) 해당 주택을 전세 또는 월세로 주고 있는 경우 가입 불가(단, 부부 중 한 명이 거주하며 주택의 일부를 보증금 없이 월세로 주고 있는 경우 가입 가능하며, 신탁방식 주택연금의 경우 보증금이 있더라도 보증금에 해당하는 금액을 공사가 지정하는 계좌로 입금하는 경우 가입 가능)

(7) 채무관계자의 자격요건

1) 채무관계자(주택소유자 및 배우자)는 의사능력 및 행위능력이 있어야 주택연금 가입이 가능하다.
2) 채무관계자가 치매 등의 이유로 의사능력 또는 행위능력이 없거나 부족한 경우, 보호자는 '성년후견제도'를 이용할 수 있다.

제6장 부동산금융론

(8) 주택연금 지급방식

1) **종신방식** : 담보주택에 평생 거주하면서 월지급금을 평생 수령하는 방식
   ① 주택연금 가입 시 연령과 주택가격에 따라 한번 정해진 월수령액을 평생 받는 방식
   ② 인출한도 설정 없이 매월 연금형태로 지급받는 방식
   ③ 인출한도는 주택연금 가입 후에도 설정할 수 있으나, 주택 구입, 임차자금의 용도로는 이용 불가

2) **종신혼합방식** : 인출한도 설정 후 한도 범위 내에서 수시로 찾아 사용하고 나머지 부분을 월지급금으로 종신토록 지급받는 방식

3) **확정기간방식** : 인출한도 설정 없이 미리 정한 기간만 연금형태로 지급하는 방식
   ① 연금수령을 평생이 아닌 일정기간(10년·15년·20년·25년·30년)을 선택하여 해당기간만 받는 방식으로 지급유형은 정액형만 있음
   ② 75세 이상은 확정기간 이용 불가(부부 중 연소자 기준)

4) **확정기간혼합방식** : 인출한도 설정 후, 한도 범위 내에서 수시로 찾아 사용하며 미리 정한 기간만 연금을 수령하는 방식

5) **대출상환방식** : 주택담보대출 상환용으로 인출한도 범위 안에서 일시에 찾아 쓰고 나머지 부분을 월지급금으로 종신토록 지급받는 방식

6) **우대방식** : 주택소유자 또는 배우자가 기초연금 수급자이고 부부 기준 2억 원 미만 1주택 보유 시 종신방식(정액형만 가능)보다 월지급금을 약 21% 많은 월지급금을 지급받는 방식
   ㉠ **우대지급방식** : 인출한도 설정 없이 우대받은 연금만을 종신토록 지급받는 방식
   ㉡ **우대혼합방식** : 인출한도(대출한도의 45% 이내) 설정 후 나머지 부분을 우대받은 연금으로 종신토록 지급받는 방식 ∴ 연금 이외 목돈도 수령가능

※ 이용기간 중 아래의 경우 지급방식 간 변경이 가능하다.
- 종신지급 ↔ 종신혼합 간
- 우대지급 ↔ 우대혼합 간
- 우대형 전환 요건을 모두 충족한 경우, 종신지급(혼합) ↔ 우대지급(혼합) 간

(9) 월지급금 지급유형

기존에 종신지급(혼합)방식 중 정액형으로 가입한 고객은 '초기 증액형' 또는 '정기 증액형'으로 전환이 가능하다. 다만, 최초 월지급금 지급일로부터 3년 이내에 1회에 한하여 허용된다.
- 주택연금지급 방식이 '종신방식'인 경우의 월지급금 지급유형: '정액형', '초기증액형', '정기증가형'
- 주택연금지급 방식이 '확정기간방식', '우대방식', '대출상환방식'인 경우의 월지급금 지급유형: '정액형'

1) 정액형
평생 동안 동일한 금액으로 수령하는 방식

2) 초기 증액형
가입 초기 일정 기간 동안(예, 10년)은 정액형보다 많이 수령하고 그 기간(11년) 이후에는 초기 월지급금의 70% 수준으로 감액된 금액을 수령하는 방식

3) 정기 증가형
매 3년마다 4.5%씩 일정하게 증가한 금액을 수령하는 방식

(10) 주택연금지킴이 통장

주택연금 월지급금만 입금되는 주택연금 전용통장을 말하며, 통장에 입금된 월지급금에 대해서는 압류가 금지된다. 주택연금이 185만 원을 넘는 주택연금 수령자도 주택연금지킴이 통장 개설은 가능하나, 185만 원 이하의 금액만 입금 가능하다.

(11) 대출한도 및 인출한도

1) 대출한도
가입자가 100세까지 지급받을 연금대출액을 현재시점의 가치로 환산한 금액이다.

2) 인출한도
① 종신혼합방식, 확정기간혼합방식: 대출한도의 50% 이내
② 대출상환방식: 50%초과 90% 이내
③ 우대혼합방식: 45% 이내를 인출한도로 설정하여 목돈으로 사용 가능
  * 인출한도를 설정한 만큼 월지급금이 적어진다.

3) 인출한도 용도
담보주택의 선순위 주택담보대출 상환용도, 담보주택에 대한 임대차보증금 반환용도, 의료비, 교육비, 주택유지수선비 등

(12) 주택연금 지급정지사유(= 주택연금보증채무의 이행청구사유)

금융기관은 주택연금을 받은 사람의 사망 및 배우자의 사망 등 다음의 사유가 발생한 경우에는 주택연금의 지급을 정지(종료)함과 동시에, 한국주택금융공사에 대하여 주택연금보증채무의 이행을 청구할 수 있다.

1) 부부 모두 사망한 경우 : 가입자만 사망한 경우에는 배우자가 채무인수 후 계속 이용 가능
2) 부부 모두 주민등록을 이전한 경우 : 가입자와 배우자 모두 주민등록상 주소지가 담보주택 주소지와 다른 것으로 확인된 경우
3) 장기 미거주의 경우 : 부부 모두 1년 이상 계속하여 담보주택에서 거주하지 않는 경우
4) 주택 소유권을 상실하는 경우 : 매각, 양도로 소유권 이전, 화재 등으로 주택 소실 등
5) 처분조건약정 미이행 및 주택의 용도 외 사용 : 일시적 2주택자로 가입 후 최초 주택연금 지급일로부터 3년 내 주택 미처분 등
6) 주거목적 오피스텔을 주거목적으로 사용하지 않는 등
7) 주택연금 가입자의 지급정지 요청 시
8) 상환조건 미이행 시
9) 담보증액 요구 불응 시
10) 재건축의 경우 청산금 수령 시
11) 근저당·신탁 취소 시
12) 회생절차 개시 시
13) 신탁계약 위반 시(신탁방식에만 해당)

(13) 주택연금보증채무의 이행청구 사유

1) 주택연금 가입자와 배우자가 모두 사망한 경우
2) 담보제공 방식이 신탁방식인 경우로서 신탁계약을 위반한 경우
3) 주택연금 가입자가 사망한 후 배우자가 채무를 인수하지 않은 경우
4) 주택연금을 받은 사람과 배우자가 담보주택에서 다른 장소로 주민등록을 이전한 경우
5) 주택연금을 받은 사람과 배우자가 1년 이상 계속하여 담보주택에서 거주하지 않은 경우
6) 주택연금을 받은 사람이 담보주택의 소유권을 상실한 경우
7) 주택연금대출의 원리금이 저당권의 채권최고액 또는 신탁계약에 따른 신탁 수익권의 한도액을 초과할 것으로 예상되는 경우로서 금융기관이나 공사의 채권최고액 변경요구에 따르지 않는 경우

(14) 주택담보노후연금채권 등의 행사범위

1) 원칙적으로 주택연금채권 및 공사의 주택연금보증채무 이행으로 인한 구상권은 주택담보노후연금채권을 담보한 대상주택에 대하여만 행사할 수 있다.
2) 예외적으로 1)의 경우에도 불구하고 저당권 또는 신탁수익권에 우선하는 다음의 어느 하나에 해당하는 사유로 공사와 금융기관이 담보주택에서 회수하지 못하는 금액에 대하여는 채무자의 다른 재산에 대하여도 주택연금채권 및 구상권을 행사할 수 있다.
   ① 「국세기본법」 및 「지방세기본법」에 따른 조세채권
   ② 「근로기준법」 및 「근로자퇴직급여 보장법」에 따른 임금, 재해보상금 및 퇴직금 채권
   ③ 주택연금을 받은 사람의 사망 등 계약해지 사유가 발생한 후에 지급된 주택연금 지급액
   ④ 주택연금을 받은 사람의 고의 또는 중과실에 의하여 담보주택이 훼손되어 회수하지 못하는 금액

제2절 부동산증권론

제1관 부동산유동화와 증권화

01 자산유동화

1 자산유동화의 의의 〔30·33회 출제〕

자산유동화란 금융기관 또는 기업이 보유한 유동성이 낮은 자산을 증권화하고, 이 증권(유동화증권)을 매각하여 자금을 조달하는 금융기법을 말한다. 자산유동화제도(ABS제도)는 부동산 등 자산의 유동성 제고를 위해 1998년 9월 발효된 「자산유동화에 관한 법률」에 의해 제도화되었다.

2 자산유동화 행위의 종류

1) 유동화전문회사가 자산보유자로부터 유동화자산을 양도받아 이를 기초로 유동화증권을 발행하고, 당해 유동화자산의 관리·운용·처분에 의한 수익이나 차입금 등으로 유동화증권의 원리금 또는 배당금을 지급하는 일련의 행위

2) 신탁업자가 자산보유자로부터 유동화자산을 신탁받아 이를 기초로 유동화증권을 발행하고, 당해 유동화자산의 관리·운용·처분에 의한 수익이나 차입금등으로 유동화증권의 수익금을 지급하는 일련의 행위

3) 신탁업자가 유동화증권을 발행하여 신탁받은 금전으로 자산보유자로부터 유동화자산을 양도받아 당해 유동화자산의 관리·운용·처분에 의한 수익이나 차입금 등으로 유동화증권의 수익금을 지급하는 일련의 행위

4) 유동화전문회사 또는 신탁업자가 다른 유동화전문회사 또는 신탁업자로부터 유동화자산 또는 이를 기초로 발행된 유동화증권을 양도 또는 신탁받아 이를 기초로 하여 유동화증권을 발행하고 당초에 양도 또는 신탁받은 유동화자산 또는 유동화증권의 관리·운용·처분에 의한 수익이나 차입금 등으로 자기가 발행한 유동화증권의 원리금·배당금 또는 수익금을 지급하는 일련의 행위

제6장 부동산금융론

3 유동화자산의 양도방식과 자산유동화계획   [33회 출제]

1) 유동화자산이란 자산유동화의 대상이 되는 자산으로 채권이나 부동산 기타 주택저당채권(mortgage), 자동차할부금융채권, 카드할부금융채권 등의 재산권도 포함된다.

2) 유동화자산의 양도는 자산유동화계획에 따라 다음의 방식에 의한다.
   ① 매매 또는 교환에 의할 것
   ② 유동화자산에 대한 수익권 및 처분권은 양수인이 가질 것
   ③ 양도인은 유동화자산에 대한 반환청구권을 가지지 아니하고, 양수인은 유동화자산에 대한 대가의 반환청구권을 가지지 아니할 것
   ④ 양수인이 양도된 자산에 관한 위험을 인수할 것

02 ABS(자산담보부증권)의 유동화제도

1 ABS(자산담보부증권)

ABS란 유동화자산을 기초로 하여 자산유동화계획에 따라 발행되는 출자증권·사채·수익증권, 기타의 증권 또는 증서를 말한다(「자산유동화에 관한 법률」제2조 제4호).

2 우리나라의 ABS제도 ★

우리나라에서의 자산유동화는 1998년 9월 발효된 「자산유동화에 관한 법률」에 의해 제도화되었다. 동 법률에서는 자산유동화 대상 자산에 부동산을 포함시킴으로써 부동산을 근거로 하는 채권 또는 수익증권의 발행이 가능하도록 하고 있다.

(1) 유동화전문회사

1) 「자산유동화에 관한 법률」이 정한 '유한회사'이며, 이 법에 달리 정함이 있는 경우를 제외하고는 「상법」의 규정을 적용한다.
2) 유동화전문회사는 「자산유동화에 관한 법률」의 적용을 받고자 하는 경우에는 자산유동화계획별로 1개에 한하여 금융위원회에 등록하여 설립되는 특수목적회사(SPC ; special purpose company)이다.
3) 유동화전문회사는 본점 외의 영업소를 설치할 수 없으며, 직원을 고용할 수 없는 형식적 회사(paper company, 명목회사)로 규정되어 있다. 이와 같은 형식적 회사를 도관체(導管體)라고도 한다.
4) 유동화전문회사는 다른 회사와 합병하거나 다른 회사로 조직을 변경할 수 없다.
5) 유동화전문회사는 자산유동화에 따른 투자자 보호차원에서 법정업무 외의 업무를 영위할 수 없다.

(2) 유동화전문회사의 업무
1) 유동화자산의 양수·양도 또는 다른 신탁업자에의 위탁
2) 유동화자산의 관리·운용 및 처분
3) 유동화증권의 발행 및 상환
4) 자산유동화계획의 수행에 필요한 계약의 체결
5) 유동화증권의 상환 등에 필요한 자금의 일시적인 차입
6) 여유자금의 투자
7) 기타 ① 내지 ⑥의 업무에 부수하는 업무

(3) 유동화자산
자산유동화의 대상이 되는 채권·부동산 기타의 재산권을 말한다(「자산유동화에 관한 법률」 제2조 제3호).

(4) 유동화증권
유동화자산을 기초로 하여 자산유동화계획에 따라 발행되는 출자증권·사채·수익증권 기타의 증권 또는 증서를 말한다(「자산유동화에 관한 법률」 제2조 제4호).

03 주택저당채권의 유동화

1 주택저당채권유동화제도

금융기관이 주택자금을 대출한 후 보유하게 되는 주택저당채권을 직접 매각 또는 증권화 또는 채권화하여 대출자금을 회수하는 방법을 의미한다.

2 주택저당채권유동화의 효과 ★   13·추가15·21·30회 출제

(1) 일반적 효과
1) 유동화를 통하여 주택대출자금이 많아진 1차 대출기관은 주택담보대출 규모를 확대할 수 있다.
2) 주택금융시장이 활성화되고, 경쟁이 촉진되며 다양한 상품개발 및 합리적인 대출조건의 설정 및 운용으로 주택을 구입할 경우 대부비율(LTV)이 증가될 수 있다.
3) 대출기관은 금리와 기간 측면에서 소비자에게 더 유리한 조건의 대출상품을 제공할 수 있다.
4) 금융기관들이 다양한 주택대출상품을 제공할 수 있어서 소비자들의 대출기관 선택이 다양화될 수 있다.
5) 투자자가 자산포트폴리오를 선택할 수 있는 대안적 수단을 제공해 준다.
6) 금융투자상품시장 등 다른 자본시장이 침체기에 있을 때, 자금 흐름의 왜곡을 막을 수 있는 제도적 장치로서 유용한 역할을 한다.

(2) 대출기관의 효과
1) 자기자본비율(BIS) 제고가 가능하기 때문에 재무건전성이 강화될 수 있다.
2) 대출에 따른 신용위험, 자금조달과 운용간의 만기불일치, 금리변동위험부담을 경감시킬 수 있다.
3) 자산관리위탁으로 안정적인 수수료 수익이 확보될 수 있다.
4) 자금회전율이 높아지기 때문에 주택금융의 규모가 지속적으로 늘어날 수 있다.
5) 주택금융을 지원하기 위한 자금조달 여건이 더욱 양호해질 것이다.

(3) 개인 및 기관투자가의 효과
1) 다양한 MBS 상품에 투자할 경우 상대적으로 안정적인 수익을 얻을 수 있다.
2) 여러 형태의 투자목적에 합당한 투자상품을 만들 수 있다. → 자산포트폴리오 구성을 다양화시킴
3) 유동화회사에 있어 신용도가 높아지면 투자상품의 안전성이 높아진다.

04 저당유동화시장

11·12·25회 출제

1 1차 저당시장

(1) 의 의
1) 저당대부를 원하는 수요자와 저당대부를 제공하는 금융기관으로 이루어지는 시장이다.
2) 대출자가 주택자금을 차입자에게 직접 공급하는 시장으로 주택저당채권(Mortgage)이 최초로 발생되는 단계이다.

(2) 자금을 공급하는 금융기관으로는 저축대부조합, 상호저축은행, 상업은행 등 주로 예금수취기관들이며 생명보험회사도 저당대출시장에 참여하고 있다.

(3) 1차 저당시장의 저당채권은 대출기관의 자산으로 보유하거나 2차 저당시장에 매각한다.

2 2차 저당시장

(1) 의 의
1) 저당대출기관으로부터 저당채권(Mortgage)을 매입하거나 유동화전문회사가 발행한 MBS에 투자하는 투자자로 구성되는 저당의 유통시장을 의미한다.
2) 자산형태의 저당채권을 다른 기관투자자 등에게 매각하여 신규대출 재원으로 활용하는 과정을 2차 저당시장이라 한다.

(2) 2차 저당시장은 매각자인 대출기관과 매입자인 투자가, 이 둘을 연결하는 2차 저당시장기구인 유동화 중개기관으로 구성된다.

(3) 우리나라에서는 저당유동화 중개기관으로 '한국주택금융공사'가 설립되어 운용되고 있다.
(4) 부동산을 담보로 대출받은 원래의 저당차입자와는 직접적인 관계없이 별도로 형성되는 시장으로 저당채권의 유동화에 결정적인 역할을 한다.
(5) 선진국의 경우 2차 저당시장의 발달은 대출기관의 융자여력을 높여서 주택금융을 활성화하는데 크게 기여하였다.
(6) 2차 저당시장이 활성화되기 위해서는 주택대출 상품과 대출심사 기준을 표준화하는 것이 필요하다.
(7) 우리나라는 2차 저당시장에서 유동화중개기관 역할을 하는 한국주택금융공사에 의해 저당대출유동화가 이루어지고 있다.

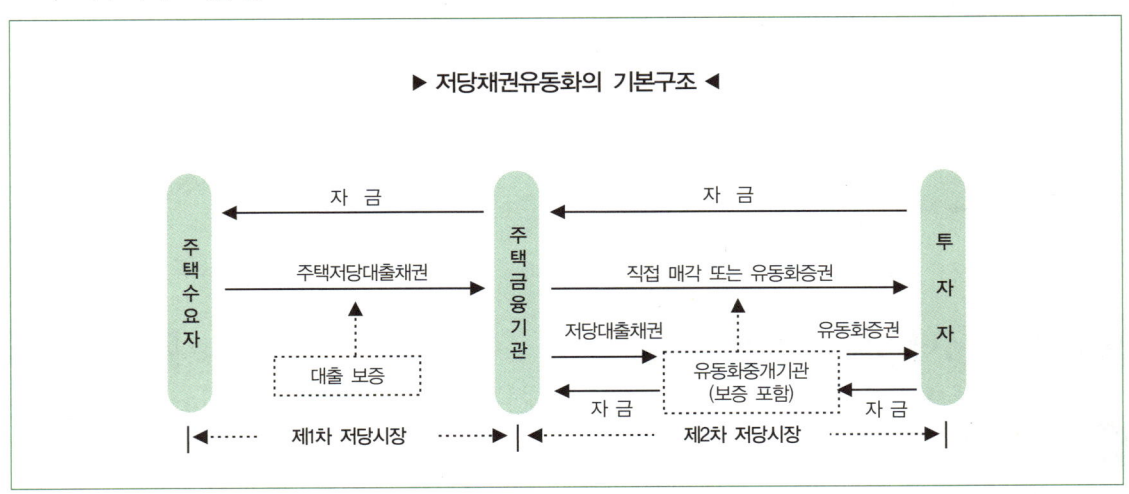

05 한국주택금융공사

1 설립 목적

주택저당채권 등의 유동화(流動化)와 주택금융 신용보증 및 주택담보노후연금보증 업무를 수행하게 함으로써 주택금융 등의 장기적·안정적 공급을 촉진하여 국민의 복지증진과 국민경제의 발전에 이바지하기 위하여 설립하였다.

2 주요 업무(법 제22조) ★

(1) 채권유동화
(2) 채권보유

제6장 부동산금융론

(3) 다음의 증권에 대한 지급보증
  1) 주택저당증권
  2) 학자금대출증권
  3) 유동화전문회사등이 주택저당채권을 유동화자산으로 하여 발행한 주택저당담보부증권
(4) 금융기관에 대한 신용공여(信用供與)
(5) 주택저당채권 또는 학자금대출채권에 대한 평가 및 실사(實査)
(6) 기금·계정의 관리 및 운용
(7) 신용보증
(8) 신용보증채무의 이행 및 구상권(求償權)의 행사
(9) 주택연금보증
(10) 주택연금채권의 이행 및 구상권의 행사
(11) 주택연금채권의 양수 및 보유와 이에 따른 주택연금의 지급
(12) 신용조사 및 신용정보의 종합관리
(13) 주택금융에 관한 조사·연구 및 통계자료의 수집·작성과 국내외 유관기관과의 교류·협력
(14) 위의 업무에 딸린 업무로서 금융위원회의 승인을 받은 업무

3 자본금과 법인격

한국주택금융공사는 법인으로 하며, 공사의 자본금은 5조원으로 하고, 정부 및 한국은행이 출자한다. 공사는「한국주택금융공사법」및「공공기관의 운영에 관한 법률」과 정관으로 정하는 바에 따라 운영한다(법 제3조 및 제5조).

4 주택금융신용보증

(1) **주택금융신용보증기금의 설치**(법 제55조)
  신용보증을 통한 주택금융의 활성화를 위하여 공사에 주택금융신용보증기금을 설치한다.

(2) **주택금융신용보증기금의 용도**(법 제57조, 시행령 제34조 참조)
  주택금융신용보증기금의 용도는 신용보증채무의 이행, 차입금의 원리금 상환, 기금의 조성·운용 및 관리를 위한 경비, 기금의 육성을 위한 연구·개발, 주택정보의 상담 및 제공사업, 주택사업자 등에 대한 경영 및 기술지도 사업에 사용된다.

(3) **주택금융신용보증업무**(법 제2조 제8호, 제38조, 제39조 및 제43조, 영 제28조)
  1) 주택수요자가 주택을 건축·구입·임차(전세포함) 또는 개량하거나 이에 들어간 자금을 보전하기 위하여 금융기관으로부터 대출을 받는 경우에 신용보증을 한다.
  2) 주택사업자가 주택수요자에게 분양 또는 임대를 목적으로 주택을 건설하거나 구입하기 위하여 금융기관으로부터 대출을 받는 경우에 신용보증을 한다.

제2편 부동산학각론

3) 공사가 신용보증을 할 수 있는 한도는 기본재산과 기금의 적립금 금액을 합산한 금액의 40배를 초과하지 않은 범위 안에서 대통령령으로 정하는 금액을 한도로 하고 있다. 대통령령으로 정하는 금액은 기본재산과 기금의 적립금 금액을 합한 금액(총신용보증재원)의 30배로 한다.
4) 신용보증 받은 자의 채권자는 채무불이행 사유가 발생한 때에 공사에 대하여 그 신용보증채무의 이행을 청구할 수 있으며 공사는 주채무 및 이자 등 종속채무에 대하여 보증채무를 이행하고 구상채권을 취득하여 이를 관리하도록 한다.

06 주택저당유동화 방법[7] ★★

1 주택저당이체증권(MPTS, Mortgage Pass-Through securities) — 지분형 MBS ★

(1) 의 의 〔24회 출제〕
저당대출에서 발생하는 현금흐름에 대한 지분과 저당대출의 소유권을 모두 투자자에게 매각하는 방식이다.

(2) 특 징
1) 지분형 MBS에서 발행되는 증권을 '주택저당이체증권(MPTs)'이라 한다.
2) 모저당의 위험(조기상환위험)이 투자자에게 이전되므로 투자자에게는 고위험에 따른 고수익이 제공된다.
3) 이체증권의 발행자는 저당지불액을 투자자에게 이전하고 주택저당채권의 집합물(mortgage pool)을 관리한 대가로 수수료를 받는다.

2 주택저당담보부채권(MBB, Mortgage Backed Bonds) — 채권형 MBS ★   〔20·21·22·24회 출제〕

(1) 의 의
모저당(저당채권)의 현금흐름과 소유권을 발행기관이 가지면서, 저당대출을 담보로 하여 자신의 부채로 채권을 발행하는 유동화방법을 말한다.

(2) 특 징
1) 채권형 MBS에서 발행되는 채권을 '주택저당담보부채권(MBB)'이라 한다.
2) MBB는 최초의 주택저당채권 집합물(모저당)을 담보로 새로운 채권을 발행하는 방법이므로, 모저당의 소유권은 투자자가 아닌 발행기관이 보유한다.
3) 주택저당채권의 집합물(모저당)의 위험(금리위험·조기상환위험)을 발행기관이 부담한다. 따라서 투자자에게는 저위험에 따른 저수익이 제공된다.

---
7) 이성근, 부동산금융론, 부동산경제연구원, 2003, pp.215~216 참조

3 저당대출원리금이체채권(MPTBs, Mortgage Pay-Through Bonds) – 지분·채권혼합형 MBS ★   `22·24회 출제`

(1) 의 의
1) MPTBs는 지분형과 채권형의 특성이 결합된 형태의 유동화 방법이다.
2) 지분·채권혼합형 MBS에서 발행되는 채권을 '저당대출원리금이체채권(MPTBs)'이라 한다.
3) 발행기관이 MPTs를 담보로 하여 채권을 발행하면서 주택저당권은 보유하고 투자자에게 원리금 수취에 따른 지분권을 이전하는 주택저당채권을 말한다.

(2) 특 징
1) 저당대출집합의 현금흐름은 지분형 MBS와 마찬가지로 투자자에게 이체된다.
2) 저당대출의 소유권은 채권형 MBS와 마찬가지로 발행기관이 가지게 된다.
3) 지분·채권혼합형 MBS는 이처럼 저당대출에서 발생하는 현금흐름(원리금상환액)이 투자자에게 이체되지만 기본적으로 채권의 성격을 가지고 있다는 점을 반영하여 '저당대출원리금이체채권(MPTBs)'이라 한다.

4 다계층채권(CMO; Collateralized Mortgage Obligations) ★★   `15·16·26·28회 출제`

(1) 의 의
1) 다계층채권(다계층저당채권, 저당채권담보부 다계층채권)은 저당채권의 집합(Mortgage Pool)을 담보로 존속시기가 다른 여러 개의 저당채권을 만든 것으로 지분·채권 혼합형 MBS의 성질을 가지고 있다.
   ① 발행자는 저당채권집합에 대한 소유권을 갖고 이를 담보로 다양한 채권을 발행한다.
   ② 투자자에게 원리금이체권이 있으므로 조기상환의 위험은 투자자가 부담하게 된다.
   ③ 위험의 분산과 다양한 투자욕구를 충족하기 위해서 하나의 주택저당채권의 집합에서 만기와 이자율을 다양화한 여러 가지 종류의 채권을 발행한다.
2) 우리나라에서 발행된 주택저당증권은 대부분 다계층채권이다.

(2) 특 징 ★   `15회 출제`
1) 하나의 주택저당채권의 집합에서 만기와 이자율을 다양화한 각 그룹인 트랜치(tranche)를 만들고, 투자자에게 트랜치별로 다양한 수익률, 위험, 보상 기회가 주어진다.
2) 트랜치의 개수는 제한이 없으며, 선순위 트랜치보다 위험이 큰 후순위 트랜치의 수익률이 더 높다.
3) Z-트랜치는 선순위에 있는 트랜치의 전부 또는 일부에 모두 지불이 완료된 이후에 마지막으로 원금과 이자를 한 번에 지불받는 형식이다.
4) 장기투자자들이 원하는 콜방어(call protection)를 실현시킬 수 있다.

▶ MBS의 종류별 특징 ◀

MBS의 종류	MPTS	MBB	MPTBs, CMO
구 분	지분형	채권형	혼합형
저당채권의 소유권	투자자 보유	발행자 보유	발행자 보유
원리금수취권과 조기상환 위험 부담	투자자 보유	발행자 보유	투자자 보유
위험과 수익률	고위험 고수익	저위험 저수익	중간

제2관 부동산자금조달의 형태

01 부동산신디케이트(Syndicate)

1 의 의 ★

부동산신디케이트란 여러 명의 투자자들이 모은 자금으로 특정한 하나 또는 다수의 부동산에 투자하는 전형적인 직접 투자방법을 의미한다.

 수수료

부동산의 취득, 관리, 판매업무를 수행함으로써 신디케이트는 수수료를 받는다.

2 장·단점 ★

(1) 장 점
  1) 부동산에 대한 직접적인 관리
  2) 투자의 단순성 등

(2) 단 점
  1) **비유동성**
     신디케이트는 조기 상환이 어렵기 때문에 일반적으로 모든 투자자들이 동시에 매입하고 함께 매각한다.
  2) **높은 거래비용**
     리츠(REITs)와는 달리 세제 혜택이 없다.
  3) **다액의 자금소요**
     부동산투자에 소요되는 자금을 모두 필요로 한다.

제6장 부동산금융론

02 프로젝트 파이낸싱(PF) ★★   12·20회 출제
→ 프로젝트 렌딩이라고도 함

1 의 의 ★   12회 출제

(1) 프로젝트 파이낸싱이란 협의로는 프로젝트 자체의 경제성에 기초하여 소요자금을 조달하는 금융기법으로 자금 공여자가 특정 프로젝트의 수익에 의한 현금흐름을 1차적 대출금 회수원으로 하고 그 프로젝트의 자산을 담보로 하는 금융이다.

(2) 프로젝트 파이낸싱이란 일반적으로 모기업에서 독립된 프로젝트 회사의 미래현금 흐름과 수익 등 경제성을 상환재원으로 삼고, 계획사업의 자산 및 모기업과 이해관계자의 장기운용계약 등을 담보하여 계획사업 추진에 소요되는 대규모 자금을 조달하는 것이다.

(3) 통상 프로젝트 파이낸싱은 융자은행이 모회사의 보증없이 차주인 프로젝트 회사에 자금을 빌려준 뒤 향후 사업자체에서 발생하는 수익으로 대출금을 상환받는 금융형태로 이루어진다. 그러나 때에 따라서는 모기업의 제한적인 범위 내에서 보증을 제공하기도 한다.

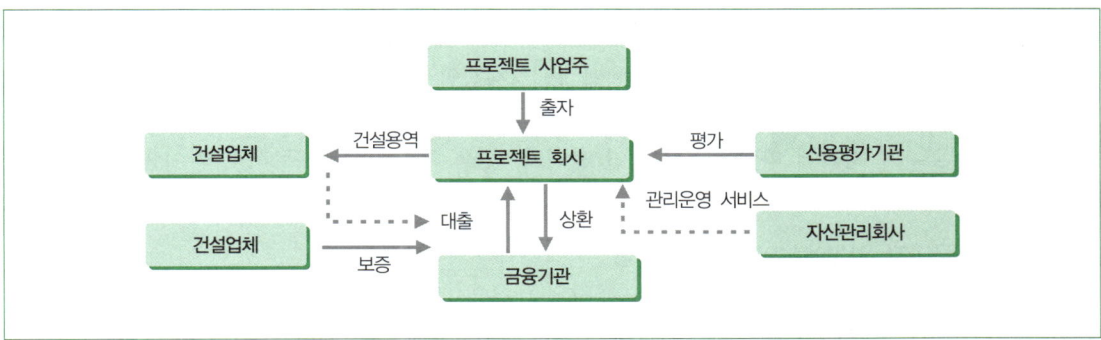

2 프로젝트 파이낸싱의 특징 ★   22·29회 출제

(1) 전통적 대출과의 차이점

1) 부외 금융(簿外金融)으로서 프로젝트 스폰서(Project Sponsor)사의 신용수준에서 허용되는 대출규모 이상의 부채조달을 가능케 한다.

2) 프로젝트 렌딩(Project Lending)은 주로 당해 프로젝트에서 발생되는 현금수익(Cash Flow)에 근거하여 실시되고 채권확보도 원칙적으로 프로젝트수익과 프로젝트설비 등 관련자산에만 의존하게 된다.

3) 프로젝트 파이낸싱의 경우는 당해 프로젝트의 규모가 거대해서 소요 투자액의 규모와 프로젝트에 내포된 위험이 크다. 그러므로 자금공여가 단일은행에 의해서 실시되는 경우가 드물고 주로 복수자금공여자로 구성된 자금공여단(資金供與團)에 의하여 이루어진다.

4) 프로젝트 위험의 분산 내지는 감소를 위하여 프로젝트 스폰서(Project Sponsor)사나 원료공급자, 프로젝트 생산물의 구매자 및 관련정부기관 등의 제3자에 의한 직접·간접의 다양한 보증이나 계약이 이루어진다.

(2) 일반적 특징 ★

1) 해당 사업의 수익성을 담보로 자금을 조달한다.
2) 해당프로젝트와 해당 프로젝트에서 발생할 현금흐름(Cash Flow)을 주된 채무변제의 재원으로 한다.
3) 다양한 사업주체가 해당 사업에 참여하고 이해당사자 간에는 위험의 분산이 가능하다.
4) 사업주의 물적 담보가 아니므로 개인적인 채무가 없는 비소구(非訴求) 금융방식이다. → 제한적 소구 금융방식
5) 공사기간이 장기간 진행되는 대형개발사업에 적합하다.
6) 계약 및 금융절차가 복잡하다.
7) 자금조달을 위한 보다 많은 시간과 비용이 소요되므로 금융비용이 상대적으로 높다.
8) 사업주가 아닌 사업시행회사(프로젝트회사)에서 대출을 받으므로 사업주의 개인적인 채무가 없는 부외금융(簿外金融)이다.
9) 자금관리는 위탁계좌에 의한다.

(3) 경제적 특징

1) **프로젝트 스폰서사 입장에서의 경제적 특징**

    실질적인 차입자로서 프로젝트를 개발·운영하는 프로젝트 스폰서(Project Sponsor)사의 입장에서의 경제적 특징은 다음과 같다.

    ① 프로젝트 파이낸싱은 스폰서(Sponsor)사에 부채 수용력의 제고(Higher Leverage), 프로젝트 위험부담의 감소 및 세제상의 혜택 등 경제적인 이점을 준다.
    ② 일반대출에 비해 상대적으로 높은 차입금리의 부담과 일정액의 사전 지급수수료(Frontend Fees)의 지급에 따르는 경제적인 불리가 있을 수 있으나, 프로젝트 파이낸싱이 주는 재무상의 융통성이나 소구권행사의 혜택 등에 따른 위험감소의 효과가 있다.

2) **자금공여자 입장에서의 경제적 특징**

    자금공여자의 입장에서 본 경제적 특징은 다음과 같다.

    ① 일반적인 대출이나 국제수지보전을 위한 자금공여보다는 경제성 있는 특정 프로젝트에 대한 대출이 투자의 안정성과 수익성면에서 더 유리하다.
    ② 자금공여자 특히 국제상업은행들의 국제대출시장에서 시장점유율제고와 국제적인 대출의 다변화를 통한 전체 대출 포트폴리오의 위험감소에 기여한다.

(4) 프로젝트 파이낸싱과 부동산개발신탁 사업금융 비교 ★

`18·22·27회 출제`

구 분	일반기업 대출	프로젝트 파이낸싱	부동산개발신탁(사업)금융	비 고
1) 자금용도	일반사업자금	특정사업의 목적 대출	부동산개발신탁자금	신탁 재산의 독립성
2) 차입자	모기업 또는 일반기업	특수법인 (project company)	신탁회사	
3) 담보 및 상환재원	① 차입자의 전체 재원 ② 연대보증인 재원(모기업, 사장개인 입보 등)	① 해당프로젝트 자산이 담보 ② 프로젝트에서 발생하는 현금흐름이 상환재원	① 개발사업계획 ② 신탁재산을 근거로 하여 개발수익증권 발행 ③ 신탁재산의 개발이익금으로 상환	
4) 사업성 검토	담보 위주의 대출로 심사능력의 중요성이 낮음	프로젝트 평가능력이 사업성패의 관건	신탁회사가 사업성을 검토한 후 건설비의 50%를 한도로 투자하므로 일반대출보다 위험이 적음	
5) 금 리	일반대출금리	일반대출금리보다 높음	일반대출금리 수준(차입시 실세금리 적용)	
6) 자금관리	차입자가 임의로 관리	위탁계좌에 의한 관리	신탁회사 관리	
7) 사후문제처리	채무불이행시 상환청구권 행사	엄격한 사후관리는 사업성패의 중요한 요인임	위탁자 부도시 신탁회사가 관리하는 신탁재산을 처분하여 상환할 수 있음	완공 후 처분 문제
8) 주적용 분야	일반사업부문	대규모 공공사업 (도로, 터널, 항만, 발전시설 등)	일반부동산 개발사업 부문	
9) 채무수용능력	① 부채비율 등 기존차입에 의한 계약 ② 여신관리제한규정 적용됨	별도의 사업으로 채무수용능력을 재평가	① 신탁재산원본과 총개발비용의 일정수준으로 제한 ③ 여신관리제한규정 적용됨	

3 프로젝트 파이낸싱의 장·단점 ★

(1) 차입자의 장·단점

`15회 출제`

장 점	단 점
1) 사업주의 기존 신용상황과 분리됨 2) 부외 효과 3) 기존기업의 신용평가 유지 4) 기존금융계약서상의 약정조항 준수 5) 개별 투자사업에 적합한 금융계획 수립	1) 높은 금융비용의 부담 2) 추진상 상당한 시간의 소요 3) 기업 정보의 과다노출

(2) 대출자의 장·단점

장 점	단 점
1) 사업주의 기존 신용과 분리 2) 일반적인 기업금융보다 높은 수익률 3) 개별투자사업에 대한 적합한 위험관리 4) 당해 개발사업에 대한 사업성 검토가 집중되어 정보의 비대칭성 문제가 줄어듦 5) 개발사업주와 개발사업의 현금흐름이 분리되어 개발사업주의 파산이 개발사업에 영향을 미치지 못함	1) 자금집행에의 고비용과 과다시간의 사용 2) 금융 조성과정의 복잡성 3) 지속적 사후관리 업무의 필요

4 프로젝트 파이낸싱 추진절차

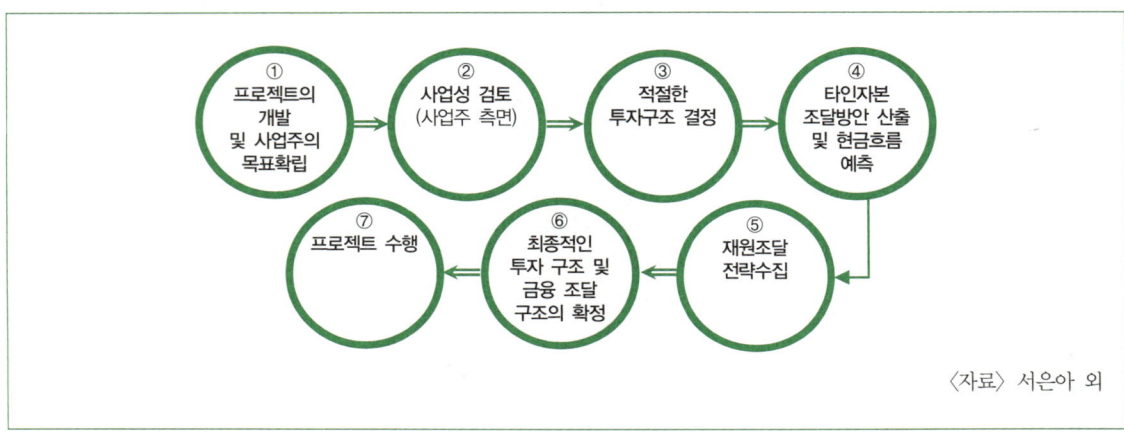

〈자료〉 서은아 외

03 부동산투자신탁(REITs) ★

1 부동산투자신탁의 의의

(1) 의 의
1) 부동산투자신탁(REIT ; Real Estate Investment Trust)이란 다수의 투자자로부터 자금을 모아서 전문인력을 통해 부동산에 투자하거나 부동산관련 채권(ABS, MBS) 또는 부동산관련 대출 등에 투자하여 얻은 수익을 투자자에게 배분해주는 간접투자제도이다.
   → 상업용 건물, 주택, 업무시설, 개발사업 등
2) 부동산투자신탁은 자본시장에서 주식의 형태로 자금을 모아 투자하고 그 수익을 분배해주는 일종의 지분금융이다.

(2) 종류

1) 자금운용방법에 따른 분류
① **회사형** : 부동산투자신탁회사에서 다수의 투자자로부터 자금을 조성하여 부동산 등에 투자하고 그 수익을 배당하는 형태로 「부동산투자회사법」에서 규율하고 있다.
② **계약형** : 최근에 은행에서 발행하는 부동산투자신탁상품과 같은 특수금전신탁상품 중 하나를 의미한다. 계약형 부동산투자신탁은 모집된 부동산투자신탁자금을 대부분 부동산개발 관련자금에 융자하는 프로젝트 파이낸싱 방식을 택하고 있다.

2) 투자대상에 따른 분류
① **지분형**(equity REITs) : 총투자자산의 75% 이상이 부동산의 지분권(equity ownership)에 직·간접으로 투자되는 부동산투자신탁이며 부동산에 직접 투자하여 장기 보유하면서 그 임대수입(rent)을 주된 수입원으로 한다. 가장 일반적인 부동산투자신탁이다.
② **저당채권형**(mortgage REITs) : 총 투자자산의 75% 이상이 부동산관련 대출에 운영되고 있거나 주택저당담보증권(MBS)에 투자되고 있는 부동산투자신탁이다. 이는 부동산담보대출의 이자를 주수입원으로 한다.
③ **혼합형**(hybrid REITs) : 투자자산이 부동산소유지분, 부동산담보대출, 주택저당담보증권 등에 골고루 투자되어 있기 때문에 지분형 부동산투자신탁이나 모기지형 부동산투자신탁으로 분류될 수 없는 부동산투자신탁이다.

3) 환매의 가부에 따른 분류
① **개방형**(open-end) : 지분의 추가발행이 가능한 것으로 부동산투자신탁회사가 투자자의 환매요구에 언제든지 응하는 형태이다.
② **폐쇄형**(closed-end) : 지분의 발행이 최초의 모집시기로 국한되는 것으로 투자자가 직접 신탁회사에 대하여 환매요청을 할 수 없고 그 대신 증권시장에서 주식을 매각하여 투자한 자금을 회수하는 형태이다.

4) 기한한정 여부에 따른 분류
① **무기한부**(perpetual REITs) : 존속기한이 정해져 있지 않은 형태이다. 우리나라에서는 무기한부 부동산투자신탁의 형태를 규정하였다.
② **기한부**(finitelife REITs or self-liquidating REITs) : 일정 기간 후에 보유자산을 매각하여 매각대금을 투자자에게 배분하고 해산되는 형태이다.

(3) 금융상품으로서 부동산투자신탁의 특징

금융상품으로서 특징	투자가의 입장에서의 특징
1) 부동산투자의 소액화, 표준화를 가능케 하여 부동산투자의 대중성을 원활케 함	1) 리츠의 주식은 상장되어 환금이 용이함
2) 수익증권의 발행과 환매제도를 통하여 유동성을 확보함	2) 안정적이면서 비교적 높은 수익을 기대함
3) 분산투자를 가능케 하여 투자 리스크를 줄임	3) 세제의 혜택을 향유할 수 있음
4) 수입의 90% 이상의 배당으로 재투자시 재원을 자본금 및 부채에 의존하게 되어 재무리스크가 증대될 우려가 있음	4) 부동산투자에 따른 리스크를 최소화함
	5) 전문경영으로 투자분야의 전문성을 확보함
	6) 투명한 경영으로 신뢰성을 획득함

제2편 부동산학각론

2 부동산투자회사(REITs)제도 ★
<small>23·33·34회 출제</small>

(1) 부동산투자회사(REITs ; Real Estate Investment Trusts)
부동산투자회사란 자산을 부동산에 투자하여 운용하는 것을 주된 목적으로 「부동산투자회사법」에 적합하게 설립된 다음의 회사를 말한다.

1) 자기관리 부동산투자회사
자산운용 전문인력을 포함한 임직원을 상근으로 두고 자산의 투자·운용을 직접 수행하는 회사

2) 위탁관리 부동산투자회사
자산의 투자·운용을 자산관리회사에 위탁하는 회사

3) 기업구조조정 부동산투자회사
다음의 부동산을 투자 대상으로 하며 자산의 투자·운용을 자산관리회사에 위탁하는 회사
① 기업이 채권금융기관에 대한 부채 등 채무를 상환하기 위하여 매각하는 부동산
② 채권금융기관과 재무구조 개선을 위한 약정을 체결하고 해당 약정이행 등을 하기 위하여 매각하는 부동산
③ 「채무자 회생 및 파산에 관한 법률」에 따른 회생절차에 따라 매각하는 부동산
④ 그 밖에 기업의 구조조정을 지원하기 위하여 금융위원회가 필요하다고 인정하는 부동산

(2) 부동산투자회사의 설립절차 ★★
<small>29·33·34회 출제</small>

1) 회사설립
① 부동산투자회사는 주식회사로 하고 「부동산투자회사법」에서 특별히 정한 경우를 제외하고는 「상법」의 적용을 받는다.
② 부동산투자회사는 그 상호에 부동산투자회사라는 명칭을 사용하여야 한다.
③ 부동산투자회사는 발기설립의 방법으로 하여야 한다.
④ 부동산투자회사는 현물출자에 의한 설립을 할 수 없다.
⑤ 부동산투자회사의 설립 자본금의 경우, 자기관리 부동산투자회사는 5억원 이상으로 하고, 위탁관리 부동산투자회사 및 기업구조조정 부동산투자회사는 3억원 이상으로 한다.

2) 영업인가
부동산투자회사가 부동산투자업무를 하기 위해서는 부동산투자회사 종류별로 국토교통부장관의 인가를 받아야 한다. 인가받은 사항을 변경하려는 때에도 영업인가를 받아야 한다.

3) 최저자본금준비
① 영업인가를 받거나 등록을 한 날부터 6개월(최저자본금준비기간)이 지난 자기관리 부동산투자회사의 자본금은 70억 원 이상, 위탁관리 부동산투자회사 및 기업구조조정 부동산투자회사의 자본금은 50억 원 이상이 되어야 한다.
② 주주 1인과 그 특별관계자는 최저자본금 준비기간이 끝난 후에는 부동산투자회사가 발행한 주식 총수의 100분의 50(이하 "1인당 주식소유한도"라 한다)을 초과하여 주식을 소유하지 못한다.
③ 부동산투자회사는 영업인가를 받거나 등록을 하고 최저자본금 이상을 갖추기 전에는 현물출자를 받는 방식으로 신주를 발행할 수 없다.

(3) 부동산투자회사의 일반구조 ★★ `22·24·25·33·34회 출제`

1) 구성요건

① **영업인가**: 부동산투자회사가 부동산투자업무를 하기 위해서는 부동산투자회사별로 국토교통부장관의 영업인가를 받아야 한다.

② **회사형태**: 「상법」상 주식회사

③ **설립자본금**: 자기관리 부동산투자회사 5억 원 이상, 위탁관리 부동산투자회사 및 기업구조조정 부동산투자회사 3억 원 이상

④ **최저자본금**: 영업인가를 받거나 등록을 한 날부터 6개월 후에는 자기관리 부동산투자회사의 자본금 70억 원 이상, 위탁관리 부동산투자회사 및 기업구조조정 부동산투자회사의 자본금은 50억 원 이상

⑤ **주식의 공모**
  ㉠ 부동산투자회사는 영업인가를 받거나 등록하기 전까지는 발행하는 주식을 일반의 청약에 제공할 수 없다.
  ㉡ 부동산투자회사는 영업인가를 받거나 등록한 날부터 2년 이내에 발행하는 주식 총수의 100분의 30 이상을 일반의 청약에 제공하여야 한다.

⑥ **주식의 분산**
  ㉠ 주주 1인과 그 특별관계자는 최저자본금준비기간이 끝난 후에는 부동산투자회사가 발행한 주식 총수의 100분의 50(1인당 주식소유한도)을 초과하여 주식을 소유하지 못한다.
  ㉡ 주주 1인과 그 특별관계자가 ㉠을 위반하여 부동산투자회사의 주식을 소유하게 된 경우 ⓐ 그 주식의 의결권 행사 범위는 1인당 주식소유한도로 제한되며, ⓑ 국토교통부장관은 6개월 이내의 기간을 정하여 1인당 주식소유한도를 초과하는 주식을 처분할 것을 명할 수 있다.
  ㉢ 다만, 국토교통부장관은 동일인이 현물출자로 인하여 1인당 주식소유한도를 초과하여 주식을 소유하는 경우에는 현물출자에 따른 주식의 발행일부터 1년 이상 1년 6개월 이하의 기간을 정하여 1인당 주식소유한도를 초과하는 주식을 처분할 것을 명할 수 있다.

⑦ **현물출자**★
부동산투자회사는 영업인가를 받거나 등록을 하고 최저자본금 이상을 갖추기 전에는 현물출자를 받는 방식으로 신주를 발행할 수 없다.

2) 자산의 투자·운용방법 ★ `18회 출제`

① 부동산의 취득·관리·개량 및 처분
② 부동산개발사업
③ 부동산의 임대차
④ 증권의 매매
⑤ 금융기관에의 예치
⑥ 지상권·임차권 등 부동산사용에 관한 권리의 취득·관리·처분
⑦ 신탁이 종료된 때에 신탁재산 전부가 수익자에게 귀속하는 부동산신탁 수익권의 취득·관리 및 처분

3) 운영요건

① **부동산의 처분에 대한 제한** : 부동산을 취득한 후 5년의 범위에서 대통령령으로 정하는 기간 이내에는 처분하여서는 아니 된다.
  ⓐ 국내에 있는 부동산 중 「주택법」에 따른 주택 : 1년(단, 미분양주택은 정관에서 정한 기간)
  ⓑ 국내에 있는 부동산 중 「주택법」에 따른 주택이 아닌 부동산 : 1년
  ⓒ 국외에 있는 부동산 : 정관에서 정한 기간

② **자산의 구성**★
  총자산의 100분의 80 이상을 부동산, 부동산관련 증권 및 현금으로 구성하여야 하며 이 중 100분의 70 이상은 부동산이어야 한다.

③ **배당** : 당해 연도 이익배당한도의 100분의 90 이상을 주주에게 배당하여야 하며, 이익준비금은 이를 적립하지 아니한다. `12·34회 출제`

④ **차입 및 사채발행**
  부동산투자회사는 영업인가를 받거나 등록을 한 후에 자산을 투자·운용하기 위하여 또는 기존 차입금 및 발행사채를 상환하기 위하여 자금을 차입하거나 사채를 발행할 수 있다.

(4) 부동산투자신탁의 특징

1) 금융상품으로서 부동산투자신탁의 특징

① 부동산투자의 소액화, 표준화가 가능케 하여 부동산투자의 대중성을 원활히 한다.
② 수익증권의 발행과 환매제도를 통하여 유동성을 확보하였다.
③ 부동산투자의 분산투자를 가능케 하여 투자 리스크를 줄일 수 있게 되었다.
④ 여러 종류의 부동산투자신탁을 대상으로 포트폴리오를 구성하여 위험감소뿐만 아니라 안정적인 수익을 창출할 수 있게 하였다. 그러나 부동산투자신탁은 수입의 90% 이상의 배당으로 재투자시 재원을 자본금 및 부채에 의존하게 되어 부채비율의 상승으로 재무리스크가 증대되는 우려가 있다.

2) 투자가의 입장에서 부동산투자신탁의 특징

① 부동산투자회사의 주식은 상장되어 환금이 용이하다.
② 안정적이면서 비교적 높은 수익을 기대할 수 있다.
③ 세제의 혜택을 향유할 수 있다.
④ 분산투자가 가능하여 부동산투자에 따른 리스크를 최소화할 수 있다.
⑤ 부동산전문가에 의한 전문경영으로 투자분야의 전문성을 확보할 수 있다.
⑥ 독립이사들, 독립된 기업분석가들, 독립된 회계감사인들, 그리고 증권거래소의 공시에 의해 정기적으로 그 업적이 분석·감시되고 있어 투명한 경영으로 신뢰성을 획득할 수 있다.

제6장 부동산금융론

▼ 부동산투자회사의 유형별 비교 ★
24·25·26·27·34회 출제

종 류	자기관리리츠	위탁관리리츠	기업구조조정리츠
1) 투자대상	일반부동산	일반부동산	기업구조조정부동산
2) 영업개시	국토교통부장관의 영업인가	국토교통부장관의 영업인가	영업인가(금융위 의견 청취)
3) 설립주체	발기인(발기설립)	발기인(발기설립)	발기인(발기설립)
4) 감 독	국토교통부·금융위원회	국토교통부·금융위원회	국토교통부·금융위원회
5) 회사형태	실체회사(상근임·직원 있음)	명목회사(상근임·직원 없음)	명목회사(상근임·직원 없음)
6) 설립자본금	5억원 이상	3억원 이상	3억원 이상
7) 최저자본금	70억원 이상	50억원 이상	50억원 이상
8) 주식분산 (주식소유한도)	발행주식 총수의 50% 이하	발행주식 총수의 50% 이하	제한 없음
9) 주식공모	발행주식총수의 30% 이상	발행주식총수의 30% 이상	의무사항 아님 [사모(私募)가능]
10) 상 장	요건충족시 즉시	요건충족시 즉시	의무사항 아님
11) 자산구성 (매분기말)	부동산 : 70% 이상	부동산 : 70% 이상	기업구조조정부동산 : 70% 이상
12) 자산운용전문인력	영업인가시 3명 이상, 영업인가를 받은 후 6개월 경과시 5명 이상 상근으로 둘 것(공인중개사, 감정평가사로서 해당 분야 5년 이상 종사한 사람 등)	상근으로 두지 않고 자산운용은 자산관리회사(자산운용전문인력 보유)에 위탁	상근으로 두지 않고 자산운용은 자산관리회사(자산운용전문인력 보유)에 위탁
13) 배 당	90% 이상 의무배당	90% 이상 의무배당 (초과배당가능)	90% 이상 의무배당 (초과배당가능)
14) 개발사업	주주총회 특별결의로 개발사업계획과 투자비율 결정	좌 동	좌 동
15) 부동산의 처분제한	1년 또는 정관에서 정한 기간	좌 동	제한 없음
	개발사업 후 분양하는 경우에는 처분 제한기간 없음		
16) 자금차입	자기자본의 2배 이내(주총 특별결의시 10배 이내)	자기자본의 2배 이내 (주총 특별결의시 10배 이내)	자기자본의 2배 이내 (주총 특별결의시 10배 이내)
17) 법인세 감면	없음	배당금액은 법인 소득에서 공제	좌 동

제2편 부동산학각론

04 부동산펀드

23회 출제

1 자본시장과 금융투자업에 관한 법률

「자본시장과 금융투자업에 관한 법률」은 자본시장에서의 금융혁신과 공정한 경쟁을 촉진하고 투자자를 보호하며 금융투자업을 건전하게 육성함으로써 자본시장의 공정성·신뢰성 및 효율성을 높여 국민경제의 발전에 이바지함을 목적으로 한다.

2 부동산펀드의 의의 등 ★

부동산펀드는 「자본시장과 금융투자업에 관한 법률」에 의해 만들어진 간접투자상품으로 부동산투자신탁의 일종이다.

(1) 부동산펀드는 은행, 보험, 자산운용회사 등이 투자자로부터 자금을 모아서 부동산개발사업 또는 부동산임대사업 등에 투자를 통해 얻은 수익을 투자자에게 분배하는 상품이다.
(2) 부동산펀드란 투자자로부터 자금을 모아 부동산개발사업, 수익성부동산, 프로젝트 파이낸싱 및 유동화증권(ABS) 등에 투자하여 그로부터 발생하는 운용수익을 분배하는 대표적인 부동산 간접투자상품이다.

▶ 부동산간접투자 비교 ◀ ★

구 분	부동산펀드	부동산투자회사(REITs)	부동산투자자문회사
관련 법	자본시장과 금융투자업에 관한 법률	부동산투자회사법	부동산투자회사법
등록(인가) 및 감독	등록·감독 : 금융위원회(금융감독원)	국토교통부장관에게 인가	국토교통부장관에게 등록
회사 형태	제한없음	주식회사 또는 명목회사	• 실체회사 • 설립자본금 5억원 이상
자산운용	자산운용회사·은행·보험	자산관리회사·자체 관리	자산운용전문인력 3명 이상(상근)
현물출자	가능(사모펀드의 경우)	설립 후 가능	제한없음(주식분산, 배당, 개발사업, 차입경영, 자산구성 포함)
투자대상	부동산개발사업 자금대여, 수익성부동산 매입	수익성부동산 매입, 개발사업 투자(지분투자)	제한 없음
증 권	주식형 수익증권	주식	제한 없음
투자기간	2~10년까지 다양한 재화	영속적이거나 정관에 기재	영속적

〈자료〉 국토교통부, 금융투자협회 참조

3 부동산펀드의 특징 ★

(1) 감세효과
부동산펀드는 부동산 각 사업 분야별 전문가에 의한 투자로서 취득세, 등록면허세 등의 감세효과가 있다.

(2) 포트폴리오 분산효과
부동산펀드는 부동산투자 리스크를 관리할 수 있는 지역별, 투자유형별 포트폴리오 분산효과가 매우 크다.

(3) 다양한 투자모델과 수익률 극대화
부동산펀드는 기업구조조정리츠(CR-REITs)나 부동산투자신탁에 비해 더욱 다양한 투자모델이 가능하고 운용리스크를 헤지(hedge)함으로써 보다 안전하게 수익률을 극대화시킬 수 있다.

WIDE 담보신탁제도와 저당제도의 비교 ★

구 분	현행 저당제도	담보신탁제도
담보설정방식	근저당	신탁회사에 소유권이전 및 신탁등기 (신탁원부에 대출내용 기재)
담보물관리 및 유효담보금액 파악	대출기관	신탁회사
등록면허세, 교육세, 채권매입 여부	• 등록면허세 및 교육세 : 채권최고액 0.24% • 채권 : 채권최고액 1% 매입	신탁등기이므로 등록면허세 및 채권매입 면제(신탁보수 발생하나 현행 저당제도에 비하여 저렴)
환가방법	법원 경매	신탁회사 직접공매
환가비용	등록면허세, 경매비용 등 과다소요	현저히 절감
물상대위권 행사	사전압류 필요	압류 불필요
신규임대차·후순위권리설정	배제불가	배제가능
파산재단구성 여부 회사정리재산	동재산에 속함	동재산에 속하지 않음(채권회수에 유리)

부동산개발신탁(사업)금융

① 의 의
별도의 담보를 취급하지 않고 차입금의 상환재원을 해당 신탁사업에서 창출되는 현금수입과 해당 신탁재산에 한정시킴으로써 신탁회사의 신용도와 관리능력, 사업분석 등을 통한 자금조달기법이다.

② 장·단점

장 점	단 점
⊙ 엄밀한 사업의 타당성 검토 가능 ⓒ 위탁자의 경영위험에서 벗어날 수 있음 ⓒ 대출기관의 수익증대 효과	⊙ 위탁자는 신탁회사에서 신탁을 통해야 하는 번거로움이 있음 ⓒ 다양한 이해관계자의 이해를 조정하는 데 드는 시간 및 복잡한 계약서류 작성 등 부대비용 발생(신탁수수료 지급)

제3관 우리나라의 주택금융제도*

▶ 우리나라 주택금융 구성체계 ◀

제도권 금융	비제도권 금융
1) 공 공 : 재정, 주택도시기금 2) 민 간 : 일반은행, 생명보험회사, 주택할부금융자 등 * 신용보완 : 주택금융신용보증기금, 주택보증제도	1) 수요자 : 전세제도 2) 공급자 : 선분양제도, 주택상환사채 등 사채

〈자료〉 국민은행(구 주택은행) 조사부, 우리나라 주택금융의 문제점(1995)

01 제도권 금융

1 주택도시기금

(1) 의 의

1) 주택도시기금은 「주택도시기금법」에 의거 주거복지 증진과 도시재생 활성화를 지원하기 위하여 설치된 기금이다. 주택계정과 도시계정으로 구분되어 있으며, 국토교통부장관이 운용·관리하고 있다.

2) 주택계정은 국민주택채권, 주택청약종합저축, 공공자금관리기금, 재건축부담금 중 국가 귀속분, 일반회계로부터의 출연금 또는 예수금·복권수익금, 주택건설사업 또는 대지조성사업을 위하여 외국으로부터 차입하는 자금, 주택계정의 회수금, 주택계정에서 출자한 기관의 배당수익 등으로 조성된다.

3) 주택도시기금은 국토교통부장관이 운용·관리하며, 국토교통부장관은 기금의 운용·관리에 관한 사무의 전부 또는 일부를 '주택도시보증공사'에 위탁할 수 있다.

(2) 주택도시기금 및 입주자저축제도

주택도시기금의 주요 재원은 국민주택채권 및 입주자저축이다.

1) **국민주택채권**

국민주택채권은 국민주택사업에 필요한 자금을 조달하기 위하여 기금의 부담으로 발행할 수 있으며, 국토교통부장관의 요청에 따라 기획재정부장관이 발행한다. 국민주택채권을 매입하여야 하는 자는 다음과 같다.

① 국가 또는 지방자치단체로부터 면허·허가·인가를 받는 자
② 국가 또는 지방자치단체에 등기·등록을 신청하는 자
③ 국가·지방자치단체 또는 「공공기관의 운영에 관한 법률」에 따른 공공기관 중 대통령령으로 정하는 공공기관과 건설공사의 도급계약을 체결하는 자
④ 「주택법」에 따라 건설·공급하는 주택을 공급받는 자

2) 입주자저축제도 ★

14·20회 출제

① **의의**: 입주자저축이란 「주택법」에 따라 국민주택과 민영주택을 공급받기 위하여 가입하는 주택청약종합저축으로 한 사람이 한 계좌만 가입할 수 있으며, 입주자저축의 납입방식·금액 및 조건 등에 필요한 사항은 「주택공급에 관한 규칙」으로 정한다. 이 통장 하나면 임대주택, 민간주택, 공공주택 등 모든 주택에 청약이 가능하다.

② **주택청약종합저축**

㉠ **가입 및 납입조건**
  ⓐ 주택청약종합저축은 연령, 자격 제한 없이 누구든지 가입할 수 있다.
  ⓑ 주택청약종합저축의 납입기간은 가입한 날부터 주택(분양전환되지 아니하는 공공임대주택은 제외)의 입주자로 선정된 날까지로 한다.
  ⓒ 주택청약종합저축의 월 납입금은 2만원 이상 50만원 이하로 한다.

㉡ **주택청약종합저축 가입의무**: 국민주택 또는 민영주택에 청약하려는 자는 입주자모집공고일 현재 주택청약종합저축에 가입되어 있어야 한다. 다만, 우선공급 또는 특별공급되는 주택에 청약하려는 경우로서 주택청약종합저축 가입여부에 대하여 따로 정한 경우에는 그러하지 아니하다.

㉢ **주택청약종합저축의 가입자 명의변경 등**: 주택청약종합저축의 가입자명의는 가입자가 사망하여 그 상속인 명의로 변경하는 경우를 제외하고는 변경할 수 없다. 주택청약종합저축의 가입자명의를 변경하려는 자는 증명서류를 첨부하여 입주자저축취급기관에 신청하여야 한다.

㉣ 주택청약종합저축을 해지하는 경우에는 원금 및 이자를 지급한다.

2 대출기관

(1) 일반은행
(2) 보험회사
(3) 주택할부금융

3 신용보완제도 → 주택보증프로그램

(1) 주택금융신용보증기금

신용보증을 통한 주택금융을 활성화하고 자금운용의 건전성을 도모할 수 있도록 「한국주택금융공사법」에 의하여 설치·조성된 것으로, 한국주택금융공사에서 운용·관리하고 있다.

(2) 주택건설보증제도

23회 출제

1) 각종 보증업무 및 정책사업 수행과 주택도시기금의 효율적 운용·관리, 주거복지 증진과 도시재생 활성화를 지원함으로써 국민의 삶의 질 향상에 이바지하기 위하여 '주택도시보증공사'가 설치·운영하고 있다.

2) 주택도시보증공사의 보증업무

① **주택분양보증**: 사업주체가 파산 등의 사유로 분양계약을 이행할 수 없게 되는 경우 당해 주택의 분양의 이행 또는 납부한 계약금 및 중도금의 환급을 책임지는 보증

② **주택임대보증** : 사업주체가 파산 등의 사유로 임대계약을 이행할 수 없게 되는 경우 당해 주택의 임대의 이행 또는 납부한 계약금 및 중도금의 환급을 책임지는 보증상품
③ **임대보증금에 대한 보증** : 임대사업자가 임대보증금을 반환하지 않는 경우 임차인에게 임대보증금의 반환을 책임지는 보증
④ **하자보수보증** : 사업주체 또는 시공자(건축주)가 하자보수를 하지 않을 경우 하자보수비용 지급을 책임지는 보증
⑤ **감리비 예치보증** : 사업주체가 주택사업의 감리와 관련하여 감리자에게 지급하여야 할 감리비의 지급을 책임지는 보증
⑥ **조합주택 시공보증** : 주택조합이 시행하는 주택건설사업의 시공자가 파산 등의 사유로 당해 주택에 대한 시공책임 등을 이행할 수 없게 되는 경우에 시공을 이행하거나 주택조합의 손해금 지급을 책임지는 보증
⑦ **주택사업금융보증** : 주택건설사업의 미래 현금수입 및 사업성을 담보로 주택건설사업자가 대출받는 토지비 등 사업비에 대한 주택사업금융의 원리금 상환을 책임지는 보증
⑧ **하도급대금지급보증** : 「하도급거래공정화에 관한 법률」이 정한 하도급거래(건설위탁)의 경우에 시공자가 수급사업자에게 지급하여야 할 하도급대금의 지급을 책임지는 보증

3) **보증의 한도**(「주택도시기금법」 제27조)
주택도시보증공사가 행할 수 있는 보증의 총액한도는 자기자본의 50배를 초과할 수 없다.

4 주택저당채권 유동화기관

대출자의 유동성 위험을 보완하기 위한 주택저당채권의 유동화는 우리나라의 경우 자산유동화기관과 한국주택금융공사에 의해 수행된다.

02 비제도권 주택금융

우리나라만의 전세제도와 주택공급제도에서 기인한 선분양제도 및 사채제도가 제도권금융의 부족분에 기여하고 있다.

(1) **전세제도**
(2) **선분양제도**
(3) **사 채**
개발사업자가 발행하는 회사채(會社債)를 의미하는 것으로 우리나라의 경우 주택상환사채와 토지공사에서 발행한 토지수익연계채권 등 회사채가 있다.

CHAPTER 07 부동산개발 및 관리론

학습 포인트

부동산이용활동 부분에서는 집약한계와 조방한계의 개념, 지대이론을 중심으로 출제되고 있으며, 부동산개발 부분에서는 부동산개발의 개념과 개발의 과정, 경제적 측면의 타당성 분석과 사회기반시설(SOC) 민간투자개발 등에 관련된 내용의 출제 비중이 높다. 그리고 부동산관리 부분에서는 부동산관리의 3대 측면과 부동산관리방식별 장·단점, 임대료 산정방법을 중심으로 학습해 두어야 한다. 부동산마케팅활동 부분에서는 3가지 차원의 부동산마케팅전략(시장점유 마케팅 전략, 고객점유 마케팅 전략, 관계 마케팅 전략)과 광고매체에 따른 분류에 대한 내용이 많이 출제되고 있으므로 이들에 대한 집중적인 학습이 필요하다.

CHAPTER 학습 & 출제되는 키워드

- ☑ 집약적·조방적 토지이용
- ☑ 도시스프롤 현상
- ☑ 부동산개발 위험
- ☑ 부동산개발방법
- ☑ 민간투자사업의 추진방식
- ☑ 건물(빌딩)의 생애주기
- ☑ STP전략과 4P MIX 전략
- ☑ 표적시장(Targeting)의 선점
- ☑ 지대이론
- ☑ 직·주 분리 현상
- ☑ 시장분석과 시장성 분석
- ☑ 민간개발
- ☑ 부동산관리의 3대 분야
- ☑ 부동산마케팅전략
- ☑ 고객점유 마케팅전략
- ☑ 차별화(Positioning) 전략
- ☑ 지가구배 현상
- ☑ 부동산개발의 과정
- ☑ 부동산 경제성분석
- ☑ 부동산유효활용의 방식
- ☑ 부동산관리의 방식
- ☑ 시장점유 마케팅전략
- ☑ 관계 마케팅전략
- ☑ 부동산광고의 유형

CHAPTER 학습 & 출제되는 질문

- ☑ 다음은 토지이용에 관한 설명이다. 옳지 아니한 것은?
- ☑ 마샬의 준지대론에 관한 설명으로 틀린 것은?
- ☑ 각 지역과 산업별 고용자수가 다음과 같을 때, A지역 X산업과 B지역 Y산업의 입지계수(LQ)를 올바르게 계산한 것은?
- ☑ 부동산개발에 관한 설명으로 틀린 것은?
- ☑ 민간의 부동산개발 사업방식에 관한 설명으로 틀린 것은?
- ☑ 부동산관리에 관하여 다음 설명과 모두 관련이 있는 것은?
- ☑ 부동산개발단계 중 마케팅에 관한 설명으로 틀린 것은?

제2편 부동산학각론

제1절 부동산이용

01 토지이용활동의 의의

Professor Comment

토지이용활동은 주변지식으로 문제의 예문으로 출제될 수 있다. 토지이용활동은 토지를 현실적으로 주어진 조건 하에 그 용도와 이용목적에 따라 활용함으로써 토지의 유용성을 추구하는 행위이다.

1 토지이용의 의의

인간과 토지와의 관계에서 '토지이용이란 인간의 행동과 생활에 관해서 토지상에서 행해지거나 발생하고 있는 현상들의 종류와 강도를 장소라는 함수로써 투영하는 것'이라는 견해가 있다.

2 토지이용활동 ★

(1) **토지이용활동의 의의**

토지이용활동이라 함은, 토지를 현실적으로 주어진 조건 하에서 그 용도와 이용목적에 따라 활용함으로써 토지의 '유용성'을 추구하는 행위이다.

(2) **토지이용계획의 의의**

토지이용계획은 공적·사적 토지이용을 장기적인 관점에서 최유효이용으로 유도하려는 인간의 노력의 과정이다.

02 최유효이용과 집약적 토지이용

1 토지이용활동과 최유효이용 ★

(1) **토지이용활동의 기준** : 최유효이용의 원칙

1) 토지이용활동의 주체로서 토지자원을 효율적으로 이용하기 위해서는 최유효이용의 원칙이 그 기준이 된다.
2) 토지이용상 법률적·경제적·물리적 타당성을 기준으로 판단한다.

(2) **최유효이용의 의의**

최유효이용이란 객관적으로 보아 양식과 통상의 이용능력을 가진 사람의 합리적·합법적인 최고·최선의 이용방법을 말한다.

2 집약적 토지이용과 조방적 토지이용 ★★

10·11회 출제

(1) 토지이용의 집약도
1) 토지이용의 집약도란 단위면적당 투입되는 노동 또는 자본의 크기를 말한다.
2) 일반적으로 도시토지이용에서는 자본의 크기를 중시하고 농촌토지이용에서는 노동의 크기를 중시한다.

$$토지이용의\ 집약도 = \frac{투입되는\ 노동\ 또는\ 자본의\ 크기(양)}{단위면적}$$

3) 토지이용의 집약도를 증가시키는 요인
① 규모의 경제
② 이용가능 토지의 한정
③ 인구밀도의 과다
④ 가격의 상승
⑤ 경영효율의 증가

(2) 집약적 토지이용

23회 출제

토지이용의 집약도가 높은 경우, 즉 단위면적당 투입되는 노동 또는 자본의 크기가 큰 경우이다.

(3) 조방적 토지이용
토지이용의 집약도가 낮은 경우, 즉 단위면적당 투입되는 노동 또는 자본의 크기가 적은 경우이다.

(4) 집약한계(集約限界)
1) 투입되는 한계비용이 한계수입과 일치되는 데까지 추가 투입되는 경우의 집약도이다.
2) 토지이용은 집약한계에서 최유효이용이 되는 것으로, 토지이용의 상한선이 된다.

(5) 조방한계(粗放限界)
최적의 조건 하에서 겨우 생산비를 감당할 수 있는 수익밖에는 얻을 수 없는 집약도, 즉 총비용과 총수입이 같은 손익분기점으로 토지이용의 하한선이다.

(6) 입지잉여 ★★

14회 출제

1) 의 의
   동일한 업종이라도 입지조건이 다른 입지주체보다 더 양호한 경우에 얻을 수 있는 초과이윤을 말한다.

2) 발생요건
   입지잉여는 어떤 위치의 가치가 한계입지 이상이고 또한, 그 위치를 최유효이용할 수 있는 입지주체가 이용하는 경우라야 생기게 된다.

3) 한계입지
   한계입지란 입지잉여가 영(0)이 되는 위치를 말한다. 입지잉여는 입지조건이 나쁘면 나쁠수록 감소된다.

(7) 지가와 토지이용

1) 지가수준과 토지이용의 집약도
지가와 토지이용과의 관계를 보면 지가수준이 높은 경우에는 토지이용이 집약화되고 지가수준이 낮으면 조방화된다. 따라서 지가가 높은 토지를 집약적으로 이용할 수 있는 입지주체만이 그곳에 입지할 수 있다.

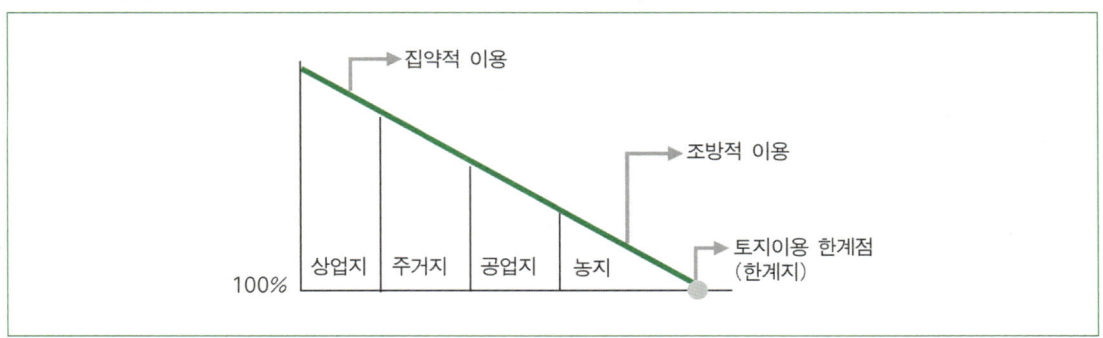

2) 지가와 토지이용의 피드백(feedback) 관계
① 입지잉여가 높은 위치는 한정되어 있으나, 그 위치를 원하는 입지주체는 많으므로 입지경쟁이 유발된다. 지가지불능력이 가장 우수한 입지주체가 집약적 토지이용에 있어서 입지주체가 된다.
② 입지경쟁이 치열할수록 지가는 높아지고 지가의 상승은 토지이용을 집약화 시킨다. 따라서 지가와 토지이용과의 관계에서는 피드백(feed-back)원리가 적용된다.

3) 입지잉여와 지가의 지불능력
입지잉여는 지가의 지불능력을 높여준다. 같은 위치라도 어떤 입지주체가 이용하는가에 따라 지가에 영향을 미친다.

3 토지이용의 전환

(1) 의 의
현재 어떤 용도로 이용되고 있는 토지이용이 다른 용도로 변화하는 현상을 말한다.

(2) 유 형

1) 최광의의 토지이용 전환
지역 상호 간의 전환과 특정지역 내에서의 토지이용 전환과 획지의 이용 전환 모두를 포함하는 개념이다.

2) 광의의 토지이용전환
① 택지지역(주거지역·상업지역·공업지역 등)·농업지역·임업지역 등의 대분류 지역 상호 간에 전환되는 경우
② 위의 어떤 특정지역 내에서 토지이용이 전환(이행)되는 경우

3) 협의의 토지이용전환
획지의 이용을 전환하는 경우

03 지대이론 ★★

[29회 출제]

1 지대의 일반이론

(1) 지대의 의의

1) 지대란 토지소유자에게 토지이용에 대하여 지급하는 화폐 또는 기타의 대가, 즉 생산요소로서 토지가 제공하는 용역(service)의 가치이다.

2) 지대는 전용수입과 경제지대로 구성된다.

$$지대 = 전용수입 + 경제지대$$

① 전용수입이란 토지와 같은 어떤 생산요소가 현재의 용도에서 다른 용도로 전용되지 않도록 하기 위해 지급되어야 하는 최소한의 지급액을 말한다.

② 경제지대란 토지와 같은 생산요소에서 발생하는 이익인 전체 지대에서 전용수입을 초과하는 잉여부분을 말한다.

Professor Comment
장래에 발생하는 지대(地代)를 현재가치화한 값을 지가(地價)라 한다.

(2) 고전적 지대이론 ★★

[28회 출제]

고전적 지대이론은 토지와 자본을 구별하여 토지의 자연적 특성을 강조하고 지대를 불로소득이라고 간주하였다.

비옥도 = 우등지↑ / 열등지↓, 지가 = 지대 / 할인율

1) **리카도(David Ricardo)의 차액지대설**

[19·20·22·34회 출제]

① **의의**: 토지는 유한하며 토지의 경작이 집약화됨에 따라 수확이 체감되므로 비옥도가 낮은 토지와 시장에서 멀리 떨어진 토지가 사용되어 우등지에서는 열등지와의 차액으로서 지대가 발생한다.

② **지대발생 요인**: 리카도(David Ricardo)는 지대의 발생요인은 토지 비옥도(肥沃度)라고 하였다.

③ **지대발생의 조건**
  ㉠ 토지가 제한되어 있을 것
  ㉡ 토지의 비옥도가 균일하지 않을 것
  ㉢ 토지의 위치상 편리성에 차이가 있을 것
  ㉣ 인구가 증가하여 점차 열등지를 경작하지 않으면 안 됨
  ㉤ 수확체감의 법칙이 작용함
  ㉥ 농산물의 상품가치는 투하된 노동량에 의해 결정됨
  ㉦ 농업부문에서도 평균이윤율이 성립함

2) 튀넨(J. H. Thünen)의 입지교차지대설(위치지대설)   20·22·33·34회 출제

① 집약적 농지이용에서는 높은 지대가 발생하며, 조방적 농지이용에서는 낮은 지대가 발생하므로, 농지의 입지가 교차하는 과정에서 그림과 같이 우하향하는 입지교차지대(立地交叉地代)가 결정된다고 하였다.

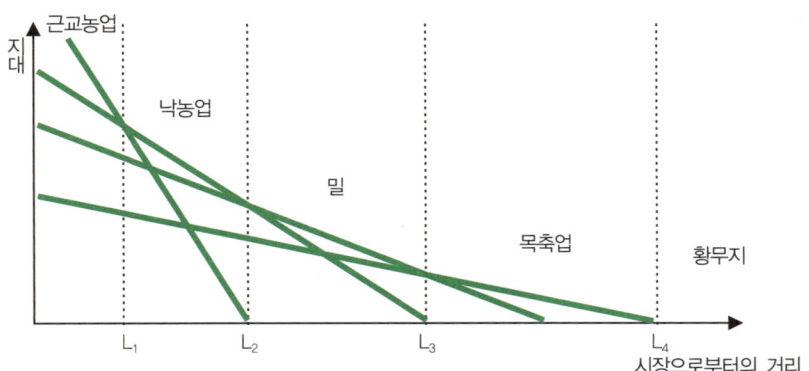

② 입지교차지대는 시장과의 거리를 기준으로 볼 때 원거리의 위치에 비해 근거리에서 토지생산물의 수송비 절약이 발생하며, 수송비의 절약이 지대화된다는 것이다.
→ 위치에 따라 지대의 차이가 나타남

3) 마르크스(K. H. Marx)의 절대지대설(絶對地代說)   20·22·27·34회 출제

어떠한 토지에도 차액지대와는 달리 모든 토지소유권으로 인해 지대가 발생한다는 이론이다. 즉 지주는 아무리 열등지라 하더라도 경제적 대가 없이는 타인의 이용을 불허하므로 지대가 발생한다는 것이다.

4) 마샬(Alfred Marshall)의 준지대설(準地代說)   34회 출제

마샬(A. Marshall)의 준지대설에 따르면, 생산을 위하여 사람이 만든 기계나 기구들로부터 얻은 일시적인 소득은 준지대에 속한다.

5) 독점지대설(獨占地代說)   22회 출제

독점적 성질을 가진 토지용역의 공급이 어떤 토지소유자에게 독점되고 있기 때문에 지대가 발생한다는 이론이다.

6) 수요·공급설(需要·供給說)

토지도 하나의 생산요소이므로 다른 생산요소와 마찬가지로 토지용역에 대한 수요·공급의 균형점에서 지대가 결정된다는 이론이다.

▶ 고전적 지대이론 ◀

리카도의 차액지대론	지대발생요인은 토지의 비옥도에 있다.
튀넨의 입지교차지대설	토지생산물의 수송비 절약분이 지대화된다.
마르크스의 절대지대설	토지소유권을 가진 자가 원하는 대로 지대가 결정된다.
독점지대설	토지용역의 공급이 어떤 토지소유자에게 독점되고 있기 때문에 발생한다는 이론이다.
수요·공급설	토지도 하나의 생산요소이므로 다른 생산요소와 마찬가지로 토지용역에 대한 수요·공급의 균형점에서 지대가 결정된다.

2 토지서비스와 지대 ★

(1) 토지서비스 수요

1) **지대의 결정**

   지대는 토지서비스에 대한 수요와 공급에 의하여 결정된다.

2) **토지의 한계생산물의 가치**

   ① **토지서비스의 최적투입량 결정** : 토지의 투입량이 증가하면서 토지의 한계생산물체감의 법칙으로 인해 그 한계생산물의 가치가 저하되고 결국 지대의 수준과 동일하게 된다. 이 시점에서 토지서비스의 최적투입량이 결정된다.

   ② **우하향곡선** : 토지의 한계생산물의 가치는 토지서비스의 사용량에 따라서 우하향곡선이 된다.

(2) 토지서비스의 공급

→ 총토지부존량 = 유보수요량 + 시장공급량
총토지수요량 = 유보수요량 + 신규수요량

1) **토지서비스의 공급 부분**

   토지서비스는 토지의 보유량에서 토지소유자 자신이 사용하는 토지의 '유보수요'를 공제한 부분이 시장에 공급된다.

2) **토지소유자의 지대소득** → 토지수요자의 지대소득 = (토지보유량 − 유보수요량) × 지대

   토지소유자의 지대소득은 토지보유량에서 유보수요를 공제한 토지서비스 공급량에다 지대를 곱한 가치가 된다.

3) **지대상승에 따른 토지서비스의 공급변화**

   ① **우상향의 공급곡선** : 토지서비스의 공급이 증가하는 경우이다.
   ② **우하향의 수요곡선** : 토지서비스의 수요가 감소하는 경우이다.

(3) 지대의 결정

지대의 균형수준은 토지서비스에 대한 시장의 수요와 공급이 같아지는 점에서 결정된다.

(4) 입찰지대곡선(bid-rent curve)과 최유효이용 ★   15·16회 출제

1) 입찰지대곡선은 토지이용에 따른 이윤이 극대화되는 지대곡선을 연결한 선이다.
   단위면적의 토지에 대해 토지이용자가 지불하고자 하는 최대금액으로서 초과이윤이 0이 되는 수준의 지대를 말한다.

2) 입찰지대곡선의 기울기는 생산물의 단위당 한계교통비를 토지이용자의 토지이용량으로 나눈 값이다. 따라서 입찰지대는 한계교통비에 비례하고 토지이용량에 반비례한다.

$$\text{입찰지대곡선의 기울기} = \frac{\text{한계교통비(또는 한계운송비)}}{\text{토지이용량}}$$

3) 생산요소, 즉 토지와 자본 간에 대체가 일어날 경우 일반적으로 입찰지대곡선이 우하향하면서 원점을 향해 볼록한 형태를 지니게 된다.

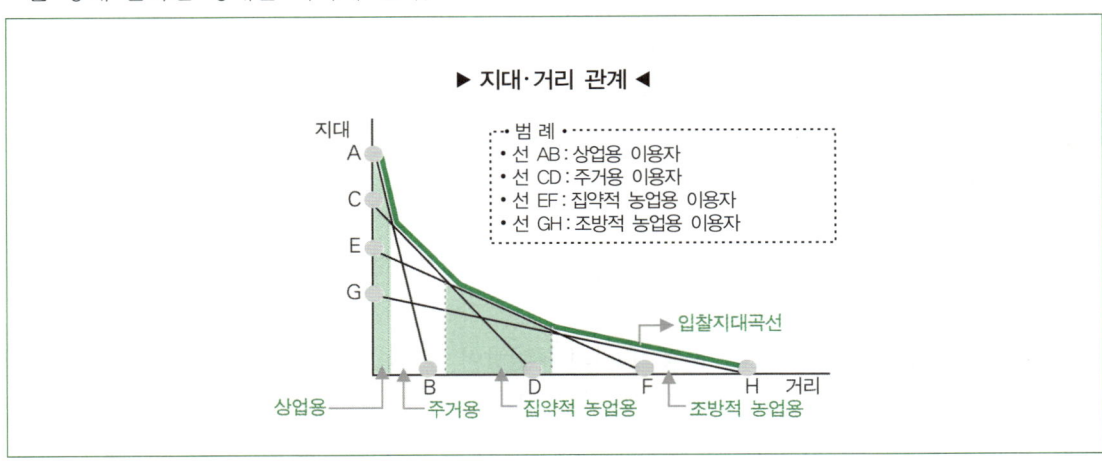

04 지가이론

1 지 가

(1) 지가(地價)의 의의 ★ 〔16회 출제〕

1) 지가란 토지의 가치와 관련하여 장래에 발생할 지대를 할인율로 할인한 현재가치를 말한다.

$$\text{지가} = \frac{\text{지대}}{\text{할인율}}$$

2) 지가는 토지의 자본화한 가치 혹은 자본가치라고 부르기도 한다. 보통 토지가치라고 하면 이 자본가치를 의미한다.
3) 자본시장은 완전하고 다른 요인은 불변인 경우에 금리가 상승(하락)하면 할인율이 상승(하락)하므로 토지가격은 하락(상승)한다.
4) 지대가 상승(하락)하면 지가는 상승(하락)하며, 위험프리미엄이 상승(하락)하면 할인율이 상승(하락)하므로 지가는 하락(상승)한다.
5) 기대인플레이션이 오르면 (내리면) 토지가격은 상승(하락)한다.

(2) 지가상승의 구조

1) 도심부와 주변부의 지가
지가가 도심에서는 높고 주변부에서는 비교적 낮다.

2) 고밀도 복합이용과 저밀도 이용형태
지가가 높은 도심에서는 고층건축물로 고밀도의 복합이용이 이루어지고 있으며, 지가가 낮은 주변부에서는 복합의 정도도 도심과 비교하면 낮으므로 저밀도 이용형태가 일반적이다.

(3) 도시토지의 지가이론 ★

`11회 출제`

1) 마샬(Alfred Marshall)의 지가이론
① 도시토지에 있어서 위치의 중요성이 강조되어 위치의 가치가 바로 택지의 가격이라고 본다.
② 마샬은 토지이용이 '토지의 최유효이용'을 의미하고, 공업지의 가치는 비용의 절약에, 소매상업지는 매상고의 증가에 있다고 함으로써 이를 위한 위치의 가치를 강조하여 지가는 위치의 유리성에 대한 화폐가치의 총액이라고 정의하였다.

2) 허드(R. M. Hurd)의 지가이론
① 허드는 도시토지의 지가는 접근성(接近性)에 의존한다고 보고 있다.
② 지가의 바탕은 경제적 지대이고, 지대는 위치에, 위치는 편리함에, 편리함은 접근성에 의존하므로 지가는 결국 접근성에 의존한다는 이론이다.

3) 헤이그(R. M. Haig)의 마찰비용이론

`22·34회 출제`

① 헤이그는 지대란 용지의 이용자가 교통비를 절약할 수 있고, 상대적 도달가능성을 갖는 경우에, 용지의 소유자가 이용자에게 과하는 요금이라고 본다.
② 토지이용자는 마찰비용으로 교통비와 용지지대를 지불한다.

Professor Comment

헤이그의 마찰비용이론은 지대와 교통비의 상호보완성을 강조한다.

4) 알론소의 페널티이론

`23회 출제`

① 페널티(Penalty)이론은 지대를 교통비와의 대체물(代替物)로 보고 지대와 교통비의 합계는 보다 떨어진 주거지에 이르는 교통비와 같이 일정한 정수와 같다고 하는 이론이다.
② 튀넨의 고립국이론을 도시공간에 적용하여 확장, 발전시킨 것으로, 운송비는 도심지로부터 멀어질수록 증가하고, 재화의 평균생산비용은 동일하다는 가정을 전제한다.

05 지가구배현상(地價勾配現象) ★

1 의의

지가구배현상이란 도시의 지가패턴이 도심에서 가장 높고 도심에서 멀어질수록 점점 낮아지는 현상을 말한다.

(1) 100% 입지

도심의 지가수준이 가장 높은 곳을 100% 입지라고 한다.

(2) 특 성

1) 도시의 지가패턴이 도심에서 가장 높고 도심에서 멀어질수록 점점 낮아진다.
2) 도심의 지가수준이 가장 높은 곳을 100%입지라고 하며, 외곽으로 갈수록 낮아진다.
3) 위치에 따른 우하향하는 지수형태의 도시지가의 곡선을 지가구배곡선이라고 한다.
4) 소도시에서의 지가구배곡선은 우하향하는 단순한 지수곡선이나 대도시의 경우 우하향하다가 부심권(副審圈)에서 다시 상승하는 복잡한 곡선을 나타낸다.

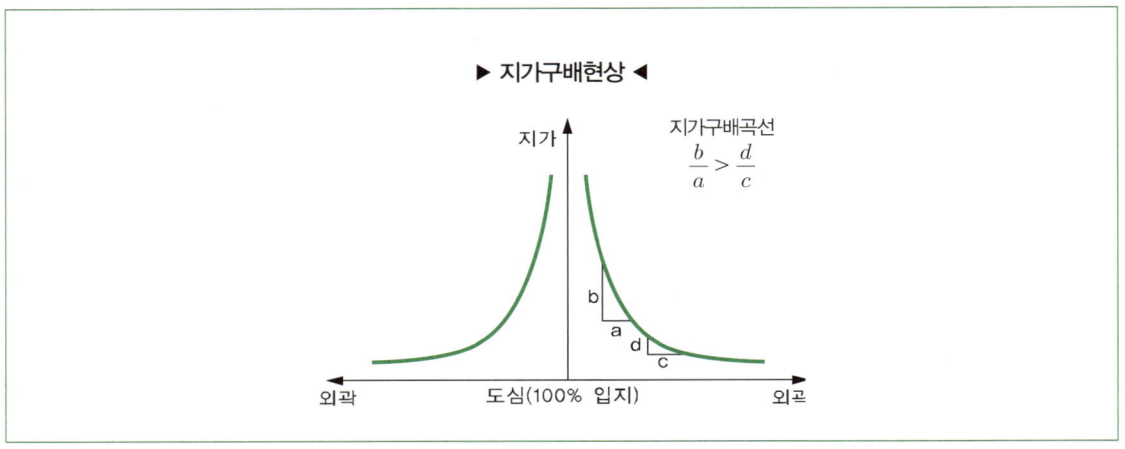

▶ 지가구배현상 ◀

지가구배곡선 $\dfrac{b}{a} > \dfrac{d}{c}$

(3) 토페카(Topeka)연구 : 소도시의 지가구조

1) 의의

도시의 지가구조가 토지의 이용도에 따라서 어떻게 달라지는가를 미국의 소도시 토페카(Topeka)를 대상으로 노스(D. S. Knos)가 행한 분석적 연구이다.

2) 토지이용

소도시에서 중심지는 도시기능의 초점이고, 토지의 이용은 집약성이 크기 때문에 지가가 높아지나 중심지에서 벗어나서 접근성이 안 좋은 도시외부에 이르면 지가는 급격히 낮아지고 토지이용도 역시 조방적인 것이 된다.

06 도시스프롤(Sprawl)현상 ★   〔11·23회 출제〕

1 의 의 ★

도시의 성장이 무질서·불규칙하게 평면적으로 확산되는 것을 말한다. 이러한 현상은 토지가 최유효이용에서 괴리됨으로써 일어나는 현상이다. → 생태학적 현상

2 스프롤현상의 특성

(1) 스프롤현상은 주거지역에만 생기는 것이 아니고 상업지역이나 공업지역 등에도 생기며, 대도시의 도심지보다 외곽부에서 더욱 발달한다.
(2) 스프롤지대의 지가현상은 지역특성에 따라 다양하며, 지가수준은 표준 이하라고 할 수 있다.
(3) 도시외곽부의 팽창인 도시의 평면적 확산이다.
(4) 스프롤현상이 발생한 지역의 토지는 최유효이용에서 괴리될 수 있다.
(5) 입체슬럼형태인 입체스프롤도 있다.
(6) 마치 개구리가 뛰는 것처럼 도시에서 중간 중간에 상당한 공지(空地)를 남기면서 교외로 확산되는 비지적(飛地的) 현상(개구리 뜀뛰기식 개발)도 있다.

3 지가수준

스프롤지대의 지가현상은 그 지대의 지역특성에 따라 다양하나 지가수준은 표준적 수준 이하이다.

07 직·주 분리와 직·주 근접 ★

1 직·주 분리 ★

(1) 의 의

직·주 분리란 직장과 주거지가 다른 것을 말한다. 즉, 직장은 도심에 두고 그 거처를 도심에서 멀리 두는 현상을 말한다.

1) 원인

도심의 환경악화, 고지가, 도심의 재개발, 공적 규제 및 교통의 발달

2) 결과

① 도심공동화현상(도넛현상)이 일어난다.
② 도시 외곽지역의 지가는 상승하는 데 반하여 도심부의 지가는 상대적으로 하락하게 된다.
③ 외곽은 침상도시(Bed Town)화되고 도심고동(鼓動)의 비율이 커진다.

2 직·주 근접 ★

(1) 의 의
직장과 주거지를 가급적 가까운 곳에 두려는 현상을 말한다. 회귀현상 또는 유턴현상(U-Turn)이라고도 한다.

(2) 원 인
1) 도심의 환경개선
2) 도심지 지가의 하락
3) 교통체증의 심화
4) 정책적 유도 등

(3) 결 과
1) 도심 쪽의 건물을 고층화하는 결과를 초래한다.
2) 도시회춘화현상이 나타난다.

> **WIDE 도시회춘화 현상**
>
> 도시외곽지역에서 거주하던 중·고소득층이 통근비용이나 교통시간 등의 이유로 도심지의 저소득층 주거지역에 유입·정착하는 현상을 의미한다. 이런 현상은 도심지의 저소득층 지역에 재개발사업이 이루어짐으로써 주거환경이 개선되어 발생되기도 한다.

08 한계지의 지가법칙

1 한계지의 의의
한계지(限界地)란 특정한 시점과 지점을 기준으로 한 택지이용의 최원방권(最遠方圈)을 말한다.

2 한계지 지가법칙의 특징
(1) 한계지는 농경지 등의 용도전환으로 개발되는 것이 대부분이지만 한계지의 지가현상은 농경지 등의 지가수준과는 무관한 경우가 많다.
(2) 한계지의 지가와 도심부의 지가는 상호 무관하지 않고, 각 한계지의 지가 상호 간에는 밀접한 인과관계가 성립한다.
(3) 한계지는 철도와 같은 대중교통수단을 주축으로 하여 연장된다.
(4) 한계지는 초기에 지가의 상승이 빠르다.
   예 농경지가 택지화된 곳
(5) 자가(自家)의 한계지는 차가(借家)의 한계지보다 더욱 택지이용의 원방권에 위치한다.
(6) 한계지는 한계외곽의 농지보다 지가가 높으며, 그 지가의 차이가 심한 경우 '단절지가'라고 한다.

09 인근지역의 생애주기 ★

→ 생태학적 현상

10·11회 출제

1 인근지역의 생애주기

대상부동산이 속한 동질적인 부동산으로 구성되는 용도적 지역으로서 대상부동산의 가격에 직접적인 영향을 미치는 지역을 인근지역이라 한다. 인근지역의 생애주기란 인근지역의 물리·사회·경제적 기능을 다할 때까지의 연한(年限)으로 그 지역이 나타내는 유기체와도 같은 성쇠현상(盛衰現象)을 말한다.

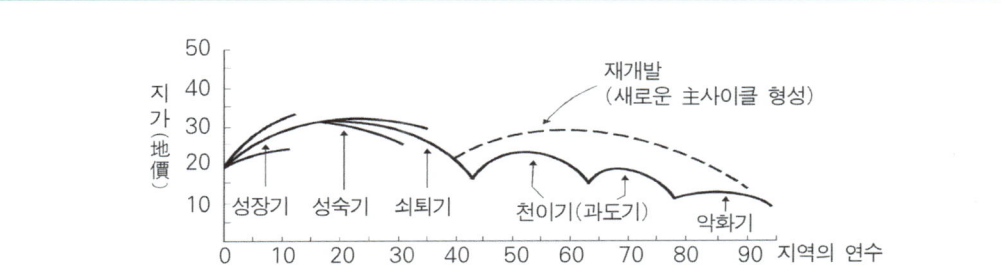

1) 성장기	2) 성숙기	3) 쇠퇴기	4) 천이기	5) 악화기
신개발, 재개발	안정기	노후화	과도기	소생기
지가상승 젊은 계층의 입주민	① 부동산가격수준, 지역기능 정점 ② 주민의 사회 및 경제적 수준 최고 ③ 지역기능 및 지가 안정	① 하향여과(filtering) 시작 ② 지가하락	① 하향여과(filtering)활발 ② 지가는 하락 또는 가벼운 상승	① 슬럼(slum)화 ② 지가 최저

→ 지가상승이 비교적 활발함. 개발기라고도 함

(1) 성장기 ★

1) 의의

성장기는 어떤 지역이 새로 개발되거나 과거로부터 존재한 건물이 새로운 건물로 교체됨으로써 지역의 면모가 달라지기 시작하는 시기이다.

2) 특징

① 지역기능이 새로이 형성되어 가는 과정에서 비롯되는 여러 현상이 농후하다.
② 지가의 상승이 비교적 활발하다.
③ 개발이익을 목적으로 하는 투기현상이 개재되기 쉽다.
④ 지역 내 공간이용에 대한 경쟁이 치열하다.
⑤ 입주(入住)하는 주민은 전반적으로 교육수준이 높고 젊은 계층이 많다.
⑥ 대규모 개발인 경우에는 지가가 개발 계획단계·개발사업 착수단계·개발사업 완성단계 등 3단계에 따라 상승을 나타낸다는 이른바 투기가격상승의 3단계설이 적용될 수 있다.

(2) 성숙기 ★
→ 부동산가격은 안정되거나 가벼운 상승현상을 보임

12회 출제

1) 의의
지역의 개발이 진행됨에 따라서 지역이 점차로 안정되어 가는 단계이다.

2) 특징
10·12·16회 출제

① 지역을 구성하는 건물들은 안정단계에 들게 된다.
② 부동산의 가격이나 지역기능은 정점(peak)에 이르며, 지역주민의 사회적·경제적 수준은 최고로 높고, 경쟁은 안정된다.
③ 이 기간은 지역을 구성하는 건물의 구조, 내용연수, 지역의 규모, 주민의 사회적·경제적 지위 등에 따른 차이가 있지만, 대체로 20년 내지 25년 정도로 본다.
④ 지가는 안정되거나 가벼운 상승을 나타낸다.
⑤ 중고부동산경기가 부동산시장의 중심이 된다.

(3) 쇠퇴기

1) 의의
12회 출제

건물의 경제적 내용연수가 경과하는 시기로서 건물의 수선유지비 및 관리비의 급격한 상승 현상이 발생한다.

2) 특징
11·12회 출제

① 지역의 각종 부가물의 경제적 내용연수가 경과하여 쇠퇴(衰退)하기 때문에 나타난다.
② 개발기나 성숙기에 이 지역으로 이사한 지위가 높은 계층의 주민들이 다른 지역으로 이동한다.
③ 지가는 과거에 비해 대체로 낮게 형성된다.
④ 인플레이션 등의 작용으로 하락을 면한 경우라도 그 지역이 지니는 실질적인 가치는 상승하지 않는 것이 통상이다.
⑤ 재개발이 이어질 경우 그 지역은 하나의 큰 사이클을 마치며, 그에 소요되는 시간은 약 40~50년 정도이다.
⑥ 건축물의 경우 건축물의 내용연수가 경과하여 유지·보수비용이 증가하는 현상을 보인다.

(4) 천이기 ★
→ 하향여과 진행

1) 의의
지역의 기능이 급격하게 하락함에 따라 하향여과가 활발하게 진행되는 시기이다.

2) 특징
① 쇠퇴기와는 달리 보다 낮은 수준의 주민들이 활발하게 이동하여 온다.
② 이로 인한 수요가 자극되어 부동산의 가격은 다시 가벼운 상승현상을 나타내기도 한다.
③ 천이기(遷移期)는 쇠퇴기와 어떻게 구별되는가에 대하여는 세밀한 관찰이 있어야 하겠으나, 대체로 필터링(filtering)현상이 보다 활발해지는 것을 지적하면 될 것이다.
④ 천이기에서 재개발이 일어나면 악화기가 도래하지 않을 수도 있다.

(5) 악화기 → 슬럼기 직전의 단계임

쇠퇴기와 천이기의 기간은 재개발등의 지역개선을 위한 노력의 유무(有無)나 그 정도에 따라 차이가 있다. 아무런 개선노력이 없다면 지역은 계속적으로 악화되어 악화기가 되며, 이는 방기기(放棄期) 또는 슬럼기(slum)라고도 한다.

2 인근지역의 생애주기 형성조건

(1) 지역이 하나의 개발계획에 의해서 동시에 개발되어야 한다.

(2) 지역에 동질성이 있어야 한다.
동질성을 결한 경우는 건물의 내용연수가 다양하고, 노후화의 진행에도 차이가 있기 때문에 생애주기의 국면이 선명하지 않을 것이다.

3 침입적 토지이용

(1) 의의
일정지역에서 이용주체가 새로운 이질적 인자의 침입으로 인하여 새로운 이용주체로 변화하는 것을 말한다.

1) 침입의 의의
침입(invasion)이란 어떤 인구집단 또는 토지이용의 형태에 새로운 이질적인 수준의 것이 개입되는 현상을 말한다.
예 저소득계층 주거지역에 고소득계층의 침입

2) 계승의 의의
계승(succession)이란 침입의 결과 새로운 차원의 인구집단 또는 토지이용이 종래의 것을 교체하는 결과를 말한다. 물론, 어떤 지역에 침입이 생겨도 계승까지 이르지 못하는 경우도 있다.

(2) 침입적 토지이용의 유의사항
1) 침입을 유발하는 요인
① 낮은 지가수준　　② 강한 흡인력
2) 침입을 억제하는 요인
① 행정적 규제　　② 원주민 등의 저항

제2편 부동산학각론

제2절 부동산개발

01 부동산개발의 의의와 분류

1 부동산개발의 의의 등

(1) 부동산개발의 의의 23회 출제

부동산개발이란 토지개량을 통해서 토지의 유용성을 증가시키는 활동이다.

1) 「부동산개발업의 관리 및 육성에 관한 법률」상의 정의(법 제2조 제1호 참조)
 "부동산개발"이란 다음의 어느 하나에 해당하는 행위를 말한다. 다만, 시공을 담당하는 행위를 제외한다.
 ① 토지를 건설공사의 수행 또는 형질변경의 방법으로 조성하는 행위
 ② 건축물을 건축·대수선·리모델링 또는 용도변경 하거나 공작물을 설치하는 행위

2) **부동산개발업**(법 제2조 제2호 참조)
 "부동산개발업"이란 타인에게 공급할 목적으로 부동산개발을 수행하는 업을 말한다.

(2) 부동산개발의 구분

부동산개발은 크게 조성개량과 건축개량으로 구분된다.

1) 조성개량
 건설활동이 이루어지기 전의 정지작업, 도로공사, 수도공사 등을 토지에 가함으로써 토지자체를 개량하는 방법이다.
 예 각종 정지작업, 도로공사, 수도공사

2) **건축개량** → 유용성을 증가시키는 건축
 토지상에 건물 등을 축조함으로써 토지의 유용성을 증가시키는 것이다.
 예 건물의 축조

(3) 부동산개발의 목적

부동산개발은 여러 조건을 만족할 수 있는 택지 또는 주택의 대량공급을 목적으로 한다.

부동산개발의 양적 공급요소	부동산개발의 질적 공급요소
1) 택지·주택공급의 자금력 풍부 2) 지가 저렴 3) 토지취득용이 4) 토지유효이용	1) 기술확보 2) 택지 및 주택가격 저렴 3) 환경 향상

(4) 부동산개발의 주체의 구분

공공부문	민간부문	공·사혼합부문
1) 국가 2) 지방자치단체 3) 한국토지주택공사 4) 한국수자원공사 5) 한국농어촌공사 6) 기타 특수법인공사	1) 부동산개발업자 2) 토지소유자조합 3) 개인	제3섹터방식(the third of sector)

2 부동산개발의 분류

(1) 유형적 개발
직접적으로 토지의 물리적 변형을 가져오는 행위를 말한다. 예 건축·토목사업 등

(2) 무형적 개발
토지의 물리적 변형은 초래하지 않으나 이용 상태의 변경(본질적 용도의 변경)을 가져오는 행위
예 지목변경, 용도지역지구의 지정, 농지전용 등

(3) 복합적 개발
토지의 유·무형의 개발행위가 동시에 이루어지는 경우 예 도시개발사업, 재개발사업 등

02 부동산개발의 과정
→ 토지의 취득에서부터 개발된 토지의 목적이용 또는 처분과정을 말함

1 부동산개발과정의 의의 등 ★

(1) 부동산개발과정의 의의
23회 출제

부동산개발의 과정은 개발목적에 합치된 토지의 취득에서부터 개발된 토지의 목적이용 또는 처분과정을 말한다.

(2) 부동산개발의 단계
부동산개발의 단계는 개발의 목적이나 주체에 따라 달라질 수 있다. 여기에서는 부동산개발업자 또는 부동산투자자가 이윤을 추구할 목적으로 부동산개발사업을 수행하는 7단계를 제시한다.

제2편 부동산학각론

> **WIDE** 부동산개발의 7단계 모형 ★ 　　　　　　　　　19·21·23회 출제

| 1단계 : 아이디어 단계 | 어떠한 형태의 공간이 필요하고 그것을 어디에 입지시켜야 할지, 그리고 어떠한 형태로 이용할 것인지와 함께 수요자 확보와 자금조달방법 등을 구상하는 단계 |

2단계 : 예비적 타당성 분석(전 실행가능성분석) 단계
개발사업이 완성되었을 경우에 예상되는 개략적인 수입과 비용을 계산하여 수익성을 검토하는 단계

3단계 : 부지모색 및 확보 단계
예비적 타당성 분석 단계에서 어떤 개발사업이 타당한지를 분석한 후 개발사업에 적합한 대안 부지를 모색하고 최선의 부지를 선정하는 단계

4단계 : 타당성 분석(실행가능성 분석) 단계
- 부지가 확보된 후에 개발업자가 타당성 분석(실행 가능성 분석)을 하는 단계
- 타당성 분석은 법률적·경제적·기술(물리)적 측면에서 종합적 분석이 이루어져야 하나, 이 중 부동산개발사업 기획에서 가장 중요한 것은 경제적 타당성 분석이다.

5단계 : 금융 단계
- 타당성 분석 결과 개발사업이 타당한 것으로 평가된 경우엔 이를 근거로 하여 대출기관에 개발사업에 필요한 자금을 대출받는 단계
- 대부의 종류에는 개발사업을 착공하고 완공하는 데 필요한 '건축대부'와 완공된 부동산을 담보로 대출받는 '저당대부'가 있다.

6단계 : 건설 단계
토지의 구획 및 형질의 변경 등 조성개량과 건설 등의 건축개량을 통한 물리적인 공간을 창조하는 단계

7단계 : 마케팅 단계
- 건설 단계 이후에 개발된 공간을 분양 또는 임대하는 단계
- 임대활동은 개발 초기부터 이루어져야 한다.
- 특히 백화점이나 금융기관, 저명한 회사 등 '중요 임차자(key tenant), 다른 말로 '정박 임차자(anchor tenant)'를 사전에 확보하는 것은 매우 중요하다.

제7장 부동산개발 및 관리론

03 부동산개발 과정의 위험분석과 투자분석

1 부동산개발 과정의 위험분석 [25·29회 출제]

(1) 법률위험

1) 부동산개발과 관련된 용도지역지구제나 토지이용규제, 담보물권의 설정 등 공·사법 전반에 걸쳐서 다양하게 초래될 수 있는 위험을 말한다.

2) 법률적 위험의 회피를 위해서는 이용계획이 확정된(인허가가 완료된) 토지를 구입하는 방법이 있다.

(2) 시장위험 ★

1) 부동산시장의 가변성에 의해 초기 분양률의 저조 및 미분양 등이 되거나 이로 인하여 부동산개발업자가 기대보다 낮은 이윤을 얻게 될 가능성이 있다.

2) 시장의 이자율 상승으로 개발업자에게 추가적인 금융비용을 초래하는 등 시장의 불확실성이 개발업자에게 주는 부담도 시장위험(market risk)이라 한다.

WIDE 시장위험 ★★ [18·22·23·25회 출제]

① 가변적인 부동산시장으로부터 오는 불확실성이 개발업자에게 지우는 부담이 시장위험이다. 부동산개발업자들은 특정개발사업의 시장성 분석을 해야 한다. 시장성 분석의 연구방법으로는 주로 흡수율분석이 사용된다.
  ㉠ 시장성 분석(marketability analysis)
    특정부동산이 현재와 미래의 시장상황에 따라 매매 또는 임대될 가능성을 분석하는 것이다.
  ㉡ 흡수율 분석(absorption rate analysis)
    시장에 공급된 부동산이 1년 동안 시장에서 얼마만큼의 비율로 흡수(소비)되었는가를 분석하여 향후 부동산 거래의 가능성을 예측하는 것을 의미한다.
  ㉢ 시장침투율(market penetration)
    상가의 경우 신규 상가가 기존의 지역상권에서 시장점유율을 얼마나 차지할 것인가를 나타내는 척도이다.
② 건물가치와 시장위험의 상쇄관계 : 개발 완성도에 따라서 건물가치는 높아지는 반면에 위험은 줄어든다.

---

(3) 비용위험

1) 부동산개발 기간이 연장될수록 개발비용이 증가하여 위험이 그만큼 커지는 것을 말한다.

2) 비용위험은 실질적인 시장조사로도 감소시킬 수 있다. 개발업자가 비용위험을 회피하기 위해서는 개발사업 시행자와 최대가격의 고정건설비용으로 도급계약을 하는 방안이 있다.

(4) 기술적 위험

설계의 불량, 매수예정 사업부지가격의 상승, 이용의 저조, 관리와 보전의 어려움 등 여러 가지 위험이 초래될 수 있다.

제2편 부동산학각론

2 부동산개발의 타당성 분석 　　　　　　　　　　　　　　　8·20·23회 출제

(1) 법률적 측면의 타당성 분석　　　　　　　　　　　　　　　　　16회 출제
대상개발사업과 관련된 공법·사법상의 제한사항, 정책적 고려사항 등을 분석하는 것을 의미한다.

(2) 기술적 측면의 타당성 분석　　　　　　　　　　　　　　　　　16회 출제
주어진 토지의 자연적 환경 또는 기술적인 측면의 설계, 시공, 이용, 관리, 보전 등의 기술적·물리적 문제 등이 대상투자사업에 적합한가 여부를 분석하는 것을 말한다.

(3) 경제적 측면의 타당성 분석(재무적 타당성 분석) ★★　　　15·16·17·19·25회 출제
투자자로부터 자금을 끌어들일 수 있는 충분한 수익이 있는가를 분석하는 것을 말한다.

→ 개발사업 착수 전·후에 이루어짐

1) **시장 분석** ★
   ① 시장 분석의 의의
   　개발 예정 부동산이 속하는 시장권역에서의 경제 및 지역상황의 분석과 더불어 특정 유형의 부동산에 대한 수요·공급 등을 분석하는 것을 말한다.
   ② 시장분석의 역할
   　㉠ 주어진 **부지의 이용도 결정**
   　㉡ **적합한 부지의 결정**
   　㉢ **투자 대안**의 모색
   　㉣ 개발사업의 **타당성 분석**

2) **시장성 분석** ★★　　　　　　　　　　　　　　　　15·16·17·19·25회 출제
   ① 개발된 부동산이 현재와 미래의 시장상황에 따라 매매 또는 임대될 가능성을 분석하는 것이다.
   ② 부동산시장분석에 포함되며 구체적 장소에 대한 분석이므로 일반적 상황보다 지역적 속성을 고려하며, 시장에서 부동산의 경쟁력을 극대화시키려는 데 초점을 맞춘다.

(4) 경제기반분석 ★★　　　　　　　　　　　　　　　　　　　　　15·25회 출제
1) **의의** ★★
   ① 지역의 경제기반분석은 지역의 총생산과 소득을 확정하는 것으로써 그것으로 해당지역의 성장정도, 안정정도, 복지수준의 정도를 알 수 있다.
   ② 플로이드(Floyd)는 경제기반분석을 다음과 같이 설명하고 있다.

수출활동 (기반활동)	• 지역경계 밖에서 판매 또는 소비할 재화 및 용역을 생산하는 활동을 의미한다. • 일반적으로 농업, 광업, 제조업 및 도매업 분야에 대부분의 수출활동이 포함되어 있다.
자급활동 (비기반 활동)	• 지역사회 자체 내에서 판매 또는 소비할 재화와 용역을 생산하는 활동을 의미한다. • 일반적으로 건축업, 공익사업(public utilities), 소매업, 금융업, 용역업 및 정부에 의해 취해지는 활동들이다.

제7장 부동산개발 및 관리론

2) 입지계수 ★★
`27·30·34회 출제`

입지계수란 특정지역의 특정산업이 전국의 동일산업에 비해 상대적으로 차지하는 중요도를 나타내는 지수이다. 즉 특정지역의 특정산업이 전국의 동일산업에 비해 경쟁력을 갖춘 수출기반사업인지 여부를 알아보기 위한 것이다.

$$LQ(입지계수) = \frac{A지역의\ X산업\ 구성비}{전국의\ X산업\ 구성비} = \frac{\dfrac{A지역\ X산업의\ 고용자\ 수}{A지역\ 전체산업의\ 고용자\ 수}}{\dfrac{국가전체\ X산업의\ 고용자\ 수}{국가전체\ 전체산업의\ 고용자\ 수}}$$

- A지역 : 특정지역, X산업 : 특정산업이라고 가정한다.
- LQ > 1 : X산업은 A지역의 특화산업(A지역의 수출기반산업)이다.
- LQ < 1 : X산업은 A지역의 비특화산업(A지역의 비수출기반산업)이다.
- LQ = 1 : X산업은 A지역의 자급자족산업이다.

3) 경제기반승수 ★

① 경제기반이론에서는 지역사회의 성장은 기반활동에 달려 있다고 가정하고 있다. 즉, 기반활동이 활발해야만 그 지역사회가 발전한다는 것이다.

- 경제기반승수 = $\dfrac{지역\ 전체\ 총고용\ 인구증가분}{기반산업의\ 인구증가분}$
- 지역 전체 총고용 인구증가분 = 경제기반승수 × 기반산업의 인구 증가분

② 해당 지역 비기반산업의 비율이 클수록 경제기반승수는 확대되는 것으로, 경제기반승수를 통해, 기반산업 수출부문분의 고용인구 변화가 지역의 전체 고용인구에 미치는 영향을 예측할 수 있다. 따라서 경제기반분석은 고용인구 변화가 부동산수요에 미치는 영향을 예측하는 데 사용될 수 있다.

4) 경제기반과 부동산수요의 관계

① 지역이나 도시의 수출(기반)활동이 확장된다면, 자급산업의 고용도 증대된다.
② 경제기반이 확장할 가능성이 있으면 부동산수요 역시 확장할 가능성이 있으며, 경제기반이 위축될 것으로 예상되면 부동산수요 역시 위축될 것이다.

Keypoint 부동산분석의 단계별 분석과정 ★★

분석 단계	1단계	2단계	3단계	4단계	5단계
분석 명칭	지역경제분석	시장분석	시장성 분석	타당성 분석	투자분석
분석 내용	특정 지역/도시의 모든 부동산에 대한 수요인 분석	시장지역의 수요와 공급 상황 분석	개발사업의 시장성(분양가능성) 분석	각 개발사업 대안의 성공적 수행가능성(수익 가능성) 분석	각 개발대안 중 최대이윤 발생(최유효 이용) 대안 선택
분석 중심	특정 개발사업의 시장 중심			개발사업자의 의사결정	
분석 구분	시장분석			경제성분석(타당성 분석)	

주) 상위단계의 분석에는 하위단계의 분석이 포함됨. 즉 상위단계의 분석 결론을 위해서는 하위단계의 분석이 필요함

04 신개발사업

1 택지개발사업

(1) 택지의 의의

택지(宅地)란 토지이용의 한 형태로서 주택·점포·공장 및 기타 건물부지로 이용되거나 장차 이용되는 것이 사회적·경제적·행정적 측면의 관점에서 합리적이라고 인정되는 토지를 말한다.

> **WIDE** 택지의 성숙도

성숙도	택지가 건축할 수 있는 조건을 얼마나 갖추고 있는가에 관한 개념이다.
성숙지	시간의 낭비없이 즉시 건축활동 등 소기의 이용을 할 수 있는 토지이다.
미성숙지	택지가 성숙하기까지 상당한 기간, 비용이 소요되거나 또는 택지소유비용을 부담해야 하는 경우 등이다. 대규모의 개발계획 또는 투기 등의 경우에는 미성숙지를 그 대상으로 하기도 한다.

(2) 택지개발의 의의 → 일정한 법적요건만 갖추면 민간도 시행이 가능하다.

`14회 출제`

택지개발이란 택지의 조성과 공공시설의 정비에 의한 택지의 공급 또는 확보와 시가지의 개발을 행하는 것을 말한다.

(3) 택지개발의 목적

1) 택지개발의 목적은 토지의 이용과 주민들의 주거생활 수준향상을 도모하는 것이다.
2) 도시환경과 토지의 합리적 이용에 있다.

(4) 택지개발의 요인(필요성)

택지수요의 증대요인(수요측 요인)	택지공급의 제한요인(공급측 요인)
• 인구의 자연증가 • 가구규모의 변화(핵가족화현상) • 도시화현상(도시의 팽창) • 주거수준의 향상 • 소득의 향상 • 가수요현상 • 공공용지의 확보 및 주택의 이용전환	• 유한한 국토자원 • 그린벨트의 설정 등으로 토지공급 제한 • **토지의 세분화** • 고지가(高地價)현상

2 택지개발지역의 조건

(1) 기존시가지와 비교적 근거리에 있고 교통이 편리할 것
(2) 토지수용이 용이할 것
(3) 공해가 적은 지역일 것
(4) 주거환경이 양호할 것
(5) 부근에 오천(汚川)이 있고 지하수가 풍부하여 급배수시설이 용이한 지역일 것
(6) 농지가 가능한한 적을 것
(7) 개발사업이 단기간에 완성될 수 있고 특수성이 있을 것
(8) 가능한한 지상물건(地上物件)이 없는 토지일 것
(9) 구릉지 내에 풍치, 보안림 등이 유지될 수 있는 곳일 것

3 택지개발의 과정 ★

(1) 의 의

택지개발의 과정은 개발목적에 합치된 토지의 취득에서부터 조성택지의 목적이용 또는 처분까지의 과정이라고 할 수 있다. 이러한 과정을 통해서 자연적·농업적 토지이용형태로 있던 토지가 도시적 토지이용의 형태(택지)로 전환된다.

(2) 택지개발과정의 단계

택지개발과정은 기획 및 용지취득의 단계, 계획과 사업화의 단계, 조성공사의 시공단계, 조성택지의 처분과 택지이용의 단계, 사업종료와 시가화의 단계로 크게 구분할 수 있다.

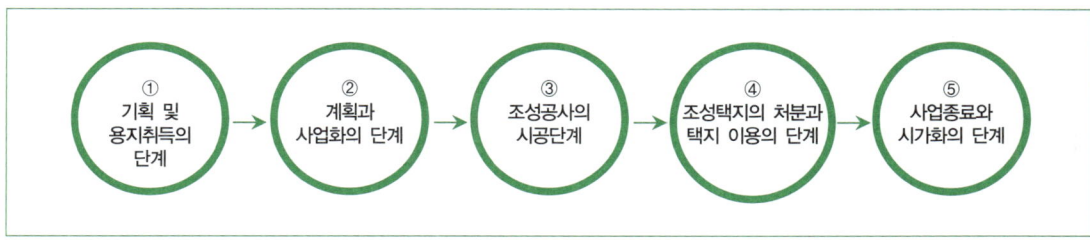

제2편 부동산학각론

05 부동산개발 방법

14회 출제

→ 시장실패 보전 토지의 계획적 이용

1 공공택지개발

「택지개발촉진법」상의 택지개발지구 개발, 즉 공영개발사업은 국가·지자체·토지공사·주택공사 등 공공기관만 시행할 수 있다. 환지방식 도시개발사업은 토지소유자·조합 및 공공기관이 시행주체가 될 수 있다.[8]

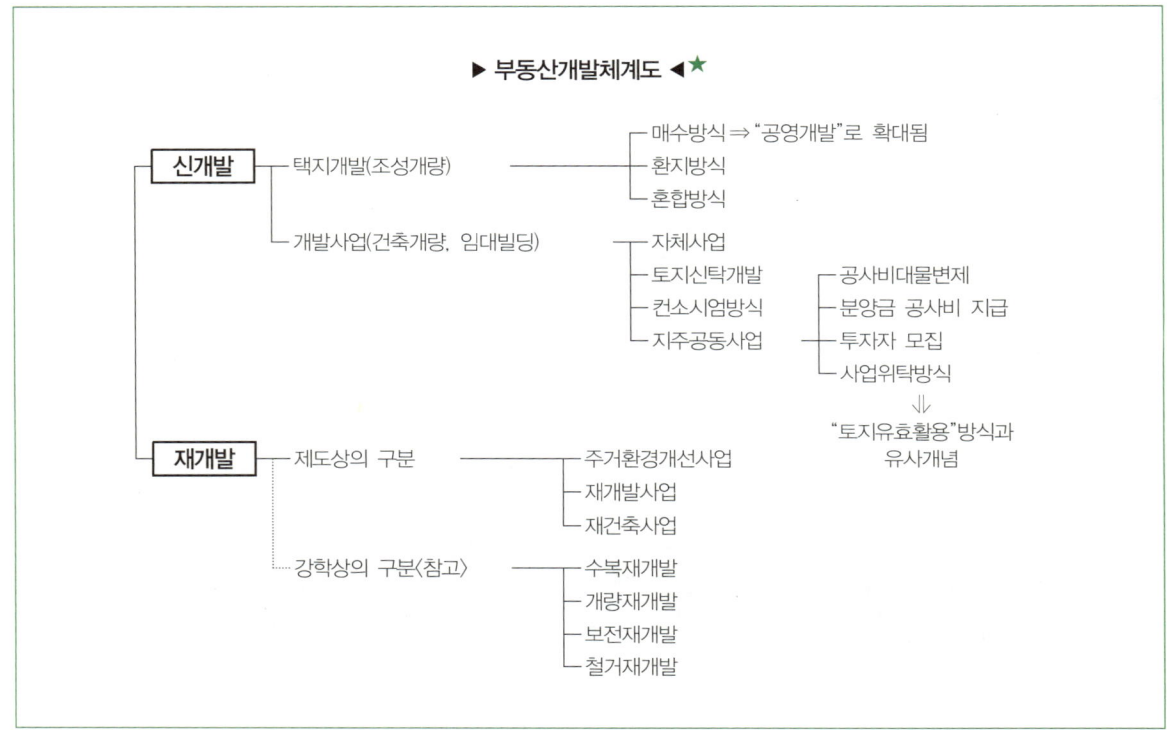

(1) 부동산공영개발의 의의 ★

17회 출제

1) 공영개발이란 부동산이 지닌 기능 내지 적성, 혹은 지역에 따라 공공복리를 위해 가장 효율적으로 이용하기 위한 실행방법의 하나로 등장한 것이다.
2) 도시지역의 시급한 주택난을 해소하기 위하여 주택건설에 필요한 택지를 개발함으로써 국민주거생활의 안정과 국민복지향상에 기여함을 목적으로 「택지개발촉진법」에 의한 도시지역과 그 주변지역을 택지개발지구로 지정한다.

---

8) 상게서, pp.125~127.

(2) 부동산공영개발의 범위
1) 공영개발지역의 개발대상이 되는 토지는 가급적 쓸모가 없는 구릉지, 저습지, 산지와 매립지 등을 주로 개발토록 하여야 할 것이다.
2) 도시지역 내의 토지에 대하여 개발로 인한 지가상승의 억제와 용지의 확보를 용이하게 하기 위해서 「국토의 계획 및 이용에 관한 법률」상에 규정된 시가화조정구역 등의 지정을 통하여 효과적으로 운용해나가야 할 것이다.

(3) 부동산공영개발의 장·단점

장 점	단 점
• 토지이용의 효율성 제고 • 택지의 대량공급 • 개발이익의 사회적 환수 • 공공사업에 재투자 • 토지투기 방지 • 지가 안정	• 재산권의 상대적 손실감으로 토지소유자의 민원이 발생할 우려가 있음 • 사업시행자가 사업비 전액을 먼저 투자함으로써 시행자의 자금부담이 가중됨 • 대규모 사업시행 시 용지보상지출로 통화팽창과 주변지역의 지가상승이 우려됨

(4) 지역공영개발의 기본원칙
1) 도시의 균형개발추진
2) 쾌적한 주거편익시설의 설치
3) 부동산의 공급과 관리

2 도시개발사업의 유형 ★★

(1) 신개발사업
「도시개발법」상의 도시개발사업은 수용방식·환지방식 또는 혼합방식의 3가지 방식으로 시행된다. 택지개발촉진법」상의 택지개발사업은 이들 방식 중 주로 수용방식에 의한 방식을 적용한다.

1) **수용방식**(매수방식)
   ① 사업시행자가 도시개발구역 안의 토지를 전면 매수하거나 수용하여 도시를 개발하는 방식이다.
   ② 개발자로서는 비교적 사업시행이 간단하고 용이한 장점이 있지만 토지소유자는 개발이익을 전혀 기대하지 못하게 된다.
   ③ 개발자의 초기 사업비 부담이 과중하고 토지소유자의 저항이 심한 문제가 있다.

2) 환지방식

① 도시개발사업 전 토지의 위치·지목·면적 등을 고려하여 도시개발사업 후 개발된 토지를 토지소유자에게 재분배하는 방식을 말한다.
② 사업시행자가 도시개발구역 안의 토지를 구획하고 형질을 변경하여 감보된 토지를 종전의 토지소유자에게 되돌려준다.
③ 감보된 토지는 새로이 필요로 하는 도로나 공원 등 공공시설 용지로 사용되며, 나머지 토지(체비지)는 매각하여 개발비용을 회수한다.
④ 개발이익이 토지소유자에게 돌아가는 장점이 있지만, 환지의 형평성을 기하기 위한 절차의 번잡성과 사업시행기간의 장기화로 인하여 시행자가 불편을 겪게 된다.
⑤ 토지구입비가 소요되지 않는 방식으로 사업시행자가 재정지출을 효율적으로 관리할 수 있다.

3) 혼합방식

혼합방식이란 일부 지역은 수용방식으로 개발하고 나머지 지역은 환지방식으로 개발하는 방법을 말한다. 예 도시개발사업, 산업단지개발사업 등에 사용

(2) 도시 및 주거환경정비사업 ★

1) 정비사업의 구분

정비사업이란 도시기능을 회복하기 위하여 정비구역에서 정비기반시설을 정비하거나 주택 등 건축물을 개량 또는 건설하는 사업을 말하며, 「도시 및 주거환경정비법」에서는 다음과 같이 구분하고 있다.

① **주거환경개선사업** : 도시저소득 주민이 집단 거주하는 지역으로서 정비기반시설이 극히 열악하고 노후·불량건축물이 과도하게 밀집한 지역의 주거환경을 개선하거나 단독주택 및 다세대주택이 밀집한 지역에서 정비기반시설과 공동이용시설 확충을 통하여 주거환경을 보전·정비·개량하기 위한 사업이다.

② **재개발사업** : 정비기반시설이 열악하고 노후·불량건축물이 밀집한 지역에서 주거환경을 개선하거나 상업지역·공업지역 등에서 도시기능의 회복 및 상권활성화 등을 위하여 도시환경을 개선하기 위한 사업이다. 이 경우 다음 요건을 모두 갖추어 시행하는 재개발사업을 "공공재개발사업"이라 한다.

㉠ 특별자치시장, 특별자치도지사, 시장, 군수, 자치구의 구청장 또는 토지주택공사등(조합과 공동으로 시행하는 경우를 포함)이 주거환경개선사업의 시행자, 재개발사업의 시행자나 재개발사업의 대행자일 것

㉡ 건설·공급되는 주택의 전체 세대수 또는 전체 연면적 중 토지등소유자 대상 분양분(지분형주택은 제외)을 제외한 나머지 주택의 세대수 또는 연면적의 100분의 50 이상을 지분형주택, 「공공주택 특별법」에 따른 공공임대주택 또는 「민간임대주택에 관한 특별법」에 따른 공공지원민간임대주택으로 건설·공급할 것. 이 경우 주택 수 산정방법 및 주택 유형별 건설비율은 건설·공급되는 주택의 전체 세대수의 100분의 20 이하에서 국토교통부장관이 정하여 고시하는 비율 이상으로 정한다.

③ **재건축사업** : 정비기반시설은 양호하나 노후·불량건축물에 해당하는 공동주택이 밀집한 지역에서 주거환경을 개선하기 위한 사업이다. 이 경우 다음 요건을 모두 갖추어 시행하는 재건축사업을 "공공재건축사업"이라 한다.
  ㉠ 시장·군수등 또는 토지주택공사등(조합과 공동으로 시행하는 경우를 포함)이 재건축사업의 시행자나 재건축사업의 대행자일 것
  ㉡ 종전의 용적률, 토지면적, 기반시설 현황 등을 고려하여 공공재건축사업을 추진하는 단지의 종전 세대수의 100분의 160에 해당하는 세대 이상을 건설·공급할 것. 다만, 특별시장·광역시장·특별자치시장·특별자치도지사·시장 또는 군수 등 정비구역의 지정권자가 「국토의 계획 및 이용에 관한 법률」 에 따른 도시·군기본계획, 토지이용 현황 등 대통령령으로 정하는 불가피한 사유로 해당하는 세대수를 충족할 수 없다고 인정하는 경우, 즉 도시·군기본계획에 부합하지 않게 되는 경우와 해당 토지 및 인근 토지의 이용 현황을 고려할 때 종전 세대수의 100분의 160에 해당하는 세대수를 건설·공급하기 어려운 부득이한 사정이 있는 경우에는 그러하지 아니하다.

2) 도시재개발의 시행방법에 따른 분류　　**22회 출제**
  ① **보전재개발** : 노후·불량화가 앞으로 야기될 우려가 있을 때 사전에 노후·불량화의 진행을 방지하기 위해 채택하는 가장 소극적인 도시재개발이다.
  ② **수복재개발**(지구수복) : 관리나 이용부실로 나타난 현재의 불량·노후상태의 본래 기능을 회복하기 위하여 현재의 대부분 시설을 그대로 보존하면서 노후·불량화의 요인만을 제거하는 소극적 도시재개발의 대표적인 방법이다.
  ③ **개량재개발** : 수복재개발의 일종이다. 기존 도시환경의 시설기준 및 구조 등이 현재의 수준에 크게 미달되는 경우에 기존시설의 확장·개선 또는 새로운 시설을 보강하여 기존 물리환경의 질적 수준을 높여 도시기능을 제고시키는 방법이다.
  ④ **철거재개발** : 기존의 건축물이나 시설은 모두 철거하고 새로운 환경, 즉 시설물로 대체시키는 가장 전형적인 도시재개발의 형태이다.

3) 도시재개발대상에 의한 분류
  ① **주거지재개발** : 주거기능의 향상을 위해 불량주거지를 대상으로 실시하는 도시재개발사업이다.
  ② **상업·업무지구재개발** : 상업·업무지역 외 공업지역 등의 재개발도 이 유형에 포함시켜 포괄적으로 시가지재개발이라 일컫는다. 도시의 중추기능제고를 위한 도시재개발이다.
  ③ **공공시설재개발** : 도로·상하수도 등 공공시설(지역단위의 모든 환경)과 건물을 총괄적으로 변화시키는 것을 뜻한다.
  ④ **지구개선** : 지구를 대상으로 하여 주택이나 도시시설 등의 개별개선은 물론 그들을 유기적으로 조합시켜 일체적·종합적으로 개선하는 것을 말한다.

3 민간개발 ★★

14·24회 출제

(1) 자체개발사업 방식
토지소유자가 사업기획은 물론 직접 자금조달을 하여 건설을 시행하는 방식이다.

장 점	단 점
• 개발사업의 이익이 모두 토지소유자에게 귀속된다. • 사업주체의 의도대로 사업추진이 가능하다. • 사업수행의 속도가 빠르다.	• 사업의 위험성이 매우 높다. • 자금조달의 부담이 크다. • 위기관리능력이 요구된다.

(2) 지주 공동사업(地主 共同事業) 방식 ★

1) 의의
① 토지소유자와 개발업자, 즉 건설사, 사업시행자, 자금 조달자 간에 부동산개발을 공동으로 시행하는 것이다.
② 토지소유자는 토지를 제공하고 개발업자는 개발의 노하우를 투여하여 상호 이익을 추구하는 것이다.

2) 유형 추가

15·17·24·26·29회 출제

① **공사비 대물변제 방식**: 토지소유자가 건설공사의 도급발주를 할 경우에 있어 공사비의 변제를 준공된 건축물의 일부로 받는 방식이다. 공사비는 건설업체(개발업자)가 조달하게 되고, 그 밖의 사업비 조달은 토지소유자 또는 건설업체가 대여하게 된다.

② **분양금 공사비지급 방식**: 이 유형은 토지소유자가 사업시행에 있어 건설업체에 공사를 발주하고 공사비의 지급은 분양 수입금으로 지급하게 된다.

③ **투자자 모집 방식**: 이 유형은 개발업자가 조합아파트와 같이 투자자로부터 사업자금을 마련해 사업을 시행하고 투자자에게는 일정의 투자수익 또는 지분을 보장하게 된다.

④ **사업위탁방식**(사업제안방식): 이 유형은 토지소유자가 개발업자에게 사업시행을 의뢰하는 형태로서 개발업자는 시행을 대행하는 것에 대한 수수료를 취하게 된다.

⑤ **토지신탁 방식**: 이 유형은 토지를 신탁회사에 위탁하여 개발·관리·처분한다. 사업위탁방식과 유사하나, 가장 큰 차이점은 신탁회사에 형식상의 소유권이 이전된다는 것이다.

⑥ **컨소시엄 방식**: 이 유형은 대규모 개발사업의 경우 사업자금의 조달 혹은 상호 기술보완 등의 필요에 의해 법인 간에 <mark>컨소시엄을 구성하여 사업을 수행</mark>한다.
→ 출자회사간 상호 이해조정이 필요

제7장 부동산개발 및 관리론

▶ 민간의 토지개발방식1) ◀ ★★   추가 15·17회 출제

구 분		자체사업 방식	지주공동사업방식				토지신탁 개발방식	컨소시엄 방식
			공사비대물 변제방식	분양금 공사비 지급방식	투자자 모집방식	사업위탁 방식		
1) 사업 주체	① 토지소유	토지소유자	토지소유자	토지소유자	사업시행자	토지소유자	신탁회사	토지소유자
	② 건축시공		개발업자	개발업자	사업시행자	개발업자	신탁회사	컨소시엄 구성회사
	③ 자금조달		개발업자· 토지소유자	개발업자	투자자	토지소유자	신탁회사	
	④ 사업시행		토지소유자	토지소유자	사업시행자	개발업자	신탁회사	토지소유자
	⑤ 이익귀속		토지소유자· 개발업자	토지소유자· 개발업자	토지소유자· 투자자	토지소유자	토지소유자	토지소유자· 컨소시엄 구성회사
2) 사업 내용	① 정 의	토지소유자에 의한 자금조달, 시공, 분양	토지소유자가 공사비를 대물 변제	토지소유자가 공사비를 분양 금으로 면제	토지소유자 또 는 개발업자가 투자자 모집	토지소유자가 개발업자에 사업 전과정을 위탁	토지소유자가 신탁회사에 수 수료를 주고 신 탁 개발	대규모 토지 개발에 시공 사가 공동 참여
	② 내 용	자금조달 (자기자금, 차 입금) 후 시공, 분양	건설회사는 대물부분을 분양, 임대, 자기사용	기성에 따른 지분이 아닌 분양금에서 지불	투자조합에 의한 투자 후 수익보장	개발업자는 위 탁수수료를 받 고 사업시행	신탁회사에 형식상 소유권 이전 후 배당 받음	토지소유자와 컨소시엄은 대 물, 혹은 현금 정산
	③ 활 용	사업성이 좋은 경우	입지가 양호한 경우	현실적으로 많이 활용	테마빌딩	건설사에서 적극 활용	사업성이 좋은 경우	대규모 아파 트 및 SOC사 업에 활용
3) 비 고		일반적으로 이용	시공사와 공사비 산정 문제	대표적 지주 공동사업	새로운 유형	소규모 사업에 활용	신탁수수료 협의 문제	지주공동 사업과 유사 형태

* 경우에 따라서는 지주공동사업을 위와 같이 구분하기도 한다.

---

1) 조주현, 부동산학원론, 건국대학교출판부, 2006, p.266.

사회기반시설(SOC)에 대한 민간투자개발 ★

17·22·24·26·27·28·34회 출제

(1) 의 의
1) 현재 우리나라에서 시행되고 있는 프로젝트 파이낸싱 관련 제도는 주로 「사회기반시설에 대한 민간투자법」에 의한 사회간접자본시설의 개발을 중심으로 운용되고 있다.
2) 사회기반시설이란 도로나 철도, 항만, 공항, 다목적댐, 물류단지, 관광단지, 학교시설 등을 의미한다.

(2) 민간투자사업의 추진방식
사회기반시설에 대한 민간투자방식은 다음과 같이 구분된다(동법 제4조).

1) BTO(Build-Transfer-Operate) 방식★

민간 사업시행자에 의한 사회기반시설의 준공과 동시에 당해시설의 소유권이 국가 또는 지방자치단체에 귀속되며 사업시행자에게 일정 기간의 시설관리운영권을 인정하는 방식을 말하는 것으로 BTL방식은 포함되지 않는다.

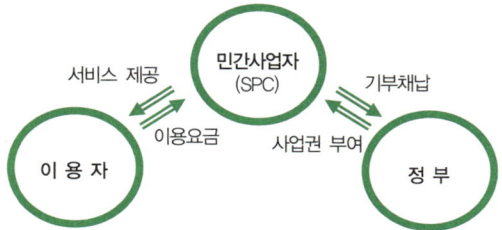

〈자료〉 기획재정부

2) BTL(build-transfer-lease) 방식 ★

① 사회기반시설의 준공과 동시에 당해 시설의 소유권이 국가 또는 지방자치단체에 귀속되며, 사업시행자에게 일정 기간의 시설관리운영권을 인정하되, 그 시설을 국가 또는 지방자치단체 등이 협약에서 정한 기간 동안 임차하여 사용·수익하는 방식을 말한다.
② 우리나라에서는 학교 건물, 기숙사, 도서관, 군인아파트 등의 개발에 활용하고 있다.

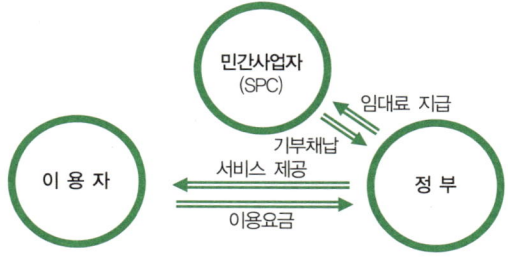

〈자료〉 기획재정부

〈BTO/BTL방식 비교〉

추진 방식	Build-Transfer-Operate	Build-Transfer-Lease
대상시설 성격	최종수요자에게 사용료 부과로 투자비 회수가 가능한 시설	최종수요자에게 사용료 부가로 투자비 회수가 어려운 시설
투자비 회수	최종사용자의 사용료	국가 또는 지방자치단체의 시설임대료
사업 리스크	민간(사업시행자)이 수요위험부담	민간의 수요위험 배제

〈자료〉 기획재정부

3) BOT(build-operate-transfer) 방식 ★

사회기반시설의 준공 후 일정 기간 동안 사업시행자에게 당해시설의 운영권이 인정되며 그 기간의 만료시 시설소유권이 국가 또는 지방자치단체에 귀속되는 방식을 말한다.

4) BOO(build-own-operate) 방식

사회기반시설의 준공과 동시에 사업시행자에게 당해시설의 소유권과 운영권이 인정되는 방식을 말한다.

5) 기타 방식

기타 동법에서는 민간부문이 사업을 제안하거나 변경제안을 하는 경우 당해 사업의 추진을 위하여 상기 외의 방식을 제시하여 주무관청이 타당하다고 인정할 경우 다른 방식을 채택할 수 있도록 규정하고 있다.

① BLT(Build-Lease-Transfer) 방식 : 민간 사업시행자가 자기책임(설계 및 자금 조달)하에 시설물을 건설한 후 당해 시설물을 소유하며, 정부와 약정한 기간 동안 운영(운영업자에게 리스로 임대)해 투자비를 회수한 후 그 소유권을 정부에 무상 양도하는 방식이다.

② BBO(Buy-Build-Operate) 방식 : 민간 사업시행자가 기존의 시설물을 정부로부터 매입하여 민간이 보수·확장공사를 한 후 정부의 규제 하에 운영하는 방식이다.

③ DBFO(Design-Build-Finance and Operate) 방식 : 민간 사업시행자가 프로젝트의 설계·시공·금융·운영을 전담하는 방식으로, 주로 민관합작사업에 많이 적용되는 방식이다.

④ ROT(Rehabilitate-Operate-Transfer) 방식 : 국가 또는 지방자치단체 소유의 기존시설을 정비한 사업시행자에게 일정 기간 동 시설에 대한 운영권을 인정하는 방식이다.

⑤ ROO(Rehabilitate-Own-Operate) 방식 : 기존시설을 정비한 사업시행자에게 당해시설의 소유권과 관리·운영권을 인정하는 방식이다.

제2편 부동산학각론

제3절 부동산관리

01 부동산관리의 필요성 등

1 부동산관리의 의의
23회 출제

(1) 의 의
부동산을 그 목적에 맞게 최유효한 이용을 할 수 있도록 부동산의 취득·유지·보존·개량 및 그 운용에 관한 일체의 행위를 말한다.

(2) 부동산관리의 활동

1) 보존활동
   물리적·경제적 내용연수 향상

2) 개량활동
   물리적·법률적·경제적 하자를 제거하여 유용성을 극대화하는 것

3) 이용활동
   유용성 증대

2 부동산관리의 필요성 ★
16·20회 출제

(1) 도시화(都市化)
경제의 발전과 더불어 인구의 도시집중은 도시의 성장·개발을 필연화하고 이는 전문적인 부동산관리를 필요로 한다.

(2) 건축기술의 발전
인구의 도시집중과 도시의 성장은 건물의 고층화를 가져오고 이로 인한 건축기술의 발전은 전문적인 부동산관리를 필요로 하는 요인이 된다.

(3) 부재자소유의 증대
농지의 부재지주(不在地主)와 같이 인구의 도시집중과 도시의 성장과 발전은 부동산투자를 유발하고 이로 인하여 부동산에 대한 부재자소유의 증대를 가져온다.

3 부동산관리의 3대 분야 ★★★

`15·18·20·24·25회 출제`

(1) **시설관리**(FM ; Facility Management) : 물리적 유지관리
 1) 각종 부동산시설을 운영하고 유지하는 것으로 시설사용자나 기업의 요구에 부응하는 정도의 소극적 관리에 해당한다.
 2) 설비의 운전 및 보수, 에너지관리, 건물 청소관리, 방범, 방재 등 보안관리 등의 업무를 수행한다.

(2) **재산관리**(부동산관리, 운영관리 : Property Management, PM) : 임대·수지관리
 1) 재산의 가치를 높이는 것을 목적으로 하며, 에이전트에 의한 물건의 전반적인 관리와 운영을 의미한다.
 2) 임대 및 세입자관리, 수지분석, 시설 및 지역경제분석, 경쟁요인 및 수요분석 등의 업무를 수행한다.
 3) 부동산관리자는 소유자를 대신하여 부동산의 임대차 관리, 임대료의 수납, 유지관리 업무 등을 담당한다.

Professor Comment
한국지식재단은 건물(빌딩)의 임대수지관리를 주업무로 하는 '한국임대관리사' 시험을 시행하고 있다. '한국임대관리사' 자격은 국가등록 민간자격이다.

(3) **자산관리**(AM ; Asset Management) : 투자관리

`24·30회 출제`

 1) 소유자나 기업의 부를 극대화하기 위하여 해당부동산의 가치를 증진시킬 수 있는 다양한 방법을 모색하는 적극적인 관리개념이다.
 2) 부동산의 매입 및 매각관리

4 부동산재산(임대)관리활동 ★

(1) **임차자 선정**
 1) **주거용 부동산** : 다른 입주자들과의 유대성(Compatibility)
 2) **매장용 부동산** : 수익성
 3) **공업용 부동산** : 적합성(Suitability)

(2) **임대차 유형과 적용 부동산의 분류**
 1) **총임대차**(조임대차) : 주거용 부동산
 2) **순임대차** : 공업용 부동산, 순수한 임대료만 지불
 3) **비율임대차** : 매장용 부동산

 - 임대료요율(%) = $\dfrac{\text{전년도 연임대료} - \text{기본임대료}}{\text{손익분기점 매출액을 초과하는 금액}}$

`34회 출제`

 4) 기본임대료 + 비율임대료

제2편 부동산학각론

5 부동산관리의 내용 ★

`26회 출제`

```
부동산관리 ┬ 경제관리 ─────── 회계관리, 인력관리, 수지관리 ─── (경영관리)
(광의의 관리) ├ 법률관리 ─────── 계약관리, 권리분석과 조정      ─── (보존관리)
            └ 기술관리(협의의 관리) ─ 위생관리, 설비관리, 보안관리, 보전관리 ─ (유지관리)
```

Professor Comment
부동산관리의 정의와 그에 속하는 유형이 올바르게 연결되어 있는지가 복합적으로 출제되고 있다.

(1) 경제적 측면에서의 부동산관리 →경영관리

`14회 출제`

1) 경제적 관리의 의의
   ① 부동산을 활용하여 발생하는 총수익에서 제비용(관리비)을 공제한 순이익이 합리적이냐의 여부를 판단하는 행위이다.
   ② 부동산의 경제적 관리라고도 한다. →수익성부동산 관리에서 중요

2) 유형
   ① 수지관리(임대건물의 손익분기점)
   ② 회계관리
   ③ 인력관리

3) 부동산의 경제적 하자 판단
   부동산의 취득가격과는 별도로 감정평가를 행하여 산출된 감정가격을 기준으로 부동산의 경제적 하자를 판단한다.
   ① 감정가격(정상시가)에 비해서 대상부동산의 활용으로 발생하는 순익이 적정수준에 미달하면 경제적 흠(하자)으로 인정한다.
   ② 대상부동산의 경제적 가치를 증대시키는 대책을 강구하여 적정수준 이상으로 향상시키도록 하여야 한다.
   ③ 순이익이 적정수준 이상이면 이를 계속 유지·향상시키는 관리행위를 말한다.

(2) 행정적·법률적 측면에서의 부동산관리

`14회 출제`

1) 법률적 관리의 의의
   법률적 관리란 대상부동산에 대한 행정적 내지 법률적 측면에서 관리하는 것을 말한다. 즉 부동산의 유용성을 보호하고자 하는 법률상의 절차와 처리로 하는 법적인 보장을 확보하려는 관리행위이다.

2) 유형
  ① **권리분석과 조정**
    ㉠ 미등기부동산의 보존등기
    ㉡ 지적도와 실지와의 경계차이 확인 및 정정
    ㉢ 타인에 의해 불법점유당한 부동산의 원상회복
    ㉣ 「국토의 계획 및 이용에 관한 법률」 등 공법상의 규제사항이 있으면 그 이용효율을 최대화(최유효 이용)할 수 있도록 하는 행정상 또는 법률상 조치
  ② **계약관리**
    ㉠ 건물임대시 임차인과 계약할 때 계약서의 계약내용을 확인
    ㉡ 주차장시설의 이용문제
    ㉢ 광고시설의 이용문제

(3) **기술적 측면에서의 부동산관리** 〔14회 출제〕

  1) **기술적 관리의 의의**
    기술적 관리란 대상부동산의 물리적·기능적인 하자에 대한 기술적인 조치와 이에 대한 사전방지책으로써 기술적으로 유지·보전하는 행위를 말한다.

  2) **유형**
    ① **위생관리** : 청소관리, 해충대책 등
    ② **설비관리** : 기기의 운전, 보수, 정비, 수리 및 실내의 온도·습도의 측정 등
    ③ **보안관리** : 방범, 방재, 기타 안전대책, 화재보험 또는 재해보험
    ④ **보전관리** : 건물의 현상유지·원상회복·예방관리로서 보수·개량·갱신 등의 행위

  3) **내용**
    ① 대상부동산의 관리·기능적인 하자의 예방
    ② 경계의 확인을 위한 경계측량의 실시
    ③ 건물의 안정성 진단 및 조치
    ④ 건물 및 부대시설의 보수 및 관리

▶ 부동산의 하자발생 원인과 대책 ◀ ★ 〔13·21회 출제〕

하자의 종류		하자발생 원인	대책(제거 가능한 위험)
법률적 하자		• 소유권 등 권리의 무효 • 공·사법적 규제에 따른 부적법	제거 가능한 원인 회복
경제적 하자		• 자료와 비용의 부적응 • 시장성 저하 • 경제적 이용 측면의 인근환경과의 부적응	• 자료조정 및 관리개선 • 부적응의 원인제거 • 용도·이용규모·이용방법 등의 정리
기술적 하자	물리적 하자	• 마멸·파손·노후화 • 우발사고로 인한 손상	유지·보수
	기능적 하자 (기능적 진부화)	• 건물과 부지의 부적응 • 외관과 내부 및 디자인의 진부화(인근 건물과의 비교하위) • 설계·설비의 진부화·부족	• 하자의 원인 제거 • 개량·개축·보완 등

제2편 부동산학각론

02 부동산관리의 방식 ★
> 복합개념의 관점에서 부동산관리가 행해져야 함.

15·16·17·23·25·27·33·34회 출제

1 자치(자가, 자기, 직접)관리방식 ★

15·16·17·23·25·27·34회 출제

(1) 의 의
1) 소유자가 부동산을 직접 관리하는 방식을 말한다.
2) 경영관리는 주로 자치관리로 한다.

(2) 장·단점

장 점	단 점
1) 자기가 직접 관리하므로 관리비(관리위탁수수료)가 절약된다. 2) 소유자의 직접적인 통제권이 강화된다. 3) 항상 주의를 집중하여 하자발생을 미연에 방지할 수 있다. 4) 기술적인 유지와 환경을 양호하게 보존할 수 있다. 5) 관리업무에 대한 소유자의 지시 및 통제권한이 강하다. → 의사결정과 업무처리가 신속 6) 일반주택이나 소규모 부동산에 유효한 관리방법이라 할 수 있다. 7) 기밀 및 보안유지가 유리하다. 8) 관리인의 건물·설비에 대한 애착이 강하다. 9) 관리하는 각 부분을 종합적으로 운영할 수 있다.	1) 소유자가 부동산관리의 전문가가 아닌 경우 전문성을 발휘할 수 없다. 2) 자기소유 부동산의 관리 때문에 별도의 직업에 종사하기 어렵다. 3) 관리업무가 타성에 젖기 쉽다. 4) 인력관리(인건비)가 비효율적일 수 있다. 5) 관리비가 불합리하게 지출될 수 있다.

2 위탁관리방식 ★

15·추가15·17·18·20·23·25·33·34회 출제

(1) 의 의
1) 부동산소유자가 직접 관리하지 않고 전문업자에게 위탁하여 관리하는 방식이다.
2) 시설관리는 주로 위탁관리로 한다.

(2) 장·단점

장 점	단 점
1) 부동산관리의 전문가가 관리하기 때문에 관리의 전문성과 효율성을 높일 수 있다. 2) 소유자는 위탁관리 후 자기 본업에 충실할 수 있다. 3) 대형건물의 관리에 유용하며, 소유와 경영의 분리가 가능하다. 4) 관리비가 저렴하고 또 안정적이다. 5) 건물설비의 고도화에 대응할 수 있다. 6) 건물관리를 위탁함으로써 관리회사의 참모체계를 일원화하고 관리업무의 타성화를 방지할 수 있다.	1) 기밀유지 및 보안상 문제점이 있다. 2) 신뢰할 수 있는 업자를 만나기 어렵다. 3) 관리회사의 종업원에 대한 신뢰도가 낮다. 4) 관리회사의 관리인에 대한 인사가 빈번하여 구분소유자와의 무난한 인간관계를 형성하기 어렵다. 5) 관리업체가 영리만 추구하면 부실관리를 초래할 염려가 있으며, 용역비에 대한 법제가 없어 입주자에게 손실을 입힐 수 있다.

3 혼합관리방식 ★

26회 출제

(1) 의 의
관리업무 중 일부분의 업무는 관리전문회사에 위탁하고, 나머지 관리업무는 소유자가 직접 수행하는 방식이다.

(2) 장·단점

장 점	단 점
1) 부득이한 부분만 위탁관리를 하므로 자치관리와 위탁관리의 장점을 가져올 수 있다. 2) 소유자의 강한 지도통제력이 혼합관리방식에서는 그대로 지속될 수 있다. 3) 자치관리에서 위탁관리로 옮겨가는 과도기에서 채택할 수 있는 유리한 방식이다.	1) 자치관리와 위탁관리 부분과의 책임한계가 애매하다. 2) 그 운영이 잘못되면 자칫 두 방식의 단점만 노출될 수도 있다. 3) 자치관리 종업원과 위탁관리 종업원 간에 원만한 관계유지가 어렵다.

03 빌딩의 내용연수와 생애주기

1 빌딩의 내용연수

(1) 의 의
1) 빌딩이 운영활동과 관련하여 수익을 제공할 것으로 기대되는 기간, 즉 빌딩이 수익을 창출하는 과정에 사용될 것으로 기대되는 기간을 말한다. 유용성지속연수(有用性持續年數)라고 할 수 있다.
2) 관리자의 태도, 시공상태, 입지조건 및 관리방법에 따라 달라진다.
3) 조세부과, 부동산중개 및 부동산평가활동에 필요하다.

(2) 구 분 ★
1) **물리적 내용연수**
   빌딩의 사용으로 생기는 마멸 및 파손, 시간의 경과 또는 재해 등의 자연현상으로 발생하는 노후화 등의 우발적 사건으로 생기는 손상 때문에 사용이 불가능하게 될 때까지의 버팀 연수를 말한다.
2) **기능적 내용연수**
   빌딩이 기능적으로 유효한 기간을 말한다.
   > 예 건축의 새 기법·설비·자재개발, 사회제도의 발달로 생기며 방 수에 비해 욕실(화장실)이 적은 주택, 너무 작은 방, 천정이 높아 냉·난방비가 많이 들 때, 구식 승강기, 좁은 주차장 등이 그 예이다.

3) 경제적 내용연수
① **의의** : 경제수명을 다할 때까지의 버팀 연수를 말하는 것이다.
② **특성** : 인근지역의 변화, 인근환경과 빌딩의 부적합, 부근의 다른 빌딩에 비교한 경쟁력 저하 등에 따라 나타난다.

  예 • 상업용 빌딩의 상업중심지 이동 ── 수요 감소
     • 업무용 빌딩의 업무지구 이동 ──── 임료저하

③ 경제 내용연수는 물리적 연수보다 기간이 짧다.

4) 행정(법정)적 내용연수
법제도나 행정조건에 의해 빌딩의 수명이 다하기까지의 기간을 말하며, 철거 및 법인세법의 규정에 의한 경우를 말한다.

2 건물의 생애주기 ★

(1) 전(前)개발단계(건축 전 단계)
1) 건물이 건축될 용지의 상태에 있는 단계이다.
2) 시장상황의 조사와 공법상의 규제내용 등을 검토하여 건축계획을 수립하고, 건축 후의 관리계획도 수립해야 한다.

(2) 신축단계(新築段階)
1) 건물이 완성된 단계이다.
2) 일반적으로 건물의 물리적 유용성이 이 단계에서 가장 높다.

(3) 안정단계(安定段階)
1) 건축물이 장기적으로 안정되는 단계이다.
2) 건물이 존속하는 기간 중에서 가장 장기간으로 부동산관리의 필요성이 가장 크게 요구된다.
3) 층별 임대와 규모별 임대에 대한 장·단점을 분석, 임료의 정기적인 재평가와 재조정, 임차인의 이용상태 등을 고려하여야 한다.

건물의 생애주기 단계

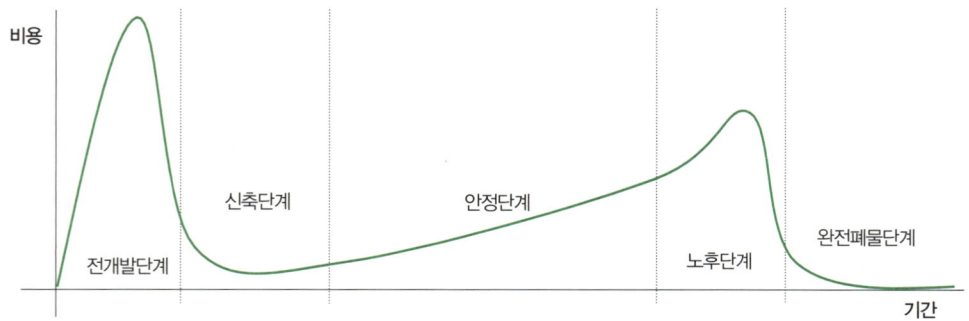

(4) 노후단계(老朽段階)

1) 건축물의 물리적·기능적 상태가 급격히 악화되기 시작하는 단계이다.
2) 이 단계에 이르면 대부분의 소유자는 유지·보수비용 지출을 억제하는 대신 빌딩 자체를 교체할 계획을 세우게 된다. 물론, 리모델링의 예외가 있다.

(5) 완전폐물단계(完全廢物段階)

빌딩의 설비 등의 유용성이 소멸한다. 따라서 이 단계에서는 신축단계(전개발단계)로 향하여 모든 일이 전개된다.

04 부동산의 관리 ★

1 토지관리

25회 출제

(1) 법률적 관리(보존관리)

토지관리의 가장 기본이 되는 것은 소유권 등 권리보전을 위한 관리로 권리분석과 조정, 계약관리가 대표적이다.

1) **권리관계의 조정**
   부동산에 원인이 없는 등기가 존재하거나 목적물과 권리가 다른 경우와 같이 불필요한 권리가 부착되어 있거나 필요한 권리가 결여되어 있는 경우가 있다.

2) **토지 도난에의 대책**
   불법점유 등에 대한 물권적 청구권 행사(소유물반환청구권·소유물방해제거청구권·소유물방해예방청구권), 공유부동산에 대한 제3자 명의로 원인무효의 소유권이전등기가 경료되어 있는 경우에 각 공유자가 단독으로 그 등기 전부의 말소를 구하는 행위 등

(2) 경제적 관리(경영관리)

부동산가치를 보존하고 투자에 대한 수익률을 극대화하는 데 있다.

1) **토지의 이용**
   나지(裸地)를 이용하기 전에 유효하게 활용하는 방안을 검토한다.

2) **토지의 이용활동**
   토지이용을 경제적 견지에서 수익의 목표를 위하여 지대를 최대로 두는 것과도 상통된다.

(3) 기술적 관리(유지관리) `25회 출제`

1) 부동산에 대한 물리·기능 면의 하자를 발견하여 조처를 하는 등 기술적으로 유지·관리하는 행위를 말한다.

2) 유형★
   ① **일상적 유지관리** : 통상적으로 늘 수행하는 정기적 유지활동을 말한다.
   ② **예방적 유지관리** : 가장 중요한 유지관리 활동으로 시설 등이 본래의 기능을 발휘하는 데 장애가 없도록 유지계획에 따라 문제가 발생하기 전에 관리한다.
   ③ **대응적 유지관리** : 기기 고장 등 빌딩의 유지관리 등에 하자가 발생한 후에 이들 문제를 즉시 해결하는 사후적 유지활동이다.

2 빌딩관리 ★ `14·추가15·22회 출제`

1) 법률적 관리	① 임대차예약 및 계약	② 부대시설이용에 관한 계약	③ 권리의 보존관리	④ 공법상 규제사항에 대한 대응조치
2) 경제적 관리	① 임대빌딩의 손익분기점	② 회계관리	③ 인력관리	
3) 기술적 관리	① 위생관리	② 설비관리	③ 보안관리	④ 보전관리

제4절 부동산마케팅

01 부동산마케팅의 의의 `21·23·34회 출제`

1 부동산마케팅의 의의 ★ `추가15·23·34회 출제`

부동산마케팅이란 부동산개발·공급자가 부동산상품을 소비자나 이용자의 욕구에 맞게 상품을 개발하고 가격을 결정한 후 시장에서 유통, 촉진, 판매를 관리하는 일련의 과정이다.

2 부동산마케팅 활동

(1) 부동산마케팅활동이란 부동산과 부동산업에 대한 태도나 행동을 형성·유지·변경하기 위하여 수행하는 활동을 말한다.
(2) 부동산의 종류에 따라 마케팅활동의 유형도 다르다.
(3) 부동산의 개별성은 분양광고의 개별성을 갖는 것이 일반적이다.
(4) 개발된 공간의 임대활동은 개발사업 초기단계부터 이루어지는 것이 일반적이다.
(5) 부동산개발의 성공여부는 개발사업의 시장성에 좌우된다.

02 부동산마케팅 전략 ★★★

1 3가지 차원의 부동산마케팅 ★★★

15·19·26·28·33·34회 출제

(1) 시장점유 마케팅 전략 ★★

공급자의 전략차원으로서 표적 또는 틈새시장의 선점 전략으로 STP전략과 4P MIX 전략이 있다.

1) STP전략 ★★

23·24·34회 출제

STP전략이란 고객집단을 세분화(Segmentation)하고 표적시장을 선정(Targeting)하고, 정해진 시장에서 어떻게 차별화(Positioning)시켜 나갈 것인지를 연구하는 전략이다.

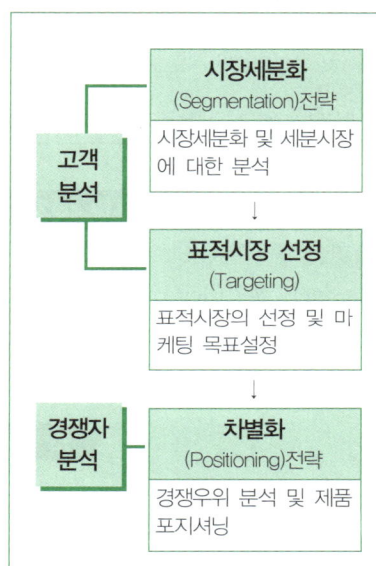

① 부동산재화의 소비자를 유사한 특성의 소집단으로 구분하는 것을 말한다.
② 수요자집단을 인구·경제학적 특성에 세분하고, 세분화된 시장에 따른 재화 판매의 지향점을 명백히 하는 것을 말한다.

① 세분화된 시장에서 대상재화의 가망수요 집단을 확인하고 표적시장에 적합한 신상품을 기획하는 활동이다.
② 세분화된 수요자 집단에서 경쟁상황과 자신의 능력을 고려하여 가장 자신 있는 수요자 집단을 찾아내는 것을 말한다.

동일한 표적시장을 갖는 다양한 공급경쟁자들 사이에서 자신의 재화를 어디에 위치시킬 것인가를 정하는 전략이다.

2) 4P MIX 전략(부동산마케팅믹스) ★★

15·추가15·16·18·19·20·23·24·25·27회 출제

① **의의**: 공급자 차원의 시장점유 마케팅 전략 중의 하나로 기업이 표적시장에 도달하기 위해 이용하는 제품(Product), 가격(Price), 유통경로(Place), 홍보(Promotion)의 제 측면에 있어서 차별화를 도모하는 전략이다.

② **구성요소**(4P) : 주로 상업용 부동산마케팅에서 사용되고 있다.

마케팅의 4P's	부동산업의 4P's	내 용
유통경로전략 (Place)	• 입지선정에 따른 토지확보 • 중개업자에 의한 유통 경로 전략	부동산의 분양 또는 임대를 위한 효율적인 방법을 찾는 전략이다. 예 부동산 중개업소를 적극적 활용
제품전략 (Product)	상품계획	경쟁력 있는 구조물과 부대시설 및 배치에 대한 전략이다. 예 • 단지 내 자연친화적인 실개천 설치 • 거주자 라이프스타일을 반영한 평면설계 • 보안설비의 디지털화 • 지상주차장의 지하화 • 기존과 차별화된 아파트 평면설계
가격전략 (Price)	가격전략	대상수요자의 능력에 따른 가격으로의 공급전략이다.
홍보전략 (Promotion)	• 홍보 • 광고 • 판매촉진 • 인적판매	비용성을 고려한 광고 등으로 수요자의 관심을 끌게 하는 전략이다. 예 • 제품의 광고 및 홍보활동(매체를 통하여 수요자의 관심을 끌기 위한 전략) • 아파트 모델하우스 방문고객을 대상으로 경품제공

(2) 고객점유 마케팅전략 ★   `19·22·34회 출제`

① 소비자차원의 마케팅전략으로 소비자의 행태, 심리적 측면을 중시한다.
② 전략의 핵심은 AIDA원리, 즉 주의(attention), 관심(interest), 욕망(desire), 행동(action)으로 연결되는 소비자의 구매 의사결정 과정의 각 단계마다 소비자와의 심리적 접점을 마련하고 전달되는 메시지의 톤(tone; 억양·어조)과 강도를 조절하여 마케팅 효과를 극대화하는 것이다.

(3) 관계 마케팅전략 ★★   `15·17회 출제`

1) 의의
공급자와 소비자의 상호작용을 중요시하는 전략이다. 즉, 공급자와 소비자의 장기적·지속적인 관계 유지를 주축으로 하는 전략이다.

2) 장기적 관계
공급자와 수요자의 1회성이 아닌 장기적 관계는 부동산의 브랜드와 관계가 깊다.

(4) 바이럴 마케팅(viral marketing)

• 온라인에서 네티즌의 자발적 연쇄 반응을 노리는 마케팅 활동. 바이럴 광고(viral advertising)라고도 한다. '바이럴(viral)'이란 '바이러스(virus)'의 형용사로 사람들 사이에 마치 바이러스처럼 퍼져나간다는 의미다.
• SNS, 블로그 등 다양한 매체를 통해 해당 브랜드나 제품에 대해 입소문을 내게 하여 마케팅 효과를 극대화시키는 것이다.

2 마케팅전략의 내용

(1) **일반사항**
부동산경기예측, 총수요를 고려한 선호부동산선정, 유효수요대상홍보
(2) **제품전략**
최적입지선정, 건축계획, 다양한 규모의 혼합배치, 단지명칭 차별화
(3) **가격전략**
가격차별화, 금융연계, 관리시스템과 경제성
(4) **유통전략**
분양전문 개업공인중개사, 입주자, 주택금융기관
(5) **광고전략**
이미지광고, 설득형 광고 병행
(6) **홍보전략**
표적수요자 계층에게 분양(임대) 사실을 어떻게 효과적으로 알릴 것인가를 결정하는 것으로 기사화, **오피니언리더활용**(→ 여론선도계층), 전문상담센터운영 등을 이용한다.

03 부동산광고　　　추가15회 출제

1 부동산광고의 의의 ★

(1) 부동산광고란 명시된 광고주가 고객의 부동산의사결정을 도와주는 설득의 과정이다.
(2) 부동산광고는 부동산마케팅 활동을 수행하기 위한 수단 중의 하나이다.
(3) 부동산광고는 구매자뿐만 아니라 판매자도 대상으로 하는 양면성이 있다.

2 부동산광고의 특성

(1) 지역적 제한성
(2) 양면성 – 공급자와 수요자 모두를 대상으로 함
(3) 내용의 개별성
(4) 시간의 제한성

→ 광고목적에 따라서는 기업광고, 인명광고, 특정광고, 계몽광고로 구분한다.

3 부동산광고의 유형

(1) **신문광고** ★
 1) 안내광고
  부동산, 공장, 구인 등의 분류 하에 동종의 광고를 여러 개 나열하는 것으로 하나의 광고는 2행에서 수행에 이르는 것이 있다.

2) 전시광고

안내광고 이외의 경영물 광고, 캐치프레이즈나 사진, 상세한 설명문 등을 자유로이 이용할 수 있을 뿐만 아니라 리더십 조사(leadership survey)의 결과를 보아 주목률(注目率)이 높은 요일이나 면 등을 선택할 수 있다.

(2) 다이렉트 메일 광고(DM)

1) 다이렉트 메일 광고란 우송에 의한 직접광고를 말한다.
2) 표적고객을 대상으로 부동산을 광고할 수 있는 수단으로 유용하다.

(3) 업계출판물 및 웹사이트 광고

부동산업계의 출판물 및 웹사이트를 이용하여 광고하는 방법이다.

(4) 교통광고

교통광고란 전철·버스 등 차내·외를 이용한 광고와 역이나 터미널 구내의 간판광고, 기업이 운용하는 차체에 기업명을 써 알리는 광고 등을 말한다.

(5) 라디오·TV광고

1) 장점
① 많은 고객에게 순간적으로 알릴 수 있다.
② 신용이 크다.

2) 대상광고
이들 광고는 타 업체에 비해 요금이 비싸기 때문에 대규모 분양지의 광고나 기업광고의 매체로써 이용되는 경우가 많다.

(6) 노벨티광고(Novelty ads) ★

1) 의의
노벨티(판촉물)란 개인 또는 가정에서 이용되는 실용적이며 장식적인 조그만 물건을 광고매체로 이용하는 방법이다.

2) 목적
① 부동산업자를 일반에게 알림
② 장래 고객 확보
③ 거래하여 준 데 대한 감사의 뜻을 포함
④ 앞으로도 계속 호의를 가져달라는 데 있음

(7) 점두광고(店頭廣告) ★

점두광고란 점포의 간판, 유리창, 전면공간 등 점포의 외부를 광고매체로 한 광고방법을 말한다.

제7장 부동산개발 및 관리론

4 부동산광고의 예산편성방법

전년도매상고 기준법	전년도 실적에 상당하는 매상을 올리려면 올해도 작년만큼 광고비를 지불해야 한다는 방식
매년정액법	익년도의 경기예측에 관계없이 매년 정액의 광고비를 지출하는 방식
현황기준법	판매원의 수, 사무소의 입지 및 현재 시장의 현황 등을 고려하여 광고비를 지출하는 방식
이익백분율법	이익액 비율을 기준으로 이에 일정의 백분율을 곱하여 광고예산을 설정하는 방식
지불능력 기준법	기업이 지불할 수 있는 자금 및 재무능력의 한도 내에서 광고예산을 결정하는 방식
경쟁자기준법	경쟁업자와 대등한 지위를 유지하기 위하여 경쟁업자의 광고비 지출액에 대응하는 광고예산을 결정하는 방식

5 부동산광고의 규제 → 내용이 사회적 부당성을 갖는 경우

14회 출제

(1) 자율적 규제방안
1) 부동산중개업자의 자율규제
2) 광고매체의 자율적 규제

(2) 타율적 규제방안
1) 부동산광고규제의 제정
2) 부동산광고의 법률적 규제

「표시·광고의 공정화에 관한 법률」 제3조에 사업자등은 소비자를 속이거나 소비자로 하여금 잘못 알게 할 우려가 있는 표시·광고행위로서 공정한 거래질서를 저해할 우려가 있는 행위를 하거나 다른 사업자등으로 하여금 이를 행하게 하여서는 아니 된다고 규정하고 있다. 위반 시 행정형벌로서 2년 이하의 징역 또는 1.5억원 이하의 벌금형에 처한다.

PART 03 부동산감정평가론

구 분		25회	26회	27회	28회	29회	30회	31회	32회	33회	34회	계	비율(%)
부동산학 감정평가론	제1장 감정평가의 기초이론	1	0	1	0	0	1	0	0	0	0	3	0.8
	제2장 부동산의 가치이론	1	2	2	2	1	1	1	1	1	1	13	3.3
	제3장 감정평가방식	4	3	2	5	4	3	1	4	4	4	34	8.5
	제4장 부동산가격공시	2	1	1	1	2	1	1	1	1	1	12	3.0
소 계		8	6	6	8	7	6	3	6	6	6	62	15.5

CHAPTER 01 감정평가의 기초이론

학습 포인트

- 부동산의 물리적 특성인 부증성으로 인하여 균형가격이 자연스럽게 형성되지 않으며, 부동성 등으로 인하여 부동산시장이 불완전경쟁시장이기 때문에 합리적인 가치평가를 위해서 감정평가가 필요하다.
- 전체적으로 보았을 때 이 장(章)은 출제비중은 높지 않으나 출제 가능성이 높은 감정평가의 분류 부분과 감정평가활동 절차에 관한 내용 등을 중심으로 학습할 필요가 있다.

CHAPTER 학습 & 출제되는 키워드

- ☑ 감정평가 용어
- ☑ 부동산감정평가의 기능
- ☑ 감정평가의 분류
- ☑ 감정평가 주체에 따른 분류
- ☑ 감정평가의 의무에 따른 분류
- ☑ 감정평가 목적에 따른 분류
- ☑ 법정감정평가
- ☑ 단독평가와 공동평가
- ☑ 감정평가 수준에 따른 분류
- ☑ 감정평가의 전제조건에 따른 분류
- ☑ 현황평가
- ☑ 조건부 평가
- ☑ 기한부 평가
- ☑ 감정평가 소속여부에 따른 분류
- ☑ 감정평가조건에 따른 분류
- ☑ 부분평가
- ☑ 감정평가기법상의 구분에 따른 분류
- ☑ 일괄평가
- ☑ 구분평가
- ☑ 부분평가
- ☑ 감정평가의 특별원칙

CHAPTER 학습 & 출제되는 질문

- ☑ 다음 〈보기〉와 같은 감정평가에 대한 설명 중 틀린 것은?
- ☑ 다음의 감정평가 중 조건부평가에 포함되는 것은?
- ☑ 1필지의 토지 중 가치를 달리하는 부분을 나누어 평가하는 방법은?
- ☑ 부동산 감정평가의 기능에 대한 설명 중 틀린 것은?
- ☑ 복합부동산의 경우에 나지 상정 후 토지가치만을 구하는 감정평가분류로 옳은 것은?

01 감정평가의 의의

1 감정평가의 의의

(1) 감정평가의 정의

감정평가란 토지등의 경제적 가치를 판정하여 그 결과를 가액(價額)으로 표시하는 것을 말한다(「감정평가 및 감정평가사에 관한 법률」 제2조 제2호).

(2) 감정평가의 대상

감정평가의 대상은 부동산, 동산, 그 밖의 재산과 권리이다(「감정평가 및 감정평가사에 관한 법률」 제2조 제1호 및 영 제2조).

(3) 감정평가 용어의 정의

감정평가업	타인의 의뢰에 따라 일정한 보수를 받고 토지등의 감정평가를 업(業)으로 행하는 것을 말한다.
감정평가법인 등	국토교통부장관에게 감정평가사사무소의 개설신고를 한 감정평가사와 국토교통부장관의 인가를 받은 감정평가법인을 말한다.
토지등	토지 및 그 정착물, 동산, 그 밖에 대통령령으로 정하는 재산과 이들에 관한 소유권 외의 권리를 말한다.

2 부동산감정평가의 기능 ★

추가15회 출제

기 능	구체적 기능 ★
1) 이해조절기능 2) 가격창출기능	1) 부동산자원의 효율적인 배분 2) 적정한 가격형성유도 등을 통한 부동산의 효율적 이용과 규제 3) 합리적인 손실보상과 과세기준의 합리화 4) 거래질서의 확립과 의사결정의 판단기준

3 부동산감정평가의 필요성

(1) 부동산의 자연적·인문적인 특성 때문이다.
(2) 부동산에는 합리적인 시장이 존재하지 않기 때문이다.
(3) 부동산평가에는 전문적인 지식이 요구되기 때문이다.
(4) 부동산은 사회성·공공성이 높은 재화이기 때문이다.

제3편 부동산감정평가론

02 감정평가의 분류

1 감정평가의 의무에 따른 분류 ★

18회 출제

(1) 필수적(의무적)평가
법률의 규정 등 일정한 사유가 있을 때 반드시 관련 평가기관이 행하는 평가를 받아야 하는 것으로 보상평가, 경매부동산평가, 재개발부동산평가 등이 있다.

(2) 임의적 평가
감정평가의뢰인 등 관계인이 강제적 구속없이 자유의사(自由意思)에 따라 임의로 의뢰하여 행하여지는 평가를 말한다.

2 법정감정평가(Statutory Valuation)

법정평가(法定評價)란 평가의 목적이 법률(주로 특별법)에 정해져 있는 경우에 행하는 평가이다.

(1) 공공용지의 매수·수용 시 평가
(2) 과세를 위한 평가
(3) 표준지공시지가의 평가
(4) 표준주택의 평가
(5) 공동주택의 평가 등

3 감정평가수준에 따른 구분

(1) 1차 수준의 평가
<mark>부동산 비전문가</mark>가 부동산의 거래, 임대 및 기타 투자를 위하여 그 자신들이 직접 행하는 감정평가
→ 소유자, 투자가, 이용자, 사용자, 거래자 등

(2) 2차 수준의 평가
감정평가 전문가가 아닌 <mark>부동산 관련 전문가들</mark>이 직접 행하는 감정평가
→ 공인중개사, 개발업자, 관리업자, 금융업자, 건축업자, 세무공무원 등

(3) 3차 수준의 평가
감정평가에 대한 전문적 지식과 경험을 지닌 감정평가사에 의한 감정평가

4 감정평가의 전제조건에 따른 분류 → 현황·조건부·기한부·소급감정평가

19회 출제

(1) <mark>현황평가</mark> → 「감정평가에 관한 규칙」에서 현황기준을 원칙으로 삼고 있다.
대상부동산의 상태·구조·이용방법·환경·점유·제한물권의 부착 등의 현황을 그대로 두고 평가하는 것을 말한다.

예 건물이 현재 불법으로 점유되고 있는 경우 또는 대상물건에 제한물권이 부착된 경우에는 그대로의 상태에서 평가

제1장 감정평가의 기초이론

Professor Comment

기준시점은 대상물건의 감정평가액을 결정하는 기준이 되는 날짜로서 대상물건의 가격조사를 완료한 날짜로 한다. 다만, 기준시점을 미리 정하였을 때에는 그 날짜에 가격조사가 가능한 경우에만 기준시점으로 할 수 있다(「감정평가에 관한 규칙」 제2조 제2호 및 제9조 제2항).

(2) 조건부평가

장래 불확실하게 발생하는 새로운 사태의 발생을 조건으로 그 조건이 성취되는 것을 전제로 감정평가하는 것을 말한다.

(3) 기한부평가

앞으로 도래할 확실한 일정시점을 기준으로 한 평가로서 그 시점에서의 가치를 상정하여 평가하는 것을 말한다.

Professor Comment

조건부평가와 기한부평가의 기본적인 차이 : 조건부평가에 있어서는 조건의 성취여부는 불확실하나, 기한부평가에 있어서는 기한의 도래가 확실하다는 점이다.

(4) 소급평가

과거의 일정시점을 가격시점으로 하여 대상부동산의 가치를 평가하는 것을 말한다.

5 감정평가조건에 따른 분류 ★★   11·19·21·22·34회 출제

(1) 독립평가

- 부동산이 토지 및 건물 등의 결합으로 구성되어 있는 복합부동산의 경우에 그 구성부분인 토지만을 독립된 부동산으로 규정하여 평가하는 것을 말한다.
- 이는 평가대상 토지 위에 건물이 있는 경우라도 건물이 없는 나지를 상정한 후 토지가치만을 평가하는 것이다.

Professor Comment

토지 위에 건물이 있음에도 그것이 없는 것을 전제로 하여 평가하므로 일종의 조건부평가에 속한다.

(2) 부분평가

토지와 건물 등이 일체로 이용되고 있는 대상물건(복합부동산 등)의 일부분에 대하여 감정평가하여야 할 특수한 목적이나 합리적인 이유가 있는 경우에는 그 부분에 대하여 감정평가할 수 있다.

> 예 주택지 일부가 도시계획 도로에 저촉되어 보상평가를 할 경우에 그 일부의 평가에서는 전체 토지를 기준으로 가치를 산정하여야 한다.

Professor Comment

일체로 이용되고 있는 물건 전체를 기준으로 감정평가를 하여야 한다.

(3) 병합·분할평가 → 일종의 조건부평가이다.

토지의 병합과 분할을 전제(조건)로 하여 병합 또는 분할한 후의 토지를 단독으로 평가하는 방법을 말한다.

6 감정평가기법상의 구분에 따른 분류 ★★

19회 출제

(1) 일괄평가
감정평가는 물건마다 개별로 행하여야 한다. 다만, 2개 이상의 부동산일지라도 부동산 상호 간에 용도상 불가분의 관계가 있는 경우에 일괄하여 감정평가할 수 있다.
  예 두 필지의 토지가 일단(一團)의 주택부지로 이용되는 경우의 감정평가

(2) 구분평가
33회 출제

하나의 평가대상물건이라도 가치를 달리하는 부분이 있는 경우에 구분하여 행하는 감정평가를 말한다.
  예 대로(大路)에 접하는 한 필지의 넓은 토지의 상업용지로 이용할 수 있는 전면부분과 주택지로 이용될 수 있는 후면부분의 감정평가

(3) 부분평가
일체로 이용되고 있는 대상물건의 일부는 감정평가하지 아니함을 원칙으로 하나 대상물건의 일부분을 감정평가하여야 할 특수한 목적이나 합리적인 이유가 있는 경우에 그 부분에 대한 감정평가를 말한다.

03 부동산감정평가의 특별원칙

부동산 감정평가에 관한 특별원칙에는 '능률성의 원칙', '안전성의 원칙', '전달성의 원칙'이 있다.

1 능률성의 원칙
부동산 감정평가활동은 물론, 그에 대비하는 노력, 부동산 감정평가이론의 개발 및 그 전달과정도 고도로 능률적이라야 한다는 것이다.

2 안전성의 원칙
1) 부동산 감정평가활동과 부동산 감정평가이론의 능률화에만 집중하는 나머지 합리적 안전성의 유지를 소홀히 해서는 아니 된다는 의미이다.
2) 능률성과 안전성은 상호견제(반비례)의 관계에 있다.

3 전달성의 원칙
감정평가활동에서 얻은 결과를 대외적으로 전달하는 것이다. 이 원칙은 부동산 감정평가상의 활동과정과 그 결론을 외부에 발표·설득하는 기술의 중요성을 강조하는 원칙이다.

04 감정평가 활동 절차

27회 출제

감정평가법인 등은 '(1)기본적 사항의 확정 → (2)처리계획의 수립 → (3)대상물건의 확인 → (4)자료수집 및 정리 → (5)자료 검토 및 가치형성요인의 분석 → (6)감정평가방법의 선정 및 적용 → (7)감정평가액의 결정 및 표시'의 순서로 감정평가를 하여야 한다(「감정평가에 관한 규칙」 제8조 참조).

(1) 기본적 사항의 확정

1) **확정 사항**
   ① 의뢰인 ② 대상물건 ③ 감정평가 목적 ④ 기준시점 ⑤ 감정평가조건 ⑥ 기준가치 ⑦ 관련 전문가에 대한 자문 또는 용역에 관한 사항 ⑧ 수수료 및 실비에 관한 사항

2) **기준시점** **33회 출제**
   대상물건의 감정평가액을 결정하는 기준이 되는 날짜, 즉 대상물건의 가격조사를 완료한 날짜를 말한다.

3) **기준가치**
   감정평가의 기준이 되는 가치로 시장가치와 시장가치 외의 가치가 있다.

4) **전문가 자문**
   감정평가법인 등은 필요한 경우 관련 전문가에 대한 자문 등을 거쳐 감정평가를 할 수 있다.

(2) 처리계획의 수립
대상물건의 확인에서 감정평가액의 결정 및 표시에 이르기까지 일련의 작업과정에 대한 계획을 수립하는 절차를 말한다.

(3) 대상물건의 확인
감정평가법인 등이 감정평가를 할 때에는 실지조사를 하여 대상물건을 확인하여야 한다.

(4) 자료수집 및 정리
대상물건의 물적 사항·권리관계·이용 상황에 대한 분석 및 감정평가액 산정을 위해 필요한 확인자료·요인자료·사례자료 등을 수집하고 정리하는 절차를 말한다.

(5) 자료 검토 및 가치형성요인의 분석
자료의 신뢰성·충실성 등을 검증하고 가치형성요인(일반요인, 지역요인, 개별요인)을 분석하는 절차를 말한다.

(6) 감정평가방법의 선정 및 적용
대상물건의 특성이나 감정평가목적 등에 따라 적절한 하나 이상의 감정평가방법을 선정하고 그 방법에 따라 가치형성요인 분석 결과 등을 토대로 시산가액을 산정하는 절차를 말한다. 감정평가법인 등은 대상물건별로 정한 감정평가방법(이하 "주된 방법"이라 함)을 적용하여 감정평가하되, 주된 방법을 적용하는 것이 곤란하거나 부적절한 경우에는 다른 감정평가방법을 적용할 수 있다.

(7) 감정평가액의 결정 및 표시
감정평가방법을 적용하여 산정된 시산가액을 합리적으로 조정하여 대상물건이 갖는 구체적인 가치를 최종적으로 결정하고 감정평가서에 그 가액을 표시하는 절차를 말한다. 감정평가법인등은 감정평가서를 감정평가 의뢰인과 이해관계자가 이해할 수 있도록 명확하고 일관성 있게 작성해야 한다.

CHAPTER 02 부동산의 가치이론

학습 포인트

- 이 단원은 감정평가의 근간이 되는 이론으로 매 회 출제되고 있으므로 정리를 잘 해두어야 한다. 특히 부동산가치의 제원칙 각각의 내용을 명확히 파악하고 있어야 한다.
- 지역분석 및 개별분석의 개념과 필요성은 거의 매 회마다 출제된다. 따라서 인근지역의 개념과 동일수급권의 용도별 분류, 지역분석과 개별분석의 차이점은 꼭 확인을 해두어야 한다.

CHAPTER 학습 & 출제되는 키워드

- ☑ 가치(Value)와 가격(Price)
- ☑ 부동산가치의 다원설
- ☑ 부동산가치의 발생요인
- ☑ 부동산가치의 형성요인
- ☑ 부동산가치의 제원칙
- ☑ 최유효이용의 원칙
- ☑ 수요와 공급의 원칙
- ☑ 변동의 원칙
- ☑ 예측의 원칙
- ☑ 대체의 원칙
- ☑ 경쟁의 원칙
- ☑ 균형의 원칙
- ☑ 적합의 원칙
- ☑ 기여의 원칙
- ☑ 수익체증·체감의 원칙
- ☑ 수익배분의 원칙
- ☑ 외부성의 원칙
- ☑ 기회비용의 원칙
- ☑ 지역분석
- ☑ 인근지역의 분석
- ☑ 동일수급권의 분석
- ☑ 개별분석
- ☑ 지역분석과 개별분석의 관계

CHAPTER 학습 & 출제되는 질문

- ☑ 부동산의 가격과 가치에 관한 설명으로 틀린 것은?
- ☑ 부동산의 가치발생요인에 관한 설명으로 틀린 것은?
- ☑ 감정평가에 관한 규칙상 시장가치기준에 관한 설명으로 틀린 것은?
- ☑ 감정평가 이론상 지역분석에 관한 설명으로 틀린 것은?
- ☑ 지역분석의 목적과 분석 대상지역에 대한 설명으로 틀린 것은?
- ☑ 감정평가절차상 지역분석과 개별분석에 관한 설명으로 틀린 것은?

제2장 부동산의 가치이론

제1절 부동산가치와 가격

`19·25회 출제`

01 가치와 가격

`25회 출제`

1 가치(Value)와 가격(Price) ★

감정평가에서 구하는 것은 가격(price)이 아니고 가치(value, 가액)이다.
→ 호가(부르는 값)나 실거래가격, 즉 특정거래에서 실제로 지불되는 금액임.

(1) 부동산가치의 의의

부동산의 소유에서 비롯되는 장래의 이익에 대한 현재의 가치라고 할 수 있다.

(2) 부동산가격의 의의

물건이 지니고 있는 교환가치를 화폐의 단위로 표시한 것을 말한다. 즉 부동산시장에서 거래된 결과인 과거의 값으로서 실거래가격이나 호가 등을 말한다.

(3) 가치와 가격의 관계 ★★

가 치	가 격
1) 매 기간마다 지불되는 임대료에 적절한 할인율을 적용하여 현재가치로 환원한 값 2) 장래 기대되는 편익을 현재가치로 환원한 값 3) 가치 ┌ 가격 + 오차 └ 매매가격 + 추가적 편익 − 추가적 비용 4) 가치는 무수히 많음	1) 특정부동산에 대한 대가로 시장에서 매도자와 매수자 간에 지불된 실거래가액을 말함 2) 가치를 화폐액으로 표시한 것 3) 대상부동산에 대한 과거의 값 4) 주어진 시점에서 대상부동산에 대한 가격은 하나밖에 없음

→ 하나의 부동산에 여러 개의 가격이 존재하는 경우가 있다.

2 부동산가치의 다원설(多元說) ★

`25회 출제`

(1) 다원설의 의의

부동산가치는 대상물건의 특성이나 행정목적, 가치의 형성과정과 평가목적 및 평가동기 등에 따라 다원화된다는 것이다.

(2) 부동산가치의 유형

1) **감정평가기준에서의 구분**

① **시장가치**

`20·27·33·34회 출제`

㉠ 감정평가의 대상이 되는 토지 등 대상물건이 통상적인 시장에서 충분한 기간 동안 거래를 위하여 공개된 후 그 대상물건의 내용에 정통한 당사자 사이에 신중하고 자발적인 거래가 있을 경우 성립될 가능성이 가장 높다고 인정되는 대상물건의 가액을 말한다(「감정평가에 관한 규칙」 제2조 제1호).

ⓛ 시장가치기준과 시장가치 외의 가치기준
- "기준가치"란 감정평가의 기준이 되는 가치로 시장가치와 시장가치 외의 가치가 있다.
- 원칙적으로 대상물건에 대한 감정평가액은 시장가치를 기준으로 결정한다.

② 감정평가액을 **시장가치 외의 가치를 기준으로 결정할 수 있는 경우** `33·34회 출제`
- 감정평가 관계법규에 기준가치를 시장가치 외의 가치로 하는 것에 관한 규정이 있는 경우
- 의뢰인이 기준가치를 시장가치 외의 가치로 할 것을 요청한 경우
- 감정평가의 목적이나 대상물건의 특성에 비추어 사회통념상 기준가치를 시장가치 외의 가치로 하는 것이 필요하다고 인정되는 경우

③ 감정평가법인 등은 시장가치 외의 가치를 기준으로 하는 감정평가의 합리성 및 적법성이 결여되었다고 판단할 때에는 의뢰를 거부하거나 수임을 철회할 수 있다(「감정평가에 관한 규칙」 제5조 제4항).

2) 부동산의 여러 가지 가치개념 ★
① **원가가치**: 원가와 시장가치는 일치하지 않을 수 있다. 부동산의 원가는 유용한 부동산이 되도록 투입된 자본과 노동의 합계이다.
② **사용가치**: 대상부동산이 특정한 용도로 사용되었을 때 가질 수 있는 가치이다.
③ **교환가치**: 교환가치란 다른 상품과 일정한 비율로 교환되는 상품의 속성을 말하며, 부동산의 교환가치는 부동산이 시장에서 거래될 때 형성될 수 있는 가치를 의미한다.
④ **투자가치**: 시장가치가 시장에서의 객관적 가치이고 투자가치는 투자자가 대상부동산에 대해 갖는 주관적 가치(효용가치)이다.
⑤ **공익가치**: 부동산의 최유효이용이 보전이나 보존과 같은 공공목적의 비경제적 이용에 있을 때 대상부동산이 지니는 가치를 말한다.
⑥ **장부가치**: 대상부동산의 당초의 취득가격에서 법적으로 허용되는 방법에 의한 감가상각분을 제외한 장부상의 잔존가치를 뜻한다.
⑦ **보험가치**: 손실발생 시 부동산 소유자에게 충분히 보상할 수 있도록 부동산의 수리부분(일부분)에 대해 지불하는 보험금액이다. 보험금산정과 보상기준으로 평가되는 가치의 개념이다.
⑧ **과세가치**: 정부에서 소득세나 재산세 등을 부과하는 데 사용되는 기준으로 관련법규에 의해서 규정된 부동산가치를 의미한다.

3 부동산가치의 의의 및 발생요인

(1) 부동산가치의 의의 ★
부동산가치는 부동산의 소유에서 비롯되는 장래의 이익에 대한 현재의 가치라고 할 수 있다.

1) 장래의 이익의 구분
부동산가치에서 장래의 이익은 다음과 같이 구분된다.
① 임대료로서의 기간소득
② 매매차익, 전매차익 또는 양도소득에서 생기는 자본이득
③ 세액공제 또는 조세감면으로 얻는 이득
④ 레크리에이션·레저·주거용 부동산의 소유 및 사용으로 얻는 정신적 소득

2) 소유권가치
부동산가치는 소유권과 불가분의 관계에 있고 권리 위에 바탕을 둔 소유권가치라고 할 수 있다.

(2) 부동산가치의 발생요인 ★★

1) 효용(유용성)
부동산을 사용·수익함으로써 얻어지는 **수익성**, **쾌적성**, **생산성** 등을 말한다.
(수익성 → 영업용, 쾌적성 → 주거용, 생산성 → 농·공업용)

2) 상대적 희소성
부동산은 토지의 부증성, 개별성 등 자연적 특성과 행정적 요인 등이 작용하여 일반경제재보다 희소성의 문제가 심각하게 대두된다.

3) 유효수요
구매의사와 지불능력을 갖춘 수요를 말한다.

4) 이전성(Transferability ; 양도성)   → 소유권의 이전
부동산의 소유권을 구성하고 있는 사용·수익·처분 등의 모든 권리에 대한 통제의 정도가 이전되는 것을 말한다.

Professor Comment
효용, 상대적 희소성, 유효수요를 부동산가치발생의 3요소라 한다. 여기에 이전성(양도성) 또는 욕망을 더하기도 한다.

02 부동산가치의 형성요인 ★

34회 출제

부동산의 "가치형성요인"이란 부동산가치 발생요인[부동산의 효용(유용성), 상대적 희소성, 유효수요, 이전성]에 영향을 주는 요인으로 일반요인, 지역요인, 개별요인 등을 말한다. 즉 가치형성요인이란 대상물건의 경제적 가치에 영향을 미치는 일반요인, 지역요인 및 개별요인 등을 말한다. 감정평가법인등은 법령에 다른 규정이 있는 경우에는 기준시점의 가치형성요인 등을 실제와 다르게 가정하거나 특수한 경우로 한정하는 조건을 붙여 감정평가할 수 있다.

1 일반적 요인

(1) 의 의

일반적 요인은 부동산의 이용방법·상태·가치수준 등에 영향을 미치는 요인을 말한다.

(2) 구 분 ★★

10·13회 출제

사회적 요인, 경제적 요인, 행정적 요인으로 구분한다. 일반적 요인은 전국적인 부동산가치 형성에 영향을 준다.

사회적 요인★	경제적 요인★	행정적 요인
1) 인구의 상태 2) 가족구성 및 세대분리의 상태 3) 도시형성 및 공공시설의 정비상태 4) 교육 및 사회복지 등의 상태 5) 부동산거래 및 사용수익의 관행 6) 건축양식 등의 상태 7) 정보화 진전의 상태 8) 생활양식등의 상태 9) 사회활동에 대한 태도 10) 사회적 본능·이상·열정	1) 소비·저축·투자 및 국제수지의 상태 2) 재정 및 금융 등의 상태 3) 물가·임금·고용의 상태 4) 세부담의 상태 5) 기술혁신 및 산업구조의 상태 6) 교통체계의 상태 7) 기업회계제도의 상태 8) 국제화의 상태	1) 토지이용계획 및 규제 상태 2) 토지 및 건축물의 구조, 방재 등의 규제상태 3) 택지 및 주택의 시책 상태 4) 부동산 세제 상태 5) 부동산거래의 규제 상태 6) 토지소유제도 7) 공시지가제도

2 지역적 제요인(지역적 요인, 지역요인) ★

(1) 의 의

지역적 제요인이란 위에서 기술한 일반적 제요인의 상관결합에 의해 구매, 구성내용, 기능 등에 걸쳐 각 지역의 특성을 형성하고 그 지역에 속하는 부동산가치 수준에 전반적인 영향을 주는 요인을 말한다.

(2) 구 분

1) **일반적 제요인**
   ① **의의**: 해당 지역 내 부동산 가치형성에 영향을 주는 일반적 요인을 의미한다.
   ② **구분**: 사회적 요인, 경제적 요인, 행정적 요인으로 구분한다.
   ③ 지역요인으로서 일반적 요인은 자연적 조건과 상호결합한다.

2) **자연적 조건**(자연적 제요인)
   ① **자연적 자질**
      물리적인 지표·수심·지세·지질·토양·강우량·강설량·바람·기후 등의 자연적 조건이다.
   ② **자연적 자원**
      인간생활에 필요한 식량·섬유·건축자재·광물·에너지자원 등으로 인간생활에 유용한 자원이다.

3 개별적 제요인(개별적 요인, 개별요인) ★

(1) **의 의**
   부동산의 자연적 특성 중 '개별성'에서 유발된 것으로 감정평가 시에 개별분석 및 개별요인 비교의 이론적 근거가 된다.

(2) **구 분**
   토지의 개별요인과 건물의 개별요인으로 구분할 수 있다.

토지의 개별요인	건물의 개별요인
1) 위치·면적·지세·지질·지반	1) 건물의 면적·높이·구조·재질
2) 획지의 접면 폭·깊이·형상	2) 건축(신축, 증개축이나 이전)일자
3) 일조·통풍·건습	3) 설계·설비 등의 양부
4) 고저·각지·접면가로와의 관계	4) 시공의 질과 양
5) 접면가로의 구조·계통	5) 공·사법상의 규제
6) 공공시설·상업시설 등과의 접근의 정도	6) 건물과 환경의 적합상태
7) 상·하수도 등의 공급처리시설의 유무 및 이용의 난이	7) 방위, 층수, 배치 상태
8) 위험시설·혐오시설과의 접근의 정도	
9) 공·사법상의 규제	
10) 교통시설의 거리	

제3편 부동산감정평가론

제2절 부동산가치의 제원칙 ★★★ 〔10·11·13·14회 출제〕

부동산가치의 제원칙이란 부동산가치가 어떻게 형성되고 유지되는가에 관한 법칙성을 추출하여 부동산 감정평가활동의 지침으로 삼으려는 하나의 행위기준이다. 그렇지만 「감정평가에 관한 규칙」에는 직접 규정되어 있지 않다.

1 수요와 공급의 원칙 ★
(1) 부동산가치는 그 부동산의 수요와 공급에 의해 영향을 받는다는 원칙이다.
(2) 수요와 공급에 의해 가격을 결정하고 그 가격이 다시 수요와 공급에 영향을 미치므로 환류의 원리 또는 가격의 2중성이라고 한다.

2 최유효이용의 원칙(기본원칙) ★★ 〔22회 출제〕

(1) 의 의 ★
  1) 최유효이용은 부동산의 효용이 최고도로 발휘될 가능성이 가장 풍부한 이용을 말하며, 최고최선의 이용이라고도 한다.
  2) 부동산가격은 최유효이용을 전제로 파악된 가치를 표준으로 하여 형성된다는 원칙이다.

합리적 이용	합리적인 이용 방법이어야 한다.	필요적 조건
합법적 이용	합법적으로 이용이 가능한 대안이어야 한다.	
물리적으로 채택이 가능한 이용	물리적으로 채택이 가능하여야 한다.	
최고의 수익 이용	필요적 조건과 함께 최고의 수익을 올릴 수 있는 이용이어야 한다.	

(2) 최유효이용의 판단기준 ★ 〔11회 출제〕
최유효이용은 부동산의 특성 중 용도의 다양성에 근거를 둔 것이다.

  1) 부동산의 이용규모
  2) 부동산의 이용주체 및 사용관행
  3) 통상의 사용능력
  4) 현재 이용 상태의 적합과 그 계획성
  5) 인근환경의 적합여부

제2장 부동산의 가치이론

3 변동의 원칙 ★★
> 13·15·17·21·23회 출제

(1) 의 의 ★
부동산의 가치형성요인이 변화하므로 이에 따라 부동산가치도 변동한다는 원칙이다.

(2) 성립근거 ★
1) 부동산은 자연적·인문적인 특성을 가지고 있어서 발전, 안정, 쇠퇴의 단계를 거쳐서 변화한다.
2) 지역분석과 개별분석이 동태적으로 파악되어야 할 것이며, 기준시점을 확정해야 한다는 이론적 근거를 제시하는 원칙이다.
3) 부동산의 자연적 특성인 영속성과 인문적 특성인 용도의 다양성, 위치의 가변성 등을 성립근거로 한다.

4 예측의 원칙 ★
> 13회 출제

Professor Comment

변동의 원칙에 의해서 예측의 원칙이 행해진다.

(1) 의 의 ★
부동산의 가치는 그 부동산이 지닐 유용성을 예측함으로써 그 가치수준이 영향을 받는다는 원칙이다. 따라서 부동산의 가치란 예측의 원칙에 의해 장래 기대되는 편익을 현재가치로 환원한 값이다.

Professor Comment

① 재화의 가치는 장래의 수익성 등을 예측함에 따라 정해진다. 부동산의 가치도 가치형성요인의 변동을 예측함에 따라 결정될 수 있다.
② 부동산의 현재가치는 장래에 부동산소유자에게 발생할 예측효용 또는 예측소득에 따라서 달라진다.

(2) 성립근거 ★
1) 부동산의 가치는 가치형성요인의 변동을 예측함에 따라 예측할 수 있다. 이러한 의미에서 부동산가치는 장래에 부동산가치를 형성하는 요인의 추이가 가치동향에 커다란 영향을 미친다.
2) 그러나 장래를 예측하는 경우에 현실로부터 괴리된 사용, 투기적인 이용, 비합법적인 사용 등을 상정한 예측은 최유효이용을 판단하는 경우와 마찬가지로 배제되지 않으면 안 된다.

5 대체의 원칙 ★

`10·16·21·23회 출제`

Professor Comment

가격과 용도적인 측면에서 대체의 원칙이 인정된다.

(1) 의 의 ★
1) 부동산가치는 대체성을 지닌 다른 부동산 또는 재화에 대한 투자가치와 상호 관련되어 형성된다는 원칙이다.
2) 대체관계가 성립되기 위해서는 부동산 상호간 또는 부동산과 일반재화 상호간에 용도, 효용, 가치 등이 동일성 또는 유사성이 있어야 한다.

(2) 성립근거 ★
부동산평가 3방식 모두와 관련되는 가장 기초가 되는 이론적 논거를 제시하는 원칙으로 중요성을 갖는다.

1) 원가방식과의 관계
대체의 원칙은 유용성이 같은 부동산의 신규공급으로 인해 기존부동산의 가액은 재조달원가를 상한가액으로 결정한다는 점에서 원가방식의 이론적 근거가 된다.

2) 비교방식과의 관계
대체성 있는 거래사례를 수집·분석하여 대상부동산의 가액을 산정한다는 점에서 비교방식에도 적용된다.

3) 수익방식과의 관계
대체가능한 부동산의 순수익은 다른 수익성 부동산의 가액결정의 기준이 된다는 것이 수익방식의 논거를 제공한다고 할 수 있다.

6 경쟁의 원칙 ★

`21회 출제`

Professor Comment

경쟁이 생기는 것은 초과이윤 때문이며, 경쟁으로 인하여 초과이윤은 점점 줄어들게 된다.

(1) 의 의 ★
부동산 이용으로 인한 초과이윤이 생기면 경쟁이 일어나며, 이 과정을 통해 가치가 형성된다는 원칙이다.

(2) 성립근거 ★
부동산의 이용으로 인한 초과이윤을 추구하여 부동산 상호 간에 또는 재화 간에 경쟁관계가 인정되는데, 부동산가치는 이 같은 경쟁관계에서 형성된다.

제2장 부동산의 가치이론

7 균형의 원칙 ★★
11·17·20·21·23·26·28회 출제

(1) 의 의 ★★
부동산의 수익성 또는 쾌적성이 최고도로 발휘되기 위해서는 대상 부동산의 구성요소 간에 조합이 균형을 이루고 있어야 한다는 원칙이다.

Professor Comment
부동산의 구성요소는 토지인 경우는 접면넓이, 획지의 깊이, 고저 등의 관계이고, 건물인 경우는 건축면적, 높이, 칸막이, 복도, 계단배치 등의 관계이고, 복합부동산인 경우는 각각의 부동산에 더한 그것 외에 건물과 부지의 배치 및 크기 등의 관계이다.

(2) 성립근거 ★
1) 균형의 원칙은 최유효이용의 원칙과 결부되는 것으로 최유효이용의 판정을 결정하는 역할을 한다.
2) 부동산의 내부 구성요소 간에 균형을 이루지 못하는 경우에는 '기능적 감가'를 초래한다.
   → 내부기능상 효용의 변화로 인하여 발생하는 설계의 불량, 형식의 구식화

8 적합의 원칙 ★★
추가15·17·18·21·28회 출제

(1) 의 의 ★★
부동산의 유용성(수익성 또는 쾌적성 등)이 최고도로 발휘되기 위해서는 당해 부동산이 주변 환경에 적합해야 한다는 원칙이다.

Professor Comment
균형의 원칙이 부동산의 대내적인 관계를 말한다면 적합의 원칙은 대외적인 관계에 관한 원칙이다.

(2) 적합여부의 판단 ★
1) 부동산과 환경과의 적합성 판단에 있어서는 그 부동산이 속한 인근지역의 표준적 사용을 명확하게 할 필요가 있으며, 이는 지역분석에 의해서 행해진다.
2) 당해 부동산이 인근환경과 부적합한 경우, 즉 적합의 원칙에 어긋나는 경우에는 '경제적 감가'를 초래한다.

(3) 현 상 ★
1) 지역분석 결과, 서민들이 거주하는 단독주택 지역인 것으로 판단하였다.
2) 개발업자가 고급주택을 건축하였다.
3) 거래사례비교법을 적용하여 해당 고급주택을 평가한 가액이 건축비용에도 미치지 못하였다.
4) 이는 적합의 원칙에 어긋난 경우로 경제적 감가를 가져온다.

9 기여의 원칙 ★

13·추가15·21·23회 출제

(1) 의 의 ★
부동산의 어느 부분이 그 부동산 전체의 가치나 수익에 어느 정도 공헌하는 가에 대한 부분과 전체와의 관계에 관한 원칙이다.

(2) 성립근거 ★
① 인근토지를 매수·합필
② 기존 건물 증축

부동산에 대한 추가투자의 적부(適否) 판단에 유용한 원칙이다.

10 수익체증·체감의 원칙

(1) 의 의
단위부동산에 대해 계속적인 투자가 행해질 경우 단위투자 당 순이익은 증가하다가 어느 시점부터는 감소하게 된다는 원칙이다.

Professor Comment

토지·자본·노동·경영의 생산요소 중 특정 생산요소에 대하여 1단위씩 투자량을 증가시킬 경우 어느 시점까지는 단위 투자량에 대한 단위 수익은 증가(수익체증의 법칙)하지만, 어느 시점까지 도달하면(수익체감의 시점) 단위 투자량에 대한 단위수익은 점차 감소한다(수익체감의 법칙).

(2) 성립근거
1) '수확체증·체감의 원칙'과 '최유효이용의 원칙'을 종합하여 토지이용의 입체적 측면에서 판단할 때, 지표면 부근의 이용가치가 가장 높고 이 지표면을 기준으로 공중·지하공간으로 연장됨에 따라 그 이용가치가 감소된다. 이 원리를 '토지공간의 입체이용률'이라고 한다.
2) '토지공간의 입체이용률'의 원리는 고층건물의 한계효용계층을 결정하는 근거가 되기도 한다.

11 수익배분의 원칙(잉여생산성의 원칙)

13·추가15회 출제

1) 경영활동으로 인한 총수익은 자본(이자), 노동(임금), 경영(이윤)의 결합에 의해 발생한 것이므로 총수익을 자본에 대해선 이자, 노동에 대해선 임금, 경영에 대해선 이윤을 배분되고 최종적으로 남는 몫이 토지에 귀속된다는 것이다. 이 최종적 배분의 몫에 따라 지가가 형성된다는 원칙이다.
2) 수익배분의 원칙은 부동산에 귀속되는 순수익을 기초로 하여 가액 또는 임대료를 구하는 수익방식과 토지잔여법 등의 이론적 근거가 된다.

제3절 지역분석

01 지역분석의 의의   `27·34회 출제`

1 지역분석의 의의 및 대상

(1) **의 의** ★★

지역분석이란 어떤 지역을 구성하는 부동산의 가격형성에 전반적인 영향을 미치는 제 요인에 대한 분석을 함으로써 그 지역 내 부동산의 표준적 이용 및 가치수준을 판정하는 것을 말한다.

(2) **지역의 분류** ★   `10·15회 출제`

지역분석에서 특히 중요한 것은 용도적 관점으로부터 구분된 용도지역이다.

1) **인근지역**   `29회 출제`

감정평가의 대상이 된 대상부동산이 속한 지역으로서 부동산의 이용이 동질적이고 가치형성요인 중 지역요인을 공유하는 지역을 말한다(「감정평가에 관한 규칙」 제2조 제13호).

2) **유사지역**   `24회 출제`

대상부동산이 속하지 아니하는 지역으로서 인근지역과 유사한 특성을 갖는 지역을 말한다(「감정평가에 관한 규칙」 제2조 제14호).

3) **동일수급권**   `34회 출제`

일반적으로 대상부동산과 대체·경쟁 관계가 성립하고 가치형성에 서로 영향을 미치는 관계에 있는 다른 부동산이 존재하는 권역을 말하며, 인근지역과 유사지역을 포함한다(「감정평가에 관한 규칙」 제2조 제15호).

2 용도지역의 지역요인 분석 ★

(1) 지역요인의 의의 ★
어떤 지역의 가치에 영향을 미치는 요인으로, 일반적 요인과 자연적 조건의 상관결합으로 구성되며, 지역특성을 형성하고, 지역의 가치수준을 형성하는 요인이다.

(2) 용도지역별 지역요인 ★

1) 주거지역의 지역요인 ★
① 지역의 기상상태 ─→ 일조, 온도, 습도, 풍향, 조망과 경관 등 자연적인 제조건
② 지역주민의 직업과 계층 등 사회적 환경의 양부
③ 가로의 폭, 구조 등의 상태
④ 도심과의 접근성과 교통시설의 정비상태
⑤ 상점가 상태의 적부
⑥ 상하수도·가스·전기 등의 공급 및 처리시설의 상태
⑦ 변전소·오수처리장 또는 위험·혐오시설(기피시설)의 유무, 소음·대기오염 등의 공해발생상태
⑧ 학교·공원·병원 등의 설치상태
⑨ 각 획지(劃地)의 면적과 배치 및 이용상태
⑩ 토지이용에 관한 공법상의 규제정도 등

2) 상업지역의 지역요인 ★★　　　　　　　　　　　　　　　　　　　　　　　　　13회 출제
① 상업활동을 하기 위한 배후지(背後地) 및 고객의 양(量)과 질(質)
② 구매력을 가진 인구와 면적, 소득수준, 고객의 교육수준과 질
③ 고객이 이용하는 교통수단의 상태
④ 영업의 종류 및 경쟁의 상태, 당해 지역의 경영자의 노력, 번영과 성쇠의 정도, 토지이용에 관한 공법상의 규제정도

3) 공업지역의 지역요인 ★
① **자연적 제조건**: 온도, 습도(濕度), 풍우 등의 기상상태, 동력자원 및 용(用)·배수(排水)에 관한 비용, 수질의 오염(汚染), 대기오염 등 공해발생의 위험성을 들 수 있다.
② **일반적 제 조건**: 제품의 판매시장과 원재료구입시장과의 위치·거리관계, 간선도로, 항만, 철도와 같은 사회간접시설의 확충상태, 노동력의 확보여부, 관련사업 간의 위치관계 등을 들 수 있다.

4) 농업지역의 지역요인
① 일조·온도·습도·풍우 등의 기상상태
② 기복·고저 등 지세(地勢)의 상태, 토양(土壤) 및 토질의 양부
③ 수리 및 수질의 상태, 소비자와의 거리 및 전송시설의 상태
④ 출하지(出荷地)와 출하시장과의 관계
⑤ 출하지와의 위치관계
⑥ 행정상의 조장 및 규제의 정도 등

5) 임업지역의 지역요인
① 임도등의 정비상태
② 일조·온도·습도·우량 등의 상태
③ 표고·지세 등의 자연상태, 토층의 상태
④ 노동력 확보의 어려움
⑤ 행정상의 조장 및 규제의 정도 등

6) 후보지지역 및 이행지지역의 지역요인
후보지·이행지의 지역요인 분석은 전환 후 또는 이행 후의 지역요인을 중시해야 한다.

후보지지역	용도지역의 분류인 택지지역, 농업지역, 임업지역 등이 상호 간에 어떤 종별의 지역에서 다른 지역으로 전환되어 가는 과정에 있는 지역을 말한다.
이행지지역	• 같은 종별의 용도지역 내에서 다른 용도지역으로 이행되는 지역을 말한다. • 예를 들면 택지지역이 재개발사업 등으로 인하여 공업지역이 주거지역으로 이행되거나, 주거지역이 상업지역으로 이행되는 지역을 말하고, 그 지역 내의 토지를 이행지라고 한다. 성숙도가 낮은 경우(전환 또는 이행이 완만한 경우)에는 전환 또는 이행 전의 토지종별의 동일수급권과 일치하는 경향이 있다.

02 지역분석의 대상지역

1 인근지역의 분석

(1) 인근지역의 의의와 조건 ★★

1) 인근지역의 의의
인근지역이란 대상부동산이 속한 지역을 말한다.

2) 인근지역의 조건
① 도시 및 농촌 등 대상부동산이 속해 있는 지역의 일부분이다.
② 그 규모나 내용은 도시·농촌 등과 같은 큰 구역을 의미하는 것이 아니다.
③ 용도적으로 공통성을 갖고 있다.
④ 인근지역의 지역적 특성이 그 지역 내 부동산의 가치형성에 직접 영향을 미치는 지역이다.

3) 인근지역은 그 지역의 특성을 형성하는 지역요인의 추이, 동향에 따라 변화하게 된다.

4) 인근지역의 사회적·경제적·행정적 위치는 유동적이다.

(2) 인근지역의 분석 ★
인근지역분석이란 해당 지역 부동산의 일반적·표준적인 이용상태와 미래의 동향 등을 분석하여 그 지역 내 부동산의 가치수준을 판정하는 것이다.

(3) 인근지역의 경계와 범위
인근지역의 경계와 범위는 이용도에 따라 그 경계가 물리적으로 명백히 구분되는 경우도 있고 그렇지 않은 경우도 있다.

2 유사지역의 분석 ★

(1) 유사지역의 의의 ★★   13·17회 출제
1) 유사지역이란 인근지역이 가진 지역적 특성과 유사한 특성을 가진 대상부동산이 속하지 아니한 지역을 말한다.
2) 용도적 관점과 지가형성의 일반적 제요인이 유사하여 인근지역과 대체성이 있고 상호경쟁관계가 있는 지역이다.

(2) 유사지역분석의 중요성 ★★
1) 사례자료 활용
   유사지역에 있는 부동산의 인근지역에 있는 부동산과 용도적·기능적인 면에서 동질적이므로 인근지역 내에서 사례자료가 없을 때에는 동일수급권 내의 유사지역의 사례자료도 활용하게 된다.
2) 인근지역과 유사지역의 지역요인 분석 ★★   15·17회 출제
   ① 개별분석에 앞서 인근지역과 유사지역의 지역요인을 분석하여 지역 간의 지역격차(상대적 위치)를 비교·검토하여야 한다(지역요인의 비교).
   ② 사례자료를 유사지역에서 구할 경우 지역요인과 개별요인의 비교가 필요하다. 사례자료를 인근지역에서 구할 경우 지역요인 비교는 필요 없으나 개별요인은 필요하다.

3 동일수급권의 분석 ★

(1) 의 의
동일수급권이란 일반적으로 대상부동산과 대체·경쟁관계가 성립하고 그 가치형성에 서로 영향을 미치는 관계에 있는 다른 부동산이 존재하는 권역을 말한다.

(2) 범 위
1) 동일수급권의 범위에는 인근지역과 유사지역, 그 사이의 기타 지역이 포함된다.
2) 부동산의 종별에 따라 상이하며 동일수급권은 지리적 인접여부는 관계없으며, 지역요인이 유사하고, 부동산 상호간에 대체·경쟁관계를 가지고 두 지역이 서로 가치에 영향을 미치면 동일수급권이 된다.

(3) 감정평가상의 중요성 ★
1) 인근지역에서 사례자료를 찾을 수 없을 때 동일수급권은 사례수집의 이론적 근거가 된다.
2) 가액결정에서 정도를 높이기 위해서는 대상부동산에 따라 반드시 동일수급권 내 유사지역의 사례자료를 수집하여 이를 비교·검토해야 한다.

(4) 용도지역별 동일수급권의 범위 ★

① **주거지의 동일수급권 ★**
통상 도심에서 통근이 가능한 지역의 범위와 일치하는 경향을 갖는다.

② **상업지의 동일수급권 ★**
배후지를 배경으로 상업수익을 올리는 상업지가 성립되는 지역이 동일수급권의 범위가 된다.

③ **공업지의 동일수급권 ★**
제품생산과 판매비용의 경제성 또는 생산활동의 능률성이 같은 공업지가 성립되는 지역이 동일수급권을 판정하는 지침이 된다.

④ **농지의 동일수급권**
농지에 대한 동일수급권은 농업경영주체를 중심으로 당해 농지에 대하여 농업경영이 가능한 거리의 범위와 일치하게 되는 경향이 있다.

⑤ **임지의 동일수급권**
농지와 비슷하지만 임업의 경영주체는 그 성격상 농업의 경우와 약간 다른 점(지역요인이 개별요인보다 중요함 등)이 있다.

⑥ **후보지의 동일수급권 ★**
토지가 전환될 것으로 보이는 토지의 종별 동일수급권과 일치하는 경향이 있다. 성숙도가 낮은 경우에는 전환 전의 동일수급권과 일치하는 경향이 있다.

⑦ **이행지의 동일수급권 ★**
대상토지가 이행되어가는 것으로 보이는 토지의 종별에 따라서 동일수급권의 범위를 같이 하는 경향이 있다. 이행의 성숙도가 낮은 경우에는 이행 전의 토지종별의 동일수급권과 같아지는 경향이 있다.

제4절 개별분석

01 개별분석의 의의 ★

1 개별분석과 최유효이용 판정 ★★ 14·15·34회 출제

대상부동산의 개별적 요인을 분석하고 그 최유효이용을 판정하는 것이다. 개별분석은 지역분석을 행한 후 실시된다[선(先) 지역분석, 후(後) 개별분석].
개별분석을 통하여 최유효이용의 판정뿐 아니라 구체적 가치판정을 한다.

Professor Comment
개별분석은 개별적 요인의 작용상태가 어떤 것인가를 분석·검토함으로써 대상부동산의 지역적 특성에 적합한 최유효이용의 판정이 가능하다.

2 지역적 특성과 표준적 사용과의 상호관계

1) 특정 토지의 용도가 인근지역의 일반적인 용도와는 전혀 다른데도 최유효이용이 될 수 있는 것은 부동산의 물리적 특성 중의 하나인 개별성 때문이다.
2) 가까운 미래에 대상부동산에 대한 최유효이용이 도래할 것으로 생각될 때 그 이용을 대기하는 과정 중에 현재의 이용으로 할당되는 것을 중도적 이용(中途的 利用) 또는 이행적 이용(履行的 利用)이라고 한다.
3) 현존 개량물의 최유효이용을 고려할 경우, 필요한 적정면적 이상의 넓은 토지로 건부지와 분리하여 다른 용도로 사용될 수 있으면 초과토지(Excess land)이다. 이와 반대로 독립적으로 분리시켜 다른 용도로 사용될 수 없고 별도의 최유효이용을 하지 못하는 부가적인 토지는 잉여토지(Surplus Land)이다.

제2장 부동산의 가치이론

3 토지의 종류에 따른 개별분석 ★

주거지의 개별요인★	① 획지의 형상, 면적, 건습, 통풍 ③ 공급, 처리시설의 상태 및 접근정도 ⑤ 인접부동산 등 주위의 부동산시장의 상태 ⑦ 상점가와의 접근정도	② 교통시설과의 거리 ④ 접면가로와의 접근, 계통 및 구조 ⑥ 공공시설과의 접근정도
상업지의 개별요인★	① 획지의 형상, 면적, 건습, 지반, 접면너비 ③ 상가의 입지 및 가로구조, 계통	② 고저, 각획지, 기타 접면가로와의 관계 ④ 고객의 통행형태와 적합성
공업지의 개별요인★	① 면적, 형상 및 지반 ② 항만, 철도, 간선도로 등 사회간접자본시설의 확충과 그 위치관계 ③ 용수, 배수 등 공급처리시설의 정비상태	
농지의 개별요인	① 토양 및 일조 ③ 관개배수의 상태 ④ 농로의 상태 ⑤ 취락과의 접근정도 ⑦ 재해위험성의 정도	② 경작의 난이 ⑥ 출하지역과의 접근정도
임지의 개별요인	① 임목의 반출 및 운반 등의 난이 ③ 일조, 우량 등의 상태 ⑤ 공법상의 규제	② 지세 등의 상태 ④ 토층의 상태 ⑥ 관리의 난이

02 지역분석과 개별분석의 관계 ★★★

10·11·12·13·14·15·20·21회 출제

1 지역분석과 개별분석의 의의 ★★

(1) 지역분석
지역분석은 지역요인을 분석하는 작업으로 지역 내의 부동산에 대한 표준적 이용과 가치수준을 판정하는 작업이다.

(2) 개별분석
개별분석은 대상부동산의 개별요인을 분석하여 그 최유효이용을 판정한 후 대상부동산의 구체적인 가치를 판정하는 작업이다.

2 지역분석과 개별분석의 선후관계 ★

- 지역분석 이후에 개별분석을 한다.

3 지역분석과 개별분석의 비교 ★★★

10·11·12·13·14·15·17·30회 출제

지역분석		개별분석	
1) 선행적	7) 최유효사용의 판정기준 제시	1) 후행적	7) 토지건물 등의 판단
2) 지역특성	8) 현재 장래의 동향 분석	2) 개별특성	8) 기준시점 현재의 분석
3) 표준적 사용판정	9) 적합의 원칙	3) 최유효사용의 판정	9) 균형의 원칙
4) 대상지역에 대한 전체적 분석	10) 종별에 대한 분석	4) 대상부동산에 대한 부분적 분석	10) 유형에 대한 분석
5) 집합적으로 분산	11) 지역적·거시적 분석	5) 구성분자로서 분석	11) 부분적·미시적 분석
6) 가치수준의 파악		6) 개별가치 산출	12) 구체적 가격 산정

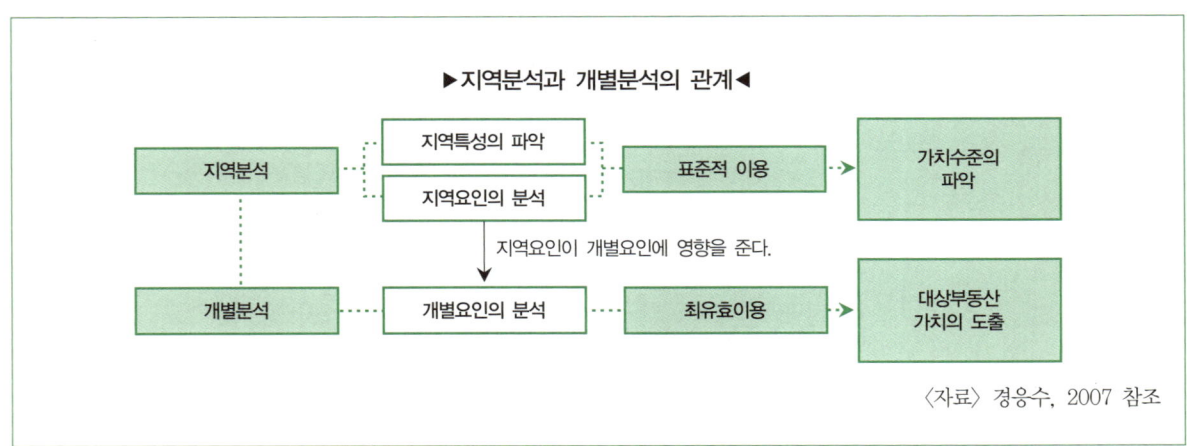

〈자료〉경응수, 2007 참조

CHAPTER 03

감정평가방식 (3방식과 6방법)

학습 포인트

- 감정평가방식은 매회 3문항 이상 출제되는 단원이다. 감정평가 3방식 6방법에 대해서 개괄적으로 파악하고 있는지에 대한 문제가 출제된다.
- 원가방식에서는 재조달원가의 계산, 감가수정 방법, 기대이율과 필요제경비 항목 등이 출제되고 있다.
- 비교방식에서는 사례의 수집기준, 사정보정 및 시점수정 등의 방법과 비준가액 산정방법, 임대료의 구성, 공시지가기준법에 의한 토지가액 산정이 중점적으로 출제되고 있다.
- 수익방식에서는 수익가액의 산정, 환원이율의 개념과 구하는 방법 등에 대한 내용이 출제되고 있다.
- 물건별 감정평가 방법도 거의 매회 1문제씩 출제될 정도로 중요하다.

CHAPTER 학습 & 출제되는 키워드

- ☑ 감정평가 3방식 6방법
- ☑ 재조달원가
- ☑ 적산법
- ☑ 비교방식
- ☑ 임대사례비교법
- ☑ 순수익
- ☑ 물건별 감정평가방법
- ☑ 원가방식
- ☑ 감가수정, 감가요인
- ☑ 기대이율
- ☑ 거래사례비교법
- ☑ 공시지가기준법
- ☑ 환원이율
- ☑ 원가법
- ☑ 감가수정 방법
- ☑ 필요제경비
- ☑ 사정보정, 시점수정
- ☑ 수익환원법
- ☑ 수익분석법

CHAPTER 학습 & 출제되는 질문

- ☑ 감정평가에 관한 규칙에 규정된 내용으로 틀린 것은?
- ☑ 다음 자료를 활용하여 거래사례비교법으로 산정한 대상토지의 비준가액은?
- ☑ 다음 자료를 활용하여 공시지가기준법으로 평가한 대상토지의 가액(원/m²)은?
- ☑ 다음 자료를 활용하여 산정한 대상부동산의 수익가액은?
- ☑ 환원이율의 계산 방식으로 틀린 것은?
- ☑ 감정평가법인 등이 대상물건의 감정평가시 적용해야 할 주된 감정평가방법으로 틀린 것은?

제3편 부동산감정평가론

제1절 감정평가 3방식의 접근원리   14회 출제

1 원가방식의 의의

원가방식은 부동산의 경제적 가치를 평가함에 있어서 평가 대상부동산이 어느 정도의 원가(비용)이 투입되어 조성된 것인가 하는 비용성의 원리에 따른 것이다. 즉 부동산의 재조달 원가를 기초로 하여 부동산의 가액을 구하는 방식인 '원가법'과 임대료를 구하는 방식인 '적산법'이 있다.

33회 출제

2 비교방식의 의의

대상물건과 가치형성요인이 같거나 비슷한 물건의 거래사례에 기초한 가액을 산정하는 '거래사례비교법'과 임대차사례 등의 사례에 착안하여 임대료를 산정하는 '임대사례비교법'이 있다. 또한 비교방식의 범주에 넣고 있는 비교표준지의 공시지가를 기준으로 한 '공시지가기준법'이 있다.

3 수익방식의 의의

부동산에서 장래 발생될 것으로 기대되는 수익성(순수익이나 미래의 현금흐름)에 착안하여 부동산의 가액 또는 임대료를 구하는 방식이다.

▶ 가치의 3면성(감정평가상 상호 보완) ◀

비용성	어느 정도의 비용이 투입되었는가?	원가방식
시장성	어느 정도의 가액으로 시장에서 거래되고 있는가?	비교방식
수익성	그것을 이용함에 따라 어느 정도의 수익(편익)을 얻을 수 있는가?	수익방식

제2절 3방식

01 원가방식 (비용접근법) `15·26·34회 출제`

1 원가법
→ 적산가액을 산정하는 방법

(1) 개 관 ★★ `20·29·34회 출제`

1) 원가법의 의의 ★

원가법이라 함은 대상물건의 재조달원가에 감가수정을 하여 대상물건의 가액을 산정하는 감정평가방법을 말한다(「감정평가에 관한 규칙」 제2조 제5호).

Professor Comment
원가법에 의하여 산정된 감정가액을 '적산가액'이라 한다.

2) 원가법의 장·단점

장 점	단 점
① 건물(신축건물이나 공공건물·교회 등과 같은 특수목적의 부동산), 구축물, 기계장치 등 재생산이 가능한 상각자산에 널리 적용할 수 있다. ② 비교적 논리적인 작업이고 평가주체의 주관이 개입될 여지가 적기 때문에 시산가액(적산가액)의 편차도 적다. ③ 고정자산의 재평가, 기업회계처리에 관한 경우 또는 거래사례의 포착이 어려운 공공, 공익용 부동산의 평가에 효과적이다.	① 토지와 같은 재생산이 불가능한 자산에는 적용하기 어렵다. ② 재조달원가와 감가상당액을 파악하는 데 기술적인 어려움이 있다. ③ 재조달원가를 기준으로 하기 때문에 수익성, 시장성이 고려되지 않는 경우가 많다.

(2) 재조달원가 ★ `13·17·25회 출제`

1) 재조달원가의 의의 ★

기준시점에서 재조달할 것을 상정한 경우 그에 필요한 적정원가의 총액을 말한다.

2) 재조달원가를 구하는 방법

대상부동산의 조달방법이 자기건설이나 도급건설의 경우를 묻지 않고, 발주자가 도급자에게 지급하는 표준적인 건설비에 발주자가 직접 부담해야 할 통상의 부대비용을 가산하여 구한다.

$$재조달원가 = 표준적\ 건설비 + 통상의\ 부대비용 ★$$

Professor Comment
① 표준적 건설비에는 직접공사비, 간접공사비, 수급인의 이윤이 포함된다.
② 통상의 부대비용에는 건설기간 중의 소요자금 이자와 감독비, 제세금 등이 포함된다.

(3) 감가수정 ★★★

10·13·16·18·25·28·33회 출제

1) 감가수정의 의의 ★

감가수정은 대상부동산의 재조달원가에서 물리적 요인, 기능적 요인 및 경제적 요인 등의 감가액을 공제해서 대상부동산의 기준시점에 있어 적정한 적산가액을 구하는 것을 말한다.

▶ **감가수정과 감가상각의 차이점** ◀ ★★★   10·13·15·18·33회 출제

구 분	감가수정	감가상각
관 련	감정평가의 용어	회계학상의 용어(기업회계·세무)
목 적	기준시점에 있어서 현존가액(경제가치)의 적정화	비용배분, 자본의 유지회수, 정확한 원가계산 등
적용방법	① 재조달원가를 기초로 함 ② 경제적 내용연수를 기초로 하되 장래보존 연수에 중점을 둠 ③ 관찰감가법이 인정됨 ④ 물리적·기능적·경제적 감가요인을 적용함 ⑤ 물건을 반드시 확인하여야 함 ⑥ 비용성·수익성 외에 시장성을 반영함 ⑦ 현존 물건만을 대상으로 함 ⑧ 비상각 자산(조성지)에도 적용 가능함 ⑨ 감가액이 실제감가와 일치함	① 장부(취득)가액을 기초로 함 ② 법정내용연수를 기초로 하되 경과연수에 중점을 둠 ③ 관찰감가법이 인정되지 않음 ④ 물리적 감가요인만 적용함 ⑤ 자산으로 계상되면 멸실되어도 계속 상각됨 ⑥ 시장성을 반영하지 않음 ⑦ 물건확인을 하지 않아도 됨 ⑧ 토지에 적용은 불가능함 ⑨ 잔가액이 일정함 ⑩ 감가액이 실제 감가와 일치하지 않음

2) 감가요인 ★★

→ 감가요인에는 아래 기술하는 4개 요인 이외에 기타 요인도 있을 수 있으며 이것을 모두 감정평가사가 파악해야 함.

17·18·22회 출제

감가요인은 서로 독립적으로 작용하는 것이 아니고 물리적 감가는 기능적 감가를 유도하고, 기능적 감가는 경제적 감가를 반영하므로 서로 인과관계에 있다.

감가요인의 분류		감가의 현상
① 기술적 요인	⊙ 물리적 감가요인	사용으로 인한 마멸 및 파손, 시간의 경과 그리고 자연적 작용에 의한 노후화 및 우발적인 손상, 구조상의 하자 등
	ⓒ 기능적 감가요인	건물과 부지의 부적응, 설계불량, 형(型)의 구식화, 설비의 부족 또는 과잉 및 능률 저하, 외관과 내부 및 디자인 변화 등에 의한 기능적 진부화, 시대적 감각의 새로운 원자재 개발 등
② 경제적 감가요인		인근지역의 쇠퇴, 부동산과 인근환경과의 부적합, 대상부동산의 시장성 저하, 수익과 비용의 불균형 등의 경제적 부적응 * 경제적 감가상각 = 외부적 감가상각, 위치적 감가상각
③ 법률적 감가요인		원인 무효의 소유권보존등기의 2중 경료, 공·사법적 규제(지역·지구제나 유치권 등 제한 물권의 설정 등)를 위반한 부동산의 하자

제3장 감정평가방식(3방식과 6방법)

3) 감가수정 방법 ★★★

> 같은 부동산평가에서의 감가상각이라고 할지라도, 그것의 구체적인 내용은 감가수정방법에 따라 서로 달라진다.

10·15회 출제

재조달원가를 감가수정하는 방법에는 경제적 내용연수를 기준으로 하는 방법과 관찰감가에 의한 방법 등이 있다.

① 내용연수에 의한 방법 **17·18·23회 출제**

㉠ 내용연수의 개념

내용연수란 운영활동과 관련하여 수익을 제공할 것으로 기대되는 기간, 즉 부동산이 수익을 창출하는 과정에 사용될 것으로 기대되는 기간을 말한다.

㉡ 내용연수의 종류 ★

경제적 내용연수	• 부동산의 유용성(쾌적성과 수익성, 생산성 등)이 지속될 것으로 예측되는 기간을 말한다. • 감가수정에 사용하는 내용연수는 경제적 내용연수이다.	경제적 내용연수는 물리적 내용연수보다 그 기간이 짧다.
물리적 내용연수	부동산을 정상적으로 관리할 경우에 물리적으로 존속할 것으로 예측되는 기간이다.	

㉢ 잔존가액과 잔가율

ⓐ **잔존가액**이란 내용연수 만료 시 그 물건의 잔재가액 또는 폐물가액을 말한다.

ⓑ **잔가율**이란 내용연수 만료 시의 재조달원가에 대한 잔존가액의 비율을 말한다.

$$잔가율 = \frac{잔존가액}{재조달원가}$$

② 경제적 내용연수에 의한 방법

㉠ 정액법 **10·13·14·추가15·16·25·33회 출제**

ⓐ 의의 : 대상물건의 감가총액을 단순한 경제적 내용연수로 균등하게 분배하여 매년의 감가액으로 하는 방법이다.

ⓑ 장·단점

장 점	단 점
계산이 간편하다는 장점이 있어 건물 등의 상각자산에 많이 이용되고 있다.	매년 일정하게 감가하기 때문에 실제의 감가와 일치하지 않는 단점이 있다.

Professor Comment

정액법의 단점을 보완하기 위해 관찰감가법과 병용해서 사용한다.

ⓒ 적용

- 주로 건물, 구축물 등의 감가상각에 적용된다.
- 매년의 감가액이 전 내용연수를 통하여 일정하기 때문에 균등상각법이라고도 하며, 감가누계액이 경과연수에 정비례하여 증가하므로 직선법이라고도 한다.

제3편 부동산감정평가론

> ▶ 정액법 공식 ◀　　　　　　　28·29·34회 출제
>
> ① 매년의 감가액 = $\dfrac{\text{재조달원가} \times (1 - \text{최종잔가율})}{\text{내용연수}}$
>
> ② 감가누계액 = 매년의 감가액 × 경과연수 = 재조달원가(1 − 잔가율) × $\dfrac{\text{경과연수}}{\text{내용연수}}$
>
> ③ 적산가액 = 재조달원가 − 감가누계액

ⓛ **정률법** ★　　　　　　　10·추가15·16·18·28·33회 출제

　ⓐ **의의** : 부동산의 매년 말 가액에 일정한 상각률을 곱하여 매년의 상각액을 구하는 방법이다.

　ⓑ **장·단점**

장 점	단 점
대부분의 기계와 같은 자산의 효용과 가치의 감소는 초기일수록 심하고 연도가 경과함에 따라 감소하므로 효용과 가치의 소모도(消耗度)와 감가액은 거의 일치한다.	• 감가율은 일정하나 감가액이 매년 상이하므로 일정한 표준감가액을 정할 수 없다. • 최종잔가율이 0보다 큰 자산에만 적용된다. • 정률을 산출하는 계산이 복잡하다.

　ⓒ **적용**

　　이 방법은 첫해의 상각액이 가장 크고, 재산가치가 체감함에 따라 점차 체감하므로 기계, 기구 등 동산과 수익용·임대용 부동산 등의 감가상각에 이용된다.

예제　2년 전에 건축한 재조달원가 10,000,000원의 기계가 있다. 연간감가율이 10%라면 적산가액은?

풀이　적산가액 = 재조달원가 × (1 − 매년감가율)^n = 10,000,000 × (1 − 0.1)^2 = 10,000,000 × 0.9^2
　　　　　　= 10,000,000 × 0.81
　　　　　　= 8,100,000　　　　　　　　　　　　　　　　　　　　　☞ 5,400,000원

제3장 감정평가방식(3방식과 6방법)

ⓒ 상환기금법 ★　　　　　　　　　　　　　　　　　　　　　13·추가15·23회 출제

　ⓐ 의 의

　　대상건물의 내용연수가 만료되는 때의 감가누계 상당액과 그에 대한 복리계산의 이자상당액을 포함하여 당해 내용연수로 상환하는 방법이다.

　ⓑ 장·단점

장 점	단 점
• 경제이론에 입각하여 시간·비용·이자 기능에 따르기 때문에 논리적이다. • 수익방식 중 상환기금법(Hoskold)방식의 상각률과 기계의 성능가치의 감정평가에 적용되는 경우가 많으며 장래의 감가액을 산출하는 경우에 적합한 방법이다.	• 매년 감가액을 작게 하는 만큼 감가액(적립금)에 대한 이자로 보충되어 이자를 자본환원한 액수만큼 대상부동산을 과대평가할 우려가 있다. • 기업경영에서는 감가수정액이 작은 것으로 인해 세부담이 증가하여 거의 이용되지 않는다. • 감가액이 이자를 발생하여 원리금의 합계액이 감가총액과 일치하여 대상부동산의 가격상승시 대상부동산의 대체가 불가능해진다. • 기업체의 경우 기업회계에서의 활용에 적당하지 않다. 왜냐하면 상환기금법에 따른 매년의 감가액이 정액법이나 정률법보다 소액이므로 순수익이 많아져 사내유보보다 법인세 등의 사외출연이 많아지기 때문이다.

　ⓒ 적용

　　■ 이 방법은 감가상각액이 상기 2가지 방식에 비해 적다.
　　■ 이로 인하여 그만큼 세(稅)부담이 늘게 되므로 기업경영에 있어서는 이 방법을 채택하지 않는다.

> ▶ 상환기금법 공식 ◀
>
> ① 상환기금률(감가율)을 구하는 공식　감가율 = $\dfrac{축적이율}{(1 + 축적이율)^n - 1}$
> ② 매년의 감가액 = 재조달원가 × (1 − 잔가율) × 감가율
> ③ 감가누계액 = 경과연수 × 재조달원가 × (1 − 잔가율) × 감가율

예제　대상부동산의 재조달원가가 30,000,000원이고 잔가율이 10%이고 감가율이 20%인 경우 상환기금법에 따른 매년의 감가액은?

풀이　매년의 감가액 = 재조달원가 × (1 − 잔가율) × 감가율
　　　　　　　　　　= 30,000,000 × (1 − 0.10) × 0.20
　　　　　　　　　　= 30,000,000 × 0.90 × 0.20
　　　　　　　　　　= 5,400,000원　　　　　　　　　　　　　☞ 5,400,000원

■ 정액법·정률법·상환기금법 비교

구 분	정액법	정률법	상환기금법
적용대상	건물 및 구축물 평가	기계 및 동산 평가	광산 평가
특 징	감가누계액이 경과연수에 비례한다.	감가액이 첫 해에 가장 많고, 가치가 체감하면 감가액도 체감한다.	감가액은 정액법보다 적고, 복성가액은 정액법보다 많다.
장 점	계산이 용이하다.	① 능률이 높은 초기에 많이 감가된다. ② 안전하게 자본회수가 가능하다.	연간 감가액은 아주 적고, 평가액은 다른 방법보다 매우 높다.
단 점	실제의 감가와 일치하지 않는다.	매년 감가액이 상이하여 표준감가액을 정하기 어렵다.	대상부동산의 가액 상승시에 대체가 불가능하다.
초기감가액의 크기	정률법 > 정액법 > 상환기금법		
잔존가액의 크기	상환기금법 > 정액법 > 정률법		

③ **관찰감가법**
  ㉠ 의의
  관찰감가법은 경제적 내용연수에 의한 방법으로 감가수정이 적절하지 아니한 경우에 대상부동산의 전체에 대한 감가요인과 감가액을 직접 관찰하여 구하는 방법이다.
  ㉡ 장·단점

장 점	단 점
대상부동산의 개별적인 상태를 직접 세밀히 관찰하여 감가수정에 반영시킬 수 있다.	평가주체의 개별적인 능력이나 주관에 사로잡히거나 외부에서 관찰할 수 없는 기술적인 하자를 놓치기 쉽다.

  ㉢ 효과
  관찰감가법을 단독으로 사용하는 것보다 경제적 내용연수에 의한 **감가수정방법과 병행하여 사용**하는 것이 효과적이다.

  감가수정은 관찰감가법을 인정하는 데 반하여, 감가상각은 이를 인정하지 않는다.

④ **분해법** ★
분해법이란 대상부동산을 감가요인별로 구분·항목화해(분해해) 시장추출법 또는 내용연수를 기준으로 한 방법 등과 병용하여 감가수정액을 산출하는 방법이다.

감가수정요인	평가대상 부동산의 분석방법	치유여부
물리적 감가	지연된 유지·보수항목 : 건물의 정상적 기능을 위해 교체 또는 보수되어야 하는 항목(예 깨진 창문)	치유가능
	단기소모성 항목 : 건물의 수명이 끝나기 전에 교체가 필요한 항목(예 지붕)	치유가능
	장기내구성 항목 : 건물의 내용연수 만료시까지 잔존할 것으로 예상되는 항목(예 건물의 기초)	치유불가능
기능적 감가	평가시점 당시의 최유효이용을 기능적인 측면과 비교할 기능이 저하된 재료나 구조, 설계불량 등으로 발생하는 감가를 말함(예 로비나 홀이 지나치게 넓은 경우 등).	치유가능, 치유불가능 경우 있음
경제적 감가 (외부적 감가)	외부적 요인으로 부동산가치의 손실이 발생하는 경우(예 주변의 혐오시설의 존재 등)	대부분 치유불가능

⑤ **시장추출법**★
유사한 거래사례를 분석하여 구한 감가수정률을 대상 부동산에 적용하여 감가수정액을 구하는 방법을 말한다.

2 적산법

(1) 의의★★ 〔20·24회 출제〕

적산법이란 대상물건의 기초가액에 기대이율을 곱하여 산정된 기대수익에 대상물건을 계속하여 임대하는 데에 필요한 경비를 더하여 대상물건의 임대료를 산정하는 감정평가방법을 말한다(「감정평가에 관한 규칙」 제2조 제6호).

▶ **적산임료의 공식** ◀★

적산임대료 = (기초가액 × 기대이율) + 필요제경비 = 기대수익 + 필요제경비

(2) 적산법의 적용방법

1) **기초가액**
   ① 의의 : 기초가액이란 부동산감정평가시 원가방식 중 적산법으로 임대료를 구할 때의 기초가 되는 대상물건의 가치로 임대료의 기준시점에 있어서 대상부동산이 갖는 원본가액을 말한다.
   ② **기초가액과 시장가치의 차이**★

내 용	기초가액	시장가치
의 의	적산법을 적용하여 대상부동산의 적산임대료를 구하는 기초가액	합리적인 시장이 존재한다면 형성되어질 시장가치를 적정하게 나타낸 가액
구하는 방법	원가법 및 거래사례비교법에 의하여 구함	3방식에서 구해진 적산가액, 비준가액, 수익가액을 조정하여 구함
내 용	계약내용과 계약조건에 따른 최유효이용을 현재화하거나, 계약감가를 포함한 가액임	최유효이용을 전제로 파악되는 가액
시장과의 관계	임대차 등의 장소에서 성립됨	시장개념으로 받아들여지는 가액의 종류로 분류되는 개념
대상기간	임대차계약기간 동안만 유효	잔존내용연수 전(全)기간 동안 매기준시점

2) **기대이율**★
   ① 기대이율이란 기초가액에 대하여 기대되는 순수익의 비율이다.

$$기대이율 = \frac{적산임대료 - 필요제경비}{기초가액} = \frac{순수익}{기초가액}$$

* 기초가액=투입자본

② **기대이율과 환원이율의 비교**★

기대이율	환원이율
㉠ 적산법에 적용	㉠ 수익환원법에 적용
㉡ 투하자본에 대한 수익비율	㉡ 대상물건의 가액에 대한 순이익비율
㉢ 대상물건의 임대차 기간 동안만 적용되는 단기적인 이율	㉢ 대상물건의 내용연수 만료 시까지 적용되는 장기적인 이율
㉣ 당해 계약조건을 전제로 함	㉣ 물건의 최유효이용을 전제로 함
㉤ 금융기관의 정기예금 등이 산정의 기초가 됨	㉤ 순수이율에 위험률을 가산한 이율임
㉥ 항상 상각 후 세공제 전임	㉥ 상각 전후, 세공제 전후의 구별이 있음
㉦ 2개 이상의 물건에 대한 종합환원이율은 없음	㉦ 2개 이상의 물건에 대한 종합환원이율이 있음

3) **적산법의 필요제경비**★

① **의의**★

  필요제경비란 임차인이 사용·수익할 수 있도록 임대인이 대상물건을 적절하게 유지·관리하는 데에 필요한 비용을 말한다.

② **항목**★

  ㉠ 감가상각비 : 대상부동산이 건물 등의 상각자산일 경우에는 감가상각비로써 필요경비에 계상하여야 하는 항목이다.

  ㉡ 제세공과금(조세공과금) : 대상부동산에 대한 재산세, 하수도설치에 의한 수익자부담금 등이다.

  ㉢ 유지관리비★

    ⓐ**의의** : 유지관리비란 대상물건의 유용성을 적정하게 유지하기 위하여 필요한 비용과 이를 관리하기 위하여 소요된 비용을 말한다.

    ⓑ**포함되는 것** : 일반 수선비, 관리비 등이다.

    ⓒ**포함되지 않는 것** : 수도료, 전기료, 청소비, 냉·온방비 등은 부가사용료 또는 공익비

  ㉣ 손해보험료 : 건물 등에 대한 화재보험, 중고층빌딩의 기계, 보일러 등의 각 보험 등이 해당된다.

  ㉤ 결손준비비(**대손준비금**) : 임차인이 임대료지불을 불이행할 경우 손실의 보전을 하기 위한 것으로 표준적인 일정액을 계상하는 것이다. 하지만 보증금 등의 일시금이 수수되어 있는 경우에는 결손의 보전이 이미 담보되어 있기 때문에 결손준비를 계상하지 않는다.

  ㉥ 공실손실상당액 : 건물이 신축되어 임대되기 전까지의 공실, 또는 중도 해약 기타 계약만료로 인한 손실에 해당하는 금액

  ㉦ 정상운전자금이자

    ⓐ**의의** : 임대영업을 영위하기 위해 소요된 정상적인 운영자금에 대한 이자를 말한다.

    ⓑ고정자산세의 일시납입, 종업원에 대한 일시상여금 지급 등이 포함된다.

  ㉧ **필요제경비에서 제외되는 것** : 임대인의 영업수익으로 부과될 영업소득세, 법인세, 취득세, 등록면허세 등은 필요제경비에서 제외된다.

02 비교방식 —거래사례비교법/공시지가기준법/임대사례비교법 `13·15·26회 출제`

1 거래사례비교법 ★★★   `13·20·29·33회 출제`
→ 비준가액을 산정하는 방법임

(1) 의의 ★

1) 개념 ★

① 대상물건과 가치형성요인이 같거나 비슷한 물건의 거래사례와 비교하여 대상물건의 현황에 맞게 사정보정, 시점수정, 가치형성요인 비교 등의 과정을 거쳐 대상물건의 가액을 산정하는 감정평가방법을 말한다(「감정평가에 관한 규칙」 제2조 제7호).

② 거래사례비교법 공식

> 비준가액 = 거래사례가액 × 사정보정 × 시점수정 × 지역요인비교 × 개별요인비교

2) 성립근거
① 대체의 원칙
② 수요·공급의 원칙 및 경쟁의 원칙

3) 장·단점   `17·19·26회 출제`

장 점	단 점
① 거래사례비교법은 현실적인 시장성을 반영하기 때문에 실증적이고, 설득력이 풍부하며, 3방식 중에서 중추적인 역할을 하고 적용범위 또한 넓다. ② 이 방법은 토지, 건물 등의 평가 및 부동산에 관한 제권리의 평가에 적용된다. ③ 이해가 쉽고 간편하다. ④ 아파트 등 매매가 빈번하게 이루어지는 부동산의 경우에 유효하다.	① 거래사례비교법은 평가시 거래사례에 의존하므로 거래사례가 없는 부동산(사찰, 교회, 학교 등)의 평가에 적용하기 곤란한 점이 있다. ② 사정보정, 시점수정, 지역요인의 비교, 개별요인의 비교 등 감정평가사의 지식, 경험, 판단력 등에 의존도가 높고, 가격에 편차가 크다. ③ 사정보정이나 시점수정의 분석판단에 명확성을 기하기 어렵다. ④ **불완전한 시장이나 투기지역의 사례수집은 사례의 적정성을 보장하거나 분석하기에 어려운 점이 많다.** → 과도한 호황이나 불황기에는 유용하지 못함

(2) 사례자료 수집기준 ★★   `10·13·19회 출제`

1) 위치의 유사성
인근지역 또는 동일수급권 내의 유사지역에서 거래사례를 선택하여야 한다.

2) 물적 유사성 → 개별적 요인의 비교가 가능
거래사례는 평가대상물건과 물적으로 유사한 관계에 있어야 한다.

3) 시점수정의 가능성 → 변동의 원칙
거래사례의 거래시점과 대상물건의 기준시점이 불일치하여 가격수준의 변동이 있을 경우에 거래사례의 가격을 기준시점의 가격수준으로 시점 수정하는 것을 말한다.

4) 사정보정의 가능성

거래사례에는 관계자의 특수한 사정, 개별적인 동기가 개재되어 있거나 거래당사자가 시장에 정통하지 않는 등 수집된 거래사례의 가격이 적절하지 못한 경우에 사정보정을 통해 그러한 사정이 없었을 경우의 적절한 가격수준으로 정상화하는 것을 말한다.

> 예 ① 매도자의 친척이 매입한 거래사례로 이는 시장가치 대비 10%정도 저가로 거래
> ② 도로에 접하는 토지의 소유자가 후면 토지를 시장가치보다 다소 고가로 구입한 사례이나 이에 대한 근거의 파악이 가능한 사례

(3) 배분법(配分法)

배분법이란 거래사례부동산이 대상부동산과 같은 유형의 부분 및 다른 유형의 부분이 복합적으로 구성되어 있는 경우에 거래사례부동산의 거래가액에서 대상부동산과 같은 유형 이외 부분의 가격을 공제하여 대상부동산과 같은 유형의 부분만을 사례자료로 채택하는 방법으로 공제방식과 비율방식이 있다.

1) 공제방식

공제방식이란 복합부동산의 거래가격 중 대상부동산과 동일한 유형 이외의 부분에 해당되는 가액을 파악할 수 있는 경우 거래가액에서 이를 공제함으로써 대상부동산과 동일한 유형부분에 대한 가액을 구하는 방법이다.

> **예제** 토지와 건물이 함께 200,000,000원에 매매되었다. 지상의 건물 30㎡는 ㎡당 5,000,000원씩 들여 완공하였다. 이때 토지가액은 얼마인가?
>
> **풀이** 복합부동산의 가액 : 200,000,000원
> 건물가액 : 30㎡ × 5,000,000원 = 150,000,000원
> ∴ 200,000,000원 − 150,000,000원 = 50,000,000원
>
> ☞ 50,000,000원

2) 비율방식

비율방식이란 거래사례 부동산에 대해 각 구성부분별 가액비율을 알 수 있을 때 당해 사례의 거래가액에 동일한 유형 부분의 가격비율을 곱하여 동일한 유형 부분의 거래가액을 구하는 방법을 말한다.

> **예제** 150,000,000원에 거래된 복합부동산 중 토지와 건물의 가액구성비율이 5 : 7이다. 이때 토지가액의 사례가액은 얼마인가?
>
> **풀이** 전체물건 중 토지의 비율 = $\dfrac{5}{5+7} = \dfrac{5}{12}$
>
> ∴ 150,000,000원 × $\dfrac{5}{12}$ = 62,500,000원
>
> ☞ 62,500,000원

(4) 사례자료의 정상화(시장가치화) ★ 15·19회

15·19회 출제

1) 시점수정 ★

① 가액산정에 있어서 거래사례의 거래시점과 대상부동산의 감정평가액을 구하기 위한 기준시점과의 사이에는 시간적인 괴리가 있으므로, 사례부동산의 가격을 기준시점의 가액으로 수정하는 작업이다.

② 시점수정은 사례물건의 가격 변동률로 한다. 다만, 사례물건의 가격 변동률을 구할 수 없거나 사례물건의 가격 변동률로 시점수정하는 것이 적절하지 않은 경우에는 지가변동률·건축비지수·임대료지수·생산자물가지수·주택가격 동향지수 등을 고려하여 가격 변동률을 구할 수 있다.

③ **변동률과 지수** : 이때 사용하는 변동률과 지수는 사례부동산이 존재하는 용도지역 및 당해 지역과 유사한 가액변동과정에 있다고 인정되는 유사한 지역의 토지 및 건물의 가액의 변동률이나 가액의 지수를 구하여 이것으로 대상부동산 가액을 정상화(시장화)해야만 한다.

▶ **시점수정의 산식** ◀ ★

- 변동률에 의한 시점수정 = 거래사례가액 × $[(1+a_1) \times (1+a_2) \times (1+a_3) \times \cdots (1+a_n)]$
- 지수에 의한 시점수정 = 거래사례가액 × $\dfrac{\text{기준시점의 지수}}{\text{거래시점의 지수}}$ (a : 변동률)

2) 사정보정 ★★

① 사정보정이란 가액의 산정에 있어서 수집된 거래사례에 거래당사자의 특수한 사정 또는 개별적 근거가 개재되어 있거나 시장사정에 정통하지 못하여 그 가액이 적정하지 아니하는 경우 그러한 사정이 없는 경우의 가액수준으로 정상화하는 작업을 말한다.

$$\frac{\text{대상부동산}}{\text{사례부동산}} = \frac{100 \pm \alpha(\%)}{100 \pm \alpha(\%)}$$

▶ **사정보정의 산식** ◀ ★

12·14·17·23·28회 출제

1) 대상부동산만 보정을 요하는 경우

$$R = \frac{\text{대상물건의 사정보정}}{\text{사례물건의 가액}} = \frac{\text{사정의 개입}}{\text{시장가치}} = \frac{100 \pm \alpha(\text{사정개입률}(\%))}{100(\%)}$$

2) 사례부동산만 보정을 요하는 경우

$$R = \frac{\text{대상물건의 가액}}{\text{사례물건의 거래사정보정}} = \frac{\text{시장가치}}{\text{사정의 개입}} = \frac{100(\%)}{100 \pm \beta(\text{사정개입률}(\%))}$$

3) 대상부동산과 사례부동산 모두 보정을 요하는 경우

$$R = \frac{\text{대상물건의 사정보정}}{\text{사례물건의 거래사정보정}} = \frac{\text{사정의 개입}}{\text{사정의 개입}} = \frac{100 \pm \alpha(\%)}{100 \pm \beta(\%)}$$

* R : 사정보정률

제3편 부동산감정평가론

예제

1. 대상부동산이 사례부동산보다 개별적 요인에서 5% 열세일 때 개별요인의 비교치는 얼마인가?

풀이

$$\frac{\text{대상물건(시장가치)}}{\text{사례물건(특수한 사정개입)}}$$

개별요인의 비교치 $= \frac{100-5}{100} = \frac{95}{100}$ ☞ $\frac{95}{100}$

2. 사례부동산이 정상시가보다 10% 고가로 거래되었을 때 사정보정률은 얼마인가?

풀이

사정보정률 $= \frac{100}{100+10} = \frac{100}{110}$ ☞ $\frac{100}{110}$

3) 가치형성요인(지역요인 및 개별요인)의 비교수정방법 ★★ 〔12·13·14·15·추가15·16·17·19·23회 출제〕

거래사례가 인근지역에 있는 경우에는 지역요인이 동일하므로 지역분석은 생략되고, 개별적 요인의 비교작업만 실시하면 된다. 그리고 거래사례가 유사지역 내에 위치하는 경우에는 지역요인과 개별요인을 동시에 비교하여 그 격차를 판정하여야 한다.

2 공시지가기준법[2] ★★ 〔24·25·26·30·34회 출제〕

(1) 공시지가기준법의 의의 및 산식

1) 의의

① "공시지가기준법"이란 「감정평가 및 감정평가사에 관한 법률」에 따른 감정평가의 대상이 된 토지와 가치형성요인이 같거나 비슷하여 유사한 이용가치를 지닌다고 인정되는 표준지(이하 "비교표준지"라 한다)의 공시지가를 기준으로 대상토지의 현황에 맞게 시점수정, 지역요인 및 개별요인 비교, 그 밖의 요인의 보정(補正)을 거쳐 대상토지의 가액을 산정하는 감정평가방법을 말한다(「감정평가에 관한 규칙」 제2조 제9호).

② 공시지가기준법은 토지의 평가에서 사례가격으로 표준지공시지가를 적용하는 방법으로 거래사례비교법의 일종이다.

③ 감정평가법인 등은 토지를 감정평가할 때에는 공시지가기준법을 적용하는 것이 원칙이나, '적정한 실거래가'가 있을 때에는 이를 기준으로 할 수 있다.

④ "적정한 실거래가"란 「부동산거래신고 등에 관한 법률」에 따라 신고된 실제 거래가격으로서 거래 시점이 도시지역(「국토의 계획 및 이용에 관한 법률」에 따른 도시지역)은 3년 이내, 그 밖의 지역은 5년 이내인 거래가격 중에서 감정평가법인 등이 인근지역의 지가수준 등을 고려하여 감정평가의 기준으로 적용하기에 적정하다고 판단하는 거래가격을 말한다.

⑤ 감정평가법인 등은 '적정한 실거래가'를 기준으로 토지를 감정평가할 때에는 거래사례비교법을 적용하여야 한다.

---

[2] 감정평가실무기준(안), 국토교통부, 2011.

제3장 감정평가방식(3방식과 6방법)

2) 공시지가기준법의 산식

> 토지의 가액 = 표준지의 공시지가 × 시점수정 × 지역요인비교 × 개별요인비교 × 기타요인보정

(2) 공시지가기준법의 적용

공시지가기준법에 따라 토지를 감정평가할 때에는 비교표준지 선정, 시점수정, 지역요인 비교, 개별요인 비교, 그 밖의 요인 보정의 순서로 해야 한다.

1) 비교표준지의 선정

비교표준지는 인근지역에 있는 표준지 중에서 대상토지와 용도지역·이용상황·주변환경 등이 같거나 비슷한 표준지를 선정한다. 다만, 인근지역에 적절한 표준지가 없는 경우에는 인근지역과 유사한 지역적 특성을 갖는 동일수급권 안의 유사지역에 있는 표준지를 선정할 수 있다.

2) 시점수정 ★   [24회 출제]

① 원칙 : 같은 용도지역의 지가변동률의 적용
「부동산거래신고 등에 관한 법률」에 따라 국토교통부장관이 조사·발표하는 <u>비교표준지가 있는 시·군·구의 같은 용도지역 지가변동률</u>을 적용하는 것을 원칙으로 한다.

② 예외 : 평균지가변동률, 생산자물가상승률의 적용
㉠ 같은 용도지역의 지가변동률을 적용하는 것이 불가능하거나 적절하지 아니하다고 판단되는 경우에는 <u>공법상 제한이 같거나 비슷한 용도지역의 지가변동률, 이용상황별 지가변동률 또는 해당 시·군·구의 평균지가변동률</u>을 적용한다.
㉡ 지가변동률을 적용하는 것이 불가능하거나 적절하지 아니한 경우에는 「한국은행법」에 따라 한국은행이 조사·발표하는 생산자물가지수에 따라 산정된 <u>생산자물가상승률</u>을 적용한다.

3 임대사례비교법 ★
(비준임대료를 산정하는 방법임)

(1) 의 의 ★

1) 대상물건과 가치형성요인이 같거나 비슷한 물건의 임대사례와 비교하여 대상물건의 현황에 맞게 사정보정, 시점수정, 가치형성요인 비교 등의 과정을 거쳐 대상물건의 임대료를 산정하는 감정평가 방법을 말한다(「감정평가에 관한 규칙」 제2조 제8호).
2) 이 방법에 따라 구해진 시산임대료를 비준임대료라 한다.

> 비준임대료 = 사례임대료 × 사정보정 × 시점수정 × 지역요인비교 × 개별요인비교

(2) 임대료 산정방법
  1) 임대료 산정 시의 유의사항
    ① 임대차의 내용은 부동산 자체의 비교뿐만 아니라 임대차계약의 내용·조건들에도 비교성이 있어야 한다.
    ② 임대료의 비교시점은 임대개시시점으로 하여야 한다.
    ③ 면적을 비교함에 있어 건물의 층별 효용도가 다른 것을 감안하여야 한다.
    ④ 실질임대료·지불임대료·순임대료의 개념을 명확히 파악하여야 한다.

  2) 임대료의 종류 ★ **추가15회 출제**
    ① **실질임대료** – 부동산 임차인이 임대인에게 지불하는 실질적인 경제적 대가를 말한다.
    ② 지불임대료 – 임차인이 매 지불시기마다 임대인에게 지불하는 임대료를 말한다.
    ③ 순임대료 – 실질임대료에서 필요제경비(감가상각비, 유지관리비, 조세공과, 손해보험료, 결손준비금, 공실 등 손실상당액)를 공제하여 구할 수 있다.

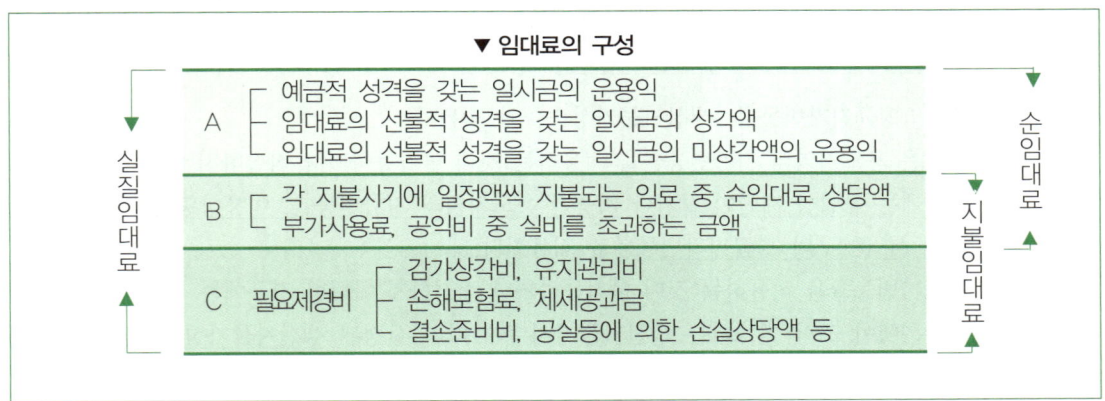

  3) 임대료를 구하는 산식 ★
    • 실질임대료 = 예금적 성격을 갖는 일시금의 운용익 + 선불적 성격을 갖는 일시금의 상각액 및 운용익 + 지불임대료
               = 순임대료 + 필요제경비
    • 순임대료 = 실질임대료 – 필요제경비
    • 지불임대료 = 각 지불시기에 지불되는 임대료 + 부가사용료 및 공익비 중 실비초과분 + 필요제경비

4 계속임대료의 산정방법 ★

11회 출제

(1) 계속임대료의 의의

계속임대료는 부동산의 임대차에 있어 최초의 임대계약기간이 만료된 후에 임대차 당사자가 재임대계약을 체결하는 경우에 성립할 수 있는 임대료를 말한다.

(2) 산정방법 ★

계속임대료 산정방법에는 차액배분법, 이율법, 슬라이드(slide)법, 임대사례비교법 등이 있다.

1) 차액배분법 ★

현행 임대차계약에 의한 현행임대료를 기준으로 한다.

> 계속임대료 = 현행 임대료 + (재임대시점의 정상임대료 − 현행임대료) × 임대인 배분비

2) 이율법 ★

적산임대료를 산정하는 방법에 의한다. 여기에 계속임대료 이율을 적정하게 적용하여 산정한다. 즉 "적산임대료=기초가액 × 기대이율 + 필요제경비"로 구하는데 이 식에서 기대이율 대신 계속임대료에 적용될 이율을 적용하여 산정한다.

> 계속임대료 = (기초가액 × 계속임대료에 적용될 이율) + 필요경비

3) 슬라이드(Slide)법 ★

현행 임대료를 기준으로 하여 적정한 임대료의 변동률을 적용하여 산정한다.

> 계속임대료 = 현행임대료 + (현행 실질임대료 × 변동률)

4) 임대사례비교법 ★

대상부동산의 계속임대료를 재계약시점에서의 동일수급권 내 같은 유형의 계속임대차 사례를 비교 수정하여 임대료를 산정한다.

> 계속임대료 = 사례실질임대료 × 사정보정 × 시점수정 × 지역요인비교 × 개별요인비교
> × 층별·위치별 비교 × 임대면적 비교

03 수익방식(수익환원법/수익분석법)

1 수익환원법 ★

28회 출제

(1) 일반적 설명

1) 의의 ★
① 수익환원법(收益還元法)이란 '대상물건이 장래 산출할 것으로 기대되는 순수익이나 미래의 현금흐름을 환원하거나 할인하여 대상물건의 가액을 산정하는 감정평가 방법'을 말한다. 수익환원법으로 구한 시산가액을 '수익가액'이라고 한다(「감정평가에 관한 규칙」 제2조 제10호).
② 수익환원법은 장래의 순수익을 적정한 환원이율로 환원하는 방법(직접환원법)과 미래의 현금흐름을 적정한 할인율로 할인하는 방법(할인현금수지분석법)으로 구분된다.

2) 성립근거
수익환원법의 이론적 성립근거는 수익성의 사고방식과 최유효이용의 원칙, 예측의 원칙, 변동의 원칙, 수요·공급의 원칙, 대체의 원칙, 균형의 원칙 및 외부성의 원칙에 있다.

3) 수익환원법의 장·단점

장 점	단 점
① 임대용, 상·공업용 부동산이나 기업용 부동산 등의 평가에 유익한 방법이다. ② 장래 발생할 것으로 기대되는 순수익의 현재가치를 구하는 것이기 때문에 과학적이고 논리적이다. ③ 감정평가사의 주관이 개입될 여지가 적다.	① 교육용·주거용·공공용 부동산 등과 같이 수익의 발생이 없거나 그 파악이 곤란한 경우에는 이용이 불가능하다. ② 순수익과 환원이율을 적정하게 구하기가 용이하지 않다. ③ 수익에만 주안점을 두므로 수익의 차이가 없는 물건은 신·구, 위치, 법적 규제 등과 관계없이 감정평가액에 차이가 없다.

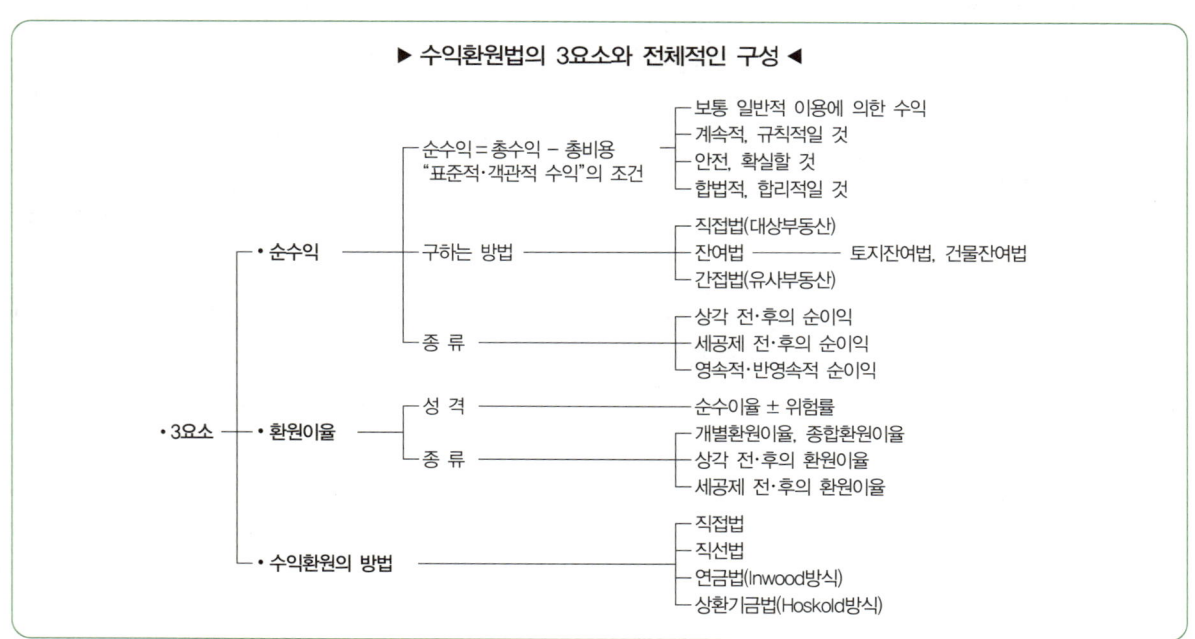

▶ 수익환원법의 3요소와 전체적인 구성 ◀

(2) 순수익

1) 의의

순수익(純收益)이라 함은 경제주체가 대상물건을 통하여 기준시점으로부터 장래 1년간 획득할 수익에서 수익을 발생시키는 데 소요될 비용을 공제한 금액을 말한다.

Professor Comment

순수익은 영업의 현금수지 산정 시 순영업소득(NOI)과 같다.

2) 구하는 방법

① **직접법**: 대상물건이 장래 산출할 것으로 기대하는 순수익을 대상물건으로부터 직접 조사하여 구하는 방법이다.

② **간접법**: 대상물건에서 직접 순수익을 구할 수 없는 경우 인근지역이나 동일수급권 내의 유사성과 대체성이 있는 다른 물건의 순수익을 구하여 이를 대상물건과 비교·검토한 후 사정보정과 시점수정, 지역요인 및 개별요인 비교 등을 거쳐 이를 대상물건의 순수익을 구하는 방법이다.

③ **잔여법**: 잔여법은 순수익이 건물 및 토지 등에 함께 귀속되는 경우, 전체의 순수익에서 구성부분인 토지와 건물 중 어느 한 부분의 순수익을 공제함으로써 당해 토지 또는 건물의 순수익을 구하는 방법으로 토지잔여법과 건물잔여법이 있다.

㉠ **토지잔여법**

건물의 가치를 독립적으로 추계할 수 있다는 전제하에 복합부동산으로부터 순수익을 산정한 후 건물에 귀속되는 부분의 순수익을 차감하여 토지에 귀속되는 순수익을 산정하는 방법이다(토지순수익 = 복합부동산의 연간순수익 − 건물에 귀속되는 순수익).

㉡ **건물잔여법**

토지의 가치를 독립적으로 추계할 수 있다는 전제하에 복합부동산으로부터 순수익을 산정한 후 토지에 귀속되는 부분의 순수익을 차감하여 건물에 귀속되는 순수익을 산정하는 방법이다(건물순수익 = 복합부동산의 연간순수익 − 토지에 귀속되는 순수익).

3) 순수익의 종류

순수익은 감정평가의 대상 및 목적에 따라 상각 전후, 세(稅)공제 전후의 순수익으로 구분할 수 있다.

① **상각 전의 순수익과 상각 후의 순수익**

㉠ 상각 전의 순수익은 건물의 총수익에서 상각비를 제하지 않는 순수익이다.

㉡ 상각 후의 순수익은 상각비를 총수입에서 공제하여 별도로 구한 순수익이다.

② **세(稅) 공제 전의 순수익과 세 공제 후의 순수익**

㉠ 세 공제 전의 순수익은 법인세와 소득세와 같은 수익세는 비용의 개념이 적용되지 않는다는 사실과 순수익을 환원하는 이율도 세(稅)공제 전의 것임을 감안해볼 때, 수익가액을 구하는 데는 세(稅)공제 전의 순수익이 합리적이라고 보는 것이다.

㉡ 세 공제 후의 순수익은 법인세 및 소득세 등의 수익세 공제 후의 순수익이 투자자의 투자결정 지표가 된다는 입장이다.

5) 계산식
① 임대용 부동산의 순수익 = 총수입 − 총비용
② 기업용 부동산의 순수익 = 임료수익 − 필요제경비

(3) 환원이율(자본환원율) ★★

1) 의의 ★
수익환원법에 적용하는 환원이율은 순수익을 자본환원하는 이율로서 순수이율에 대상물건의 위험률을 가산한 것이다.

2) 환원이율의 구성 **14·33회 출제**

① 상각자산의 환원이율
㉠ 건물과 같은 상각자산의 환원이율은 대상부동산을 경제적 수명까지 보유한다고 가정할 때 예상되는 전형적인 자본수익률에 자본회수율을 더한 것이다.

> 자본환원율(또는 환원이율) = 자본수익률 + 자본회수율
> = 할인율(요구수익률) + 감가상각률
> = 할인율(요구수익률) − 가격의 기대상승률

㉡ 할인율은 대상부동산이 가지고 있는 위험의 정도에 따라 달라질 수 있고 자본회수율은 기간 말의 부동산가치의 변화에 따라 달라질 수 있다.

㉢ 환원이율은 한해의 소득과 가치 간의 관계를 표현한 비율로서, 기대되는 수익률과 미래 소득을 반영한 것이므로 직접환원법에서 순영업이익(NOI)을 자본환원할 때 이용된다. 반면, 할인율은 투자에 대한 순수한 수익률이다. 따라서 할인율은 할인현금수지분석법(DCF법)에서 매기 현금흐름을 할인할 때 사용한다. 할인율은 무위험률, 위험할증률, 인플레이션할증률로 구성된다.

② 자본수익률
㉠ 자본수익률은 투하한 자본에 대한 수익률로서 흔히 이자율로 표현하고 있다.
㉡ 그러나 부동산평가에서는 장래 기대되는 소득을 현재가치로 환원하여 대상부동산의 가치를 구하므로 보다 정확하게는 할인율(요구수익률)이 된다.

③ 자본회수율 **22회 출제**

㉠ 투하한 자본의 매(每) 기간 회수되는 부분에 대한 비율로 감가상각률은 대표적인 자본회수율이다.
> [예] 건물의 매입에 10억원을 투자하고, 그 건물의 경제적 내용연수가 10년이라면(정액법에 의하고 잔존가격이 없다고 가정), 매년 투하된 자본이 회수되는 비율은 10%가 된다.

㉡ 자본회수율은 부동산가치의 하락분이므로, 투자기간 초의 매수가격과 투자기간 말의 재매도가격과의 관계에서 자본회수율은 다음과 같은 세 가지 형태를 취하게 된다.

ⓐ 부동산가격이 하락한 경우(매수가격 > 재매도가격)	자본회수율 > 0
ⓑ 부동산가격이 불변인 경우(매수가격 = 재매도가격)	자본회수율 = 0
ⓒ 부동산가격이 상승한 경우(매수가격 < 재매도가격)	자본회수율 < 0

㉢ 따라서 부동산의 가치 = $\dfrac{순수익}{종합환원이율}$ 이므로 상각자산의 종합환원이율은 다른 조건이 동일한 경우 기간 말의 대상부동산의 가치가 증가하면 감소하고, 가치가 감소하면 증가하는 성질을 가진다.

제3장 감정평가방식(3방식과 6방법)

예제 자본시장에서 자본수익률이 연 7%이고 대상물건의 잔존 경제적 수명이 20년이라면 매년 자본회수율은 몇 %이며, 이 건물에 적용될 종합자본환원율은 몇 %인가?

풀이 종합자본환원이율 = 할인율 + 자본회수율 = 할인율 + $\frac{1}{내용연수}$ = 7% + $\frac{1}{20}$ = 7% + 5% = 12%

즉, 자본회수율 : 5%, 종합자본환원율 : 12%   ☞ 12%

3) 환원이율을 구하는 방법(자본환원율의 결정방법) ★★   〔11·12·15·17·22회 출제〕

① **시장추출법**
시장에서 대상부동산과 대체, 경쟁관계가 성립하는 거래사례를 통해서 환원이율을 구하는 방법으로 직접시장비교법과 투자시장질적비교법이 있다.

㉠ **직접시장비교법**(直接市場比較法) : 시장에서의 거래사례를 통하여 거래가격과 순수익을 추출하여 환원이율을 구하는 방법이다.

㉡ **투자시장질적비교법**(投資市場質的比較法)
ⓐ 부동산의 시장성, 가격의 안전성, 관리부담의 정도, 경쟁건물의 신축 가능성, 예상수익의 확실성, 경비비율 등에 일정한 점수를 부여하여 도출된 비교치를 적용하여 환원이율을 구하는 방법이다.
ⓑ 사례가 많을 경우에는 회귀분석을 통해, 즉 유사부동산의 순영업이익을 종속변수로 하고 시장가격을 독립변수로 하여 구한 회귀계수를 환원이율로 할 수도 있다.

㉢ **총임료승수법**(總賃料乘數法)
ⓐ 총임료승수의 역수에 순수익비율(순임료비율)을 곱하여 자본환원이율을 결정하는 것이다.
ⓑ 총임료승수란 총임료(순수익)에 대한 거래가격의 배수(거래가격 / 총임료)이다.

② **조성법**(요소구성법) ★
㉠ 환원이율을 구성하는 요소인 순수이율, 위험할증률(비유동성, 관리의 난이도, 자금의 안전성 등)을 직접 구하여 합계함으로써 환원이율을 구하는 방법이다. 상각 전의 환원이율은 상각 후의 환원이율에 상각률을 가산한 것이다.
㉡ 요소구성법 = 순수이율 + 위험할증률

③ **투자결합법**(投資結合法 ; band-of-investment method) ★   〔15·33회 출제〕

㉠ **물리적 투자결합법**
수익을 토지와 건물로 분리할 수 있다는 전제 하에서 건물환원이율과 토지환원이율을 가중평균하여 복합부동산의 환원이율(종합환원이율)을 산정하는 방법이다.

> 종합환원이율 = (건물환원이율 × 건물가격구성비) + (토지환원이율 × 토지가격구성비)
> * 환원이율 = 자본수익률 + 자본회수율

㉡ **금융적 투자결합법**
ⓐ 부동산을 금융적 측면에서 저당(타인자본)과 지분(자기자본)의 구성으로 파악하고 종합환원이율을 대출자의 저당환원이율(저당상수)과 지분투자자의 지분환원이율을 가중평균하여 구하는 방법이다.

ⓑ 지분투자자와 저당투자자의 요구수익률이 서로 다르다는 점에 착안하여 환원이율을 구하며, 대출자의 요구수익률은 이자율이 아닌 저당상수를 사용함에 유의해야 한다.
ⓒ 이자율이 자본시장에서 자유로이 결정되지 못하고 장기대출이 일반화되지 않은 곳에서는 적용하기가 곤란하다.

> 종합환원이율 = (대부비율 × 저당상수) + (지분비율 × 지분환원율)
> = 대출자 요구수익률 + 지분투자자 요구수익률

예제 대상부동산에 대해 대부를 할 경우에 대부조건은 대부비율이 60%이고 저당기간은 20년, 이자율은 10%라고 하자. 이 경우에 저당상수는 0.1174가 된다. 지분환원이율은 10%라고 하자. 이러한 경우에 종합환원이율은?

풀이 종합환원이율 = (대부비율 × 저당상수) + (지분비율 × 지분환원율)
= (0.60 × 0.1174) + (0.40 × 0.1000)
= 0.07044 + 0.04
= 0.11044

* 대부비율 = 1 - 지분비율, 지분비율 = 1 - 대부비율

☞ 0.11044

④ **엘우드법**(Ellwood; 저당지분환원법) ★
투자결합법이 대상부동산의 가치변화율을 전혀 반영하지 못한 방법이라 비판하고, 부동산 보유기간 동안의 가치변화율, 보유기간 동안 매년의 세후 현금수지의 현가와 지분형성분, 그리고 보유기간 말의 가치변화율을 고려하여 종합환원이율을 구한다.

⑤ **부채감당률**(Gettel)**법** ★   `18·34회 출제`
저당지분환원법(엘우드법)이 지나치게 지분투자자의 입장을 고려하고 있다고 비판하여 저당대출자(저당투자자)의 입장에서 대상부동산의 순수익이 매 기간 원금과 이자를 지불할 수 있느냐 하는 부채감당률에 근거하여 종합환원율을 구하는 방법이다.

> 자본환원율 = 부채감당률(DCR) × 저당비율(L/V) × 저당상수
> $$* \text{부채감당률(DCR)} = \frac{\text{순영업소득}}{\text{부채서비스액}}$$

4) **환원이율의 종류** ★
① **개별환원이율**
개별환원이율은 부지와 건물의 환원이율이 서로 상이할 경우에 있어서 각각의 환원이율을 말하는 것이다.

② **종합환원이율** ★
종합환원이율은 2개 이상의 물건이 함께 작용하여 순수익이 산출된 경우에 각 물건별 가격구성비율과 개별환원이율을 곱하여 계산한 가중산술평균치를 말한다.

제3장 감정평가방식(3방식과 6방법)

(4) 순수익을 환원하는 방법(자본환원방법) ★　　　　　　　　15·추가15·22·33회 출제

한 해를 기준으로 안정화된 순영업소득을 자본환원율로 할인하여 대상부동산의 가치를 구하는 방법을 직접환원법이라고 하며, 직접법, 직선법, 연금법, 상환기금법, 할인현금수지분석법 등이 있다.

1) 직접법 ★　　　　　　　　　　　　　　　　　　　　　　　13·16·33회 출제

토지·농지·염전 등과 같이 순이익이 영속적인 경우에 순이익을 환원이율로 직접 환원하여 수익가액을 구하는 방법이다.

$$수익가액 = \frac{순수익}{환원이율} ★$$

2) 직선법 ★　　　　　　　　　　　　　　　　　　　　　　　　　22회 출제

대상물건의 상각 전 순수익을 상각률을 가산한 환원이율로 환산하여 수익가액을 구하는 방법이다. 이 방법은 건물·구축물·기계장치 등과 같이 내용연수가 유한하고 수익발생 과정에서 원본가격을 감가(감소)시키는 물건에 적용한다.

$$수익가액 = \frac{상각\ 전\ 순수익}{환원이율 + \frac{1}{잔존내용연수}} ★$$

$$*\ 상각률 = \frac{1}{잔존내용연수}$$

3) 연금법(Inwood방식) ★

상각 전 순수익에 상각 후의 환원이율과 잔존내용연수를 기초로 한 연금의 현재가치계수(복리연금현가율)를 곱하여 수익가액을 구하는 방법이다. 대상물건이 토지에 건물 등의 상각자산이 결합되어 있는 경우에 적용한다.

$$수익가액 = 상각\ 전\ 순수익 \times \frac{(1+상각\ 후\ 순수익에\ 대한\ 종합환원이율)^{잔존내용연수} - 1}{상각\ 후\ 순수익에\ 대한\ 종합환원이율(1+상각\ 후\ 순수익에\ 대한\ 종합환원이율)^{잔존내용연수}}$$

4) 상환기금법(Hoskold방식) ★　　　　　　　　　　　　　　　　22회 출제

부동산이 토지와 건물, 기타 상각자산과의 결합으로 구성되어 있는 경우에 대상물건을 임대하거나 일반기업경영에 기초한 상각 전의 순수익에 상각 후 환원이율과 축적이율 및 잔존내용연수를 기초로 한 수익현가율을 곱하여 수익가액을 구하는 방법이다. 이 방법은 종합환원이율과 다른 축적이율 2종의 이율을 사용한다는 점에서 연금법과 구별된다.

$$수익가액 = 상각\ 전\ 순수익 \times \frac{(1+상각\ 후\ 순수익에\ 대한\ 종합환원이율)^{잔존내용연수} - 1}{상각\ 후\ 순수익에\ 대한\ 종합환원이율 + \frac{상각액에\ 대한\ 축적이율}{(1+상각액에\ 대한\ 축적이율)^{잔존내용연수} - 1}}$$

2 할인현금흐름분석법(DCF법) ★

26회 출제

(1) 의 의
1) 할인현금흐름분석법은 대상물건의 보유기간 동안에 발생하는 복수기간의 순수익과 보유기간 말 처분 시의 복귀가액에 적절한 할인율을 적용하여 현재가치로 할인한 후 이를 더하여 대상물건의 가액을 산정하는 방법이다.
2) 할인현금흐름분석법은 할인대상인 소득의 유형에 따라 순영업이익모형과 세전현금흐름모형, 세후현금흐름모형의 3가지가 있다.

(2) 현금흐름 할인분석 모형
1) 순영업이익모형
   매(每) 기(期)의 순영업소득(NOI)과 보유기간 말의 순매도액(NSP)을 할인한 금액을 합산하여 수익가치를 계산한다.
2) 세전현금흐름모형
   매 기의 세전현금흐름(BTCF)과 보유기간 말의 세전지분복귀액(BTER)을 할인한 금액을 합산하여 계산한다. 할인율은 세전수익률을 적용한다.
3) 세후현금흐름모형
   매 기의 세후현금흐름(ATCF), 보유기간 말의 세후지분복귀액(ATER)을 할인한 금액을 합산하여 계산하며, 할인율은 세후할인율을 적용한다.

3 수익분석법

(1) 의 의 ★

24·34회 출제

1) 수익분석법(收益分析法)이라 함은 일반기업 경영에 의하여 산출된 총수익을 분석하여 대상물건이 일정한 기간(임대료 산정기간)에 산출할 것으로 기대되는 순이익에 대상물건을 계속하여 임대차하는 데 필요한 경비를 더하여 대상물건의 임대료를 산정하는 감정평가 방법을 말한다(「감정평가에 관한 규칙」제2조 제11호).
2) 필요제경비에 감가상각비가 포함되어 있기 때문에 순수익은 상각 후 순수익이어야 한다.

▶ 수익분석법과 수익환원법의 비교 ◀ ★

구 분	수익환원법	수익분석법
차이점	대상물건의 경제적 내용연수가 다하는 전 기간에 걸쳐 산출될 것으로 기대되는 순수익의 현가에서 대상물건의 원본가액을 구하는 방법이다.	대상물건의 전 기간 중에서 일정한 기간(임료산출기간)에 기대되는 순수익에서 대상물건의 임대료를 구하는 방법이다.
공통점	대상물건이 장래에 산출할 것으로 기대되는 순수익을 판정하여야 한다.	

〈자료〉 이원준 등에 의한 재작성

(2) 수익임대료를 구하는 방법 ★

12·34회 출제

> 수익임대료 = 순수익(상각 후) + 필요제경비(감가상각비, 유지관리비, 제세공과금, 손해보험료, 결손준비비, 공실 등에 의한 손실상당액, 정상운전자금 이자)

제3절 물건별 감정평가방법 (21·28·34회 출제)

1 동산의 감정평가 (「감정평가에 관한 규칙」 제21조) (10·25회 출제)

(1) '거래사례비교법'을 적용하며, 본래 용도의 효용가치가 없는 물건은 해체처분가액으로 감정평가할 수 있다.

2 토지의 감정평가 (동규칙 제14조) ★ (18·24회 출제)

(1) 감정평가법인 등은 '표준지공시지가'를 기준으로 한 '공시지가기준법'을 적용하여야 한다.
(2) '적정한 실거래가'가 있는 경우에는 이를 기준으로 하되, '거래사례비교법'을 적용하여야 한다.
(3) 감정평가법인 등은 공시지가기준법에 따라 토지를 감정평가할 때에 다음의 순서에 따라야 한다.
　1) 비교표준지 선정　　　　　　　2) 시점수정
　3) 지역요인 비교　　　　　　　　4) 개별요인 비교
　5) 그 밖의 요인보정

3 건물의 감정평가 (동규칙 제15조) ★ (18·21·23·25회 출제)

'원가법' 적용

4 토지와 건물의 일괄감정평가 등 (동규칙 제16조) (18회 출제)

토지와 건물의 일괄 감정평가 - '거래사례비교법' 적용

5 산림의 감정평가 (동규칙 제17조) ★ (18·21·23회 출제)

(1) 산림을 감정평가할 때는 산지와 입목(立木)을 구분하여 감정평가하여야 한다.
(2) '산지' - '공시지가기준법' 적용, 단, 담보권의 설정 시 경매 등을 위하여 산지 평가 시 - '거래사례비교법' 적용
(3) 입목 - '거래사례비교법' 적용, 단, 소경목림(지름이 작은 나무·숲) - '원가법' 적용
(4) 산지와 입목의 일괄 감정평가 - '거래사례비교법' 적용

6 과수원의 감정평가 (동규칙 제18조) (23·25·34회 출제)

'거래사례비교법' 적용

7 공장재단 및 광업재단의 감정평가(동규칙 제19조)

공장재단과 '광업재단' – '수익환원법' 적용

8 자동차 등의 감정평가(동규칙 제20조) `25회 출제`

(1) '자동차' – '거래사례비교법' 적용
(2) '건설기계' – '원가법' 적용
(3) '선박' – 선체·기관·의장(艤裝)별로 구분하여 감정평가하되, 각각 '원가법' 적용
(4) '항공기' – '원가법' 적용
(5) 감정평가법인 등은 (1)부터 (4)까지에도 불구하고 본래 용도의 효용가치가 없는 물건은 '해체처분가액'으로 감정평가할 수 있다.

9 무형자산의 감정평가(동규칙 제23조) ★ `23·34회 출제`

(1) 광업권 – 광업재단의 감정평가액에서 해당 광산의 현존시설 가액을 빼고 감정평가
(2) 어업권 – 어장 전체를 '수익환원법'에 따라 감정평가한 가액에서 해당 어장의 현존시설 가액을 빼고 감정평가
(3) 영업권, 특허권, 실용신안권, 디자인권, 상표권, 저작권, 전용측선이용권(專用側線利用權), 그 밖의 무형자산 – '수익환원법' 적용

10 임대료의 감정평가(동규칙 제22조) `23·26·34회 출제`

'임대사례비교법' 적용

11 유가증권 등의 감정평가 (동규칙 제24조)

(1) 주 식
1) **상장주식**: 거래사례비교법 적용
2) **비상장주식**
   해당 회사의 자산·부채 및 자본 항목을 평가하여 수정재무상태표를 작성한 후 기업체의 유·무형의 자산가치(기업가치)에서 부채의 가치를 빼고 산정한 자기자본의 가치를 발행주식 수로 나눌 것

(2) 채 권
1) **상장채권**: 거래사례비교법 적용
2) **비상장채권**(거래소에서 거래가 이루어지지 아니하는 등 형성된 시세가 없는 채권을 말한다)
   수익환원법을 적용할 것

(3) 기업가치
'수익환원법' 적용

`34회 출제`

12 소음 등으로 인한 대상물건의 가치하락분에 대한 감정평가 (동규칙 제25조) ★   `15·18회 출제`

감정평가법인 등은 소음·진동·일조침해 또는 환경오염 등으로 대상물건에 직접적 또는 간접적인 피해가 발생하여 대상물건의 가치가 하락한 경우 그 가치하락분에 대한 감정평가를 할 때에는 소음등이 발생하기 전의 대상물건의 가액 및 원상회복비용 등을 고려하여야 한다.

CHAPTER 04 부동산가격공시

학습 포인트

- 지가공시제도에서는 우선, 표준지(개별)공시지가의 개념 및 차이, 그리고 이들 각각의 용도에 관한 내용을 명확히 정리해 두어야 한다.
- 주택가격공시제도에서는 단독주택가격(표준주택가격·개별주택가격)과 공동주택가격으로 구분됨을 명확히 해야 한다. 특히, 표준주택가격은 단독주택가격임에 주의해야 한다.
- 중앙부동산가격공시위원회는 국토교통부장관이 표준지공시지가, 표준주택가격, 공동주택가격, 비주거용 표준부동산가격과 비주거용 집합부동산가격을 공시하기 위한 심의기관이다.
- 시·군·구 부동산가격공시위원회는 시장·군수·구청장이 개별공시지가, 개별주택가격, 비주거용 개별부동산가격을 공시하기 위한 심의기관임을 구분해서 알고 있어야 한다.
- 모든 공시가격은 공시일부터 30일 이내에 서면으로 이의신청이 가능하다.

CHAPTER 학습 & 출제되는 키워드

- ☑ 표준지공시지가의 의의
- ☑ 표준지공시지가의 용도 및 적용
- ☑ 중앙부동산가격공시위원회
- ☑ 이의신청
- ☑ 개별공시지가의 의의
- ☑ 개별공시지가의 활용
- ☑ 시·군·구부동산가격공시위원회
- ☑ 단독주택가격
- ☑ 표준주택가격
- ☑ 개별주택가격
- ☑ 공시기준일
- ☑ 공동주택가격
- ☑ 공시사항

CHAPTER 학습 & 출제되는 질문

- ☑ 부동산 가격공시에 관한 법령에 규정된 내용으로 옳은 것은?
- ☑ 개별공시지가의 활용범위에 해당하지 않는 것은?
- ☑ 단독주택가격의 공시에 관한 설명으로 옳은 것은?
- ☑ 표준지공시지가의 이의신청에 관한 설명으로 틀린 것은?
- ☑ 다음 중 공시지가의 효력이 아닌 것은?

01 부동산 가격공시에 관한 법률

「부동산 가격공시에 관한 법률」은 부동산의 적정가격(適正價格) 공시에 관한 기본적인 사항과 부동산 시장·동향의 조사·관리에 필요한 사항을 규정함으로써 부동산의 적정한 가격형성과 각종 조세·부담금 등의 형평성을 도모하고 국민경제의 발전에 이바지함을 목적으로 한다. 이와 관련된 부동산가격공시제도의 종류는 다음과 같다.

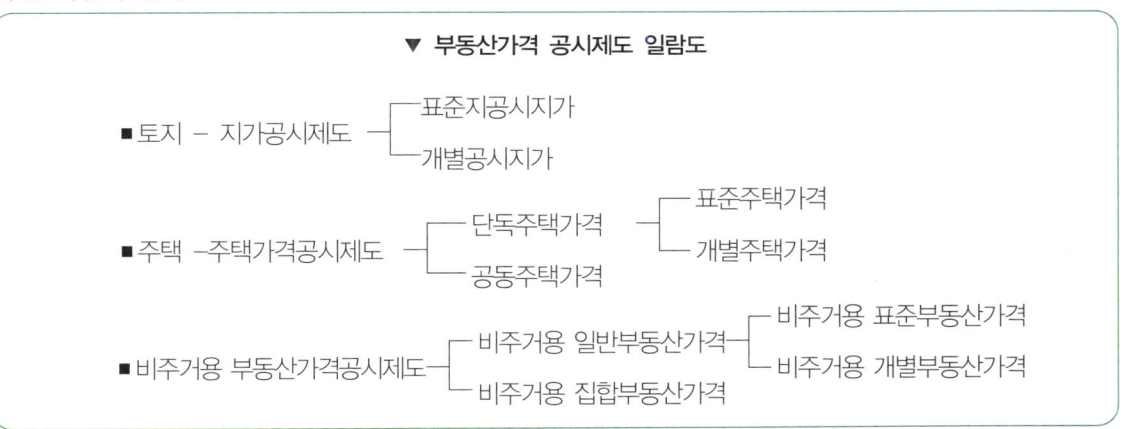

▼ 부동산가격 공시제도 일람도

02 공시지가제도

1 표준지공시지가

`24·25·33·34회 출제`

(1) 의의 ★

1) 표준지공시지가란 「부동산 가격공시에 관한 법률」 규정에 따라 국토교통부장관이 표준지에 대하여 매년 공시기준일(1월 1일) 현재의 가격을 조사·평가하고 중앙부동산가격공시위원회의 심의를 거쳐 공시한 표준지의 단위면적당(m^2) 적정 토지가격을 말한다.
2) 국토교통부장관이 표준지공시지가를 조사·평가할 때에는 둘 이상의 감정평가법인 등에게 이를 의뢰하여야 한다.
3) 국토교통부장관이 표준지의 가격을 조사·평가할 때에는 해당 토지 소유자의 의견을 들어야 하며, 인근 유사토지의 거래가격·임대료 및 해당 토지와 유사한 이용가치를 지닌다고 인정되는 토지의 조성에 필요한 비용추정액 등을 종합적으로 참작하여야 한다.

(2) 표준지선정기준

1) 대표성, 중용성, 안정성, 확정성
2) 국토교통부장관은 「부동산 가격공시에 관한 법률」에 따라 표준지를 선정할 때에는 일단(一團)의 토지 중에서 해당 일단의 토지를 대표할 수 있는 필지의 토지를 중앙부동산가격공시위원회의 심의를 거쳐 선정하여야 한다.

(3) 표준지공시지가의 공시사항 ★　　　　　　　　　　　　　33회 출제

공시할 표준지의 단위면적은 1제곱미터로 하며, 공시에 포함되어야 할 사항은 다음과 같다(법 제5조 및 영 제10조).

> 1) 표준지의 지번
> 2) 표준지의 단위면적당 가격
> 3) 표준지의 면적 및 형상
> 4) 표준지 및 주변토지의 이용상황
> 5) 표준지의 지목, 용도지역, 도로상황
> 6) 그 밖에 표준지공시지가 공시에 필요한 사항

(4) 표준지공시지가의 열람과 이의신청 ★★

1) 표준지공시지가의 열람
국토교통부장관은 표준지공시지가를 공시한 때에는 그 내용을 특별시장·광역시장 또는 도지사를 거쳐 시장·군수 또는 구청장에게 송부하여 일반인이 열람할 수 있게 하여야 한다.

2) 표준지공시지가에 대한 이의신청
① 표준지공시지가에 이의가 있는 자는 그 공시일부터 30일 이내에 서면(전자문서 포함)으로 국토교통부장관에게 이의를 신청할 수 있다.
② 국토교통부장관은 이의신청의 내용이 타당하다고 인정될 때에는 중앙부동산가격공시위원회의 심의를 거쳐 조정하여 다시 공시하여야 한다.

(5) 표준지공시지가의 활용 ★★　　　　　　　　　11·14·16·19·20·22·29·34회 출제

1) 토지시장에 지가정보 제공
2) 일반적인 토지거래의 지표
3) 국가 등에 의한 지가산정의 기준
   ① 공공용지의 매수 및 토지의 수용·사용에 대한 보상의 기준
   ② 국·공유지의 취득·처분의 기준
   ③ 선매협의에 있어서 표준지가의 산정
   ④ 「도시개발법」에 따른 도시개발사업·「도시 및 주거환경정비법」에 따른 정비사업·「농어촌정비법」에 따른 농업생산기반 정비 사업을 위한 환지·체비지의 매각·환지신청의 기준
   ⑤ 토지의 관리·매입·매각·경매·재평가를 위한 지가산정의 기준
4) 개별토지의 평가기준

(6) 표준지공시지가의 평가방법 ★

평가대상토지와 용도지역·지목·이용상황 및 주위환경 등이 동일 또는 유사한 인근지역에 소재하는 표준지의 공시지가를 기준으로 공시기준일로부터 기준시점까지의 지가변동률·생산자물가변동률 및 기타 사항을 종합적으로 참작하여 토지가격을 평가한다.

> 토지가격 = 공시지가 × 시점수정 × 지역요인비교 × 개별요인비교 × 기타사항

제4장 부동산가격공시

2 개별공시지가 ★

> 29·34회 출제

(1) 개별공시지가라 함은 시장·군수 또는 구청장이 국세·지방세 등 각종 세금의 부과, 그 밖의 다른 법령에서 정하는 목적을 위한 지가산정에 사용되도록 하기 위하여 '시·군·구부동산가격공시위원회'의 심의를 거쳐 매년 공시지가의 공시기준일 현재 공시하는 관할구역 안의 개별토지의 단위면적당 가격을 말한다.

(2) 시장·군수 또는 구청장이 개별공시지가를 결정·공시하는 경우에는 국토교통부장관이 매년 공시하는 표준지공시지가에 토지가격비준표를 적용하여 지가를 산정한다.

(3) 시장·군수 또는 구청장은 개별공시지가를 결정·공시하기 위하여 개별토지의 가격을 산정할 때에는 그 타당성에 대하여 감정평가법인 등의 검증, 토지소유자, 그 밖의 이해관계인의 의견을 들어야 한다.

(4) 개별공시지가의 활용
  1) 지방세인 취득세·토지분 재산세·도시계획세 부과의 과세표준액 결정기준
  2) 국세인 종합부동산세·소득세·양도소득세·법인세·특별부가세·상속세·증여세 부과의 기준
  3) 개발부담금 또는 보전부담금의 산정기준
  4) 토지거래허가구역에서 무허가 토지 거래시 벌금 부과 산정의 기준
  5) 공직자 등록대상인 토지가액 산정의 경우
  6) 대체산림자원조성비의 산정의 기준
  7) 농업진흥지역 안의 농지를 불법 전용할 경우의 벌금 산정 기준
  8) 농어촌구조개선사업을 위한 농지전용부담금 산정의 기준
  9) 국·공유재산의 사용료 계산에 있어서의 재산가액 산출의 기준

3 표준지공시지가와 개별공시지가의 비교 ★

> 29·30·34회 출제

(1) 차 이 ★

조사방법상의 차이		• 표준지공시지가는 지가의 대표성이 있는 50만 필지를 선정하여 2인의 감정평가법인등이 평가하고, 이를 국토교통부장관이 통상 매년 2월 말까지 결정한다. • 개별공시지가는 표준지공시지가를 기준으로, 전국 약 2,750만 필지를, 230개 시장·군수·구청장이 토지가격비준표를 적용하여 매년 5월 31일까지 개별공시지가로 결정·공시하여야 한다.
표준지공시지가의 평가· 개별공시지가의 산정	표준지 공시지가	인근유사토지의 거래가격·임료 및 당해 토지와 유사한 이용가치를 지닌다고 인정되는 토지의 조성에 필요한 비용추정액 등을 종합적으로 참작하여 평가한다.
	개별 공시지가	시장·군수 또는 구청장이 개별토지와 유사한 이용가치를 지닌다고 인정하는 비교표준지와, 표준지 및 개별토지 특성을 비교한 토지가격비준표를 활용하여 지가를 산정한다.

(2) 개별공시지가를 공시하지 아니할 수 있는 토지
  1) 표준지로 선정된 토지 ⇒ 표준지로 선정된 토지에 대하여는 개별공시지가를 결정, 공시하지 아니할 수 있다. 이 경우 표준지로 선정된 토지에 대하여는 해당 토지의 표준지공시지가를 개별공시지가로 본다.
  2) 농지보전부담금 또는 개발부담금 등의 부과대상이 아닌 토지
  3) 국세 또는 지방세 부과대상이 아닌 토지(국공유지의 경우에는 공공용 토지만 해당)

(3) 표준지공시지가와 개별공시지가에 대한 이의신청

1) 표준지공시지가와 개별공시지가 모두 이의신청 가능
   이의신청 기한 및 방법 – 공시일로부터 30일 이내에 서면(전자문서 포함)신청 가능
2) 표준지공시지가 – 국토교통부장관에게 이의신청
   개별공시지가 – 시장·군수 또는 구청장에게 이의신청
3) 표준지공시지가(개별공시지가) – 국토교통부장관(시장·군수 또는 구청장)은 이의신청 기간이 만료된 날부터 30일 이내에 이의신청을 심사하여 그 결과를 신청인에게 서면으로 통지해야 하며, 이의신청내용이 타당하다고 인정될 때에는 중앙부동산가격공시위원회(시·군·구부동산가격공시위원회) 심의를 거쳐 표준지공시지가(개별공시지가)를 조정하여 다시 공시하여야 한다.

03 주택가격공시제도 ★

주택가격에는 단독주택가격(표준주택가격 및 개별주택가격)과 공동주택가격이 있다.

1 단독주택가격 25·26·28·33회 출제

(1) 표준주택가격

1) 의의
   국토교통부장관은 용도지역, 건물구조 등이 일반적으로 유사하다고 인정되는 일단의 단독주택 중에서 선정한 표준주택에 대하여 매년 공시기준일 현재의 적정가격(이하 "표준주택가격"이라 함)을 조사·산정하고, 중앙부동산가격공시위원회의 심의를 거쳐 이를 공시하여야 한다.

2) 표준주택가격의 공시
   ① 표준주택의 선정
      ㉠ 국토교통부장관은 표준주택을 선정할 때에는 일반적으로 유사하다고 인정되는 일단의 단독주택 중에서 해당 일단의 단독주택을 대표할 수 있는 주택을 선정하여야 한다.
      ㉡ 표준주택 선정 및 관리에 필요한 세부기준은 '중앙부동산가격공시위원회'의 심의를 거쳐 국토교통부장관이 정한다.
   ② 표준주택의 조사·산정
      ㉠ 국토교통부장관이 표준주택가격을 조사·산정하고자 할 때에는 한국부동산원에 의뢰하여야 하고 한국부동산원이 의뢰받은 경우에는 시장·군수·구청장의 의견을 들어야 한다.
      ㉡ 표준주택가격을 조사·산정하는 경우에는 인근 유사 단독주택의 거래가격·임대료 및 해당 단독주택과 유사한 이용가치를 지닌다고 인정되는 단독주택의 건설에 필요한 비용추정액 등을 종합적으로 참작하여야 한다.
      ㉢ 표준주택에 전세권 또는 그 밖에 단독주택의 사용·수익을 제한하는 권리가 설정되어 있을 때에는 그 권리가 존재하지 아니하는 것으로 보고 적정가격을 산정하여야 한다.

③ 공시사항

- 표준주택의 지번
- 표준주택의 가격
- 표준주택의 대지면적 및 형상
- 표준주택의 용도, 연면적, 구조 및 사용승인일(임시사용승인일 포함)
- 지목
- 용도지역
- 도로상황
- 그 밖에 표준주택가격 공시에 필요한 사항이 포함되어야 한다.

④ **공시 절차** : 국토교통부장관의 표준주택 선정 → 표준주택의 적정가격 조사·산정 → 중앙부동산가격공시위원회의 심의 → 공시

⑤ **표준주택가격에 대한 이의신청**
표준주택가격에 이의가 있는 자는 그 공시일부터 30일 이내에 서면(전자문서 포함)으로 국토교통부장관에게 이의를 신청할 수 있다.

(2) 개별주택가격

1) 의 의
① 시장·군수 또는 구청장은 시·군·구부동산가격공시위원회의 심의를 거쳐 관할구역 안의 개별주택의 가격을 결정·공시한다.
② 시장·군수 또는 구청장이 개별주택가격을 결정·공시하는 경우에는 해당 주택과 유사한 이용가치를 지닌다고 인정되는 표준주택가격을 기준으로 주택가격비준표를 사용하여 가격을 산정한다. 개별주택의 가격을 산정할 때에는 표준주택가격과의 균형 등 그 타당성에 대하여 한국부동산원의 검증을 받고 토지소유자, 그 밖의 이해관계인의 의견을 들어야 한다.
③ 개별주택가격 공시 제외 대상
　㉠ 표준주택으로 선정된 단독주택
　㉡ 국세 또는 지방세 부과대상이 아닌 단독주택
　　표준주택으로 선정된 주택에 대하여는 당해 표준주택가격을 개별주택가격으로 본다.

2) 개별주택가격의 결정·공시
시장·군수 또는 구청장은 공시기준일 이후에 토지의 분할·합병이나 건축물의 신축 등이 발생한 경우에는 다음의 정하는 날을 기준으로 하여 개별주택가격을 달리 결정·공시하여야 한다.
① **1월 1일부터 5월 31일까지의 사이에** 대지의 분할·합병이나 건축물의 신축 등이 **발생한 단독주택** : 그 해 6월 1일
② **6월 1일부터 12월 31일까지의 사이에** 대지의 분할·합병이나 건축물의 신축 등이 **발생한 단독주택** : 다음 해 1월 1일

3) 개별주택가격 공시기준일을 다르게 할 수 있는 단독주택
① 「공간정보의 구축 및 관리 등에 관한 법률」에 따라 대지가 분할 또는 합병된 단독주택
② 「건축법」에 따른 건축·대수선 또는 용도변경이 된 단독주택
③ 국유·공유에서 매각 등에 따라 사유로 된 단독주택으로서 개별주택가격이 없는 단독주택

4) 개별주택가격에 대한 이의신청
   ① 개별주택가격에 이의가 있는 자는 그 결정·공시일부터 30일 이내에 서면으로 시장·군수 또는 구청장에게 이의를 신청할 수 있다.
   ② 시장·군수 또는 구청장은 이의신청 기간이 만료된 날부터 30일 이내에 이의신청을 심사하여 그 결과를 신청인에게 서면으로 통지하여야 한다. 이 경우 시장·군수 또는 구청장은 이의신청의 내용이 타당하다고 인정될 때에는 해당 개별주택가격을 조정하여 다시 결정·공시하여야 한다.

2 공동주택가격

(1) 의 의

국토교통부장관은 공동주택에 대하여 매년 공시기준일 현재의 적정가격(이하 "공동주택가격"이라 함)을 조사·산정하고, 중앙부동산가격공시위원회의 심의를 거쳐 이를 공시하여야 한다.

(2) 공동주택가격의 공시

1) 공시기준일은 1월 1일로 한다. 다만, 국토교통부장관은 공동주택가격 조사·산정인력 및 공동주택의 수 등을 고려하여 부득이하다고 인정하는 경우에는 일부 지역을 지정하여 해당 지역에 대한 공시기준일을 따로 정할 수 있다.
2) 국토교통부장관은 공시기준일 이후에 토지의 분할·합병이나 건축물의 신축 등이 발생한 경우에는 다음의 정하는 날을 기준으로 하여 공동주택가격을 결정·공시하여야 한다.
   ① 1월 1일부터 5월 31일까지의 사이에 대지가 분할 또는 합병 등이 발생한 공동주택 : 그 해 6월 1일
   ② 6월 1일부터 12월 31일까지의 사이에 대지가 분할 또는 합병 등이 발생한 공동주택 : 다음 해 1월 1일
3) 공시기준일을 달리할 수 있는 공동주택
   ① 「공간정보의 구축 및 관리 등에 관한 법률」에 따라 대지가 분할 또는 합병된 공동주택
   ② 「건축법」에 따른 건축·대수선 또는 용도변경이 된 공동주택
   ③ 국유·공유에서 매각 등에 따라 사유로 된 공동주택으로서 공동주택가격이 없는 주택

3 주택가격의 공시주체·효력·공시사항의 비교 ★

▶ 주택가격의 공시주체·효력·공시사항 비교 ◀

구분	단독주택가격		공동주택가격
	표준주택가격	개별주택가격	
주체	국토교통부장관	시장·군수·구청장	국토교통부장관
효력	국가·지방자치단체 등이 개별주택가격을 산정하는 경우 기준으로 사용됨	• 국가·지방자치단체 등이 과세 등과 관련하여 주택가격 산정시 기준으로 사용됨 • 주택시장의 가격정보 제공	• 국가·지방자치단체 등이 과세 등과 관련하여 주택가격 산정시 기준으로 사용됨 • 주택시장의 가격정보 제공
공시사항	• 지 번 • 가 격 • 대지면적 및 형상 • 용도, 연면적, 구조 및 사용승인일 • 지 목 • 용도지역 • 도로상황 • 그 밖에 표준주택가격 공시에 필요한 사항	• 지 번 • 가 격 • 용도 및 면적 • 그밖에 개별주택가격 공시에 필요한 사항	• 공동주택의 소재지·명칭·동·호수 • 공동주택가격 • 공동주택의 면적 • 그 밖에 공동주택가격 공시에 필요한 사항

4 공동주택가격의 조사·산정 의뢰(법 제18조 제6항, 영 제45조 참조)

(1) 국토교통부장관이 공동주택가격을 조사·산정하는 경우에는 한국부동산원에 의뢰하여야 하고 인근 유사 공동주택의 거래가격·임대료 및 해당 공동주택과 유사한 이용가치를 지닌다고 인정되는 공동주택의 건설에 필요한 비용추정액 등을 종합적으로 참작하여야 한다.

(2) 국토교통부장관은 매년 4월 30일까지 공동주택가격을 산정·공시하여야 한다.

5 주택가격 공시의 효력(법 제19조) ★

27회 출제

(1) 표준주택가격
국가·지방자치단체 등이 그 업무와 관련하여 개별주택가격을 산정하는 경우에 그 기준이 된다.

(2) 개별주택 및 공동주택의 가격
주택시장의 가격정보를 제공하고, 국가·지방자치단체 등이 과세 등의 업무와 관련하여 주택의 가격을 산정하는 경우에 그 기준으로 활용될 수 있다.

6 비주거용 부동산가격의 공시

비주거용 부동산가격에는 비주거용 일반부동산가격(비주거용 표준부동산가격, 비주거용 개별부동산가격)과 비주거용 집합부동산가격이 있다.

(1) 비주거용 표준부동산가격
1) 국토교통부장관이 용도지역, 이용상황, 건물구조 등이 일반적으로 유사하다고 인정되는 일단의 비주거용 일반부동산 중에서 선정한 비주거용 표준부동산에 대하여 매년 공시기준일 현재의 적정가격 조사·산정하고, 중앙부동산가격공시위원회의 심의를 거쳐 이를 공시할 수 있다.
2) 비주거용 표준부동산가격에 이의가 있는 자는 그 공시일부터 30일 이내에 서면(전자문서 포함)으로 국토교통부장관에게 이의를 신청할 수 있다. 국토교통부장관은 이의신청의 내용이 타당하다고 인정될 때에는 해당 비주거용 표준부동산가격을 조정하여 다시 공시하여야 한다.

(2) 비주거용 개별부동산가격
1) 시장·군수 또는 구청장이 시·군·구부동산가격공시위원회의 심의를 거쳐 매년 결정하는 비주거용 표준부동산가격의 공시기준일(1월 1일) 현재 관할 구역 안의 비주거용 개별부동산의 가격을 말한다.
2) 시장·군수 또는 구청장이 비주거용 개별부동산가격을 결정·공시하는 경우에는 해당 비주거용 일반부동산과 유사한 이용가치를 지닌다고 인정되는 비주거용 표준부동산가격을 기준으로 비주거용 부동산가격비준표를 사용하여 가격을 산정하되, 해당 비주거용 일반부동산의 가격과 비주거용 표준부동산가격이 균형을 유지하도록 하여야 한다.
3) 비주거용 개별부동산가격에 이의가 있는 자는 그 결정·공시일부터 30일 이내에 서면으로 시장·군수 또는 구청장에게 이의를 신청할 수 있다.

(3) 비주거용 집합부동산가격
1) 비주거용 집합부동산가격이란 국토교통부장관이 비주거용 집합부동산에 대하여 매년 공시기준일(1월 1일) 현재 적정가격을 조사·산정하여 중앙부동산가격공시위원회의 심의를 거쳐 결정하는 적정가격 말한다.
2) 비주거용 집합부동산가격에 이의가 있는 자는 그 공시일부터 30일 이내에 서면(전자문서를 포함)으로 국토교통부장관에게 이의를 신청할 수 있다.

7 공시가격정보체계의 구축 및 관리(법 제27조)

국토교통부장관은 토지, 주택 및 비주거용 부동산의 공시가격과 관련된 정보를 효율적이고 체계적으로 관리하기 위하여 '공시가격정보체계'를 구축·운영할 수 있다.

알고 보니 경록이다

우리나라 부동산전문교육의 본산 경록 1957

한방에 합격은 경록이다

제1회 시험부터 수많은 합격자를 배출한 전문성 - 경록

시험장에서
눈을 의심할 만큼,
진가를 합격으로 확인하세요

정가 29,000원

경록 공인중개사
핵심요약집
① 1차 부동산학개론

27년연속99%
독보적
정답률

대한민국 1등 교재
optimization test
시험최적화 대한민국 1등 교재
(100인의 부동산학 대학교수진, 2021)

최초로 부동산학을 정립한 부동산학의
모태(원조)로서 부동산전문교육
1위 인증(한국부동산학회)

대한민국 부동산교육 공헌대상(한국부동산학회)
4차산업혁명대상(대한민국 국회)
고객만족대상(교육부)
고객감동 1위(중앙일보)
고객만족 1위(조선일보)
고객감동경영 1위(한국경제)
한국소비자만족도 1위(동아일보) 등 석권

부동산전문교육 68년 전통과 노하우

발 행	2025년 1월 10일
인 쇄	2024년 9월 25일
연 대	최초 부동산학 연구논문에서부터 현재까지 (1957년 원전 ~ 현재)
편 저	경록 공인중개사 교재편찬위원회, 신한부동산연구소 편
발 행 자	이 성 태 / 李 星 兌
발 행 처	경록 / 景鹿
주 소	서울시 강남구 영동대로 114길 7 (삼성동 91-24) 경록메인홀
문 의	02)3453-3993 / 02)3453-3546
홈페이지	www.kyungrok.com
팩 스	02)556-7008
등 록	제16-496호
I S B N	979-11-93559-67-3 14320

대표전화 1544-3589

이 책의 무단전재·복제를 금함

이 책은 저작권법에 의해 저작권이 보호됩니다. 무단전재 및 복제행위는 이 법 제136조에 의해 5년 이하의 징역 또는 5,000만원 이하의 벌금에 처하거나 병과(倂科)할 수 있습니다.

개정법령 및 정오사항 등은 경록 홈페이지에서 서비스됩니다.